Die Schiedsgerichtsbarkeit in Taiwan

Saarbrücker Studien
zum Privat- und Wirtschaftsrecht

Herausgegeben von Johann Paul Bauer,
Michael Martinek (geschäftsführender Herausgeber)
und Helmut Rüßmann

Band 35

PETER LANG
Frankfurt am Main · Berlin · Bern · Bruxelles · New York · Oxford · Wien

Wei-ming Liao

Die Schiedsgerichtsbarkeit in Taiwan

Unter besonderer Berücksichtigung der internationalen Handelsschiedsgerichtsbarkeit und mit Hinweisen zu der Entwicklung in Deutschland

PETER LANG
Europäischer Verlag der Wissenschaften

Bibliografische Information Der Deutschen Bibliothek
Die Deutsche Bibliothek verzeichnet diese Publikation in der Deutschen Nationalbibliografie; detaillierte bibliografische Daten sind im Internet über <http://dnb.ddb.de> abrufbar.

Zugl.: Saarbrücken, Univ., Diss., 2002

D 291
ISSN 1433-8866
ISBN 3-631-50783-6

www.peterlang.de

Saarbrücker Studien zum Privat- und Wirtschaftsrecht

herausgegeben von
Prof. Dr. Johann Paul Bauer
Prof. Dr. Dr. Dr. h.c. Michael Martinek
Prof. Dr. Helmut Rüßmann

Die Schriftenreihe "Saarbrücker Studien zum Privat- und Wirtschaftsrecht" bildet in erster Linie ein Forum für rechtswissenschaftliche Doktorarbeiten der Universität des Saarlandes auf zwei juristischen Schwerpunktgebieten. Zum einen sollen Dissertationen im klassischen Privatrecht, vor allem im bürgerlichen Vermögensrecht der ersten drei Bücher des BGB und ihrer Nebengesetze vorgestellt werden. Zum anderen findet das Wirtschaftsrecht im Sinne des Wirtschaftsprivatrechts besondere Berücksichtigung, womit namentlich die Gebiete des Handelsrechts einschließlich des Bilanzrechts, des Personen- und Kapitalgesellschaftsrechts einschließlich des Konzernrechts, des Gewerblichen Rechtsschutzes sowie des Wettbewerbs- und Kartellrechts bezeichnet sind. Es versteht sich, daß nicht nur rechtsdogmatische Studien, sondern auch rechtstatsächlich, rechtspolitisch oder interdisziplinär angelegte Arbeiten in die Schriftenreihe Aufnahme finden. Denn die Rechts- und Wirtschaftswissenschaftliche Fakultät der Universität des Saarlandes vereinigt unter *einem* Dach die Fachbereiche Rechtswissenschaft und Wirtschaftswissenschaft und regt damit Studenten und Hochschullehrer in besonderer Weise zu fachübergreifender Lehre und Forschung an. Die Schriftenreihe steht aber nicht nur sehr guten und ausgezeichneten Dissertationen, sondern auch anderen "Studien" zu privat- und wirtschaftsrechtlichen Themen offen, bis hin zu Materialien und Skripten des akademischen Unterrichts. Die drei Herausgeber, die zugleich stellvertretend für ihre anderen Saarbrücker Fakultätskollegen des Privat- und Wirtschaftsrechts handeln, verbinden mit den "Saarbrücker Studien zum Privat- und Wirtschaftsrecht" den Wunsch, daß die hier veröffentlichten Arbeiten die verdiente Resonanz in der breiteren juristischen Fachöffentlichkeit finden.

Vorwort

Die vorliegende Arbeit wurde im Sommersemester 2002 zur Erlangung des Grades eines Doktors des Rechts an der Rechts- und Wirtschaftswissenschaftlichen Fakultät der Universität des Saarlandes vorgelegt. Da das taiwanesische neue Schiedsverfahrensgesetz (SchVG) erst am 24.12.1998 erlassen wurde und die nachfolgende Entwicklung sehr dynamisch ist, wird es notwendig sein, die weitere Entwicklung aufmerksam zu verfolgen.

Für meine Arbeiten und den Aufenthalt in Deutschland bedanke ich mich besonders bei Herrn Professor Dr. Helmut Rüßmann, da seine verständnisvolle Betreuung meines ganzen Promotionsvorhabens für mich als ausländischer Doktorand sehr hilfreich war. Sein Glaube an die hohe Leistung der Sprachlogik und seine Toleranz gegenüber meinen Bedenken im Bezug auf die hochgezogene Hermeneutik in der Kautelarjurisprudenz haben u.a. dazu geführt, dass ich bis heute aktiv die Argumente für die Sprachlogik sammle, um dieses Weltkulturerbe von Deutschland auch in Taiwan zu schützen und weiter zu entwickeln.

Für die sehr schnelle Erledigung des Zweitutachtens bin ich Herrn Professor Dr. Dr. Dr. h. c. Michael Martinek in aufrichtiger Dankbarkeit verbunden. Auch die freundliche Unterstützung von Herrn Professor Dr. Maximilian Herberger während meines Aufenthalts in Saarbrücken ist für mich eine bleibende schöne Erinnerung.

Für die mühsame Arbeit der sprachlichen Korrektur meiner Dissertation bin ich Frau Susanne Münch sehr dankbar.

Inhaltsverzeichnis

Abkürzungsverzeichnis

1. AAA: American Arbitration Association
2. a.a.O.: an gegebenem Ort
3. Abs.: Absatz
4. AcP: Archiv für die civilistische Praxis
5. a.F.: alte Fassung
6. AGB: Allgemeine Geschäftsbedingungen
7. AK: Alternativkommentar
8. Am.J.Comp.L.: American Journal of Comparative Law
9. Am.J.Int'l.L.: American Journal of International Law
10. Anm.: Anmerkung(en)=Fußnote(n)
11. Art.: Artikel
12. AWD: Außenwirtschaftsdienst des BB
13. BB: Betriebsberater
14. BGB: Bürgerliches Gesetzbuch
15. BGBl.: Bundesgesetzblatt
16. BGH: Bundesgerichtshof
17. BRAGO: Bundesrechtsanwaltsgebührenordnung
18. BT-Drucks.: Bundestags-Drucksache
19. DB: Der Betrieb
20. d.h.: das heißt
21. DIS: Deutsche Institution für Schiedsgerichtsbarkeit, e.V.
22. EC: Electronic Commerce
23. ECAFE: Wirtschaftskommission der Asien und den Fernen Osten
24. EGBGB: Einführungsgesetz zum BGB
25. Entw.: Entwurf
26. Eu-Übereinkommen: Europäisches Übereinkommen über die internationale Handelsschiedsgerichtsbarkeit

27. f.: und folgende (Seite, Randnummer, Anmerkung)
28. ff.: und die folgenden (Seiten, Randnummern, Anmerkungen)
29. FGG: Gesetz über die freiwillige Gerichtsbarkeit
30. Fn.: Fußnote
31. FS: Festschrift
32. Genf. Abk.: Genfer Abkommen zur Vollstreckung ausländischer Schiedssprüche
33. Genf. Prot.: Genfer Protokoll über die Schiedsklauseln
34. GG: Grundgesetz
35. GKG: Gerichtskostengesetz
36. GmbH: Gesellschaft mit beschränkter Haftung
37. GRUR: Gewerblicher Rechtsschutz und Urheberrecht
38. GVG: Gerichtsverfassungsgesetz
39. GWB: Gesetz gegen Wettbewerbsbeschränkungen (Kartellgesetz)
40. HGB: Handelsgesetzbuch
41. h.M: herrschende Meinung
42. ICC: s. IHK
43. I.C.L.Q.: International and Comparative Law Quarterly
44. J.Int'l.Abr.: Journal of International Arbitration
45. IHK: Internationale Handelskammer
46. IPRax: Praxis des Internationalen Privat- und Verfahrensrechts
47. J.Int'l.Arb: Journal of International Arbitration
48. JR: Juristische Rundschau
49. JuS: Juristische Schulung
50. JZ: Juristenzeitung
51. Model Law: UNCITRAL-Model Law für internationale Handelsschiedsgerichtsbarkeit 1985
52. n.F.: neue Fassung
53. NJW: Neue Juristische Wochenschrift

54. NJW-RR: NJW-Rechtsprechungs-Report Zivilrecht
55. Nr.: Nummer
56. NYÜ: UN-New York Übereinkommen vom 10.6.1958 über die Anerkennung und Vollstreckung ausländischer Schiedssprüche
57. OLG: Oberlandesgericht
58. Para.: Paragraph
59. PatG: Patentgesetz
60. RabelsZ: Rabels Zeitschrift für ausländisches und internationales Privatrecht
61. Rn.: Randnummer
62. Rev. Arb.: Révue de l'Arbitrage
63. RiW: Recht der internationalen Wirtschaft/Außenwirtschaftsdienst des BB
64. RIW/AWD: Recht der internationalen Wirtschaft
65. SchVG: (taiwanesisches) Schiedsverfahrensgesetz
66. s.o.: siehe oben
67. StGB: Strafgesetzbuch
68. s.u.: siehe unten
69. TIS: Institution für Schiedsgerichtsbarkeit der Republik China auf Taiwan
70. TIS-SchGO: TIS-Schiedsgerichtsordnung
71. u.a.: unter anderen
72. ULR: Uniform Law Review
73. UNCITRAL: United Nations Commission of International Trade Law
74. UNIDROIT: UNIDROIT International Institute for the Unification of Private Law
75. vgl.: vergleiche
76. VO: Verordnung
77. Vol.: Volume
78. YCA: Yearbook Commercial Arbitration
79. z.B.: zum Beispiel
80. ZEuP: Zeitschrift für europäisches Privatrecht

81. ZfRV: Zeitschrift für Rechtsvergleichung, Internationales Privatrecht und Europarecht
82. ZIP: Zeitschrift für Wirtschaftsrecht
83. ZPO: Zivilprozessordnung
84. ZRP: Zeitschrift für Recht und Politik
85. z.Z.: zur Zeit
86. ZvglRWiss: Zeitschrift für vergleichende Rechtswissenschaft
87. ZZP: Zeitschrift für Zivilprozess

Die Schiedsgerichtsbarkeit in Taiwan

- unter besonderer Berücksichtigung der internationalen Handelsschiedsgerichtsbarkeit und mit Hinweisen zu der Entwicklung in Deutschland –

Einführung in den Inhalt dieser Schrift und Darstellung der Methode

Mit dem Ende des Kalten Krieges beginnt ein neues Kapitel der internationalen Ordnung. Diese neue internationale Ordnung ist bis heute immer noch in der Entwicklung begriffen. Dennoch kann man sagen, dass die Weiterentwicklung des Schutzes der Menschenrechte einer der Stützpfeiler dieser neuen Ordnung sein wird. Dies zeichnet sich auch darin ab, dass im internationalen Rahmen der freien rechtlichen Persönlichkeitsentfaltung eine wachsende Bedeutung zugemessen wird. Der freie Austausch der wirtschaftlichen Ressourcen im „global village" gilt hierfür als eine unabdingbare Bedingung. Das Ressentiment gegen die internationale Handelsschiedsgerichtsbarkeit sollte daher als ein „anachronistisches Restbollwerk gegen den Siegeszug des internationalen freien Handels" angesehen werden.

Zur Verbesserung der Funktionsfähigkeit der Schiedsgerichtsbarkeit im internationalen Handel existieren verschiedene Ansätze. Auf der einen Seite hat die Internationale Handelskammer (ICC) für den sog. anationalen Ansatz plädiert, der eine transnationale Rechtsordnung für die internationale Handelsschiedsgerichtsbarkeit vorsieht, die dann über dem nationalen *ordre public* stehe. In Deutschland hingegen hat man sich stark auf einen Ansatz konzentriert, der auf die Anerkennung und Vollstreckung des ausländischen Schiedsspruchs abzielt. Beide Ansätze finden allerdings ihre Grenze im *ordre public*-Vorbehalt und dienen der Harmonisierung bzw. Vereinheitlichung der einzelnen Institute im nationalen Schiedsrecht nicht viel.

Das Modell, des UNCITRAL-Model Law 1985 (nachfolgend als Model Law bezeichnet), ist hingegen eine praktische und funktionstüchtige Entwicklungslinie, die erfolgversprechend ist. Obwohl die internationale Handelsschiedsgerichtsbarkeit dabei als ein Rechtsgebiet betrachtet wird, gilt das Model Law nur als ein Vorbild, das jedes Land freiwillig in die eigene nationale Rechtsordnung übernehmen kann[1]. Das Model Law enthält eine sehr liberale Regelung der internationalen Handelsschiedsgerichtsbarkeit, gibt aber gleichzeitig den Nationalstaaten die Möglichkeit diese Vorschriften nur teilweise in die nationale

---

1 Siehe § 1 (1) Model Law; dazu *Howard M. Holtzmann/Joseph E. Neuhaus*, A guide to the UNCITRAL Model Law on International Arbitration: legislative history and commentary, Kluwer Law and Taxation Publishers, 1989, Art. 1, S. 28 ff.

Rechtsordnung einzuführen[2]. In der derzeitigen Phase sollen die Unterschiede, die sich bei der nationalen Umsetzung des Model Law ergeben, thematisiert werden. Die Entwicklung der einzelnen Institute im jeweiligen nationalen Schiedsrecht der sog. *Model Law countries*[3] soll eingehend untersucht werden, um die jeweiligen Erfahrungen miteinander zu vergleichen und um die Aufgabe einer weitergehenden Harmonisierung zu erleichtern. Der Vergleich der verschiedenen Entwicklung der Rechtsinstitute in Deutschland und Taiwan in dieser Schrift ist besonders interessant, da Taiwan vor über 70 Jahren das deutsche Zivilrecht übernommen hat und ebenso wie Deutschland ein *Model Law country* ist. Auf dieser Grundlage werden in dieser Dissertation zwei Aspekte eingehend untersucht.

Zunächst wird im ersten Teil zur Bestandsaufnahme die Entwicklung jedes Instituts im taiwanesischen Schiedsrecht untersucht. Der inkrementale Fortschritt des einzelnen Instituts wird durch die Untersuchung des taiwanesischen Schiedsrechts identifiziert und festgestellt. Die Bestandsaufnahme wird zeigen, wie die einzelnen Regelungen des taiwanesischen Schiedsrechts praktiziert werden und wie die internationale Handelsschiedsgerichtsbarkeit als ein eigenständiges Rechtsgebiet *peu à peu* realisiert werden kann. Auf der anderen Seite bietet diese Untersuchung zugleich auch eine praxisorientierte Darstellung insbesondere für die sog. internationalen Kaufleute an, wobei die einschlägigen taiwanesischen Gesetzestexte in die deutsche Sprache übersetzt werden.

Obwohl das Model Law weltweit Erfolg hatte und bereits in das nationale Schiedsrecht einiger Staaten eingeführt wurde, besteht dennoch ein Bedürfnis für eine noch weitergehende Rechtsvereinheitlichung der internationalen Handelsschiedsgerichtsbarkeit. Diese Notwendigkeit entsteht unter anderem dadurch, dass die dem UN-New York Übereinkommen vom 10.6.1958 über die Anerkennung und Vollstreckung ausländischer Schiedssprüche (nachfolgend als NYÜ bezeichnet) bestimmten sog. Nationalität des Schiedsspruches sowie dem neuen deutschen Schiedsrecht zugrunde liegende Theorie der Territorialität des Schiedsspruches sich als problematisch erweist. Nach dieser Theorie dient der Ort des Schiedsverfahrens als Anknüpfungspunkt für die „Nationalität" eines Schiedsspruches. Durch die aufgrund der Globalisierung zunehmende Mobilität wird jedoch der Verfahrensort weitgehend relativiert, so dass sich die Nationa-

2 Siehe § 35 Model Law; dazu *Howard M. Holtzmann/Joseph E. Neuhaus*, a.a.O. (Fn. 1), Art. 35, S. 1006 f.

3 *Pieter Sanders*, Unity and Diversity in the Adoption of the Model Law (1995) 11(1) Arbitration International 1; vgl. auch *Matthew Secomb*, Shade of Delocation. Diversityy in the Adoption of the UNCITRAL Model Law in Australia, Hong Kong and Singapore, Journal of International Arbitration, 2000 Kluwer Law International. S. 123 ff.

lität des Schiedsspruches nicht mehr eindeutig bestimmen lässt[4]. Angesichts dieser Problemkonstellation wird im zweiten Teil schwerpunktmäßig der Ansatz der materiellrechtlichen Vereinheitlichung im Lichte des Model Law verfolgt. Dabei wird eine geeignete Rechtsmethode im Rahmen der Anwendung der UNIDROIT-Prinzipien als Welteinheitsrecht diskutiert. Eine Vergleichung der Rechtsanwendung in Deutschland und Taiwan wird durchgeführt, um einen dogmatischen Rahmen zur Rechtsanwendung im internationalen Umfeld zu ermitteln. Diese Rechtsvergleichung ist deswegen besonders interessant, weil nach über 70 Jahren der Übernahme des deutschen Zivilrechts Taiwan nunmehr durch die Anerkennung und Vollstreckung des ausländischen Schiedsspruchs statt rein theoretischer Rechtsannäherung direkt mit der deutschen jurisprudenziellen Weltanschauung konfrontiert ist.

Auf jeden Fall soll darauf aufmerksam gemacht werden, dass trotz des bemerkenswerten Handelsvolumens zwischen Deutschland und Taiwan bis heute noch keine gegenseitige Anerkennung und Vollstreckung von Schiedssprüchen stattfindet. Die vorliegende Schrift soll zu der Lösung dieses Problems beitragen.

4 Vgl. *Klaus Peter Berger*, „Sitz des Schiedsgerichts" oder „Sitz des Schiedsverfahrens"?, RIW 1993 Heft 1, S. 8 ff.; vgl. ferner auch *Otto Sandrock*, Neue Herausforderungen an das Internationale Wirtschaftsrecht – durch Digitalisierung, Europäisierung, Globalisierung, Erschöpfung der öffentlichen Finanzen, Streben nach Kosteneffizienz und Spezialisierung, ZvglRWiss 98 (1999), S. 227-259.

Erster Teil: Die Rechtsentwicklung der Schiedsgerichtsbarkeit in Taiwan

Das Rechtsleben in Taiwan zum Teil ist immer noch traditionell orientiert, obwohl die Maxime des Rechtsstaats als die unumgängliche Voraussetzung für den Erhalt der jungen Demokratie gilt. Daher befürworten einige Juristen in diesem Inselstaat die Meinung, dass der staatlichen Durchsetzung des von Europa übernommenen modernen Zivilrechts (das taiwanesische BGB) Vorrang vor dem traditionellen Recht und auch vor dem Schiedsrecht einzuräumen sei. Infolgedessen geht man mit der Kautelarjurisprudenz im Rahmen der Schiedsgerichtsbarkeit eher nachdenklich um. Die Vorbehalte der nationalen Justiz gegenüber der internationalen Handelsschiedsgerichtsbarkeit haben diese Skepsis noch verstärkt. Trotzdem sollte die Tatsache, dass Taiwans Wirtschaft tiefgreifend im internationalen Gefüge integriert ist, diese Skepsis eindämmen.

Diese Integration in das internationale Wirtschaftsleben gab auch den Anstoß für die Einführung des am 24.12.1998 in Kraft getretenen neuen Schiedsverfahrensgesetzes Taiwans (nachfolgend als SchVG bezeichnet). Hintergrund ist die weltweit zunehmende Umsetzung des Model Law, das als Kennzeichen eines modernen internationalen Wirtschaftsrechts gilt. Das SchVG setzt das Model Law in die taiwanesische Rechtsordnung um. Für Taiwan ist es nunmehr eine wichtige Aufgabe, auf die einzelnen Entwicklungen dieses modernen Rechtsinstituts einzugehen und die für Ausländer möglicherweise als „pitfalls and prattfalls" bestehenden Unsicherheiten zu beseitigen. In erstem Teil werden daher zunächst die einzelnen Regelungen im geltenden Schiedsrecht untersucht. Es ist von Nutzen darzustellen, dass die Regelung des Schiedsverfahrens in Taiwan auch für ausländische Beteiligte brauchbar ist, um die Attraktivität Taiwans als Austragungsort von Schiedsverfahren im Bereich des internationalen Handels zu fördern[5]. Insgesamt wird erhofft, dass dieser Teil der Schrift somit wissenschaftlichen Ansprüchen genügt und zugleich praktischen Erfordernissen dient.

5 Vgl. die Materialien der Veranstaltung der TIS "1993 International Conference on Arbitration: Enhancing Mutual Understanding and Cooperation in Taipei", abgedruckt in: Journal of Arbitration (chinesisch) 35, TIS, S. 1, 71.

Kapitel I Das Wirtschafts- und Rechtssystem von Taiwan

I. Das Wirtschafts- und Rechtssystem von Taiwan

A) Sonderlage Taiwans[6]

Die Republik China auf Taiwan (Republic of China on Taiwan; ROC) liegt im Westpazifik vor der chinesischen Ostküste zwischen Japan und den Philippinen. Der Inselstaat hat eine Fläche von 36 000 qkm (entspricht ungefähr der Größe Baden-Württembergs). Die Einwohnerzahl beträgt ca. 23 Millionen. Sie liegt auf der Seestrecke zwischen nordöstlichem- und südöstlichem Asien und gilt wegen ihrer geschichtlichen Komplexität, wirtschaftlichen Bedeutung und politischen Sondersituation als ein idealer Schauplatz für die juristische Modernisierung im neuzeitlichen Ost-Asien.

B) Kleine Geschichte Taiwans

Die Urbewohner Taiwans kamen vermutlich aus Süd-Asien. Chinesen wanderten während eines Zeitraums von 1000 Jahren nach Taiwan ein und verstärkt seit dem 17. Jahrhundert. 1590 „entdeckten" die Portugiesen Taiwan (*Ilha Formosa*; „die Schöne Insel"); 1624-61 war Taiwan eine niederländische Kolonie; dann wurde es Teil der chinesischen Provinz Fujian; 1895-1945 war es in japanischem Besitz. 1949 flüchtete die von den Kommunisten im Bürgerkrieg geschlagene chinesische Nationalisten-Regierung (Republik China) unter Chiang Kai-shek mit 1,5 Millionen Anhängern nach Taiwan. Sie betrachtete sich als alleinige legitime Regierung Chinas und wurde von vielen Staaten als solche anerkannt. Taiwan schloss ein Militärabkommen mit den USA und wurde mit deren Hilfe ein moderner, exportorientierter Industriestaat. Die Anerkennung der Volksrepublik China (VR China) durch die UN 1971 bewirkte automatisch den Ausschluss Taiwans aus der Weltorganisation. Chiang Kai-shek war von 1950-75 Staatspräsident. Er errichtete ein autoritäres Regime mit der Kuomintang (KMT) als Staatspartei, wobei alle Führungspositionen von 1948/49 nach Taiwan gekommenen „Festlandchinesen" bekleidet wurden. Sein Sohn Chian Ching Kuo (Präsident 1978-88) begann mit einer vorsichtigen Lockerung des Regimes. Ihm folgte als Präsident Lee Teng-hui, ein gebürtiger Taiwanese, der die Politik der Demokratisierung fortsetzte. 1996 wurde der Staatspräsident

---

6 Vgl. *Joel D. Aberbach*, David Dollar, Kenneth L. Sokoloff, The Rolle of the State in Taiwan's development, An East Asia Book, M. E. Sharpe, Inc., 1994; *Rosser H. Brockman*, Commercial Contract Law in Late Nineteenth-Century Taiwan, in: Jerome Alan Cohen, R. Randle Edwards and Fumei Chang Chen, eds., Essays on China's Legal Tradition, Princeton, N.J.: Princeton University Press, 1980, S. 76, 136; *John Franklin Copper*, The Taiwan political miracle: essays on political development, elections and foreigen relations, University Press of America®, Inc., Maryland Oxford, 1997.

erstmals direkt gewählt. Lee gewann diese Wahl. 2000 wurde zum ersten Mal der Kandidat der Oppositionspartei DPP, Chen Sui-bian, ein 49-jähriger Rechtsanwalt, als Staatspräsident gewählt. Er vertieft die Justizreform und setzt den Kurs der Liberalisierung und der internationalen Integration seiner Vorgänger fort. Am 01. 01. 2002, also zu gleichem Zeitpunkt wie die VR China, ist Taiwan der Welthandelsorganisation (WTO) beigetreten. Obwohl Taiwan und die VR China einander die Staatlichkeit Chinas und später die Unabhängigkeit Taiwans abstreiten (die sog. Taiwanfrage), gibt es seit Mitte der 80er Jahre zwischen ihnen immer mehr Kontakte auf nichtstaatlicher Ebene. Gegenüber der VR China tritt Präsident Chen einerseits für die Unabhängigkeit ein; er sucht aber andererseits auch nach der Versöhnung mit der VR China, damit die wirtschaftliche bzw. geo-politische Integration weiterentwickelt werden kann.

Trotz des Staatlichkeitsproblems ist Taiwan ohne Zweifel eine vollständige und unabhängige Rechtsordnung mit modernem Zivilrechtssystem. Dies erkennt sogar die VR China an, da sogar Hongkong als sog. Special Administration Region (SAR) der VR China bereits eine solche Rechtsstellung besitzt.

C) Wirtschaftspraxis und Außenhandel

a) Wirtschaftslage

Weltweit steht die Volkswirtschaft Taiwans größenmäßig an 17. Stelle, unter den Handelsländern steht Taiwan an 15. Stelle (1999)[7]. Das Bruttosozialprodukt (BSP) pro Kopf beträgt 12.756 US-Dollar (2001)[8]. Taiwan ist bekannt für seine zahlreichen Produktionsstätten. Der freie Welthandel ist für Taiwan von ungeheuer großer Bedeutung, weil über 70% der Volkswirtschaft durch den Außenhandel erreicht wird. Besonders bemerkenswert sind die junge Industrie für Informations- und Kommunikationstechnologien, sowie die Herstellung von Halbleitern, deren Export zzt. ca. 70 Milliarden US-Dollar pro Jahr beträgt[9].

Als einer der sog. Vier Kleinen Tiger (nämlich Taiwan, Singapur, Hongkong und Süd-Korea) beruht die Wirtschaft Taiwans auf privatrechtlicher Grundlage im deutschen Sinn. Während im Zeitalter des kalten Krieges die öffentlichen Unternehmen im Rahmen des sog. parteilich-staatlichen Kapitalismus[10] das Wirtschaftsleben bestimmten, ist die taiwanesische Volkswirtschaft nach dessen

---

7 Datenquelle Statistics Department des Wirtschaftsministeriums von Taiwan unter http://www.moea.gov.tw/~meco/stat/four/a-9.htm

8 Datenquelle Statistics Department des Wirtschaftsministeriums von Taiwan unter http://www.moea.gov.tw/~meco/stat/four/b-1.htm.

9 *Chin-yun Huang*, e-Country (chinesisch), Tien-Sia Verlag, Taipeh 2000, S. 22 ff.

10 Vgl. *Yih-nan Liaw*, Wirtschaftliche Betätigung der öffentlichen Hand. Länderbericht Taiwan, in: Stober, Rolf (Hrsg.), Wirtschaftliche Betätigung der öffentlichen Hand - Staat und Kommunen als Konkurrent der Privatwirtschaft, Heymann 2000, S. 268 f.

Ende immer mehr privatisiert worden[11]. Der Bruttoproduktionswert der gesamten öffentlichen Unternehmen betrug im Jahr 1995 10,84 % des Bruttoinlandsproduktes. Im Jahr 1986 betrug dieser Anteil 14,33 %, im Jahr 1951 noch 17,28 %[12]. Die Anzahl der Klein- und Mittelunternehmen in Taiwan ist unheimlich hoch: Das verdeutlicht das Unternehmertum der Taiwanesen. Die Klein- und Mittelunternehmen, die vertragsrechtlich eher aktiv sind, spielen eine große Rolle in der Rechtspraxis des internationalen Handels von Taiwan.

b) Außenhandel und rechtliche Rahmenbedingungen

Das Handelsvolumen zwischen Deutschland und Taiwan hat 1986 bereits 2,8 Milliarden Euro betragen[13]. Deutschland ist der größte Handelspartner Taiwans in Europa. Das Handelsvolumen zwischen Deutschland und Taiwan betrug im Jahr 2000 ca. 12,2 Milliarden Euro. Dabei übersteigt das deutsche Exportvolumen das taiwanesische um ca. 760 Millionen Euro. Bezüglich des US-amerikanischen Markts ist Taiwan führend im Export. Umgekehrt sind die USA, nach Japan, das zweitgrößte Importland Taiwans. Seit dem 01.01.2002 ist Taiwan offizielles Mitglied der Welthandelsorganisation (WTO). Die gesetzlichen Bestimmungen für den Außenhandel in Taiwan sind mit den Regelungen in den Industrieländern durchaus vergleichbar. Mit ausländischen Partnern kann, mit Ausnahme der Fälle, in denen zur Ein- oder Ausfuhr eine besondere Lizenz erforderlich ist (so beispielsweise Waffen-, Munition- und Rauschmittel), ohne Beschränkungen Handel betrieben werden. Diese Einschränkungen entsprechen den in den wichtigen Handelsländern üblichen Regelungen.

In internationalen Handelsverträgen ist sowohl die Wahl des Rechts und des Gerichtsstandes als auch die Vereinbarung einer Schiedsgerichtsklausel möglich. Vor dem Erlass des neuen SchVG wurde die administrative Schlichtung (*tiao-chu*; siehe unten) beim Büro des internationalen Handels (guo-mao-ju) des Wirtschaftsministeriums von der Wirtschaft bevorzugt[14]. Seit dem Erlass des neuen SchVG im Jahre 1998 wird der Rechtsweg der Schiedsgerichtsbarkeit von der Regierung empfohlen und allmählich auch von der Wirtschaft akzeptiert. Nach der derzeitigen Rechtslage besteht die Möglichkeit der Vereinbarung eines Schiedsverfahrens bei einer Schiedsinstitution entweder im In- oder Ausland. Die ad hoc-Schiedsgerichtsbarkeit bildet bis jetzt aber die absolute Ausnahme; im neuen SchVG wird sie zwar anerkannt, aber noch nicht konkret geregelt.

---

11 *Yih-nan Liaw*, a.a.O. (Fn. 10), S. 272 f.

12 *Yih-nan Liaw*, a.a.O. (Fn. 10), S. 267.

13 Datenquelle Statistics Department des Wirtschaftsministeriums von Taiwan unter http://www.moea.gov.tw/~meco/stat/index.html.

14 *Chun-sheng Yang*, Theorie und Praxis der Handelsschiedsgerichtsbarkeit (shang-wu-jon-tsai-ji-li-lung-yu-shi-ji), Verlag Chung-Yang-Wen-Wu, Taipeh, 1984, S. 149, 150.

D) Zivilrecht und Wirtschaftsrecht in Taiwan

a) Kurze Darstellung der Entstehungsgeschichte des taiwanesischen Zivilrechts und des Wirtschaftsrechts[15]

In Ost-Asien herrscht das deutsche Rechtssystem. Taiwan, Japan und Süd-Korea haben das deutsche BGB übernommen. Dagegen herrscht in den ost-indischen Ländern wie Singapur und Malaysia, sowie in Indien und Hongkong das *common law*. Nach Übergabe Taiwans 1896 von China an Japan gehörte Taiwan zum Geltungsbereich des modernen Zivilgesetzbuches Japans (*minbo*). Japan übernahm 1898 das deutsche BGB. Auch China hat versucht, das deutsche BGB zu übernehmen. Die Nationalregierung in Nanjing China arbeitete in den Jahren 1929 bis 1931 ein chinesisches BGB aus und verabschiedete dieses. Im September 1949 hob die neu gebildete kommunistische Regierung der VR China alle bis dahin geltenden Gesetze, einschließlich des aus Europa rezipierten BGB, auf. Das BGB gilt heute noch in der chinesischen Fassung in Taiwan fort. Das chinesisch-taiwanesische BGB besteht aus fünf Teilen (Allgemeiner Teil, Obligationsrecht, Sachenrecht, Familienrecht und Erbrecht), die 1929 bis 1931 in Nanjing nacheinander verkündet wurden und in Kraft getreten sind. Es ist vom deutschen, japanischen, sowie schweizerischen Recht entscheidend beeinflusst worden. 95 % des chinesisch-taiwanesischen BGB sind vom deutschen BGB bzw. dem schweizerischen ZGB und OR übernommen, entweder in der ursprünglichen oder in veränderter Form. Nach Ende des Zweiten Weltkriegs übernahmen die nationalistisch orientierten Chinesen 1945 Taiwan von Japan und führten die chinesische Rezeption des Zivilgesetzbuchs ein. Danach wurde das deutsche Recht schrittweise in Taiwan eingeführt, darunter das Verbraucherschutzrecht (1991), das Wettbewerbs- und Kartellrecht (1994) u.v.a. Die enge Zusammenarbeit mit dem amerikanischen Markt führte dazu, dass auch das amerikanische Recht in das taiwanesische Privatrechtssystem eingedrungen ist[16]. Auf jeden Fall hat sich das deutsche BGB, entweder in japanischer oder chinesischer Fassung, in Taiwan bis heute, also insgesamt über 100 Jahre lang, durchgesetzt.

---

15 Vgl. *Tze-chien* Wang, Die Aufnahme des deutschen Rechts in China, in: AcP 166(1966), S. 345; *ders*., Entwicklungslinien und Reform des chinesisch-taiwanesischen Schuldrechts, AcP 86(1986), S. 236, 267; *Jiandong Shao*, Die Rezeption des deutschen Zivilrechts im alten China, JZ 2/1999, S. 80,86; *Hyeong-Kyu* Lee, Die Rezeption des europäischen Zivilrechts in Ostasien, ZvglRWiss 86(1987), S. 159, 170; *Robert Heuser*, Recht und Rechtstheorie in der Volksrepublik China, JuS 1973, S. 537; *Hans H. Ruete*, Der Einfluss des abendländischen Rechts auf die Rechtsgestaltung in Japan und China, Bonn 1940, S. 5; *Karl Bünger*, Das neue chinesische BGB. Seine Entstehungsgeschichte und Systematik, in: Blätter für internationales Recht 1931 S. 257.

16 *Tze-chien* Wang, Entwicklungslinien und Reform des chinesisch-taiwanesischen Schuldrechts, AcP 86(1986), S. 246 f.

Taiwan hat bei Übernahme des deutschen Rechts das Handelsgesetzbuch in das taiwanesische BGB integriert. Handelsrechtlichen Angelegenheiten im deutschen Sinn werden im taiwanesischen BGB zivilrechtlich geregelt (min-shan-he-yi: Konsolidierung des Zivilrechts und Handelsrechts). Daneben gibt es noch vier Sonderregelungen, die man in Taiwan als Handelsrecht bezeichnet, nämlich das Gesellschaftsgesetzbuch, das Wertpapiergesetzbuch, das Seehandelsgesetzbuch und das Versicherungsgesetzbuch. Der gesetzgeberische Hintergrund ist, dass 1929, als China das deutsche BGB übernahm, noch keine bedeutenden Gewerbebetriebe im modernen Sinn bestanden und daher kein dem deutschen Recht vergleichbares HGB eingeführt wurde. Das führt dazu, dass in der Wissenschaft oft diskutiert wird, ob dieses Gesetzgebungsmodell im Zusammenhang mit der oft fehlenden Professionalität der Klein- und Mittelunternehmen steht. Bemerkenswert ist allerdings, dass die unheimlich hohe Anzahl der Klein- und Mittelunternehmen als ein wichtiges Merkmal der taiwanesischen Wirtschaft bezeichnet werden kann.

b) Rechtsmethode

Da Taiwan das deutsche Zivilrecht übernommen hat, war die anschließende Einführung der deutschen Rechtsmethode insbesondere im akademischen Bereich selbstverständlich. Die meisten derzeitigen taiwanesischen Rechtswissenschaftler haben in Deutschland promoviert. Das deduktive Begründungsschema hat sich bereits durchgesetzt. Ein Maßstab für die Zulässigkeit einer Interpretation kann aber wegen der bis heute ungenügenden Begriffsschärfe noch nicht herausgearbeitet werden. Hinzu kommt, dass in Taiwan keineswegs eine einheitliche Rechtskultur existiert. Es ist interessant zu betrachten, wie das taiwanesische BGB als staatlich legalisiertes Gesetzbuch funktioniert, während bei den Bürgern weiterhin das traditionelle konfuzianistische Rechtsverständnis vorherrscht. So tendieren taiwanesische Richter z.B. zu schnell dazu den Königs-Paragraph § 224 taiwanesisches BGB (Treu und Glauben) anzuwenden ohne sich ernsthaft um die logisch-dogmatische Seite zu kümmern. Andererseits suchen die taiwanesischen Rechtswissenschaftler auf der Grundlage der deutschen Rechtsmethode nach einer eigenen hermeneutischen Dogmatik. Taiwanesische Rechtsanwälte hingegen arbeiten eher amerikanisch, weil sie meist in den USA weiterstudiert haben und ihre Mandanten meist auch amerikanische Kaufleute sind. Dieser bezüglich der Auslegung des positiven Rechts sehr gemischten Rechtskultur sollten sich die in Taiwan tätigen ausländischen Juristen bewusst sein, insbesondere wenn sie sich mit der internationalen Handelsschiedsgerichtsbarkeit beschäftigen. Sowohl das Recht als auch die Rechtsauffassung Taiwans sollen im Folgenden daher näher ergründet werden, um eine tiefere Einsicht in die Rechtskultur zu erhalten und folglich Rechtssicherheit zu gewinnen. (ausführlicher: siehe Teil II)

c) Wirtschaftsrechtliche Weltanschauung

Auf der anderen Seite ist die deutsche Rechtsmethode zumindest im akademischen Bereich vorherrschend. Rechtwissenschaftler mit entweder deutschem oder amerikanischem akademischem Hintergrund haben nicht nur die Theorien, sondern auch die juristische Weltanschauung eingeführt. Das taiwanesische Verbraucherschutzgesetz und das Wettbewerbs- und Kartellgesetz weisen deutliche Spuren des deutschen Ansatzes auf. Eine sozial-marktwirtschaftliche Wirtschaftsordnung europäischen Zuschnitts wird insbesondere im juristisch akademischen Bereich befürwortet. Die Wirtschaftswissenschaftler plädieren hingegen in ihrer Mehrzahl für eine am amerikanischen Modell orientierte liberale Wirtschaftsordnung. Bis zum heutigen Tag hat sich keine dieser Auffassungen in Taiwan endgültig durchgesetzt.

Das taiwanesische Wirtschaftsrecht ist bis heute noch nicht so sehr marktwirtschaftlich orientiert. Dieses Phänomen erklärt sich nicht nur durch die starke wirtschaftliche Betätigung der öffentlichen Hand[17], sondern auch dadurch, dass Grundstruktur der juristischen Weltanschauung öffentlich-rechtlich geprägt ist. Diese öffentlich-rechtliche Weltanschauung bringt eine starke Skepsis der staatlichen Behörden gegenüber der Handelsschiedsgerichtsbarkeit mit sich. Die ausgeprägte Kontrolle der Schiedssprüche über den *ordre public* führt dazu, dass der *ordre public*, im taiwanesischen Wirtschaftsrecht und folglich im IPR nicht eindeutig definierbar ist, wie beispielsweise in Europa aufgrund der Theorie der „zwingenden Normen“ bzw. des *„loi d'application immédiate*“. Das gilt vor allem für Rechtsgebiete, die stark durch öffentlich-rechtliche Interessen beeinflusst sind; so z.B. im Seehandelsrecht[18], Kartellrecht[19] und allen anderen wirtschaftsrechtlichen, steuerrechtlichen, ordnungsrechtlichen und polizeilichen Angelegenheiten. Dies lässt sich auch dadurch verdeutlichen, dass der Rechtsanwalt im Schiedsverfahren in Taiwan, anders als in der englischen Praxis, eher beliebt ist, entweder als Vertreter der Parteien oder als Schiedsrichter[20]. Positiv anzumerken bleibt jedoch die Abnahme dieser Kontrolle in den letzten Jahren.

d) Wirklichkeit der Praxis

Die Handelsbeziehungen zwischen Taiwan und den USA sind für die Politik, und folgerichtig auch für die juristische Praxis, deswegen bedeutsam, weil das amerikanische Recht und Praxis hierbei vielfältig ins taiwanesische Privatrecht

17 *Yih-nan Liaw*, a.a.O. (Fn. 10), S. 272 f.

18 *Tser-dong Ker*, Über die Regelung des auf dem Vertrag anwendbaren Rechts für den Rechtsverkehr zwischen Taiwan und China – im Hinblick der Methode des IPR, in: Rechtsforum von National Taiwan University, am 29. 12. 1993.

19 *Chang-fa Lo*, Rechtliche Interaktion zwischen Handel und Wettbewerb (mao-yi-yu-jing-jeng-de-fa-lue-hu-dong), Wu-Nan Verlag Taipeh, 1998, S. 120.

20 *Chun-sheng Yang*, a.a.O. (Fn. 14), S. 52, 53.

Eingang gefunden hat und immer wieder Widersprüche mit dem von Europa übernommenen Zivilrecht auftauchen. Wegen der Verflechtung zwischen dem *civil law* und dem *common law* ist es für Taiwan besonders wichtig, die Rechtsharmonisierung zu verfolgen. Im praktischen Wirtschaftsleben ist Englisch als Handelssprache vorherrschend. Rechtsanwälte, die im Bereich des Außenhandels tätig sind, haben meist nach dem 4-jährigen Studium in Taiwan an der amerikanischen *law school* weiter studiert.

e) Zwischenergebnis

Insgesamt fällt es einem deutschen Juristen relativ leicht, sich in das Rechtssystem Taiwans einzuarbeiten, da dieses viele Parallelen zum deutschen Recht aufweist. Dies beruht im Wesentlichen darauf, dass insbesondere das taiwanesische Zivilrecht maßgeblich vom deutschen Recht beeinflusst worden ist. Es sollte jedoch nicht unerwähnt bleiben, dass der angloamerikanische Einfluss auf das Recht Taiwans immer stärker wird, so dass sich deutsche Juristen in zunehmendem Maß auch mit diesen Strömungen auseinandersetzen müssen. Die im Umgang mit der taiwanesischen Mentalität gemachten Erfahrungen können dem Betreffenden für seine berufliche Zukunft nicht nur in Taiwan, sondern auch überall dort zugute kommen, wo sich die sog. Übersee-Chinesen niedergelassen haben. Dies gilt insbesondere für die USA, Kanada, Südafrika und Südostasien, wo Übersee-Chinesen die Händlerschaft dominieren.[21]

II. Organe und Institute zur Streitentscheidung

A) Das ordentliche Gericht

Die ordentliche Gerichtsbarkeit wird in Taiwan von den Bezirksgerichten, dem Obergericht von Taiwan (in Taipeh-Kreis) und dem Obersten Gerichtshof der Republik China auf Taiwan (in Taipeh-Stadt) ausgeübt. Das Drei-Instanz-System des deutschen Rechts wurde von Taiwan übernommen. Der Instanzenzug der taiwanesischen Gerichtsbarkeit, sowie deren funktioneller Aufbau und Zuständigkeitsregelungen sind mit dem deutschen System vergleichbar[22]. Die ordentlichen Gerichte sind im Rahmen von Zivilprozessverfahren auch für die Entscheidung von Wirtschaftsstreitigkeiten zuständig, weil es keine gesonderte Zuständigkeit für Handelssachen in der taiwanesischen Rechtsordnung gibt.

Bei internationalen Handelsbeziehungen ist die internationale Zuständigkeit der taiwanesischen Gerichte dann eröffnet, wenn ihre Zuständigkeit nach taiwanesischem Recht als gegeben anzusehen ist. Unter Zuständigkeit ist die örtliche

---

21 Wahlstation am Deutschen Wirtschaftsbüro Taipei auf Taiwan, von *Thomas Fuhrmann*, in: Auslandsstudienführer Recht, Schwintowski (Hrsg.), Verlag Luchterhand, 1995, S. 531, 534.

22 Vgl. das taiwanesische Gerichtsverfassungsgesetz.

Zuständigkeit im Sinne der §§ 1 ff. taiwanesische ZPO zu verstehen. Hierbei richtet sich die örtliche Zuständigkeit des ordentlichen Gerichts nach dem Wohnsitz der beklagten Partei (§ 1 Abs. 1 taiwanesische ZPO). Sofern dieser Ort nicht festgestellt werden kann, so ist das Gericht zuständig, in dessen Bezirk sich der Aufenthaltsort der beklagten Partei befindet (§ 1 taiwanesische ZPO). Hat die beklagte Partei keinen allgemeinen Gerichtsstand in Taiwan, so ist das Gericht zuständig, in dessen Bezirk sie auf dem Territorium von Taiwan ihren letzten Wohnsitz hatte (§ 1 Abs. 2 taiwanesische ZPO). Gegen eine ausländische juristische Person kann das Verfahren bei demjenigen Gericht eingeleitet werden, in dessen Bezirk diese ihren Hauptgeschäftssitz hat oder den Sitz ihrer Vertretung hat bzw. den Sitz ihres vertretungsberechtigten Organs (§ 2 Abs. 3 taiwanesische ZPO). Besteht nach den vorgenannten Grundsätzen keine örtliche Zuständigkeit, so ist das Gericht zuständig, in dessen Bezirk sich (falls vorhanden) Vermögenswerte der beklagten Partei befinden (§ 3 Abs. 1 taiwanesische ZPO).

Die Parteien haben die Möglichkeit eine Gerichtsstandsvereinbarung zu treffen. Das Wahlgericht nach § 24 taiwanesische ZPO besitzt in diesem Fall die ausschließliche örtliche Zuständigkeit. Eine juristische Person mit Sitz in Taiwan kann in Vermögensangelegenheiten mit internationalem Element durch eine schriftliche Vereinbarung die Zuständigkeit eines ausländischen Gerichts bestimmen. Eine besondere Zuständigkeit besteht für die in den in §§ 4 ff. taiwanesische ZPO vorgesehnen Fällen, so z.B. die besondere Zuständigkeit für u.a. unerlaubte Handlungen, Immobilien, Familienunterhalt und Kindschaftssachen.

Die Bezirksgerichte sind gemäß der taiwanesischen ZPO das funktionell und sachlich zuständige Eingangsgericht erster Instanz für Streitigkeiten natürlicher und juristischer Personen deren Gegenstand internationale Handelsbeziehungen sind. Das Berufungsverfahren ist in diesen Fällen vor dem zuständigen Obergericht durchzuführen. Die Bezirksgerichte sind für die Entscheidung derartiger Streitigkeiten auch in den Fällen zuständig, in denen die Zuständigkeit des taiwanesischen Gerichts durch eine schriftliche Zuständigkeitsvereinbarung begründet worden ist.

B) Das Schiedsgericht

Die taiwanesische Rechtsordnung gewährt den Bürgern neben dem Rechtsweg zu den ordentlichen Gerichten noch zwei weitere Möglichkeiten der Streitbeilegung, nämlich das Schiedsverfahren und das Schlichtungsverfahren. Unter diesen Möglichkeiten kann nur die Schiedsgerichtsbarkeit als die Quasi-Justiz (jung-shi-fa) qualifiziert werden, denn nur die Schiedsgerichtsbarkeit trifft aufgrund methodischer Rechtsanwendung eine Entscheidung. Während die

Schlichtung in der Geschichte seit langem fest verankert ist, wurde die Schiedsgerichtsbarkeit nach dem Zweiten Weltkrieg eingeführt um den Erfordernissen des internationalen Handels gerecht zu werden. Die Schiedsgerichtsbarkeit gilt als Fremdkörper in der taiwanesischen Rechtsordnung. In den ersten 20 Jahren nach der Verabschiedung der alten Verordnung (siehe unten III. B)), also von 1961 bis 1982, gabt es nur 21 Schiedsfälle[23]. Die staatliche Förderung spielt daher bei der Entwicklung der Schiedsgerichtsbarkeit eine große Rolle[24]. Heute können die Parteien durch eine Derogationsklausel die Zuständigkeit des Schiedsgerichts vereinbaren. Trotzdem werden sowohl das System der Arbitragen als auch die Institute der Schiedsgutachten und Qualitätsarbitrage bis heute nicht im taiwanesischen Schiedsrecht geregelt.

C) Schlichtung

Die Schlichtung hat eine lange Tradition im chinesischen Recht. Eine wichtige Persönlichkeit, entweder mit vielen politischen bzw. wirtschaftlichen Ressourcen oder mit Fachkunde ist bis heute zur Streitbeilegung sehr beliebt, insbesondere da die Justiz noch immer nicht sehr bürgernah ist. Dabei spielt die kollektivistische Kultur der ost-asiatischen Völker eine große Rolle. Die Chinesen als ein Volk des Ackerbaus denken eher „bodenständig" als mobil. Die Macht- bzw. Interessenbeziehungen im geschlossenen Innensystem sind von existentieller Bedeutung und die Bürger respektieren den Machthaber als Schlichter. Das Harmoniepostulat, das in der Geschichte entweder von dem vorgesetzten Familienmitglied angeordnet wird oder durch eine Schlichtung vor den Bürokraten bestimmt wird, birgt in sich stets den Zwang[25]. In diesem Sinne gilt das Harmoniepostulat oft als ein Zeichen der Herrschaft des patriarchalischen Familiensystems. Der Zwang zur Durchführung eines taiwanesischen Schlichtungsverfahren nach der Schlichtungsverordnung in den Kommunen (shian-jen-shi-*tiao-jie*-tiao-li), die 1955 erlassen wurde, wird heute immer öfter kritisiert.[26] Schon wegen dieses kulturellen Hintergrunds ist die taiwanesische Schlichtung vom amerikanischen Ansatz der ADR („alternative dispute resolutions") zu unterscheiden. Auf jeden Fall gilt die Schlichtung heute in der taiwanesischen Rechtsordnung als ein eigenständiges Institut zur Streitbeilegung neben dem gerichtlichen und schiedsrichterlichen Verfahren. Nach § 7 der Verordnung der Schlichtung in den Kommunen können ausländische Parteien zwar auch ein Schlichtungsverfahren anstreben, es ist aber zur Beilegung internationaler Handelsstreitigkeiten eher ungeeignet, weil sich diese Schlichtungsverfahren auf die

---

23 *Huan-Wen Chen* (*John H. Chen*), Aufsätze über das Recht der internationalen Schiedsgerichtsbarkeit (guo-ji-jon-tsai-fa-juang-lun), 1. Aufl., Wu-Nan Verlag 1994, Vorwort S. 1.

24 *Chun-sheng Yang*, a.a.O. (Fn. 14), S. 127 f.

25 Mehr dazu vgl. auch Teil II, Kapitel III, A, I, 2), e) Harmoniepostulat.

26 *Wen-yu Chai*, Studie über die Schlichtung – im Hinblick der ADR, Magisterarbeit von National Taiwan University, 1994, S. 21.

zivilrechtlichen Streitigkeiten in der Kommune beschränken. Zudem fehlt es normalerweise an der Zuständigkeit für den internationalen Rechtsverkehr.

Die Schlichtung wurde bereits durch die alte Verordnung der Handelsschiedsgerichtsbarkeit von 1986 (siehe unten) in das Schiedsrecht integriert. Ebenso ist ein Schlichtungsverfahren im gerichtlichen Prozess möglich. Im SchVG wird sie in den §§ 44 ff. SchVG i.V.m. §§ 39 ff. der Verordnung zur Regelung der Organisation der Schiedsinstitution, des Schlichtungsverfahren und ihrer Kosten[27] geregelt. Die Integration des Schlichtungsverfahrens in das taiwanesische Schiedsrecht erklärt sich durch das hohe Ansehen, das die ADR in den USA genießt. Wegen der engen wirtschaftlichen Zusammenarbeit sind die ADR in Taiwan, ebenso wie in den USA, bereits in der Industrie weit verbreitet. Deswegen empfiehlt es sich, dass die Parteien die ADR als ein wichtiges Nebeninstitut der Schiedsgerichtsbarkeit ansehen, damit die komplexe Rechtswirklichkeit in Taiwan besser berücksichtigt werden kann.

III. Historische Entwicklung der Schiedsgerichtsbarkeit in Taiwan

A) Rechtsgeschichtliches

Für Taiwan ist die Schiedsgerichtsbarkeit ein importiertes Rechtsinstitut. Die 1921 in Peking erlassene Vorübergehende Verordnung zur Schiedsgerichtsbarkeit in Zivilsachen (min-shi-kon-duan-tiao-li)[28] wurde dem japanischen Schiedsrecht nachgebildet; d.h. sie stammt ursprünglich aus dem Zehnten Buch der (deutschen) ZPO[29]. Sie beinhaltet 34 Paragraphen. Der Grund, warum sie als eine eigenständige Verordnung, also im Gegensatz zum japanischen bzw. deutschen Muttermodell nicht als Teil des Zivilprozessgesetzes erlassen wurde, ist bis heute unklar. Auf jeden Fall hat sich die Schiedsgerichtsbarkeit im taiwanesischen Recht seitdem eher im Rahmen der Justiz statt als ein autonomes Institut der Wirtschaft entwickelt[30]. Geschichtlicher Hintergrund zur Verabschiedung dieser Vorübergehenden Verordnung ist der Druck ausländischer Machthaber auf China, ein modernes Rechtssystem einzuführen. Diese Vorübergehende Verordnung wurde später von der KMT-Regierung in Nanjing 1935 anerkannt. Sie wurde wegen der turbulenten politischen Situation aber nicht häufig angewendet. Bis 1961 wurde nur ein gerichtliches Urteil auf dieser Basis gefällt. Sie wurde 1971 in Taiwan aufgehoben[31].

---

27 Siehe Anhang 2.

28 *Zue-tan Chen*, Forschung über die Modernisierung des chinesischen Rechts bei Übergangszeit von Zin-Dynastie zu der Republikszeit; Kapitel für das Schiedsrecht, 07.1973, S. 4.

29 *Huan-Wen Chen*, a.a.O. (Fn. 23), S. 265 ff.; vgl. auch *Zue-tan Chen*, a.a.O. (Fn. 28), S. 4.

30 *Chun-sheng Yang*, a.a.O. (Fn. 14), S. 52.

31 *Huan-Wen Chen*, a.a.O. (Fn. 23), S. 266.

B) Die Verordnung der Handelsschiedsgerichtsbarkeit von 1961

Am 10. 01. 1961 wurde die Verordnung der Handelsschiedsgerichtsbarkeit erlassen (shang-wu-jon-tsai-tiao-li; nachfolgend als die alte Verordnung bezeichnet), obwohl die Institution für Handelsschiedsgerichtsbarkeit der Republik China bereits 1955 errichtet wurde. Die Verordnung wurde durch den Erlass des NYÜ bedingt. Taiwan konnte sich als einer der vier kleinen Tiger nicht aus dem internationalen Handel zurückziehen und musste daher mit der internationalen Entwicklung der Schiedsgerichtsbarkeit Schritt halten[32]. Die alte Verordnung wurde auf der Grundlage der Vorübergehenden Verordnung der Schiedsgerichtsbarkeit in Zivilsachen formuliert. Die damalige schiedsrechtliche Entwicklung von Japan, Deutschland, Großbritannien und den USA wurde dabei berücksichtigt. Sie enthält nur 27 Paragraphen und steht bis zu ihrer Aufhebung 1998 als eigenständige Verordnung neben der taiwanesischen ZPO. Das hat dazu geführt, dass bis heute oft behauptet wird, dass das taiwanesische Schiedsrecht aufgrund seiner Eigenständigkeit eine andere Entwicklungslinie als das Zivilprozessrecht haben sollte[33].

Beide Arten der Schiedsgerichtsbarkeit, nämlich die Ad hoc- und die institutionelle Schiedsgerichtsbarkeit, wurden nach § 1 der alten Verordnung zugelassen. Allerdings gab es bis heute keinen einzigen Fall von Ad hoc-Schiedsgerichtsbarkeit. In der alten Verordnung wurde grundsätzlich keine Differenzierung zwischen der sog. nationalen und internationalen Schiedsgerichtsbarkeit vorgenommen. In der Praxis ist das Schiedsverfahren mit internationalem Element ausgesprochen selten geblieben, weil taiwanesische Kaufleute Streitigkeiten mit ihren ausländischen Partnern lieber gütlich beilegen wollten. Die niedrige Anzahl der Schiedsfälle in dieser Periode (1961-1998) bezeugt die Fremdheit der Schiedsgerichtsbarkeit für die Bürger. Auf der anderen Seite ist das Schiedsverfahren mit internationalem Element deswegen eine Seltenheit, weil die administrative Schlichtung beim Außenhandelsbüro des Wirtschaftsministeriums wegen seiner vielfachen Ressourcen viel attraktiver war. Die Regelungen der alten Verordnung gingen meist von Schiedsverfahren ohne internationale Berührungspunkte aus. Hinzu kam das der alten Verordnung der Handelsschiedsgerichtsbarkeit die Verfahrenstheorie zugrunde lag. Schiedsverträge, die nicht in Übereinstimmung mit dieser Verordnung geschlossen wurden oder ein anderes Schiedsverfahrensrecht bestimmten als das taiwanesische, konnten nicht als prozesshindernde Einrede geltend gemacht werden (§1 der alten Verordnung). Dem zufolge konnten Schiedsverträge mit einem internationalem Element meist die Zuständigkeit des Gerichts nicht ausschließen (§ 3 i.V.m. § 1 der alten Verordnung). Diese Position wurde 1992 abgeschafft. Eine verbreitete Meinung unter

32 *Huan-Wen Chen*, a.a.O. (Fn. 23), S. 266 f.

33 *Huan-Wen Chen*, a.a.O. (Fn. 23), S. 414 f.

taiwanesischen Behörden ging davon aus, dass die Schiedsgerichtsbarkeit einer Auflockerung der juristischen Autorität gleichkommt. Insbesondere die internationale Handelsschiedsgerichtsbarkeit wurde häufig als Aufgabe der juristischen Souveränität angesehen. Die Theorie von der Schiedsgerichtsbarkeit als Quasi-Justiz hatte sich in Taiwan damals noch nicht sehr durchgesetzt.

Bezüglich der damaligen Rechtslage in Taiwan ist darauf hinzuweisen, dass 1982 die alte Verordnung zum ersten Mal ergänzt wurde, um die Regelungen zur Anerkennung und Vollstreckung ausländischer Schiedssprüche nach dem NYÜ hinzuzufügen (§§ 31-36 der alten Verordnung). Bei der Bekanntgabe dieser Änderung wurde die Erfüllung einer internationalen Pflicht aufgrund des NYÜ als Zweck der Novellierung bezeichnet. 1986 wurde die alte Verordnung zum zweiten Mal verschärft, um unter anderen die Vergleichs- und Mediationsverfahren in das Schiedsrecht (§ 28 Absatz 1, 2 der alten Verordnung) einzuführen. Die Treibkraft für die Entwicklung der Schiedsgerichtsbarkeit ist einerseits die Dynamik des internationalen Handels und andererseits die Entlastung des ordentlichen Gerichts bzw. der zuständigen Behörden (insbesondere des Außenhandelsbüros des Wirtschaftsministeriums). Auf der anderen Seite haben die Bemühungen in der Wissenschaft auch eine Rolle gespielt. Erwähnenswert ist insbesondere der Ansatz des sog. Wahlrechts der Parteien für das Verfahren mit zivilrechtlichem Gegenstand[34]. Diese Theorie besagt, dass aufgrund der Verfassung den Bürgern das Recht zu gewähren ist, nach ihren eigenen Bedürfnissen eine passende private Lösungsalternative zur Streitbeilegung zu haben. Mit diesem Ansatz begann die Popularisierung des Rechts in Taiwan.

Taiwan ist wegen des Staatlichkeitsstreites mit China weder Mitglied des NYÜ noch von der „Convention on the Settlement of Investment Disputes between States and Nationals of Other States" (ICSID). Dennoch möchte sich Taiwan durch seine moderne und unabhängige Rechtsordnung verpflichten auch ausländischen Parteien Rechtsschutz nach internationalem Standard zu gewährleisten. Durch die Einführung der Regelungen des NYÜ hat Taiwan bereits vor der Verabschiedung des neuen Schiedsverfahrensgesetzes 1998 ausländischen Parteien die Durchführung eines Schiedsverfahrens nach internationalem Niveau in Taiwan und die Anerkennung und Vollstreckung von im Ausland erlassenen Schiedssprüchen ermöglicht (siehe unten). Mittlerweile hat Taiwan auch einige bilaterale Abkommen mit dem Ausland unterzeichnet, um die (internationale) Handelsschiedsgerichtsbarkeit zu fördern[35].

---

34 *Lien-gon Chiu*, Die prozesshindernde Wirkung der Schiedsvereinbarung, tai-da-fa-shue-lung-chong, 22. Band 1. Ausgabe, S. 317 f.

35 Z.B. in den "Sino-American Friendship, Commerce, Nevigation Treaties" (die sog. FCN-Treaties) wird geregelt, dass beide Seiten dem gegenseitigen Schiedsspruch "full faith and credit" gewährleisten sollen.

C) Das Schiedsverfahrensgesetz von 1998 und die TIS-Schiedsgerichtsordnung von 2001

a) Das neue SchVG von 1998

aa) Hintergrund der Gesetzgebung des neuen SchVG von 1998[36]

Das am 24.12.1998 in Kraft getretene neue Schiedsverfahrensgesetz (SchVG) konsolidiert die alte Verordnung und die ergänzenden Vorschriften über die Anerkennung und Vollstreckung von ausländischen Schiedssprüchen und überarbeitet diese zugleich vollständig. Die Überarbeitung setzt die Vorschriften des Model Law in die taiwanesische Rechtsordnung um. Mit Inkrafttreten des neuen SchVG wurde die alte Verordnung mit den zusammenhängenden Vorschriften zur Anerkennung und Vollstreckung von ausländischen Schiedssprüchen aufgehoben.

Der gesetzgeberische Hauptzweck des neuen SchVG sind die Internationalisierung und die Liberalisierung[37] des Schiedsrechtes. Zu diesem Zweck wurde auch die Bedeutung des Schiedsrechtes gestärkt. Dies zeigt sich auch in der Form der Regelung. Während das Schiedsrecht zuvor durch eine Verordnung geregelt wurde, findet es sich nun in einem eigenen Gesetz. Durch den Erlass eines eigenständigen Gesetzes wird das Schiedsrecht zudem als eigenständiges Institut gegenüber dem Zivilverfahrensrecht anerkannt. Außerdem wird durch die Abschaffung des Handelsvorbehaltes der alten Verordnung auch den Parteien einer bürgerlich-rechtlichen Streitigkeit der Weg zur Schiedsgerichtsbarkeit eröffnet.

Durch die Orientierung am Model Law entspricht das SchVG dem internationalen Standard und stellt daher auch für internationale Handelsstreitigkeiten eine adäquate Regelung dar. Die Schiedsgerichtsbarkeit ist daher durch den Erlass des SchVG heute im taiwanesischen Recht ein gefestigtes und vollständiges Alternativinstitut zum ordentlichen Gericht geworden.

bb) Charakteristika des neuen SchVG

Die grundlegenden Veränderungen, die das SchVG für das Schiedsverfahren in Taiwan mit sich bringt können wie folgt charakterisiert werden:

1. Das SchVG orientiert sich weitgehend am Model Law.

---

36 Vgl. *Catherine Li*, The New Arbitration Law of Taiwan – Up to an International Level?, Journal of international Arbitration, 16(3) S. 127-138 1999, Verlag Kluwer Law International; *Hong-lin Yu*, The Taiwanese Arbitration Act 1998, Journal of international Arbitration, 15(4) S. 107-125 1998, Verlag Kluwer Law International.

37 Protokoll der Reformdiskussion über die Verordnung der Handelsschiedsgerichtsbarkeit (shang-wu-jon-tsai-tiao-li-yeng-jio-shiou-jen-shi-lu), Ministerium der Justiz 1997, S. 52.

2. Im Rahmen der neuen gesetzlichen Regelung wird die Schiedsgerichtsbarkeit anders als im Rahmen der alten Verordnung als ein eigenständiges Rechtsinstitut anerkannt.

3. Der Handelsvorbehalt wird aufgehoben. Schiedsverfahren können ab dem Inkrafttreten des SchVG sämtliche vergleichsfähigen Streitigkeiten betreffen.

4. Das SchVG gilt für Schiedsverfahren, die einen Streitgegenstand ohne internationale Berührungspunkte haben ebenso wie für Verfahren mit internationalem Berührungspunkt. Eine Differenzierung zwischen aus- und inländischen Streitigkeiten wird jedoch hinsichtlich des Exequatur vorgenommen.

5. Außer Schiedsverfahren vor einer Schiedsinstitution sind auch Ad hoc-Schiedsverfahren vor von den Parteien unmittelbar gewählten Schiedsrichtern zulässig, obwohl letztere nicht ausführlich vom SchVG geregelt werden.

6. Ausführliche Regelung der juristischen Voraussetzungen für die Ausübung des Schiedsrichteramtes.

7. Die Anerkennung der Befugnis des Schiedsgerichts wird gesetzlich festgelegt.

8. Im Rahmen des *ordre public*-Vorbehaltes wird schiedsrechtliche Verfahrensfreiheit gewährt. Die Regelungen des Zivilprozessrechts sollen jedoch als Orientierung dienen.

9. Das Mediations- bzw. Vergleichsverfahren werden ins Schiedsrecht integriert, obwohl ihre Rechtsstellung (das Mediations- bzw. Vergleichsprotokoll) mit dem Schiedsspruch nicht identisch sind.

10. Die Nationalität des Schiedsspruches bestimmt sich sowohl nach der Verfahrenstheorie als auch nach dem Territorialitätsprinzip.

b) Die neue TIS-Schiedsgerichtsordnung von 2001

In der Schiedsvereinbarung kann zwar die Berechtigung der Parteien zur Direktwahl der Schiedsrichter vereinbart werden, allerdings ist die Ad hoc-Schiedsgerichtsbarkeit bis heute die Ausnahme. Die Vereinbarung der Zuständigkeit einer Schiedsinstitution ist fast gleichbedeutend mit der Vereinbarung der Institution für Schiedsgerichtsbarkeit der Republik China (nachfolgend als die TIS bezeichnet), da die TIS die bedeutendste und für die Handelssachen einzig kompetente Schiedsinstitution in Taiwan ist. Die neue TIS-Schiedsgerichtsordnung (nachfolgend als TIS-SchGO bezeichnet) wurde am 16.10.2001 von der TIS erlassen[38]. Die Hauptmerkmale der TIS-SchGO können wie folgt dargestellt werden:

1. Die TIS-SchGO gilt als eine praxisnahe Konkretisierung des SchVG im Rahmen der institutionellen Schiedsgerichtsbarkeit.

2. Sie ist für das Schiedsverfahren bei der TIS nicht zwingend anzuwenden; die Vereinbarung einer anderen Schiedsregel ist immer möglich (§ 2 TIS-SchGO).

3. Zwischen der TIS und den bei der TIS registrierten Schiedsrichtern bestehen keine direkten Rechtsbeziehungen. Die TIS kann den Schiedsrichter nur satzungsgemäss anklagen und seine Registrierung suspendieren bzw. aufheben.

4. Die TIS dient dem Schiedsgericht in formellen Angelegenheiten als Sekretariat. In dieser Hinsicht spielt die TIS insbesondere bei der Zustellung der Schriftsätze eine wichtige Rolle.

5. Schiedsrichter können hierbei sowohl in Taiwan Ansässige als auch Ausländer sein. Bis jetzt wurden bereits einige Ausländer in die Schiedsrichterliste der TIS eingetragen.

6. Das Schiedsverfahren kann ebenfalls außerhalb der Schiedsinstitution im In- und Ausland stattfinden.

7. Die TIS greift nicht in die rechtlichen Angelegenheiten des Schiedsverfahrens ein. Sie kann den Schiedsrichter nur bezüglich des Verlaufs des Schiedsverfahrens beraten (§ 4 TIS-SchGO).

8. Die TIS spielt eine sehr aktive Rolle in der Beschleunigung des Schiedsverfahrens (§§ 4, 10, 22 u.a. TIS-SchGO).

9. Der Schiedsspruch, der in einem Schiedsverfahren bei der TIS erlassen wird, wird in der Praxis der taiwanesischen Gerichte meist anerkannt, ganz gleich, ob es um einen taiwanesischen oder einen ausländischen Schiedsspruch geht.

10. Die TIS gilt als ein anerkanntes öffentlich-rechtliches Organ in Bezug auf die Archivierung der einschlägigen Materialien der Schiedsfälle.

---

38 Zur deutschen Übersetzung des Gesetzestextes siehe Anhang 6.

c) Zwischenergebnis

Mit der neuen Gesetzgebung sollen die rechtlichen Rahmenbedingungen geschaffen werden um Taiwan zu einem attraktiven Austragungsort für internationale Handelsstreitigkeiten insbesondere in der Asien-Pazifik-Region werden zu lassen. Bereits in den letzten Jahren hat sich die Regierung verstärkt bemüht, die internationale Handelsschiedsgerichtsbarkeit zu fördern um die Rahmenbedingungen für den WTO- Beitritt zu schaffen. Das SchVG und die TIS-SchGO sind nunmehr für Taiwan auf dem Weg nach einem freien Handelsstaat in der globalisierten Wirtschaft von herausragender Bedeutung.

D) Rechtslage der sog. internationalen Handelsschiedsgerichtsbarkeit

a) Versuch einer juristischen Begriffsbestimmung

Es besteht bis heute noch keine eigenständige Kategorie der sog. internationalen Handelsschiedsgerichtsbarkeit im taiwanesischen Schiedsrecht, obwohl sie vielfach von der Wissenschaft angestrebt wird. In einem Beschluss des Zivilsenats des Obersten Gerichts wurde jedoch bereits der Begriff der Schiedsvereinbarung mit Auslandsbezug definiert. Der Beschluss der dritten Zivilsenatskonferenz vom Obersten Gericht 1992 lautet: „...Die sog. Schiedsvereinbarung mit Auslandsbezug (she-wei-jung-tsai-chi-yüe) bedeutet, dass die Nationalität bzw. der Wohnsitz der Parteien, der Vertragsabschlussort oder der Schiedsverfahrensort einen Auslandsbezug hat....“. Dieser Begriff (Schiedsvereinbarung mit Auslandsbezug) wurde auf mannigfaltige Weise interpretiert. Sein Inhalt und rechtliche Reichweite sind bis heute unklar.

b) Unterschiede zwischen inländischem und internationalem Schiedsverfahren

Um die Rechtslage der sog. internationalen Handelsschiedsgerichtsbarkeit zu bestimmen bedarf es einer realen und praxisnahen Analyse der Unterschiede zwischen ausländischen und inländischen Schiedsverfahren. In Taiwan können alle vergleichsfähigen Streitigkeiten entschieden werden. Dies gilt sowohl für die Streitigkeiten die den internationalen Wirtschaftsverkehr berühren als auch für die Streitigkeiten mit einem rein inländischen Streitgegenstand. Aus der Perspektive des materiellen und prozessualen Rechts erkennt die taiwanesische Rechtsordnung ausländischen Unternehmen dieselbe Stellung an wie inländischen Unternehmen. Dementsprechend ist der Unterschied zwischen einem nationalen und einem internationalen Schiedsverfahren aus institutioneller bzw. prozessualer Sicht grundsätzlich bis auf abweichende Gestaltungsmöglichkeiten, auf die noch nachstehend einzugehen sein wird, nicht existent. Aus diesen Gründen wird nachfolgend in dieser Schrift nicht getrennt auf nationale und internationale Schiedsverfahren eingegangen, wobei die Besonderheiten eines internationalen Schiedsverfahrens erwähnt werden.

c) Nationalität des Schiedsspruches

Wie die meisten Staaten unterscheidet auch Taiwan zwischen in- und ausländischen Schiedssprüchen. Während in Deutschland die Nationalität des Schiedsspruches nach dem Territorialitätsprinzip bestimmt wird, folgt Taiwan sowohl dem Territorialitätsprinzip als auch der Verfahrenstheorie. Ein Schiedsspruch gilt daher als ausländischer Schiedsspruch, wenn er entweder außerhalb des Territoriums der Republik China auf Taiwan erlassen wurde oder nach ausländischem Recht erlassen wurde.

Die Anerkennung der Verfahrenstheorie im SchVG gilt zudem als ein Anachronismus angesichts des Territorialitätsprinzips, das dem Model Law zugrunde liegt. Ein Schiedsspruch, der in Taiwan nach dem deutschen Schiedsverfahrensrecht erlassen wird, gilt in Taiwan als ein deutscher Schiedsspruch, während er in Deutschland nach dem neuen Schiedsverfahrensrecht als taiwanesischer Schiedsspruch qualifiziert wird. Jedoch kann weder die Verfahrenstheorie noch das Territorialitätsprinzip der Wirklichkeit standhalten. Gegen das Territorialitätsprinzip spricht vor allem, dass der Schiedsort aufgrund der hohen Mobilität variabel geworden ist. Welche Nationalität soll beispielsweise ein Schiedsspruch haben wenn das Verfahren in verschiedenen Ländern durchgeführt wird[39].

Hinzu kommt das sich die Theorie von der Nationalität des Schiedsspruches, die sowohl der Verfahrenstheorie als auch dem Territorialitätsprinzip zugrunde liegt, für die internationale Handelsschiedsgerichtsbarkeit nur nachteilig auswirken kann. Eine unterschiedliche Behandlung von in- und ausländischen Schiedssprüchen würde Spielräume für die Diskriminierung von ausländischen Schiedssprüchen schaffen. Nach § 35 Abs. 1, und § 36 Abs. 1 Model Law soll der Schiedsspruch unabhängig von seiner Nationalität anerkannt und vollstreckt werden[40]. Die Nationalität des Schiedsspruches und damit auch der Schiedsort sollten daher in der Zukunft der internationalen Handelsschiedsgerichtsbarkeit an Bedeutung verlieren. Zudem kann die Abschaffung der Nationalität des Schiedsspruchs auch die Möglichkeit einer spekulativen oder zwangsläufigen *forum shopping*-Situation verringern, in der die Parteien zwecks Anerkennung bzw. Vollstreckung des Schiedsspruchs den Schiedsort unsachgemäß bestimmen können oder müssen.

In dieser Hinsicht zeigt sich ein gutes Beispiel bei der deutschen Novellierung des § 91 GWB 1997, wobei der deutsche Gesetzgeber der Ansicht war, dass die Kontrolle des Schiedsspruchs durch die staatlichen Gerichte im Vollstreckbarerklärungsverfahren eine hinreichende Garantie für die Einhaltung kartellrechtli-

39 Vgl. *Klaus Peter Berger*, a.a.O. (Fn. 4).

40 *Howard M. Holtzmann/Joseph E. Neuhaus*, a.a.O. (Fn. 1), Art. 35, S. 1006 ff.; Art. 36, S. 1055 f.

cher Vorschriften gewährleistet[41]. Nach diesem Beispiel sollte sich die staatliche Kontrolle in der Zukunft in Taiwan hauptsächlich im Rahmen des *ordre public*-Vorbehalts und im Anerkennungs- bzw. Vollstreckungsverfahren entwickeln. Das gilt zugleich auch als ein Vorbild für die internationale Handelsschiedsgerichtsbarkeit, um den Mythos der sog. Nationalität des Schiedsspruchs zu überwinden und die staatliche Kontrolle langsam auf den *ordre public*-Vorbehalt bei Anerkennung und Vollstreckung zu verschieben und zugleich auch zu beschränken. Dadurch kann das Model Law den Rahmen des NYÜ überschreiten und die internationale Handelsschiedsgerichtsbarkeit einen Schritt zur A-Nationalisierung vorantreiben.

d) Unterschiede zwischen in- und ausländischen Schiedssprüchen

Für ausländische Schiedssprüche sieht das SchVG ein Anerkennungsverfahren vor, das im Wesentlichen dem des Model Law entspricht. Die Aufhebungsklage (§ 40 SchVG) richtet sich nur nach die ausländischen Schiedssprüche. Da nach dem international anerkannten Grundsatz die Zuständigkeit für die Aufhebungsklage nur den Gerichten des Ursprungslandes zusteht[42], ist davon auszugehen, dass eine Aufhebungsklage gegen ausländische Schiedssprüche in Taiwan nicht möglich ist. Vergleicht man die Anerkennungsvoraussetzungen mit Aufhebungsgründen, so stellt man fest, dass wesentlich mehr Aufhebungsgründe als Anerkennungsvoraussetzungen existieren. Dies lässt sich dadurch erklären, dass Gegenstand einer Aufhebungsklage nur solche Schiedssprüche sein können, die nach taiwanesischem Recht erlassen wurden, denn nur diese gelten als inländische Schiedssprüche. Daher konnte der Gesetzgeber im Interesse der Rechtssicherheit eine ausführliche Liste der Gesetzesverstöße schaffen, die zur Aufhebung des Schiedsspruches führen. Bei ausländischen Schiedssprüchen stimmen die Anerkennungsvoraussetzungen in § 50 SchVG hingegen mit § 36 Model Law bzw. Art. 5 NYÜ völlig überein.

e) Berufstätigkeiten ausländischer Juristen in Taiwan

Taiwan ist am 01.012001 der WTO beigetreten. Als offizielles Mitglied der WTO muss Taiwan ausländischen Rechtsanwälten gestatten, in Taiwan ihren Beruf auszuüben. Um dies zu ermöglichen hat das taiwanesische Justizministerium bereits einen Entwurf der Verordnung zur Durchsetzung des Anwaltsgesetzes (lü-shi-fa-shi-xin-shi-je) veröffentlicht[43]. Nach diesem Entwurf muss sich ein ausländischer Rechtsanwalt, der in Taiwan seinen Beruf ausüben möchte

---

41 Vgl. Begründung BT-Drucks. 13/5274, S. 71.

42 *Thomas* in Thomas/Putzo, ZPO, Verlag C. H. Beck 2000, 23. Aufl., § 1059 Rn. 5.

43 Siehe die Webseite von National Database for Laws and Regulations (Tsuen-guo-fa-gue-ji-liao-ku) des taiwanesischen Justizministeriums unter http://law.moj.gov.tw/; siehe auch die Webseite von fa-yuan unter http://www.lawbank.com.tw.

mindestens 180 Tage im Jahr in Taiwan aufhalten (§ 20 des Entwurfes). Allerdings kann ein ausländischer Rechtsanwalt nur in Fällen mit Auslandsbezug tätig werden. Der Entwurf hat die sog. „Angelegenheiten mit Auslandsbezug" (guo-ji-fa-shi-wu) in § 47-7 Anwaltsgesetz (lü-shi-fa) eingeführt. Er bezieht sich auf die Fälle, die ganz oder teils im Zuständigkeitsbereich des Gerichts des Landes stehen, in dem der ausländische Rechtsanwalt seine Qualifikation erworben hat (yuan-ji-ge-guo), oder auf Fälle, in denen das Recht dieses Landes bzw. ein völkerrechtlicher Vertrag, ein internationales Abkommen oder internationale Gebräuche Anwendung finden (§ 23 des Entwurfes). Ein Schiedsverfahren, in dem das ausländische Recht, ein internationales Abkommen oder internationale Gebräuche Anwendung finden, ist demnach mit größter Wahrscheinlichkeit als „Angelegenheiten mit Auslandsbezug" zu qualifizieren. Daher ist das Schiedsverfahren für den Geschäftsbereich des ausländischen Rechtsanwalts in Taiwan geeignet.

f) Ein bedeutsamer internationaler Schiedsfall in Taiwan: Der Matra-Fall[44]

Der Fall des französischen Konzerns Matra Transports International[45] ist ein Begriff für die Entwicklung einer eigenständigen internationalen Handelsschiedsgerichtsbarkeit in Taiwan geworden. Matra Transports International war der Auftragnehmer für die Fertigstellung eines Nahverkehrssystems in Taipeh. 1992 strengte Matra Transports International bei der TIS ein Schiedsverfahren gegen das Department of Rapid Transit Systems (TCG)[46] der Kommunalverwaltung von Taipeh an und verlangte Ersatz wegen der Schäden, die ihr aufgrund der Aufschiebung des Bauarbeitsplans entstanden waren. Das Schiedsgericht entschied, dass die Aufschiebung des Bauarbeitsplans eine Vertragspflichtverletzung darstellte. Matra Transports International wurde daher Schadensersatz in Höhe von 1,25 Milliarden taiwanesischen Dollar (ca. 40 Millionen Euro) zugesprochen. Der Schiedsspruch war schon wegen der Höhe des zugesprochenen Schadensersatzes eine Sensation. Als sehr viel bedeutender erwies sich jedoch das auf den Schiedsspruch folgende Gerichtsverfahren, denn es signalisiert einen Haltungsumschwung der taiwanesischen Richter gegenüber der Handelsschiedsgerichtsbarkeit.

Das TCG erhob nach dem Erlass des Schiedsspruchs Aufhebungsklage vor dem Bezirksgericht Taipeh. Die Klage stützte sich auf das Argument, dass der Auftragnehmer eines öffentlichen Bauauftrags bevor er eine Klage wegen Schadensersatz erhebt, zuerst bei der zuständigen Behörde eine Beschwerde einrei-

---

44 Urteil des Obersten Gerichts: abgedruckt in: Journal of Arbitration (chinesisch) 60, TIS, S. 100, 108; *Huan-wen Chen*, a.a.O. (Fn. 23), , S. 441 ff.; vgl. auch *Hong-lin Yu*, a.a.O. (Fn. 36), S. 107 f.

45 Siehe http://www.matra.com/gb/index.php3.

46 Siehe http://www.dorts.gov.tw/welcome/welcome.htm.

chen muss. Die Verpflichtung vor der Klageerhebung ein Vorverfahren durchzuführen ist in Taiwan fester Bestandteil des öffentlichen Bauvertrags. Auch der Bauvertrag zwischen dem TCG und Matra Transports International enthielt eine solche Klausel. Das TCG hatte jedoch schriftlich dem Schiedsverfahren ohne vorherige Durchführung des Vorverfahrens zugestimmt.

Das TCG machte geltend, dass Matra Transports International trotz der Vereinbarung der Parteien das Schiedsverfahren direkt durchzuführen nicht berechtigt war, sondern aufgrund der Klausel im Bauvertrag verpflichtet war, vor der Beantragung des Schiedsverfahrens ein Vorverfahren durchzuführen. Matra Transports International bestritt dies mit dem Argument, dass aufgrund der Zustimmung das TCG zum Schiedsverfahren eine Vertragsveränderung eingetreten sei. Sie sei daher nicht mehr verpflichtet gewesen das Vorverfahren durchzuführen. Dieser Streitpunkt hat zu mehrmaligen Berufungen in Zweiter Instanz geführt und das TCG hat jeden Prozess gewonnen. In Dritter Instanz hingegen hat das Oberste Gericht das Urteil des Oberen Gerichts aufgehoben und begründet, dass die jüngste Vereinbarung über den direkten Zugriff auf das Schiedsverfahren gültig sei und daher kein Vorverfahren durchgeführt werden musste. Diese vertragsrechtliche Vereinbarung sei für das TCG als Verwaltungsorgan bindend. Darüber hinaus habe sich das TCG rügelos auf die Klage vor dem Schiedsgericht eingelassen. Matra Transports International hat nach fast 8 Jahren am 24.11.2000 die endgültige Klageabweisung der Aufhebungsklage durch das TCG erreicht. Die zuständige Abteilung von Matra Transports International wurde mittlerweile von der Siemens AG übernommen. Inzwischen ist jedoch eine Vollstreckungsgegenklage des TCG nach §§ 14 ff. taiwanesisches Zwangsvollstreckungsgesetz anhängig[47].

Aus dem Matra-Fall können die folgenden Schlüsse gezogen werden:

1. Die Verwaltung Taiwans hat nach langjähriger Praxis in diesem Fall offiziell das Urteil des obersten Gerichtes, dass in der Schiedsgerichtsbarkeit ein unabhängiges Rechtsinstitut zur Streitbeilegung bei öffentlichen Bauverträgen sieht, anerkannt.

2. Wenn ein sog. Vorverfahren (verwaltungsrechtliches Mediationsverfahren; *Preliminary Arbitration Procedure*) als Voraussetzung eines Schiedsverfahrens vereinbart wurde, war es vor dem Matra-Fall umstritten, ob die Nicht-Erfüllung des sog. Vorverfahrens durch den nachher erfolgten Erlass eines Schiedsspruchs geheilt wurde oder das ganze Schiedsver-

47 Zu den Einwendungen von TCG siehe die Nachricht von TCG von 20. 12. 2000 unter http://www.dorts.gov.tw/news/news.htm.

fahren schon deswegen ungültig war[48]. Die Vereinbarung eines sog. Vorverfahrens (sogar zwischen öffentlich-rechtlichem Auftraggeber und ausländischem Auftragnehmer) kann nach dem Matra-Fall nicht mehr gegen den Schiedsspruch im Rahmen der Aufhebungsklage geltend gemacht werden, wenn sich der Kläger zuvor auf das Schiedsverfahren rügelos eingelassen hat.

3. Das Oberste Gericht nimmt keine Revision au fond vor und erkennt die Schiedsgerichtsbarkeit somit als ein eigenständiges Institut der Rechtsfindung an.

4. Das Schiedsverfahren bei der TIS hat für ausländische Parteien an Glaubwürdigkeit gewonnen. Obwohl alle drei Schiedsrichter taiwanesische Staatsangehörige sind, wurde der Schiedsspruch im Interesse der ausländischen Partei gefällt.

5. In seinem Urteil geht das Oberste Gericht, obwohl vorliegend ein öffentliches Interesse betroffen war, nicht auf die Vereinbarkeit des Schiedsspruches mit dem *ordre public*-Vorbehalt ein. Daher bleibt unklar welcher Maßstab bei der Überprüfung des Schiedsspruchs anhand des *ordre public*-Vorbehaltes anzulegen ist.

g) Zwischenergebnis

Im Hinblick auf die Reformdynamik in Taiwan kommt der Schiedsgerichtsbarkeit nicht mehr nur im internationalen, sondern auch im nationalen Bereich eine wachsende Bedeutung zu. Durch Erlass des SchVG verfügt Taiwan über ein sehr modernes Schiedsrecht[49]. Die Unsicherheit, die nach wie vor hinsichtlich des Maßstabes der Überprüfung von Schiedssprüchen anhand des *ordre public*-Vorbehaltes besteht, ist bis heute noch nicht völlig beseitigt.

Die zahlreichen Fragen, die in Verbindung mit der Kontrolle im Schiedsverfahren aufkommen, sind aber auch noch nicht ganz gelöst. Dies mag zu einem Gefühl der Rechtsunsicherheit führen, bedeutet jedoch nicht, dass im Einzelfall kein Rechtsschutz zu erlangen wäre. Es bleibt die Frage, ob und wann auch die ad hoc-Schiedsgerichtsbarkeit in Taiwan an Bedeutung gewinnt. Das ist für deutsche Juristen von besonderem Interesse, weil das ad hoc-Schiedsverfahren im deutschen Schiedsrecht vorherrschend ist. Eine etappenweise Reform der Rechtsrahmenbedingungen für die ad hoc-Schiedsgerichtsbarkeit in Taiwan wird erwartet.

---

48 Urteil des Obersten Gerichts, tai-kan-ji Nr. 692, 1995 und Urteil des Obersten Gerichts, tai-kan-ji Nr. 2570, 1995; dagegen Urteil des Obersten Gerichts, tai-kan-ji Nr. 2549, 1994.

49 Vgl. auch *Catherine Li*, a.a.O. (Fn. 36); *Hong-lin Yu*, a.a.O. (Fn. 36).

E) Besondere Arten der Schiedsgerichtsbarkeit

a) Zwangsschiedsgerichtsbarkeit

§ 53 SchVG ordnet die Anwendbarkeit des SchVG für die in einem anderen Gesetz angeordnete Zwangsschiedsgerichtsbarkeit an. Zwangsschiedsgerichtsbarkeit bedeutet, dass den Parteien der Zugang zum ordentlichen Gericht verwehrt wird und sie ihre Streitigkeit nur im Schiedsverfahren klären können. Die Wurzeln der Zwangsschiedsgerichtsbarkeit in Taiwan finden sich in dem Misstrauen gegenüber der staatlichen Justiz. Ihre Einführung wurde vor allem von der ehemaligen Oppositionspartei im Interesse der Verbraucher und Arbeitnehmer gefordert. Die bisherige Grundeinstellung der Richter begünstigte die wirtschaftlich Mächtigen. Der Schutz der Schwächeren kann im Rahmen der Zwangsschiedsgerichtsbarkeit in Taiwan besser gewährleistet werden, weil die Schiedsrichter im Gegensatz zu staatlichen Richtern durch die Parteien bestellt werden können. Bis heute ist das Vertrauen der Bürger in die staatliche Justiz ungenügend, daher wird eine Ausweitung der Zwangsschiedsgerichtsbarkeit nach wie vor befürwortet. Eine Initiative zur Errichtung einer Institution für die Schiedsgerichtsbarkeit in arbeitsrechtlichen Angelegenheiten wurde bereits seit Mai 2000 von dem Büro für Arbeitnehmer der Exekutive Yuan betrieben. Es hat dazu geführt, dass die Schiedsinstitution für arbeitsrechtliche Streitigkeiten der Republik China (jong-hua-min-guo-lao-ji-jen-yi-jong-tsai-shieh-hui) am 10.08.2001 gegründet wurde. Dies ist vor allem darauf zurückzuführen, dass im Jahr 2000 zum ersten Mal der Kandidat der Oppositionspartei DPP als Staatspräsident gewählt wurde. In §§ 24 ff. des taiwanesischen Gesetzes zur Beilegung von Streitigkeiten über Arbeitsverhältnisse wird geregelt, dass die Streitigkeiten über dispositive Regelungen des Arbeitsverhältnis auf Antrag beider Parteien bei der Schiedsstelle im Schiedsverfahren beigelegt werden, wenn das Mediationsverfahren keinen Erfolg hat. Wenn nötig, kann die zuständige Behörde auch von Amts wegen zwingend die Durchführung eines Schiedsverfahrens anordnen. Eine ähnliche Initiative wird zzt. auch von der Gesundheitsbehörde der Exekutive Yuan für die medizinrechtlichen Streitigkeiten konzipiert.

Auf der anderen Seite wird in Taiwan die Zwangsschiedsgerichtsbarkeit auch für den hoch internationalisierten Finanzsektor und die weitgehend internationalisierte Industriebranche stark gefördert. Nach § 166 Wertpapierhandelsgesetz können die beteiligten Parteien für alle Streitigkeiten, die aus Rechtsbeziehungen der Wertpapiergeschäfte entstehen, das Schiedsverfahren vereinbaren. Streitigkeiten zwischen Aktienagenturen und dem Aktiengeschäftszentrum (zen-jiuan-jiau-yi-so) oder unter den Aktienagenturen können nur im Schiedsverfahren beigelegt werden, unabhängig davon, ob eine Schiedsvereinbarung besteht oder nicht. Nach § 109 des Gesetzes zur Regelung der Terminwarengeschäfte können die Parteien für die aus den Rechtsbeziehungen der Terminwarengeschäfte entspringenden Streitigkeiten ein Schiedsverfahren vereinbaren. Schiedsvereinbarungen, die im nationalen oder internationalen Rechtsverkehr über Börsentermingeschäfte geschlossen werden, sind wirksam. Insbesondere steht ihnen der taiwanesische *ordre public* auch dann nicht entgegen, wenn ein ausländisches Schiedsgericht und die Anwendbarkeit von ausländischem Recht vereinbart ist.

b) Verbandsschiedsgerichtsbarkeit

Die sog. Sport-Schiedsgerichtsbarkeit wird bereits praktiziert[50]; sie ist jedoch bis heute nicht rechtlich anerkannt. Die Reichweite der Rechtskraft des sog. „Spruchs" der Sport-Schiedsgerichtsbarkeit wurde noch nicht untersucht. Bislang stellt die Sportschiedsgerichtsbarkeit eine vereinsinterne Sanktion dar.

50 *Chung-sen Yang*, Der Schiedsort in der Hinsicht der Sports- und Cyberschiedsgerichtsbarkeit, Journal of Arbitration (chinesisch) 52, TIS, S. 28 f.

Kapitel II Die geltenden schiedsrechtlichen Regelungen

I. Rechtsquellen der institutionellen und der ad-hoc-Schiedsgerichtsbarkeit

A) Das SchVG

Nationale und internationale Schiedsverfahren werden im SchVG wie in der alten Verordnung der Handelsschiedsgerichtsbarkeit einheitlich geregelt. In § 54 SchVG wird festgelegt, dass Schiedsinstitutionen nur auf der Grundlage dieses Gesetzes errichtet werden können. Das SchVG regelt gleichzeitig auch die ad hoc-Schiedsverfahren. Damit ist grundsätzlich die Vereinbarung eines ad-hoc-Schiedsverfahrens nach dem SchVG sowohl in Taiwan als auch im Ausland zulässig; es wird in der taiwanesischen inländischen Rechtspraxis aber nur sehr selten angewandt. Ob die Schiedssprüche aus dem ad-hoc-Schiedsverfahren von dem Gericht anerkannt werden, bleibt abzuwarten. Im Übrigen gelten für ad hoc-Verfahren die gesamten Regelungen des SchVG nebst den ergänzenden Vorschriften. Da die Parteien aber auch die Möglichkeit haben, auf die Schiedsordnung anderer entweder ausländischer oder internationaler Schiedsinstitutionen zurückzugreifen (§ 47 SchVG), gelten in diesem Sinn solche Schiedsordnungen ausländischer oder internationaler Schiedsinstitutionen auch als Rechtsquelle.

B) Nebenbestimmungen

Für Schiedsverfahren vor Schiedsinstitutionen und bei ad-hoc-Schiedsverfahren gelten ergänzend die Bestimmungen der taiwanesischen ZPO (vgl. § 19 SchVG). Im Rahmen des internationalen Prozessrechts wird auch die Anerkennung und Vollstreckung ausländischer Entscheidungen geregelt (§ 402 taiwanesische ZPO). Das Zwangsvollstreckungsgesetz von Entscheidungen, zu denen auch die Vollstreckung von Schiedssprüchen und Vergleichen gehört, ist ebenfalls eine Nebenbestimmung. Das taiwanesische IPR ist eine weitere Quelle, die man nicht außer Acht lassen sollte, wenn die Schiedsvereinbarung als Bestandteil eines Vertrags mit Auslandsbezug angesehen wird. Das IPR gilt dabei als ein Rahmen für die Rechtsentwicklung der internationalen Handelsschiedsgerichtsbarkeit.

C) Weitere Rechtsquellen

Zur Förderung der Schiedsgerichtsbarkeit wird vielerorts im geltenden Recht die Anwendbarkeit des Schiedsverfahrens auf jenem Gebiet ausdrücklich geregelt[51].

---

51 Siehe Anhang 5 über die Rechtsquellen der Schiedsgerichtsbarkeit im taiwanesischen Recht.

Da die Schiedsgerichtsbarkeit für das taiwanesische Volk ein fremdes Rechtsinstitut ist, spielt die staatliche Förderung dabei eine große Rolle, um die Schiedsgerichtsbarkeit fest in der taiwanesischen Rechtsordnung zu verankern. Dazu sollte die positive Rechtsgrundlage, die die Schiedsgerichtsbarkeit in den jeweiligen Rechtsbereich einführt, für die zuständige Behörde ein solider Standpunkt sein, die Konservativität zu brechen. Das gilt zugleich auch als ein Indiz für die Reichweite der Schiedsgerichtsbarkeit im taiwanesischen Recht.

II. Anwendungsbereich des SchVG

A) Sachlicher Anwendungsbereich

Die Regelung über den sachlichen Anwendungsbereich, wie dies in § 1025 Abs. 1 ZPO der Fall ist, gibt es im taiwanesischen Schiedsverfahrensrecht nicht. Das SchVG ist nur anwendbar, wenn die Parteien dies vereinbart haben. Wenn in den Schiedsvereinbarungen mit Auslandsbezug das taiwanesische Recht anwendbar ist, so richten sich alle Voraussetzungen für ihr Zustandekommen, ihre Wirksamkeit und Gültigkeit nach dem taiwanesischen BGB, sofern das SchVG als *lex specialis* keine abweichende Bestimmungen enthält. Erwähnenswert ist auf jeden Fall das Territorium der Republik China auf Taiwan. Das Hoheitsgebiet von Taiwan erstreckt sich heute in Wirklichkeit nur auf die Hauptinsel Taiwans, die Peng Hu-Archipels, die Kinmoy-Insel und die Ma Tzu-Insel. Für das Festland China hat Taiwan nur die deklaratorische Hoheit.

B) Inkrafttreten, Außerkrafttreten und Modifizierung von Rechtsnormen

Am 24.12.1998 ist das neue SchVG in Kraft getreten. Vor Inkrafttreten des SchVG abgeschlossene Schiedsvereinbarungen bzw. Schiedsgerichtsklauseln, die auf die Zuständigkeit der ehemaligen alten TIS verweisen, werden nach dem neuen Schiedsrecht als Schiedsverträge bzw. Schiedsgerichtsklauseln, die die Zuständigkeit der TIS begründen, betrachtet. Ein Datum zum Außerkrafttreten hat das SchVG sich nicht gesetzt. Zur Gesetzgebung oder Modifizierung eines Gesetzes erfordert die Verfassung die Zustimmung der Legislative Yuan und die Verabschiedung durch den Staatspräsidenten.

III. Die Schiedsvereinbarung

A) Rechtsnatur der Schiedsvereinbarung

a) Rechtsnatur der Schiedsvereinbarung

Nach der h.M. ist die Schiedsvereinbarung ein materiellrechtlicher Vertrag mit prozessrechtlicher Wirkung[52]. Dabei handelt es sich um einen privatrechtlichen Vertrag zwischen zwei oder mehr Parteien im Sinne des taiwanesischen BGB, so dass sich auch alle Voraussetzungen für sein Zustandekommen, seine Wirksamkeit und Gültigkeit nach dem taiwanesischen BGB richten, sofern das SchVG als *lex specialis* keine abweichenden Bestimmungen enthält. Für den Abschluss der Schiedsvereinbarung gelten daher die Vorschriften über vertragliche Beziehungen der §§ 153 ff. taiwanesisches BGB entsprechend. Für Schiedsverträge mit Auslandsbezug ist die Zulässigkeit der Schiedsvereinbarung nach dem vereinbarten Schiedsrecht zu bestimmen (§ 47 SchVG i.V.m. Art. 6 taiwanesisches IPR). Hiernach gilt, dass die Wirksamkeit und der Inhalt der Schiedsvereinbarung nach dem anwendbaren Recht beurteilt werden.

b) Unabhängigkeit der Schiedsklausel vom materiell-rechtlichen Vertrag

Nach heutiger einhelliger Ansicht sind Schieds- und Hauptverträge auch dann von einander rechtlich unabhängig, wenn sie in derselben Urkunde vereinbart wurden[53] (die sog. *seperability*-Theorie; § 4 Abs. 1 SchVG). Daher teilt die Schiedsvereinbarung nicht automatisch das rechtliche Schicksal des Hauptvertrages. § 111 Abs. 1 taiwanesisches BGB (Teilnichtigkeit) gilt nicht. Allerdings können beide Verträge an demselben Mangel leiden. Eine solche Fehleridentität führt dann dazu, dass beide Verträge unwirksam werden.

B) Zulässigkeit und Grenzen der Schiedsvereinbarung

Eine wirksame Schiedsvereinbarung kann nur über solche Gegenstände getroffen werden, die objektiv schiedsfähig sind. Die Parteien selbst müssen subjektive Schiedsfähigkeit besitzen.

a) Die objektive Schiedsfähigkeit

Das geltende Recht verbindet die objektive Schiedsfähigkeit in § 1 Abs. 2 SchVG mit der Vergleichsfähigkeit des Streitgegenstandes[54]. Der Begriff Ver-

---

52 *Jing-jong Huang*, Schiedsvereinbarung, in: TIS (Hrsg.), Über das neue Schiedsrecht (jon-tsai-fa-shing-lun), TIS 1999, S. 53 f.

53 *Jing-jong Huang*, a.a.O. (Fn. 52), S. 73 f.

54 *Huan-Wen Chen* (*John H. Chen*), Kommentar über das SchVG (jon-tsai-fa-tsu-tiao-shi-yi), 1. Aufl., 1999, S. 23.

gleichsfähigkeit wird im SchVG nicht definiert. Die Vergleichs- bzw. (objektive) Schiedsfähigkeit wird in der Literatur sehr weit ausgelegt[55]. Es ist jedoch bis heute unklar, ob die zuständigen Behörden diese Auffassung teilen. Dies ist darauf zurückzuführen, dass die Schiedsgerichtsbarkeit als eigenständiges Rechtsinstitut noch nicht sehr weit verbreitet ist, da die Bürger immer noch die gütliche Beilegung ihrer Streitigkeiten bevorzugen und folglich bis heute nur wenige Schieds- bzw. Gerichtsfälle für die in Frage stehenden Rechtsgebiete existieren. Die Darstellung der objektiven Schiedsfähigkeit in Taiwan ist deswegen mehr oder minder von theoretischer Natur. Positiv ist davon auszugehen, dass das Schiedsverfahren für alle Vermögensstreitigkeiten nach den bürgerlichrechtlichen Vorschriften für zulässig erachtet wird, sofern über deren Verhandlung und Entscheidung ein Vergleichsvertrag abgeschlossen werden kann. Die Vergleichsfähigkeit einer bürgerlich-rechtlichen Streitigkeit ist nach der herrschenden Meinung nur zu versagen, wenn diese die öffentliche Ordnung oder die guten Sitten berührt[56]. In der taiwanesischen Fachliteratur geht man davon aus, dass bei vermögensrechtlichen Streitigkeiten die öffentliche Ordnung und Sicherheit nur im Ausnahmefall betroffen sein kann[57]. Eine weitere positive Konkretisierung der Vergleichsfähigkeit ist zum heutigen Zeitpunkt nicht möglich. Es kann daher zunächst nur eine Negativabgrenzung vorgenommen werden und untersucht werden, welche Streitigkeiten nicht durch einen Vergleich und folglich auch nicht durch Schiedsverfahren beendet werden können. Hierzu gehören zweifelsfrei Gerichtsverfahren, die von den Gerichten von Amts wegen, d.h. auch ohne Antrag der Beteiligten, eingeleitet werden können, wie beispielsweise Vormundschafts- und Pflegesachen. Des Weiteren wird der Abschluss eines Vergleichs auch in erbrechtlichen Streitigkeiten, insbesondere in Streitigkeiten über den Ausschluss von der Erbfolge bzw. Entziehung des Pflichtteils für unzulässig gehalten. Ebenfalls nicht schiedsfähig sind Ehe-, Scheidungs- und Vaterschaftsfeststellungsverfahren.

Für einige Rechtsgebiete ergibt sich die Zulässigkeit des Schiedsverfahrens aus speziellen Regelungen[58]. Solche Regelungen dienen der Förderung der Schiedsgerichtsbarkeit in diesen Bereichen. Es handelt sich hierbei vor allem um Bereiche, die von herausragender Bedeutung für die taiwanesische Wirtschaft sind. Spezielle Regelungen über die Schiedsgerichtsbarkeit existieren z.B. im Seehandelsrecht (§§ 78, 145, 161 taiwanesisches Seehandelsgesetz). Die Lastenbeförderung auf dem Seeweg ist einer der größten Industriezweige Tai-

55 *Huan-Wen Chen*, a.a.O. (Fn. 54), S. 23; TIS (Hrsg.), Über das neue Schiedsrecht (jon-tsai-fa-shing-lun), TIS 1999, S. 39.

56 *Huan-Wen Chen*, a.a.O. (Fn. 54), S. 23.

57 *Huan-Wen Chen*, a.a.O. (Fn. 54), S. 23.

58 Siehe Anhang 5.

wans. Auch im Vergaberecht ermöglicht § 74 Abs. 2 taiwanesisches Gesetz der Regierungsvergabe die Streitbeilegung im Schiedsverfahren. § 74 Abs.2 schreibt vor: Für die privatrechtlichen Streitigkeiten zwischen der Behörde und dem Unternehmen bezüglich der öffentlichen Vergabeausschreibung (die Beteiligung, Überprüfung, Entscheidung, Vertragserfüllung und Abnahme) kann ein Schiedsverfahren vereinbart werden. Ebenso erklärt § 24 der Verordnung zur Regelung des Technologientransfers die Beilegung einer Streitigkeit aus einem Technologietransfer in einem Schiedsverfahren für zulässig. Bezüglich anderer zahlreicher Streitigkeiten ist die Schiedsfähigkeit für ausländische Unternehmen im Prinzip zulässig, wenn es nicht speziell geregelt ist.

Es verbleiben jedoch einige Rechtsbeziehungen, deren Schiedsfähigkeit nach wie vor unklar ist. Dies gilt beispielsweise für das Patentrecht. Obwohl in der Literatur weit überwiegend die Meinung vertreten wird, dass Streitigkeiten, die den Schutz geistigen Eigentums betreffen, schiedsfähig sind[59], ist die Situation in der Praxis bislang unklar geblieben. Nach § 10 taiwanesisches Patentgesetz kann eine Streitigkeit zwischen Arbeitgeber oder Arbeitnehmer über den Erwerb des Patentrechts durch ein Schiedsverfahren beigelegt werden[60]. Unklar bleibt jedoch, ob für Klagen auf Nichtigkeitserklärung von Patenten und auf Erteilung von Zwangslizenzen allein das ordentliche Gericht zuständig ist.

Ebenso ist keineswegs sicher, ob Kartellrechtsstreitigkeiten grundsätzlich schiedsfähig sind. Das Fair Trade-Gesetz (gong-pin-jiao-yi-fa; das taiwanesische Kartell- und Wettbewerbsgesetz) hat bedauerlicherweise keine Regelung zur Schiedsgerichtsbarkeit getroffen. In Taiwan wird die objektive Schiedsfähigkeit von kartellrechtlichen Streitigkeiten zum Teil abgelehnt, weil diese die öffentliche Ordnung berühren würden. Rechtspolitisch wäre es wünschenswert, wenn Taiwan der deutschen Entwicklung auf dem Gebiet des Kartellrechts folgen würde.

Nach § 91 GWB in seiner alten Fassung waren Schiedsvereinbarungen über künftige Rechtsstreitigkeiten aus wettbewerbsbeschränkenden Verträgen oder Beschlüssen nichtig, wenn nicht jedem Beteiligten das Recht gegeben wird, im Einzelfall statt der Entscheidung durch das Schiedsgericht eine Entscheidung durch ein ordentliches Gericht zu verlangen. Hieraus folgt, dass Kartellrechtsstreitigkeiten schon nach dem alten § 91 GWB schiedsfähig waren und nur die Bindungswirkung der Schiedsklausel durch die obligatorische Einräumung eines

---

59 Vgl. TIS (Herg.), Recht des geistigen Eigentums (I), Schriftenreihe Ausgewählte Schiedsfälle (jon-tsai-ang-li-xuen-ji), Bd. IV, TIS 1998; *Huan-Wen Chen*, a.a.O. (Fn. 54), S. 30.

60 Siehe Anhang 5.

Wahlrechts eingeschränkt wurde[61]. Nach dem neuen Recht entfällt diese zwingende Einräumung eines Wahlrechts, weil der Gesetzgeber der Auffassung war, dass die Kontrolle des Schiedsspruchs durch die staatlichen Gerichte im Vollstreckbarkeitsverfahren eine hinreichende Garantie für die Einhaltung kartellrechtlicher Vorschriften gewährleisten kann[62]. Die Abschaffung des obligatorischen Wahlrechts fügt sich in die internationale Entwicklung ein, die zu einer zunehmenden Auflockerung des Handelsvorbehalts und zur Erweiterung des sachlichen Anwendungsbereichs der internationalen Handelsschiedsgerichtsbarkeit tendiert. Hierbei soll alleine die Kontrolle des Schiedsspruchs über den *ordre public*- Vorbehalt das öffentliche Interesse schützen und nicht mehr wie bisher die Einschränkung der objektiven Schiedsfähigkeit.

Es ist daher wünschenswert, dass sich die Anerkennung der objektiven Schiedsfähigkeit von wettbewerbs- und kartellrechtlichen Streitigkeiten sowie Streitfällen aus dem Bereich des Schutzes geistigen Eigentums auch in Taiwan durchsetzt[63], denn der Schutz der betroffenen öffentlichen Interessen kann hinreichend durch die Kontrolle der staatlichen Gerichte im Vollstreckbarkeitsverfahren gewährleistet werden[64].

b) Persönlicher Anwendungsbereich: Subjektive Schiedsfähigkeit

Die subjektive Schiedsfähigkeit bezeichnet die rechtliche Fähigkeit einer Partei, Schiedsvereinbarungen abschließen zu können. Subjektive Schiedsfähigkeit besitzt jede juristische oder natürliche geschäftsfähige Person, über deren Rechte und Pflichten in dem Schiedsverfahren entschieden werden soll. Nach den einschlägigen Kollisionsnormen richtet sich die Geschäftsfähigkeit einer natürlichen Person nach der Rechtsordnung des Staates, dem sie angehört (Art. 1 taiwanesisches IPR). Für ausländische juristische Personen, die von Taiwan anerkannt wurden, gilt das Recht ihres Sitzes (Art. 2 taiwanesisches IPR). Im Fall der Vornahme von Rechtshandlungen durch ausländische Rechtssubjekte auf dem Territorium von Taiwan ist es jedoch ausreichend, wenn das Rechtssubjekt zu dieser Handlung nach taiwanesischem Recht befähigt war (Art. 6 taiwanesisches IPR).

---

61 *Rolf A. Schütze*, Schiedsgericht und Schiedsverfahren, Verlag C. H. Beck 1998, 2. Aufl., S. 139; vgl. auch BGHZ 46, 365, 358; BGH WuW/E BGH 523, 397, 401; *K. P. Berger*, Internationale Wirtschaftsschiedsgerichtsbarkeit, 1992, S. 132; *Lorenz*, Kartellrechtliche Probleme der nationalen und internationalen Schiedsgerichtsbarkeit, Diss. Münster 1985, 13 ff, 20.

62 Vgl. Begründung BTDrucks. 13/5274, S.71.

63 Vgl. auch *Huan-Wen Chen*, a.a.O. (Fn. 54), S. 30 f.

64 Vgl. Begründung BTDrucks. 13/5274, S.71.

C) Inhalt einer Schiedsvereinbarung

a) Notwendiger Inhalt

Gemäß § 2 SchVG handelt es sich bei einer Schiedsvereinbarung entweder um den Abschluss einer Vereinbarung zwischen den Parteien alle oder mehrere Streitigkeiten zwischen ihnen in Bezug auf ein oder mehrere bestimmte Rechtsverhältnisse der Entscheidung des Schiedsgerichts zu unterwerfen oder um eine Vereinbarung mittels derer die Parteien eine bereits entstandene Streitigkeit der Entscheidung des Schiedsgerichtes unterwerfen. Die Schiedsvereinbarung kann somit abgeschlossen werden: (1) für einen einzelnen bereits entstandenen Streit; (2) als Schiedsklausel, die alle Streitigkeiten betreffen soll, die in Zukunft aus einer bestimmten Rechtsbeziehung entstehen können; und (3) als generelle Vereinbarung, die sämtliche Streitigkeiten aus einem bestimmten Kreis von Rechtsbeziehungen, die in Zukunft zwischen den Beteiligten entstehen könnten, betrifft. Eine Schiedsvereinbarung über künftige Streitigkeiten aus einem bestimmten Rechtsverhältnis erfasst, soweit darin nichts abweichendes geregelt ist, sowohl die aus der Rechtsbeziehungen entstandenen Rechte und Pflichten der Parteien als auch auf die Wirksamkeit dieser Rechtsbeziehungen, sowie derjenigen Rechte, die mit diesen Rechtsbeziehungen zusammenhängen[65]. Auf das Gegenrecht der Aufrechnung bezieht sich die Schiedsvereinbarung nur, wenn die Forderung mit der aufgerechnet werden soll, einem Rechtsverhältnis entspringt, das von der Schiedsvereinbarung erfasst wird. Denn eine Schiedsvereinbarung wird gemäß § 2 SchVG immer für ein bestimmtes Rechtsverhältnis getroffen. Dies gilt entsprechend für die Einrede des nicht erfüllten Vertrages (§ 264 Abs. 1 taiwanesisches BGB), das Zurückbehaltungsrecht und die Widerklage. Die Schiedsvereinbarung bezieht sich nur dann auf diese Gegenrechte, wenn sie aus demselben Rechtsverhältnis stammen.

b) Wünschenswerter Inhalt einer Schiedsklausel

Beurteilt sich eine Schiedsvereinbarung nach taiwanesischem Recht, so ist nach § 1 Abs. 1 SchVG nur die Vereinbarung erforderlich, dass die Entscheidung einer Rechtsstreitigkeit durch einen oder mehrere Schiedsrichter erfolgen soll. Zusätzlich muss die Schiedsklausel gemäß § 2 SchVG auf ein bestimmtes Rechtsverhältnis und die aus ihm entspringenden Streitigkeiten Bezug nehmen. Es kann jedoch sinnvoll sein, die materielle Tragweite der Schiedsklausel einzuschränken (den Umfang betreffend, siehe unten). In Betracht kommt beispielsweise die Zuständigkeit des Schiedsgerichts auf Zahlungsansprüche zu beschränken und eine Aufrechnung oder Widerklage im Schiedsverfahren auszuschließen oder den Rechtsnachfolger von der Bindung an die Schiedsklausel zu

---

65 *Jing-jong Huang*, a.a.O. (Fn. 52), S. 70, 71.

befreien. Es ist ratsam die Zusammensetzung des Schiedsgerichts im voraus zu regeln (§ 9 Abs. 1 SchVG), denn die Persönlichkeit des Schiedsrichters spielt für das Schiedsverfahren eine wichtige Rolle. Allerdings ist davon abzuraten ein Schiedsgericht aus einer geraden Anzahl von Schiedsrichtern zu bestellen. Möglich ist es auch, den Obmann durch eine neutrale Stelle (in der Praxis häufig durch die TIS nach § 9 Abs. 4 SchVG oder durch das Gericht nach § 9 Abs. 2, 3 SchVG) bestimmen zu lassen.

Erfasst die Schiedsklausel eine oder mehrere bestimmte Rechtsbeziehungen ist es aus Gründen der Rechtsicherheit ratsam den Umfang der Schiedsklausel zu beschränken. Die materielle Tragweite der Schiedsvereinbarung kann von den Parteien frei bestimmt werden.

Die Wahl des Schiedsortes kann eine Vielzahl von Interessen berühren, daher sollte der Schiedsort in der Schiedsvereinbarung eindeutig bestimmt werden. Nach § 20 SchVG können die Parteien im Prinzip den Ort, an dem das Schiedsverfahren durchgeführt werden soll, frei vereinbaren. Wenn eine entsprechende Regelung nicht in der Schiedsvereinbarung getroffen wird, entscheidet das Schiedsgericht über den Ort des Verfahrens. Die Musterklausel der TIS bestimmt Taipeh als Schiedsort.

D) Wirkungen der Schiedsvereinbarung

a) Wirkungen einer Schiedsvereinbarung

Nach taiwanesischem Verständnis hat eine Schiedsvereinbarung materiell- und prozessrechtliche Folgen[66]. Materiellrechtlich verpflichtet die Schiedsvereinbarung die Parteien, die Durchführung eines Schiedsverfahrens zu ermöglichen und dessen Verschleppung zu unterlassen. Sie haben bei der Einsetzung des Schiedsgerichts mitzuwirken, notwendige Vorschüsse zu zahlen, die Schiedsverfahrensordnung zu wahren und im Schiedsverfahren wahrheitsgemäß vorzutragen. Dabei wird die Zuständigkeit des Schiedsgerichts für das Schiedsverfahren dadurch auch begründet (§ 1 Abs. 1 SchVG). Das Schicksal der Schiedsklausel hängt nicht von der Wirksamkeit bzw. Existenz des Hauptvertrages ab (§ 3 SchVG). Hiernach handelt es sich - bei der Schiedsvereinbarung auch in dem Fall, dass sie Bestandteil des Hauptvertrages ist, um einen eigenständigen Vertrag. Das Schiedsgericht entscheidet daher über seine eigene Befugnis, wenn die Schiedsvereinbarung wirksam getroffen wurde (§ 22 SchVG).

Prozessrechtlich ist die Schiedsvereinbarung im staatlichen Verfahren ein Prozesshindernis (derogatio fori; fan-su-kan-bian). Das angerufene staatliche Ge-

---

66 *Jing-jong Huang*, a.a.O. (Fn. 52), S. 53 f.

richt hat die Klage als unzulässig abzuweisen, wenn sich der Beklagte auf die Schiedsvereinbarung beruft (§ 4 Abs. 1 Satz 1 SchVG). Der Beklagte muss die Einrede der Schiedsvereinbarung gemäß § 4 Abs. 1 Satz 2 SchVG vor Beginn der mündlichen Verhandlung zur Hauptsache geltend gemacht haben. Wird die Schiedseinrede rechtzeitig erhoben, wird der gerichtliche Prozess eingestellt (die sog. *cease of court procedure*-Theorie; § 4 Abs. 1 SchVG). Die Einstellung des gerichtlichen Prozesses statt der Klageabweisung erspart einerseits der Partei die Kosten einer erneuten Klageerhebung falls sich das Schiedsgericht für unzuständig erklärt. Andererseits wird zugleich ein neuer Prozess vermieden[67]. Inzwischen prüft das Schiedsgericht die Wirksamkeit der Schiedsvereinbarung. Ist diese wirksam, kann das Schiedsgericht die Einrede gemäß § 22 SchVG durch eine endgültig bindende Entscheidung verwerfen. Setzt sich die Einrede der Schiedsvereinbarung hingegen durch, so wird die Klage wegen der Unzuständigkeit des Schiedsgerichts abgewiesen (vgl. auch III A).

Der Abschluss der Schiedsvereinbarung hat nur Einfluss auf Verjährungs- bzw. Präklusionsvorschriften, wenn das Schiedsverfahren nicht abgebrochen wird oder der Schiedsspruch erfolgt ist, § 32 SchVG i.V.m. § 133 taiwanesisches BGB.

b) Auswirkungen auf Dritte

Bei Anwendung des taiwanesischen Rechts bindet die Schiedsvereinbarung wie jeder Vertrag grundsätzlich nur die Vertragspartner. Die Bindung an die Schiedsvereinbarung erstreckt sich nur dann unmittelbar auf Dritte, wenn ein Vertrag zugunsten Dritter gemäß §§ 269 ff. taiwanesisches BGB in Anspruch genommen wird. Außerdem bindet die Schiedsvereinbarung auch alle Rechtsnachfolger, unabhängig davon, wie sie in die Position der Schiedsvereinbarungspartei eingetreten sind. Dies betrifft nicht nur den Fall der Gesamtrechtsnachfolge (z. B. durch Erbschaft), sondern auch die Fälle einer Singularsukzession, wie beispielsweise durch Vertragsübernahme, Abtretung, Vermögensübernahme, Pfändung etc.. Die Parteien können jedoch die Verbindlichkeit der Schiedsvereinbarung für ihre Rechtsnachfolger ausdrücklich von vornherein ausschließen.

c) Mögliche Verteidigungsmittel gegen die Schiedseinrede

Gegen die Einrede der Schiedsgerichtsbarkeit nach § 4 SchVG kann die Unwirksamkeit oder Undurchführbarkeit der Schiedsvereinbarung geltend gemacht werden. Vor Erlass des SchVG tendierte das taiwanesische Gericht, wenn Zwei-

67 *Huan-wen Chen*, Über die Wirkung der Schiedsvereinbarung, shi-fa-jou-kan, 816. Ausgabe, 03 05 1996, S. 2.

fel an der Wirksamkeit oder der Durchführbarkeit der Schiedsvereinbarung bestanden, dazu die Einrede zurückzuweisen. Diese Situation hat sich durch § 1 Abs. 3 SchVG, der die Schriftform vorschreibt, geändert. Das Prinzip *„in favorem validitatis"* gilt für die Existenz einer Schiedsvereinbarung (§ 1 Abs. 4 SchVG).

Die Erhebung von Einwendungen gegen die Schiedsvereinbarung ist aufgrund von treuwidrigem Verhalten ohne Folgen, wenn der Beklagte diese zuvor im Schiedsverfahren nicht erhoben hat.

Eine im internationalen Vertrag oft auftauchende Schiedsklausel, dass im Streitfall die Parteien „shall or may" ins Schiedsverfahren gehen, gilt in Taiwan als ein Wahlrecht, dass den Parteien die freie Wahl zwischen einem Schiedsverfahren und dem gerichtlichen Verfahren lässt. Entscheidend für die Zuständigkeit ist, ob die Klage zuerst bei Gericht oder bei einer Schiedsinstitution anhängig gemacht wird[68].

E) Form der Schiedsvereinbarung

Die Schiedsvereinbarung bedarf nach taiwanesischem Recht der Schriftform (§ 1 Abs. 3 SchVG). Die Urkunde, die die Schiedsvereinbarung enthält, muss also grundsätzlich von beiden Parteien eigenhändig unterzeichnet werden. Sind zwei Urkunden aufgenommen, so genügt es auch, wenn die Unterzeichnungen der Parteien nicht auf einer Urkunde enthalten sind, sondern getrennt auf dem schriftlichen Vorschlag zum Abschluss einer Schiedsvereinbarung und der schriftlichen Akzeptanz dieses Vorschlags ausgewiesen sind. Das Erfordernis der Schriftform ist auch in den Fällen einer telegraphischen bzw. fernschriftlichen Übermittlung oder Übermittlung per Telefax oder sonstiger elektronischer Mittel gewahrt (§ 1 Abs. 4 SchVG). Es sollte jedoch beachtet werden, dass trotz vieler Kritik[69] durch die Begebung eines Konnossements in dem ausdrücklich auf die in einem Chartervertrag enthaltene Schiedsklausel Bezug genommen wird, keine wirksame Schiedsvereinbarung zustande kommt[70]. Ein Mangel der Schriftform führt zur Nichtigkeit der Schiedsvereinbarung. Auf Schiedsverträge mit Auslandsbezug findet, obgleich die Schiedsvereinbarung nach taiwanesischem Recht zugleich auch als Prozessvertrag eingeordnet wird, das Kollisionsrecht des taiwanesischen IPR bei internationalen Schiedsvereinbarungen ent-

68 Vgl. auch Urteil des Obersten Gerichts, tai-kan-ji Nr. 1062, 1995.

69 *Tser-dong Ker*, Die Rechtsstellung der Schiedsklausel im Konnossement, in: Das Seehandelsrecht, Tser-dong Keh (Hrsg.), 1. Aufl. 1988, S. 49 ff.; *Huan-wen Chen*, a.a.O. (Fn. 54), S. 117 f.

70 Urteil des Obersten Gerichts, tai-kan-ji Nr. 239, 1975; Beschluss des 4. Zivilsenats des Obersten Gerichts, 25. 04. 1978.

sprechende Anwendung, wenn kein Schiedsrecht vereinbart wurde. Nach Art. 5 Abs. 1 taiwanesisches IPR richtet sich die Form von Verträgen alternativ nach dem Geschäftsrecht (*lex causae*) oder dem Ortsrecht (*lex loci contractus*). Anwendbar ist die für die Formgültigkeit günstigere Rechtsordnung (analoge Anwendung des „*in favorem validitatis*"). Ist die Form nicht gewahrt, kann der Formmangel dadurch geheilt werden, dass sich der Beklagte vor dem Schiedsgericht rügelos zur Hauptsache einlässt (§ 22 SchVG).

F) Beendigung der Schiedsvereinbarung

Die Schiedsvereinbarung wird durch Aufhebung seitens der Parteien beendet. Die Aufhebung sollte wie der Abschluss der Schiedsvereinbarung schriftlich erfolgen. Des Weiteren endet die Schiedsvereinbarung mit der Erledigung der Streitigkeit, für deren Lösung sie abgeschlossen worden ist, durch Erlass eines Schiedsspruchs oder durch Abschluss eines Vergleichs. Wurde durch den Schiedsspruch bzw. den Vergleich nur ein Teil der Streitigkeiten erledigt, so besteht die Schiedsvereinbarung im Übrigen fort. Dies gilt auch im Fall, dass eine Schiedsvereinbarung für ähnliche die Parteien künftig betreffenden Rechtsverhältnisse abgeschlossen worden ist.

IV. Begründung der Befugnis des Schiedsgerichts

A) Zuständigkeit für die Entscheidung der Befugnis des Schiedsgerichts

Ob das Schiedsgericht über seine eigene Zuständigkeit entscheiden kann, ist im geltenden taiwanesischen Recht bereits in § 22 SchVG klar geregelt worden. Verfahrensrechtlich ist zu unterscheiden: Wird zuerst das Schiedsgericht angerufen, so kann dieses auch selbst über seine Zuständigkeit entscheiden (§ 22 SchVG). Wird hingegen zuerst das staatliche Gericht angerufen, so ergibt sich aus § 4 Abs. 1 SchVG, dass dieses über die Zuständigkeit des Schiedsgerichts nicht befinden kann. Nach § 4 Abs. 1 SchVG ist das staatliche Gericht zur Entscheidung über die Zuständigkeit wegen der sog. *cease of court procedure*-Theorie zwar eher passiv; als Verteidigungsmittel gegen die Befugnis des Schiedsgerichts bleibt aber die Aufhebungsklage vor dem (ordentlichen) Gericht nach § 40 SchVG.

In dieser Hinsicht ist die aus Deutschland stammende und in der internationalen Handelsschiedsgerichtsbarkeit wohlbekannte sog. Kompetenz-Kompetenz-Klausel im taiwanesischen Schiedsrecht immer noch von Bedeutung, weil die Gefahr, die der BGH bei Anerkennung der Kompetenz-Kompetenz-Klausel zu beugen versuchte[71], dass das gesamte Verfahren umsonst durchgeführt wird, im

71 BT-Drucks. 13/5274, Zu § 1040.

SchVG immer noch bleibt[72]. Diese Unklarheit kann jedoch durch die dem Model Law zugrundeliegende Auffassung beseitigt werden, wobei die Überprüfung der Befugnis des Schiedsgerichts in aller Regel nicht im Rahmen des Aufhebungsverfahrens, sondern – wie in § 1040 Abs. 3 ZPO vorgesehen – in einem gerichtlichen Verfahren unmittelbar im Anschluss an den Zwischenentscheid des Schiedsgerichts erfolgt. Dies entspricht auch den meisten ausländischen Rechtsordnungen[73]. Taiwan sollte daher auch das Institut des gerichtlichen Zwischenentscheids einführen, um die Unklarheit bzw. die Gefahr zu beseitigen.

Wird die Rüge der Zuständigkeit seitens der Parteien erhoben, so soll das Schiedsgericht so schnell wie möglich entscheiden (§ 22 TIS-SchGO). Die Rüge bezüglich der Zuständigkeit muss von den Parteien spätestens bis zur ersten mündlichen Verhandlung erhoben werden (§ 22 SchVG). Die Präklusionsvorschrift betrifft jedoch nur Zuständigkeitseinreden bezüglich der Unwirksamkeit bzw. der Beendigung der Schiedsvereinbarung sowie deren Nichtexistenz. Einreden, die darauf gestützt werden, dass in der Streitsache der Abschluss einer Schiedsvereinbarung unzulässig war, können hingegen in jedem Stadium des Verfahrens erhoben werden und sind von dem Schiedsgericht zwingend zu beachten. Gelangt das Schiedsgericht zu der Auffassung, dass seine Zuständigkeit nicht gegeben ist, so entscheidet es hierüber in einem Beschluss, der den Parteien zuzustellen ist (analoge Anwendung des § 32 Abs. 4 SchVG). In dem Beschluss sind stets die Gründe für die Feststellung der Unzuständigkeit und die damit erfolgte Ablehnung der Durchführung des Schiedsverfahrens vor dem Schiedsgericht anzugeben. In diesem Fall kann die das Verfahren betreibende Partei ihren Anspruch vor den ordentlichen Gerichten weiterverfolgen.

Bei institutionellen Schiedsverfahren ist der Ort der mündlichen Verhandlung über die Zuständigkeit im Prinzip der Sitz der TIS in Taipeh. Eine mündliche Verhandlung kann aber auch in einem anderen Ort in Taiwan oder im Ausland durchgeführt werden, entweder auf der Grundlage einer Vereinbarung der Parteien oder der Anordnung des Schiedsgerichts, § 3 TIS-SchGO. Soll die mündliche Verhandlung auf Veranlassung des Schiedsgerichts im Ausland durchgeführt werden, so sollte hierzu die Zustimmung der Verfahrensbeteiligten erforderlich sein.

B) Wirkung der Befugnisbegründung

Die (ordnungsgemäß) festgestellte Zuständigkeit des Schiedsgerichts hat rückwirkend zum Zeitpunkt der Einleitung des Verfahrens wesentliche prozess- und

72 Vgl. *Huan-wen Chen*, Über die Befugnis des Schiedsgerichts, Journal of Arbitration (chinesisch) 50, TIS, S. 46 f.

73 BT-Drucks. 13/5274, Zu § 1040.

materiell-rechtliche Auswirkungen. Prozessrechtlich führt die Zuständigkeit des Schiedsgerichts zum Ausschluss der Möglichkeit, in derselben Sache ein Verfahren vor den ordentlichen Gerichten durchzuführen, § 4 SchVG i.V.m. § 249 Abs. 1, Nr. 1 taiwanesische ZPO[74]. Für die Fälle, in denen die Anrufung des ordentlichen Gerichts bereits vor Einleitung des Schiedsverfahrens erfolgt ist, besagt § 4 SchVG, dass das ordentliche Gericht das Verfahren bis zur erfolgten Entscheidung des Schiedsgerichts über die Zuständigkeitsfrage bzw. in der Hauptsache auszusetzen hat (prozesshindernde Einrede, § 249 Abs. 1, Nr. 6 taiwanesische ZPO). Hierbei soll das ordentliche Gericht das Verfahren vorläufig einstellen (§ 4 Abs. Satz 1 SchVG).

Materiellrechtlich bewirkt die gegebene Zuständigkeit des Schiedsgerichts rückwirkend zum Zeitpunkt der Einleitung des Schiedsverfahrens die Unterbrechung von Verjährungs- und Präklusionsfristen, § 4 Abs. 1 in analoger Anwendung von § 21 Abs. 4 SchVG i.V.m. § 133 taiwanesisches BGB. Fehlt die Zuständigkeit des Schiedsgerichts, wobei es unwesentlich ist, ob die fehlende Zuständigkeit von dem Schiedsgericht selbst festgestellt wurde oder von einem ordentlichen Gericht, bleiben die verjährungs- und fristunterbrechenden Wirkungen der Erhebung der Schiedsklage bis zum Zeitpunkt der Feststellung der fehlenden Zuständigkeit bzw. der hierüber erfolgten Kenntniserlangung der Parteien bestehen. Diese Regelung gilt sowohl für den Fall von § 249 Abs. 1, Nr. 6 taiwanesische ZPO i.V.m. § 4 SchVG, in dem das Verfahren vor den ordentlichen Gerichten eingeleitet worden ist, als auch für den umgekehrten Fall, in dem das Verfahren zunächst zuständigkeitswidrig vor dem Schiedsgericht eingeleitet und nach Feststellung der Unzuständigkeit vor den ordentlichen Gerichten fortgesetzt worden ist[75].

C) Befugnisse und Rolle der Schiedsrichter

Grundsätzlich haben die Schiedsrichter die ihnen durch Gesetz und Schiedsvereinbarung eingeräumten Befugnisse. Ausgangspunkt ist § 29 SchVG, wonach die Schiedsrichter das Verfahren nach freiem Ermessen bestimmen. Soweit die Parteien nichts Abweichendes vereinbart haben, obliegt dem Schiedsgericht daher die Ermittlung des Sachverhalts (§ 29). Es kann prozessleitende Maßnahmen aller Art vornehmen, insbesondere die Parteien befragen, Aufklärungsbeschlüsse erlassen und Beweise erheben (siehe dazu unten). Eine Grenze setzt das Gesetz für Zwangsmaßnahmen, die auf Antrag einer Partei vom staatlichen Gericht vorzunehmen sind (§ 28 SchVG; vgl. dazu unten). Die wahre „Macht" der Schiedsrichter beruht indessen - jenseits allen Verfahrensrechts - nicht selten auf ihrer Fachkunde, Autorität und Erfahrung, die es den Parteien leichter

---

74 *Lien-gon Chiu*, a.a.O. (Fn. 34), S. 332.
75 *Jing-jong Huang*, a.a.O. (Fn. 52), S. 77, 79.

macht, den Schiedsspruch oder Vergleichsvorschläge des Schiedsrichters zu akzeptieren (vgl. auch § 4 TIS-SchGO). Die Rolle des Schiedsrichters wird daher wesentlich durch seine eigene Kompetenz und Qualifikation mitbestimmt.

D) Zwischenergebnis: Entwicklung der Befugnisse des Schiedsgerichts

Bei der Schiedsvereinbarung handelt es sich um einen eigenständigen Vertrag - auch wenn sie Bestandteil des Hauptvertrages ist. Prozessrechtlich ist die Schiedsvereinbarung im gerichtlichen Verfahren ein Prozesshindernis (fan-su-kan-bian). Das angerufene staatliche Gericht hat die Klage als unzulässig abzuweisen, wenn sich der Beklagte auf die Schiedsvereinbarung beruft (§ 4 Abs. 1 SchVG). Wird die Schiedseinrede rechtzeitig erhoben, wird der gerichtliche Prozess wegen der sog. *cease of court procedure*-Theorie nach § 4 Abs. 1 SchVG eingestellt. Inzwischen prüft das Schiedsgericht die Wirksamkeit bzw. den Untergang der Schiedsvereinbarung sowie dessen Nichtexistenz, § 40 Abs. 1, Nr. 2 SchVG. Ist diese wirksam, kann das Schiedsgericht die Einrede gemäß § 22 SchVG durch eine endgültig bindende Entscheidung verwerfen. Über die Befugnis des Schiedsgerichts entscheidet allein das Schiedsgericht selbst. Auf der anderen Seite ist die Befugnis auch dann gegeben, wenn sich der Beklagte vor dem Schiedsgericht rügelos zur Hauptsache einlässt (§ 22 SchVG). Wird die Einrede der Befugnis seitens der Parteien im Schiedsverfahren bei der TIS erhoben, so soll das Schiedsgericht so schnell wie möglich entscheiden (§ 22 TIS-SchGO). Bemerkenswert ist, dass Einreden, die darauf gestützt werden, dass in der Streitsache der Abschluss einer Schiedsvereinbarung unzulässig war, in jedem Stadium des Verfahrens erhoben werden können und von dem Schiedsgericht zwingend zu beachten sind. Im Fall des Abschlusses einer wirksamen Schiedsvereinbarung entscheidet das Schiedsgericht weiter über die Wirksamkeit des Hauptvertrages (§ 22 SchVG).

Bezüglich des Verfahrens besitzen die Schiedsrichter die ihnen durch Gesetz und Schiedsvereinbarung eingeräumten umfangreichen Befugnisse. Ausgangspunkt ist § 29 SchVG, wonach die Schiedsrichter das Verfahren nach freiem Ermessen bestimmen. Soweit die Parteien nichts Abweichendes vereinbart haben, obliegt dem Schiedsgericht daher die Ermittlung des Sachverhalts (§ 29). Eine Grenze setzt das Gesetz für Zwangsmaßnahmen, die auf Antrag einer Partei vom staatlichen Gericht vorzunehmen sind (§ 28 SchVG).

Schließlich hat der Abschluss der Schiedsvereinbarung daneben auch Einfluss auf die Verjährungs- bzw. Präklusionsvorschriften, wenn das Schiedsverfahren nicht abgebrochen wurde oder der Schiedsspruch erfolgt ist, § 32 SchVG i.V.m. § 133 taiwanesisches BGB.

Insgesamt kann man sagen, dass dem Schiedsgericht im taiwanesischen Schiedsrecht umfangreiche Befugnisse eingeräumt werden. Aufgrund der Parteiautonomie durch Schiedsvereinbarung hat das Schiedsgericht nach dem SchVG unabhängige und umfangreiche Befugnisse, um die Schiedsgerichtsbarkeit als ein alternatives Rechtsinstitut voranzutreiben. Die staatlichen Gerichte Taiwans haben durch § 22 SchVG fast völlig die Befugnis verloren, über die Schiedsvereinbarung bzw. die Befugnis zu entscheiden, es sei denn, der Beklagte hat vor dem staatlichen Gericht rügelos bezüglich der Hauptsache geantwortet (§ 4 Abs. 1, Satz 2 SchVG); erst bei der Aufhebungsklage nach § 40 SchVG kann das (ordentliche) Gericht die Schiedsvereinbarung und folglich die Befugnisse des Schiedsgerichts wieder überprüfen. Wie weit sich diese gerichtliche Überprüfung in der Zukunft entfalten wird, bleibt aber abzuwarten. Inzwischen hat die sog. Kompetenz-Kompetenz-Klausel im taiwanesischen Schiedsrecht daher immer noch Spielraum.

V. Zuständigkeit der ordentlichen Gerichte beim Schiedsverfahren

Die taiwanesischen Gerichte besitzen bezüglich des Schiedsverfahrens in den nachfolgenden Angelegenheiten die funktionelle Zuständigkeit. Allerdings enthält die taiwanesische ZPO keine besonderen Regelungen für die Zuständigkeit der ordentlichen Gerichte bei Schiedsverfahren. Eine besondere Frage ist daher die sachliche und örtliche Zuständigkeit der im Rahmen des Schiedsverfahrens mitwirkenden (ordentlichen) Gerichte. Hierbei sind folgende Fälle zu unterscheiden:

a) Bei Verfahren über die Nichtigkeit der Schiedsvereinbarung, über die Aufhebung eines Schiedsspruchs und über die Einstellung des angeordneten Vollzugs einer schiedsgerichtlichen Entscheidung ist die funktionelle und sachliche Zuständigkeit desjenigen (ordentlichen) Gerichtes gegeben, das über die Sache nach den Bestimmungen der taiwanesischen ZPO mangels Abschlusses einer Schiedsvereinbarung entschieden hätte. Für internationale Schiedsfälle ist die örtliche Zuständigkeit durch den Ort gegeben, an dem das Schiedsverfahren stattfindet, sofern sich dieser Ort in der Republik China auf Taiwan befindet. Anderenfalls ist das Gericht örtlich zuständig, dessen örtliche Zuständigkeit gegeben wäre, wenn keine wirksame Schiedsvereinbarung existent wäre, § 4 SchVG. Da die meisten Schiedsfälle mit internationalem Element bei der TIS bearbeitet werden, ist das Bezirksgericht von Taipeh zuständig.

b) Im Falle der Vornahme von Prozesshandlungen, die die Schiedsrichter im Rahmen des Beweisverfahrens nicht selbst durchführen können, ist die örtliche und sachliche Zuständigkeit des (taiwanesischen) Bezirksgerichts gegeben, in dessen Zuständigkeit die zu begehende Handlung vorgenommen werden soll. Soll die Handlung im Ausland vorgenommen werden, so ist das Bezirksgericht am Ort des Schiedsverfahrens zuständig.

c) Bei Verfahren, die die Ernennung eines neuen Schiedsrichters betreffen, sowie in den Fällen, in denen der bisherige Schiedsrichter seine Funktion nicht aufgenommen hat oder diese Tätigkeit nicht ausführen kann, bestimmt sich die örtliche Zuständigkeit des (ordentlichen) Gerichts nach dem Ort des Schiedsverfahrens. Findet das Schiedsverfahren im Ausland statt und kann im Inland keine örtliche Zuständigkeit des Gerichtes festgelegt werden, so bestimmt sich die örtliche Zuständigkeit des Gerichts nach dem Sitz oder Wohnsitz des Klägers bzw. des Beklagten. Für die funktionelle und sachliche Zuständigkeit gelten die Ausführungen zu a).

d) Für den Erlass einer einstweiligen Maßnahme bzw. Sicherstellung von Beweisen vor Beginn oder während des Schiedsverfahrens ist funktionell und sachlich dasjenige (ordentliche) Gericht zuständig, dass für die Streitigkeit im Fall eines ordentlichen Verfahrens zuständig wäre. Die örtliche Zuständigkeit richtet sich nach dem Ort, an dem das Schiedsverfahren entweder begonnen hat oder stattfinden soll, bzw. gegebenenfalls bei der Sicherstellung von Beweisen nach dem Ort, an dem sich das geführte Beweismittel befindet (§ 28 Abs. 2 SchVG).

e) Zuständigkeit im zweistufigen Verfahren

Im geltenden taiwanesischen Schiedsrecht wird nicht die Möglichkeit geregelt, in der Schiedsvereinbarung die Überprüfung des Schiedsspruchs durch das ordentliche Gericht oder einen anderen Schiedsrichter bzw. ein anderes Schiedsgericht zu vereinbaren (die sog. „Zweistufige Schiedsgerichtsbarkeit"). Da das Schiedsverfahren grundsätzlich in einer Instanz beendet wird, trägt das Schiedsverfahren wegen der fehlenden Systematisierung des Schiedsrechts deshalb schon in sich ein Risiko[76].

f) Zuständigkeit für die Anerkennung und Vollstreckung von Schiedssprüchen

Das SchVG regelt die Vollstreckung und Anerkennung von in- und ausländischen Schiedssprüchen, §§ 37 ff., 47 ff. SchVG. Die Fragen der Vollstreckung selbst, die von den ordentlichen Gerichten anzuordnen und

76 *Shi-An Yang*, Der öffentliche Bauvertrag und die Schiedsgerichtsbarkeit, Journal of Arbitration (chinesisch) 42, TIS, S. 5 f.

durchzuführen ist, bestimmen sich nach dem taiwanesischen Zwangsvollstreckungsgesetz.

VI. Die Schiedsinstitution in Taiwan

Nach § 54 SchVG können alle Handelskammern und Industrieverbände auf unterschiedlichen Stufen eine Schiedsinstitution alleine oder gemeinsam errichten. Das hat sich nicht nur auf die Entwicklungslinie der institutionellen Schiedsgerichtsbarkeit ausgewirkt, sondern auch den Weg zur Wirtschaftsautonomie frei gemacht. Nach wie vor unterliegen die Schiedsinstitutionen jedoch einer relativ strengen administrativen Kontrolle. Von der Exekutive Yuan und der Judicial Yuan bestimmt werden, (immer noch) die Zulassung zur Errichtung einer Schiedsinstitution sowie ihre Organisationsstrukturen; die Regulierung in dieser Hinsicht wird auch auf die Prozedur der Mediation erweitert. Die Aufsicht über die Gebühren der Schiedsgerichtsbarkeit und der Mediation ist den Behörden vorbehalten, weil die Schiedsinstitution als ein Verein nicht profitorientiert sein kann. Lange Zeit war die TIS die einzige Schiedsinstitution in Taiwan und besaß somit eine absolute Monopolstellung. Seit 2001 gibt es nun zwei weitere Schiedsinstitutionen, nämlich eine Schiedsinstituion für Arbeitsrecht und eine für Baurecht. Auf dem Gebiet der internationalen Handelsschiedsgerichtsbarkeit hat die TIS ihre Monopolstellung jedoch beibehalten. Zudem überragt sie schon aufgrund ihrer langen Tradition die neuen Schiedsinstitutionen. Daher wird die Schiedsgerichtsbarkeit bei der TIS einen Schwerpunkt dieser Arbeit bilden.

A) Die TIS

a) Rechtsstellung und Sitze

Die TIS (Institution für Schiedsgerichtsbarkeit der Republik China; Arbitration Association of the Republic of China) ist ein völlig unabhängiger eingetragener Verein, der aus Mitgliedern aller Industrie- und Handelskammern bzw. Firmen besteht. Da die taiwanesische Exekutive gegenüber einer unabhängigen und umfassenden Befugnis der Schiedsgerichtsbarkeit eher konservativ eingestellt ist, untersteht die TIS bis heute der strengen Kontrolle des Justizministeriums. Auf jeden Fall spielt die TIS bei der Entwicklung der Schiedsgerichtsbarkeit in Taiwan eine große Rolle.

Die TIS hat ihren Hauptsitz in Taipeh sowie zwei andere Filialen in Taichung und Kaohsiung. Die gegenwärtigen Anschriften der Institutionen sind:

Taipeh

Floor 8, 136, 3rd Section, Jen-Ai Road,
Tel.: 02-27078672
Fax: 02-27078462

Taichung

Floor 6-1 (Tai-Shung Building), 522, 1st Section, Wen-Shin Road, Nan-Tun District, Taichung
Tel.: 04-3102550
Fax: 04-3102486

Kaohsiung

Floor 18-3 (Bao-Cheng Building), 6, Min-Chuan-Erh Road, Chien-Jen District, Kaohsiung
Tel.: 07-3359523
Fax: 07-3359525

Die TIS ist bereits im Internet mit eigener Homepage unter http//www.arbitration.ogr.tw vertreten. Die englische Version befindet sich aber noch im Aufbau.

b) Verwaltungsorganisationen

Die TIS setzt sich zusammen aus einem Vorstand, einem Aufsichtsrat und einem Sekretariat[77]. An der Spitze der TIS steht der Vorstand. Der Vorstand wählt den Vorsitzenden. Die Organisation der Tätigkeit eines Schiedsgerichts kann von dem Sekretariat der TIS wahrgenommen werden, das für seine Tätigkeit dem Vorstand gegenüber verantwortlich ist. Bis zur Errichtung eines Schiedsgerichts oder Ernennung des Einzelschiedsrichters ist das Sekretariat der TIS zur Ausübung sämtlicher notwendiger Prozesshandlungen berechtigt, sofern ihm diese Aufgaben übertragen worden sind. Nach Beginn des Schiedsverfahrens greift die TIS in die materiell- und prozessrechtlichen Angelegenheiten jedoch nicht ein.

77 Siehe Anhang 8; vgl. auch *Chun-sheng Yang*, a.a.O. (Fn. 14), S. 133 f.

c) Schiedsgerichtsordnung der TIS[78]

Als die bedeutenste Schiedsinstitution ist die TIS in der Tat für die meisten Schiedsfälle in Taiwan zuständig. Die Schiedsgerichtsordnung der TIS ist daher eine Schiedsregelung von herausragender Bedeutung in Taiwan.

d) Musterschiedsklausel der TIS

Die in der Praxis gängigste Form der Schiedsklausel für die Vereinbarung der Zuständigkeit der TIS hat folgende Fassung:

> „All disputes, controversies or differences which may arise between the parties, out of or in relation to or in connection with this contract, or for the breach thereof shall be finally settled by arbitration in Taipei, Republic of China in accordance with the Enforcement Rules for the Arbitration Procedure of the Commercial Arbitration Association of the Republic of China and under the laws of the Republic of China. The award rendered by the arbitrator(s) shall be final and binding upon both parties concerned."

B) Andere Schiedsinstitutionen als die TIS

Zwei anderen Schiedsinstitutionen wurden nach dem Erlass des SchVG am 24.12.1998 hintereinander gegründet[79].

a) Die Schiedsinstitution für arbeitsrechtliche Streitigkeiten

Die Schiedsinstitution für arbeitsrechtliche Streitigkeiten der Republik China (jong-hua-min-guo-lao-ji-jen-yi-jong-tsai-shieh-hui) wurde am 10.08.2001 gegründet. Sie hat ihren Hauptsitz in Taipeh und ihre gegenwärtige Anschrift ist:

Taipeh
Floor 11-1, 7, 1st Section, Dung-Hua South Road,
Tel.: 02-25794243
Fax: 02-25775354
Homepage: www.kimo.com.tw/ldaa-roc/

78 Siehe Anhang 6.
79 Siehe die Information auf der Webseite von Justizministerium unter http://www.moj.gov.tw/f4_11.asp; abgerufen am 28.07.2002.

b) Die Schiedsinstitution für baurechtliche Streitigkeiten

Die Schiedsinstitution für Streitigkeiten in der Bauindustrie von Taiwan (tai-wan-yin-jian-kong-chen-jen-yi-jong-tsai-shieh-hui) wurde am 26.12.2001 gegründet. Sie hat ihren Hauptsitz auch in Taipeh und die gegenwärtige Anschrift der Institutionen ist:

Taipeh

Floor 6, 88, 6th Section, Roosevelt Road,
Tel.: 02-89352678
Fax: 02-89352888

Die Kompetenz beider Schiedsinstitutionen ist bis heute noch sehr inländisch gerichtet. Die TIS steht in den jeweiligen Fachbereichen zugleich auch zur Verfügung und für Schiedsfälle mit Auslandsbezug hat sie sogar mehr Erfahrungen.

C) In Planung befindliche Schiedsinstitutionen

Darüber hinaus wird über die Einrichtung von neuen Arten der Schiedsgerichtsbarkeit in Taiwan diskutiert, nämlich die branchenspezifischen Schiedsinstitutionen, die sog. Cyber-Schiedsgerichtsbarkeit und eine Schiedsgerichtsbarkeit für medizinrechtliche Streitigkeiten.

Vor allem aus der Industrie kommen Vorschläge, neue branchenspezifische Schiedsinstitutionen zu errichten. Dazu wurde bereits die Schiedsinstitution für Streitigkeiten in der Bauindustrie von Taiwan (tai-wan-yin-jian-kong-chen-jen-yi-jong-tsai-shieh-hui) wie oben erwähnt am 26.12.2001 gegründet. Da der institutionelle Aufbau und der operationelle Verlauf des taiwanesischen Kapitalmarktes dem amerikanischen Modell entsprechen, wurde auch vorgeschlagen, dass Streitigkeiten aus dem Wertpapierhandelsgesetz bzw. dem Gesetz zur Regelung der Terminwarengeschäfte ebenfalls in einer eigenen fachlichen Schiedsinstitution beigelegt werden sollten.

In der taiwanesischen Literatur werden das Bedürfnis sowie die Möglichkeiten für die Errichtung einer Cyber-Schiedsgerichtsbarkeit bereits lebhaft diskutiert. Auf der Grundlage von § 55 SchVG erscheint die Idee der Cyber-Schiedsgerichtsbarkeit rechtlich durchführbar[80]. Noch ist nicht absehbar, wie die Recht-

80 *Chung-sen Yang*, a.a.O. (Fn. 54), S. 28 ff.; *George G.C. Chen*, Die Durchführbarkeit der Online-Schiedsgerichtsbarkeit im Hinblick der Rechtsstreitigkeiten im Internet, in: Sammlung der Aufsätze über Handelsschiedsgerichtsbarkeit (shang-wu-jon-tsai-lun-xu-hui-ben), Bd. IV, TIS 1998, S. 245 f.

sprechung der taiwanesischen Gerichte auf die Errichtung einer solchen Schiedsgerichtsbarkeit reagieren würde. Ein hoher technischer Standard, dürfte jedoch geeignet sein, einen Großteil der Bedenken aus dem Weg zu räumen. In der Praxis ist dieser hohe Standard zzt. bereits realisierbar, weil in Taiwan über die sog. elektronische Signatur eine gesetzliche Regelung besteht. Ob die Idee der Cyber-Schiedsgerichtsbarkeit in absehbarer Zeit umgesetzt wird, bleibt abzuwarten.

Die Gesundheitsbehörde plant indessen die Errichtung einer Schiedsinstitution für medizinrechtliche Streitigkeiten auf der Basis der Zwangsschiedsgerichtsbarkeit, die von der Idee des Verbraucherschutzes durch die Schiedsgerichtsbarkeit[81] legitimiert werden sollte.

VII. Schiedsrichterwahl und Ablehnung

A) Befähigung zum Schiedsrichter

Da sich die Schiedsgerichtsbarkeit im taiwanesischen Recht eher zu einer judiziellen Einrichtung entwickelt hat, als zu einem autonomens Institut der Wirtschaft zur Streitbeilegung[82], ist auch der erforderliche Befähigungsnachweis zur Ausübung der Schiedsrichterfunktion juristisch orientiert. Die §§ 5 ff. SchVG regeln ausführlich die notwendigen Qualifikationen, die ein Schiedsrichter besitzen muss. § 6 des SchVG zeigt, dass eine juristische Qualifikation hoch geschätzt wird. Z.B. gilt es als Qualifikation zum Schiedsrichteramt, wenn eine Person, als inländischer oder ausländischer Richter, Rechtsanwalt oder Staatsanwalt gearbeitet hat (§ 6 Abs. 1 Nr. 1 SchVG). Ein Rechtsanwalt muss zudem 5 Jahre Berufserfahrung besitzen (§ 6 Abs. 1 Nr. 2 SchVG). Auch Professoren, die in den vom Bildungsministerium anerkannten akademischen Anstalten mehr als fünf Jahre gearbeitet haben (§ 6 Abs. 1 Nr. 4 SchVG), besitzen die geforderte Qualifikation. Darüber hinaus müssen die Schiedsrichter durch Seminare oder Praktika ausgebildet werden (§ 8 SchVG). Die Regelungen für solche Seminare und Praktika werden durch die Exekutive Yuan zusammen mit der Judicial Yuan erlassen. Die bisherige Praxis bei der TIS hat gezeigt, dass der Inhalt solcher Seminare und Praktika eher juristisch gestaltet wird. Ob auch ausländische Schiedsrichter durch solche Seminare oder Praktika gemäß § 8 SchVG ausgebildet werden müssen, bleibt umstritten[83].

81 Siehe die Materialien der Veranstaltung der TIS "Konferenz über die Schiedsgerichtsbarkeit in verbraucherschutzrechtlichen Streitigkeiten", abgedruckt in: Journal of Arbitration (chinesisch) 45, TIS, S. 1, 37.

82 *Chun-sheng Yang*, a.a.O. (Fn. 14), S. 52.

83 *Huan-wen Chen*, a.a.O. (Fn. 54), S. 162 ff.

Der hohe Anspruch an die Qualifikation des Schiedsrichters ist auf den Willen des Gesetzgebers zurückzuführen, die Schiedsgerichtsbarkeit zu „verrechtlichen“ (im Sinn des positiven modernen Zivilrechts). Dies sollte jedoch nicht dahingehend als der Versuch missverstanden werden, die Schiedsgerichtsbarkeit unter (staatliche) Kontrolle zu bringen. Da das positive moderne Zivilrecht für die traditionelle chinesische Rechtskultur ein Fremdkörper ist, bedeutet eine Verrechtlichung vielmehr die Annäherung an die westliche Rechtskultur, die auch die UNIDROIT- Prinzipien prägt. Die Ernennung einer Person als Schiedsrichter wird nach taiwanesischem Recht an besondere Voraussetzungen geknüpft (§§ 5-8 SchVG). Für das inländische Schiedsverfahren ist es bei der TIS auf jeden Fall nötig, dass der gewählte Schiedsrichter auf deren Schiedsrichterliste stehen muss. Fraglich ist aber, ob der Ausländer als Schiedsrichter auch eben so streng gebunden ist. Nach der bisherigen Praxis der TIS können die Ausländer auch ohne solche Qualifikationen als Schiedsrichter ernannt werden.

B) Konstituierung des Schiedsgerichts und Auswahl der Schiedsrichter

Es steht den Parteien frei, sich über das Verfahren der Bestellung oder die Bestellung eines Schiedsrichters zu einigen (§ 9 Abs. 1 SchVG). Maßgeblich für die Wahl sollte die Freiheit des Schiedsrichters von persönlichen Beziehungen zu den Parteien und sachlichen Beziehungen zum Streitgegenstand sein. Nach § 9 Abs. 1 SchVG soll es auch möglich sein, die Schiedsrichterernennung vertraglich auf einen Dritten zu übertragen, etwa auf ein bestimmtes Gerichts bzw. eine Schiedsinstitution (vgl. auch § 9 Abs. 3, 4 SchVG). In den Fällen, in denen das Gericht die Schiedsrichter ernennt (z.B. wie bei § 9 Abs. 3 SchVG), können die Parteien wegen der Unabhängigkeit der Richter (Art. 80 taiwanesisches Verfassungsgesetz) keinen Einfluss auf die Auswahl der Schiedsrichter nehmen.

Haben die Parteien keine Vereinbarung über die Bestellung eines Schiedsrichters getroffen, so bestellt jede Partei einen Schiedsrichter und diese bestellen dann einen Dritten zum Vorsitzenden § 9 Abs.1 SchVG.

Können sich die zwei Schiedsrichter binnen 30 Tagen nicht über die Bestellung des Dritten einigen, bestellt das Gericht auf Antrag den Schiedsrichter (§ 9 Abs. 2 SchVG).

Soll das schiedsrichterliche Verfahren von einem Einzelschiedsrichter durchgeführt werden und sind die Parteien binnen 30 Tagen nach der schriftlichen Anfrage einer der Parteien nicht imstande, sich über die Bestellung zu einigen, bestellt das Gericht auf Antrag einer der Parteien den Schiedsrichter (§ 9 Abs. 3 SchVG).

Wird eine Schiedsinstitution vereinbart, so bestellt diese in den Fällen der Absätze 2 und 3 den Schiedsrichter (§ 9 Abs. 4 SchVG).

Besteht eine Partei aus mehr als zwei Personen und können diese sich über den Schiedsrichter nicht einig werden, wird die Bestellung nach der Stimmenmehrheit entschieden; kann keine Stimmenmehrheit erreicht werden, erfolgt die Bestellung durch Losziehung (§ 9 Abs. 5 SchVG).

Die Mitteilung über die Schiedsrichterbestellung hat schriftlich zu erfolgen, entweder durch die Parteien oder durch die Schiedsinstitution (§ 10 Abs. 1 SchVG). Wenn die Mitteilung zugestellt worden ist, kann sie nicht mehr widerrufen oder verändert werden, es sei denn, beide Parteien stimmen zu (§ 10 Abs. 2 SchVG).

Nach § 11 Abs. 1 SchVG kann die Partei, die bereits ihren Schiedsrichter bestellt hat, die andere Partei auffordern, binnen 14 Tagen ihren eigenen Schiedsrichter zu bestellen. Die Frist beginnt mit dem Empfang der Aufforderung zu laufen. Wenn ein Schiedsrichter von einer Schiedsinstitution bestellt wird, kann jede Partei verlangen, dass die Schiedsinstitution binnen 14 Tagen den Schiedsrichter bestellt.

Wenn die Partei, die die Aufforderung empfangen hat, ihren Schiedsrichter nicht fristgemäß bestellt, kann die auffordernde Partei eine kompetente Schiedsinstitution oder das Gericht ersuchen, den Schiedsrichter zu bestellen (§ 12 Abs. 1 SchVG).

Im Fall der Schiedsrichterbestellung durch die Schiedsinstitution kann jede Partei das Gericht ersuchen, den Schiedsrichter zu bestellen (§ 12 Abs. 2 SchVG).

Die Bestellung eines Ersatzschiedsrichters wird in § 13 geregelt. Wenn dem durch die Schiedsvereinbarung bestellten Schiedsrichter die Aufgabenerfüllung infolge von Tod oder aus anderen Gründen unmöglich ist oder er die Aufgabenaufnahme ablehnt oder versäumt, ist ein Ersatzschiedsrichter zu bestellen. Kann zwischen den Parteien keine Einigung über einen Ersatzschiedsrichter erzielt werden, kann jede Partei eine zugelassene Schiedsinstitution oder das Gericht ersuchen, den Schiedsrichter zu bestellen (§ 13 Abs. 1 SchVG).

Wenn einem Schiedsrichter, der direkt durch eine der Parteien bestellt wurde, die Aufgabenerfüllung aufgrund der in Abs.1 genannten Umstände unmöglich ist oder er die Aufgabenerfüllung ablehnt, kann jede Partei die andere auffordern, binnen 14 Tagen vom Eingangsdatum der Aufforderung an einen Ersatzschiedsrichter zu bestellen. Die in § 9 Absatz 1 geregelte Bestellung des vorsitzenden Schiedsrichters bleibt davon unberührt, wenn dieser bereits bestellt worden ist (§ 13 Abs. 2 SchVG).

Bestellt die Partei, die die Aufforderung empfangen hat, binnen der in Absatz 2 bestimmten Frist keinen Ersatzschiedsrichter, kann die auffordernde Partei eine zugelassene Schiedsinstitution oder das Gericht ersuchen, einen Ersatzschiedsrichter zu bestellen (§ 13 Abs. 3 SchVG).

Tritt bei einem Schiedsrichter, der durch eine Schiedsinstitution oder das Gericht bestellt wurde, eine der in Absatz 1 geregelten Situationen auf, kann die Schiedsinstitution oder das Gericht auf Antrag oder von Amts wegen einen Ersatzschiedsrichter bestellen (§ 13 Abs. 4 SchVG).

Das Gericht kann auf Antrag oder von Amts wegen einen Ersatzschiedsrichter bestellen, wenn bei dem vorsitzenden Schiedsrichter eine der in Absatz 1 geregelten Situationen auftritt (§ 13 Abs. 4 SchVG).

Auf jeden Fall können die Parteien den durch die Schiedsinstitution oder das Gericht bestellten Schiedsrichter nicht ablehnen, es sei denn, dass nach dem SchVG die Ablehnung des Schiedsrichters zulässig ist (§ 14 SchVG).

C) Die Kompetenz der TIS

Auch wenn die Parteien die Zuständigkeit der TIS vereinbart haben, bleiben sie in der Wahl des Schiedsrichters völlig frei. Dennoch hat die TIS in der Praxis einen großen Einfluss auf die Konstituierung des Schiedsgerichtes, denn der TIS steht immerhin die Kompetenz zur Zulassung in die Schiedsrichterliste und die Weiterbildung und die Überprüfung der Schiedsrichter zu. Dieser Einfluss wird noch durch die Tatsache verstärkt, dass die TIS bis heute die bedeutendste Schiedsinstitution in Taiwan ist und die ad hoc-Schiedsgerichtsbarkeit eine Ausnahme bleibt. Sogar bei der Schiedsrichterwahl und der Schiedsrichterablehnung kann die TIS Einfluss nehmen, weil sie befugt ist, den Schiedsrichter zu empfehlen, wenn die Parteien dies vereinbart haben.

Sofern die Parteien die Kompetenz der TIS vereinbart haben, werden die Schiedsrichter nach der TIS-SchGO aus der dabei hinterlegten Schiedsrichterliste gewählt, §§ 16 ff. TIS-SchGO. Nach der Praxis der TIS können sowohl taiwanesische als auch ausländische Schiedsrichter in die Schiedsrichterliste eingetragen werden. Haben die Parteien bereits einen Schiedsrichter vereinbart, so gilt diese Vereinbarung. Haben die Parteien noch keinen Schiedsrichter vereinbart, so bestellt jede Partei einen Schiedsrichter und diese bestellen einen Dritten als Vorsitzenden, § 9 Abs. 1 SchVG bzw. § 16 TIS-SchGO. Das Prinzip der ungeraden Anzahl von Schiedsrichtern soll die Beendigung des schiedsrichterlichen Verfahrens gem. § 32 SchVG vermeiden[84]. Es ist aber ebenfalls die Wahl eines Einzelschiedsrichters zulässig. Wegen des genauen Ernennungsprozedere wird auf § 9 SchVG verwiesen. Im Fall der Weigerung einer der Parteien, in der Praxis zumeist der beklagten Partei, den eigenen Schiedsrichter zu benennen, wird dieser in Abweichung von der gesetzlichen Regelung nach Ablauf der gesetzliche Frist von 30 Tagen unmittelbar von der TIS oder dem Gericht ernannt, § 17 TIS-SchGO i.V.m. § 9 Abs. 3, 4 SchVG.

D) Schiedsrichtervertrag

a) Bestandteile des Schiedsrichtervertrags

Der Schiedsrichtervertrag ist im taiwanesischen Recht nicht gesetzlich geregelt. Er ist eine ausdrückliche oder stillschweigende Vereinbarung zwischen den Parteien des Schiedsverfahrens und dem Schiedsrichter mit dem Inhalt, dass dieser als Schiedsrichter tätig werden und einen Schiedsspruch fällen wird, ggf. auch als Vorsitzender das Verfahren leiten soll. Rechte und Pflichten des Schiedsrichters ergeben sich aus einer entsprechenden Anwendung der §§ 528 ff. (Auftrag), 482 ff. (Dienstvertrag) des taiwanesischen BGB, können aber im Schiedsrichtervertrag auch ausdrücklich geregelt werden. Das gilt etwa für die Tätigkeitspflicht, die Vergütung, den Auslagenersatz und Vorschusspflichten für die Parteien oder die Pflicht zur Verschwiegenheit (siehe unten).

b) Auf den Schiedsrichtervertrag anwendbares Recht

Bei einem Schiedsverfahren mit internationalem Element unterliegt der Schiedsrichtervertrag nach Art. 6 Abs. 1 taiwanesisches IPR dem von den Parteien gewählten Recht. Dabei muss auf den Schiedsrichtervertrag nicht dasselbe Recht wie auf die Schiedsvereinbarung anzuwenden sein. Die Parteien können vielmehr ein Interesse daran haben, den Schiedsrichtervertrag einem anderen Recht zu unterstellen. Ohne Rechtswahl ist nach dem Grundgedanken des Art. 6 Abs. 2 taiwanesisches IPR an den gewöhnlichen Aufenthalt des Schiedsrichters als Erbringer der charakteristischen Leistung anzuknüpfen, solange nicht engere sachliche Verknüpfungen bestehen. Insofern kommt insbesondere bei mehreren Schiedsrichtern unterschiedlicher Nationalität das für den Hauptvertrag gewählte Recht oder das am Verfahrensort geltende Recht in Betracht.

---

84 Urteil des Obersten Gerichts tai-shan-ji Nr. 2107, 1972; *Jung-yi Lin*, Über die internationale Handelsschiedsgerichtsbarkeit (guo-ji-shang-wu-jong-tsai-chuen-shi), Yun-Jan Verlag 1994, S. 43.

c) Pflichten und Rechte des Schiedsrichters

Ist taiwanesisches Recht auf den Schiedsrichtervertrag anwendbar, so ergeben sich die wichtigsten Rechte und Pflichten des Schiedsrichters aus einer entsprechenden Anwendung der Regelungen für den Dienstvertrag (§§ 482 ff. taiwanesisches BGB) und den Auftrag (§§ 528 ff. taiwanesisches BGB; siehe oben). Wichtigste Verpflichtung des Schiedsrichters ist danach, an dem Schiedsverfahren, für das er benannt worden ist, teilzunehmen und nach Kräften mitzuwirken. Aus den §§ 10 ff. SchVG ergibt sich, dass der Schiedsrichter dafür sorgen muss, dass sich das Schiedsgericht schnell konstituiert, der Streitstoff von den Parteien umfassend vorgetragen und der Streitfall rasch erledigt wird. Außerdem bestehen gegenüber den Parteien Auskunfts- und Rechenschaftspflichten (§ 540 taiwanesisches BGB). Durch den Schiedsrichtervertrag werden die Schiedsrichter ermächtigt, alle für den geordneten Ablauf des Verfahrens und für die Erfüllung ihrer Aufgaben erforderlichen Maßnahmen zu treffen, etwa die Abgabe der Schreibarbeiten an ein Schreibbüro oder das Anmieten eines Taxis für einen Ortstermin. Die Parteien sind insoweit zu Vorschuss und Auslagenersatz verpflichtet. Zeugen und Sachverständige laden die Schiedsrichter kraft bürgerlichrechtlicher Vollmacht der Parteien, die ihnen im Schiedsrichtervertrag erteilt wird. Ist im Schiedsrichtervertrag die Vergütungsfrage nicht geregelt, so hat der Schiedsrichter entsprechend § 483 taiwanesisches BGB einen Anspruch auf die übliche Vergütung. Die Aufgabe zur Vergütung des Schiedsrichters wird aber in Wirklichkeit wegen des Monopols der institutionellen Schiedsgerichtsbarkeit meist von der TIS übernommen (vgl. auch unten: Kosten).

d) Haftung des Schiedsrichters

Für einen Schaden, den die Schiedsrichter vorsätzlich oder fahrlässig verursacht haben, sind sie nach den allgemeinen Regeln verantwortlich. In entsprechender Anwendung des Beamtenprivilegs (§ 186 Abs. 1 taiwanesisches BGB) haftet aber hinsichtlich des Schiedsspruchs der Schiedsrichter nur dann, wenn die Pflicht vorsätzlich verletzt wird. Bei allen anderen Maßnahmen, insbesondere bei pflichtwidriger Verweigerung oder Verzögerung der Schiedsrichtertätigkeit, besteht die Haftung schon bei leichter Fahrlässigkeit, wenn nicht im Schiedsrichtervertrag abweichendes vereinbart ist.

e) Verschwiegenheitspflicht

Bei ihrer Tätigkeit sind die Schiedsrichter zur Verschwiegenheit über die Einzelheiten des Schiedsverfahrens verpflichtet (§ 15 SchVG). Bei entsprechender Weisung der Parteien haben die Schiedsrichter auch über das Verfahren selbst zu schweigen. Die Verschwiegenheitspflicht folgt aus dem Schiedsrichtervertrag, so dass ihre Missachtung zum Schadensersatz wegen Vertragsverletzung führt.

f) Standesregeln internationaler Schiedsrichter

Spezielle Standesregeln für internationale Schiedsrichter gibt es in Taiwan nicht. Die von der Internationalen Anwaltsvereinigung entwickelten Standesregeln gelten nur, wenn die Parteien ihre Anwendung vereinbart haben. Der ausländische Schiedsrichter, der bei der TIS tätig sein möchte, muss aber zuerst in die Schiedsrichterliste eingetragen werden. Für die Aufnahme in deren Schiedsrichterliste ist die Kommission zur Schiedsrichteraufnahme der TIS zuständig.

E) Ablehnung und Ersatz von Schiedsrichtern

Nach geltendem taiwanesischem Recht kann ein Schiedsrichter gemäß § 16 i.V.m. § 15 SchVG aus verschiedenen Gründen als befangen abgelehnt werden; die Kontrolle ist noch strenger als bei einem staatlichen Richter. Unparteilichkeit und Unbestechlichkeit sind auch für einen Schiedsrichter oberstes Gebot. Die Ablehnung ist begründet, wenn aus der Sicht der ablehnenden Partei genügend objektive Gründe vorliegen, die in den Augen eines vernünftigen Menschen geeignet sind, Misstrauen gegen die Unparteilichkeit des Schiedsrichters zu erregen. Ob indirekte oder direkte Beziehungen des Schiedsrichters zum Gegner solche Gründe liefern, ist eine Frage des Einzelfalles. Allein der Umstand, dass der Schiedsrichter nicht vereinbarungsgemäß von einer Partei ernannt wurde, reicht aber zur Ablehnung nicht aus.

Die Ablehnung muss jedoch innerhalb von 14 Tagen nach der Kenntnis der die Befangenheit begründenden Tatsachen erfolgen, es sei denn die Parteien haben anders vereinbart (§ 17 Abs. 1 SchVG). Nach § 16 Abs. 1 Nr. 2 i.V.m. § 15 Abs.2 S.1 SchVG kann ein Schiedsrichter aus den gleichen Gründen wie der Richter eines staatlichen Gerichts abgelehnt werden, d. h. wegen eines Ausschließungsgrundes (§ 7 SchVG) oder wegen Besorgnis der Befangenheit (§ 16 SchVG; dazu oben). Außerdem kann ein Schiedsrichter abgelehnt werden, wenn er die zwischen den Parteien vereinbarten Voraussetzungen nicht erfüllt (§ 16 Abs. 1 Nr. 1 SchVG). Über die Ablehnung eines Schiedsrichters, der Teil eines Schiedsgerichtes aus mehreren Mitgliedern ist, haben die übrigen Mitglieder des Schiedsgerichts innerhalb von 10 Tagen nach der Einreichung der Klage zu entscheiden (§ 17 Abs. 1 SchVG). Handelt es sich um einen Einzelschiedsrichter ist das Gericht für die Entscheidung zuständig (§ 17 Abs. 6 SchVG). Eine Ablehnung kann nur dann ausgesprochen werden, wenn begründete Zweifel an der Unparteilichkeit des Schiedsrichters bestehen (§ 16 Abs. 1 SchVG). Für die Entscheidung über die Unparteilichkeit gilt § 15 SchVG als Maßstab. Bestehen derartige Zweifel, ist der Schiedsrichter verpflichtet, seine Funktion niederzulegen.

Kommt er einer derartigen Aufforderung nicht nach, erfolgt eine Ablehnung bzw. ein Ausschluss nach den oben genannten Grundsätzen. Wird der Ablehnung entsprochen, so tritt an die Stelle des abgelehnten Schiedsrichters ein Ersatzschiedsrichter, sofern dieser von der Partei gewählt worden ist. Andernfalls wird der neue Schiedsrichter auf die im SchVG festgelegte Art gewählt bzw. ernannt (§ 9 SchVG). Aus Gründen der Befangenheit soll eine Partei auch einen Sachverständigen oder einen Dolmetscher ablehnen können. In diesen Fällen entscheidet über die Ablehnung das Schiedsgericht oder der Einzelschiedsrichter innerhalb von 10 Tagen nach der Einreichung des Ablehnungsantrags (§ 17 Abs. 1 SchVG). Wird das Ablehnungsgesuch vom Schiedsgericht negativ beschieden, kann gegen die Entscheidung des Schiedsgerichts innerhalb von 14 Tagen Einspruch vor dem staatlichen Gericht erhoben werden (§ 17 Abs. 3 SchVG). Der Bescheid des Gerichts ist endgültig bindend (§ 17 Abs. 4 SchVG).

VIII. Verfahrensgrundsätze nach dem SchVG und Verfahrensgang bei der TIS

Da bis heute in Wirklichkeit fast alle inländischen Schiedsfälle in Taiwan bei der TIS bearbeitet wurden und andererseits die TIS auch in der Mehrzahl der internationalen Schiedsverfahren tätig wird, konzentriert sich die Darstellung des taiwanesischen Schiedsrechts in dieser Arbeit auf die Schiedsgerichtsordnung der TIS und ihre Praxis. Die Parteien können jedoch nach dem SchVG in der Schiedsvereinbarung durchaus die Zuständigkeit einer ausländischen oder internationalen Schiedsinstitution als auch die Anwendung ihrer Verfahrensregelungen vereinbaren (§ 19 SchVG). Auch beim Schiedsverfahren bei der TIS ist es möglich andere Verfahrensregeln als die der TIS-SchGO zu vereinbaren (§ 2 TIS-SchGO). Das Schiedsverfahren ist sowohl im SchVG als auch in der TIS-SchGO eher einfach geregelt. Das passt einerseits zu dem Postulat der Verfahrensfreiheit in der internationalen Handelsschiedsgerichtsbarkeit; andererseits könnte dies wegen der fehlenden Theoriebildung und Systematisierung aber auch zu Rechtsunsicherheit führen.

Sofern die Parteien die Zuständigkeit der TIS vereinbart haben, gilt grundsätzlich, dass sie sich dem Statut und der TIS-SchGO einschließlich der Regelungen über die Verfahrenskosten und die Vergütung der Schiedsrichter unterwerfen. Gemäß der Verfahrensordnung der TIS können die Parteien die Verfahrensregeln frei vereinbaren. Die TIS ist dann an diese Vereinbarung der Parteien (Parteiautonomie) gebunden (§ 2 TIS-SchGO). In einer solchen Parteivereinbarung kann u. a. auch die ergänzende Anwendung der taiwanesischen ZPO bzw. anderer Vorschriften vereinbart werden. Haben die Parteien keine Verfahrensregeln vereinbart, finden die TIS-SchGO und das SchVG Anwendung. Fragen, die in der TIS-SchGO nicht geregelt sind, richten sich nach dem taiwanesischen SchVG, der taiwanesischen ZPO oder einer anderen Regelung (vgl. § 2 TIS-SchGO i.V.m. § 19 SchVG).

A) Klage und Klageerwiderung; Klageantwort

Im Fall der Klageerhebung muss der Kläger das Original der Klageschrift einreichen, nebst Abschriften in der Anzahl der Schiedsrichter und der gegnerischen Parteien (§ 19 i.V.m. § 8 TIS-SchGO). Der Klageschrift ist der Schiedsvertrag oder der Vertrag, der die Schiedsklausel beinhaltet, gegebenenfalls der Ermächtigungsbrief und gegebenenfalls der Bestellungsbrief für den Schiedsrichter beizufügen.

Die Schriftstücke sind in taiwanesischer (chinesischer) Sprache oder in der Vertragssprache, gegebenenfalls in der Sprache, in der die Parteien ihre Korrespondenz führten, vorzulegen (§ 25 Abs. 1 SchVG). Schriftliche Beweise sind in den Sprachen vorzulegen, in denen sie ausgefertigt wurden. Das Schiedsgericht kann von der das Schriftstück vorlegenden Partei verlangen, dass sie eine Übersetzung in die taiwanesische (chinesische) Sprache vorlegt, oder selbst eine solche Übersetzung auf Kosten der vorlegenden Partei anfertigen lassen (§ 25 Abs. SchVG). Desgleichen werden die mündlichen Verhandlungen in taiwanesischer (chinesischer) Sprache geführt und auch der Schiedsspruch ist in chinesischer Sprache zu erlassen. Auf Antrag einer Partei kann die Verhandlung in einer anderen Sprache geführt bzw. gedolmetscht werden (§ 25 Abs. 2 SchVG). Entsprechendes gilt auch für den Schiedsspruch. Die Dolmetscher- bzw. Übersetzungskosten sind von derjenigen Partei zu übernehmen, die diese beantragt hat. Das Schiedsgericht kann auch aus eigener Initiative die Verhandlung in einer anderen als der taiwanesischen Sprache führen, sofern die Parteien dem zustimmen (§ 25 Abs. 1 SchVG).

Das Schiedsverfahren beginnt mit der Zustellung der Klageschrift an die Gegenpartei, sofern die Parteien nichts anderes vereinbart haben (§ 18 Abs. 2 SchVG). Um ein Schiedsverfahren bei der TIS einzuleiten, hat der Kläger bei Klageerhebung die Kosten für das Schiedsverfahren vorläufig zu zahlen. Er muss zugleich die folgenden Unterlagen einreichen (§ 8 TIS-SchGO):

1. das Original der Klageschrift und Abschriften für die Schiedsrichter und die gegnerische Partei;
2. den Schiedsvertrag oder den Vertrag, der die Schiedsklausel beinhaltet;
3. gegebenenfalls den Ermächtigungsbrief;

4. gegebenenfalls den Bestellungsbrief für den Schiedsrichter, der den Namen des Schiedsrichters, seine Anschrift bzw. seinen Aufenthaltsort und die benachrichtigungspflichtigen Angelegenheiten beinhaltet.

Gemäß § 9 Abs. 1 TIS-SchGO hat der Inhalt der Klageschrift folgende Mindestangaben zu beinhalten:

1. den Namen der Partei, ihre gewöhnliche Wohnung oder ihren Aufenthaltsort; den Titel, den Ort des Verwaltungssitzes oder des Geschäftsbetriebes der juristischen Person oder des Vereins, wenn die Partei eine juristische Person oder ein Verein ist;

2. den Namen, den *Wohnsitz* oder der Aufenthaltsort des Vertreters, wenn die Partei einen Vertreter hat;

3. den Streitgegenstand und den Streitwert;

4. die Bestimmung der zu beurteilenden Angelegenheiten und die Tatsache sowie deren Begründungen;

5. die zuständige Schiedsinstitution;

6. das Datum.

Der Klageschrift und ihren Kopien müssen die relevanten Beweisstücke und Daten hinzugefügt werden.

Enthält die Klageschrift eine dieser Angaben nicht, erfolgt seitens des Sekretärs der TIS eine fristgebundene Aufforderung zu deren Ergänzung. Im Fall einer fristgerechten Ergänzung der Klage gilt das Verfahren mit dem Tage der Zustellung der (mängelbehafteten) Klageschrift als eingeleitet (§ 10 TIS-SchGO). Die Klage wird von dem Sekretär der TIS der Beklagten zur schriftlichen Stellungnahme (Klageerwiderung) binnen 10 Tagen ab Zustellung zugeleitet (§ 11 TIS-SchGO). Das Schiedsgericht kann im Rahmen der vorbereitenden Verfahrenshandlungen von den Parteien unter Fristsetzung weitere schriftliche Stellungnahmen, Beweise oder sonstige Urkunden anfordern. Die Prüfung der Partei- und Prozessfähigkeit wird bei Schiedsverfahren mit einem internationalen Element von dem Schiedsgericht nach den Kollisionsnormen des taiwanesischen IPR vorgenommen.

Auf die Zustellung finden die §§ 123 ff. der taiwanesische ZPO Anwendung (§27 SchVG). Die Auslandszustellung kann auf Antrag einer Partei von dem zuständigen staatlichen Gericht vorgenommen werden (§ 145 taiwanesische ZPO). Schiedsklage, Ladungen und Beweisbeschlüsse müssen jedoch nicht förmlich zugestellt werden. Die funktionelle Zuständigkeit des staatlichen Gerichts richtet sich nach § 28 Abs. 1 SchVG.

Auf die Zustellung finden die §§ 123 ff. der taiwanesische ZPO Anwendung (§27 SchVG). Die Auslandszustellung kann auf Antrag einer Partei von dem zuständigen staatlichen Gericht vorgenommen werden (§ 145 taiwanesische ZPO). Schiedsklage, Ladungen und Beweisbeschlüsse müssen jedoch nicht förmlich zugestellt werden. Die funktionelle Zuständigkeit des staatlichen Gerichts richtet sich nach § 28 Abs. 1 SchVG.

B) Parteien und Bevollmächtigte

Die Parteien können sich in der mündlichen Verhandlung vertreten lassen, wobei es sich bei den rechtlichen Vertretern auch um ausländische Staatsangehörige handeln kann. Außer der Erteilung einer schriftlichen Vollmacht werden für die Vertretung der Parteien nach dem SchVG keine weiteren Bedingungen festgelegt (§ 24 SchVG).

C) Schiedsverfahren85

a) Allgemeine Regelungen für das Schiedsverfahren

Der Grundsatz der schiedsrechtlichen Verfahrensfreiheit wird in Taiwan im Prinzip anerkannt (vgl. §§ 19 bzw. auch 21 Abs. 1 SchVG). Wenn kein festes Schiedsverfahren durch die Parteien vereinbart wurde, wird das Verfahren durch das SchVG geregelt. Gem. § 19 SchVG, kann das Schiedsgericht die taiwanesische ZPO oder andere als einschlägig erachteten Verfahrensregelungen anwenden (§ 19 SchVG). Es ist jedoch umstritten, ob die Anwendung der taiwanesischen ZPO im Ermessen des Schiedsgerichts steht oder ob das Schiedsgericht vielmehr verpflichtet ist, die taiwanesische ZPO anzuwenden, wenn die Parteien sich nicht über das Verfahren geeinigt haben. Die überwiegende Auffassung in der Literatur will die Wahl des Verfahrensrechtes in das Ermessen der Schiedsgerichtes stellen. Dies wird damit begründet, dass die Schiedsgerichtsbarkeit eine gegenüber der staatlichen Justiz eigenständige Institution ist[86]. Allerdings ist es unumstritten, ob die Anwendung der taiwanesischen ZPO für das gesamte Schiedsverfahren vereinbart werden kann. Unstreitig ist jedoch, dass die Anwendbarkeit eines ausländischen Schiedsgesetzes, der Schiedsverordnung einer ausländischen Schiedsinstitution oder der Schiedsverordnung einer internationalen Organisation (§ 48 Abs. 1 Nr. 3 i.V.m. § 47 SchVG; vgl. auch § 2 TIS-

85 Siehe Anhang 10 und 11.

86 *Yin-fan Lan*, Die Anwendung des Zivilrpozessrechts auf dem Schiedsvrfahren, Journal of Arbitration (chinesisch) 61, TIS, S. 33 ff.; *Huan-wen Chen*, Das Verfahren zur Bestellung des Schiedsrichters, Journal of Arbitration (chinesisch) 58, TIS, S. 37 f.

SchGO) von den Parteien vereinbart werden kann. Solche Schiedsverfahren führen zum Erlass eines Schiedsspruchs ausländischer Nationalität (§ 47 SchVG).

Der Grundsatz der Verfahrensgerechtigkeit ist als Teil des verfahrensrechtlichen *ordre public* unabhängig von der gewählten Verfahrensordnung zu beachten. Dieser entspricht in seinem Inhalt im Wesentlichen dem Recht auf rechtliches Gehör, das sich aus Art 103 Abs. 1 (deutsches) GG ergibt. Dementsprechend bestimmt § 23 Abs. 1 SchVG, dass das Schiedsgericht die Parteien vor Erlass eines Schiedsspruchs zu hören hat. Nach derselben Vorschrift hat das Schiedsgericht das dem Streit zugrunde liegende Sachverhältnis zu ermitteln, soweit es dies für erforderlich hält[87]. Dies entspricht dem sog. „beschränkten Untersuchungsgrundsatz[88]", der in der deutschen Gerichtspraxis entwickelt wurde. § 19 SchVG gibt den Parteien die Möglichkeit eigene Verfahrensregeln zu vereinbaren. Die Parteien vereinbaren jedoch meist die Anwendung fertiger Musterverfahrensordnungen. In der Mehrzahl der Schiedsverfahren in Taiwan findet die TIS-SchGO Anwendung. Es ist aber auch möglich, dem Schiedsgericht ein summarisches Verfahren zu gestatten. Fehlt eine solche Bestimmung, dann entscheidet das Schiedsgericht nach seinem freien Bemessen (§ 21 Abs. 1 SchVG) über den Ablauf des Verfahrens. Das Schiedsgericht bestimmt z. B., ob mündlich oder schriftlich verfahren werden soll. Eine gewisse Beschränkung findet sich in § 23 Abs. 1 SchVG, der ungefähr dem „rechtlichen Gehör" im deutschen Recht entspricht. Fast alle Schiedsverfahren werden bei der TIS nach der TIS-SchGO bzw. nach dem oder in Anlehnung an das SchVG durchgeführt. Zur Verfügung stehende Verfahrensarten sind wie oben erwähnt ein ausländisches Schiedsgesetz, die Schiedsverordnung einer ausländischen Schiedsinstitution oder die Schiedsverordnung einer internationalen Organisation (Vgl. § 48 Abs. 1 SchVG). Allerdings ist die Vereinbarung einer anderen Verfahrensordnung als der TIS-SchGO bis heute die absolute Ausnahme geblieben.

b) Festlegung des Streitprogramms

Die Schiedsrichter können den Rechtsstreit auf die wesentlichen Punkte konzentrieren, indem sie den Parteien ein „Streitprogramm" („*terms of reference*") übersenden, dessen stillschweigende Hinnahme als Einverständnis der Parteien zu werten ist mit der Folge, dass neue Ansprüche oder Gegenansprüche nicht mehr in das Verfahren eingeführt werden können, wenn der Gegner nicht einverstanden ist. Auch das Verfahren oder das anzuwendende Recht kann, wenn die Schiedsvereinbarung schweigt, auf diese Weise festgelegt werden. Eine

87 Urteil des Oberen Gerichts in Zivilsachen jong-shan-ji Nr. 145, 1995, abgedruckt in Urteilssammlung bezüglich der Handelsschiedsfälle (shang-wu-jon-tsai-tsai-pang-hui-ben), Judicial Yuan, 1997, S. 939 f.

88 Lionnet, FS O. Glossner, 1994, S. 209 f.

Pflicht der Parteien, ein solches Streitprogramm anzuerkennen, wie sie etwa die ICC-Schiedsgerichtsordnung kennt, gibt es im taiwanesischen Recht aber nicht.

c) Beginn eines Schiedsverfahrens

Die Partei, die das schiedsrichterliche Verfahren beantragt, hat dies der anderen Partei schriftlich mitzuteilen (§ 18 Abs. 1 SchVG). Das schiedsrichterliche Verfahren beginnt mit dem Datum, an dem die andere Partei die Mitteilung empfängt, sofern von den Parteien nichts anderes vereinbart wird (§ 18 Abs. 2 SchVG). Das Schiedsgericht muss binnen 10 Tage nach Kenntnis der Bestellung über Zeit und Ort der Verhandlung entscheiden, soweit die Parteien diesbezüglich nichts vereinbart haben (§ 10 SchVG). In diesem Fall unterrichtet das Sekretariat der TIS die Parteien von der anberaumten Verhandlung durch eine (schriftliche) Ladung (§ 21 Abs. 1 TIS-SchGO). Die Ladung zur mündlichen Verhandlung ist mit einem genügenden zeitlichen Vorlauf den Parteien zuzustellen, der es den Parteien ermöglicht, sich auf die Verhandlung vorzubereiten. Dieses Datum kann von Amts wegen oder auf Antrag der Parteien von dem Schiedsgericht geändert werden (§ 21 Abs. 2 TIS-SchGO). Für die Zustellung im Schiedsverfahren gelten die entsprechenden Regelungen in §§ 123 ff. taiwanesische ZPO (§ 27 SchVG).

Über die mündliche Verhandlung ist eine den Erfordernissen des § 32 TIS-SchGO entsprechende Niederschrift anzufertigen. Die Parteien sind von dem Schiedsgericht über den Inhalt der Niederschrift im Rahmen der mündlichen Verhandlung in Kenntnis zu setzen. Auf Antrag der Parteien kann das Schiedsgericht per Beschluss Änderungen oder Ergänzungen der Niederschrift vornehmen. Die Niederschrift ist von den Parteien zusammen mit den Schiedsrichtern zu unterzeichnen (§ 32 TIS-SchGO). Die TIS muss die Verhandlung auf Tonband aufnehmen und aufgrund dessen das Protokoll ausfertigen (§ 31 Abs. 1 TIS-SchGO). Die Parteien können mit Zustimmung der TIS an einem bestimmten Datum und Ort das im Absatz 1 angesprochene Tonband abhören; gegen Entgelt kann das Tonband kopiert werden (§ 31 Abs. 2 TIS-SchGO). Das besprochene Tonband muss für 10 Jahre nach der Abgabe oder Zustellung des Schiedsspruchs an die Parteien bewahrt werden (§ 31 Abs. 3 TIS-SchGO).

d) Gang des Verfahrens

Das Schiedsgericht soll so schnell wie möglich über die Einwände gegen seine Befugnis entscheiden (§ 22 TIS-SchGO i.V.m. § 22 SchVG). Die Geltendmachung von Einwänden ist nach der Klagebeantwortung ausgeschlossen (§ 22 Abs. 2 Abs. 1 SchVG). Die mündliche Verhandlung ist nicht öffentlich. Außer den Schiedsrichtern, den Parteien, dem Protokollführer und gegebenenfalls dem Dolmetscher können nur dann andere Personen anwesend sein, wenn die

Schiedsrichter und die Parteien dem zustimmen (§ 23 Abs. 2 TIS-SchGO i.V.m. § 23 Abs. 2 SchVG). Erscheint eine ordentlich geladene Partei nicht zur mündlichen Verhandlung, so kann in ihrer Abwesenheit verhandelt werden, sofern sie nicht bis zum Ende der Verhandlung aus wichtigen Gründen die Vertagung der mündlichen Verhandlung beantragt (§ 26 TIS-SchGO). Die Partei kann mittels einer schriftlichen Ermächtigung einen Vertreter benennen, der an dem schiedsrichterlichen Verfahren teilnimmt (§ 24 SchVG).

Die Parteien können den Streitgegenstand ändern oder ergänzen (§ 14 Abs. 1 TIS-SchGO). Die beklagte Partei ist bis zum Ende der mündlichen Verhandlung berechtigt, Widerklage zu erheben (§ 15 Abs. 1 TIS-SchGO). Werden durch die Änderung oder Ergänzung des Streitgegenstandes Mehrkosten verursacht, so kann der ändernden oder erweiternden Partei der Ersatz dieser Kosten im Voraus auferlegt werden (§ 14 Abs. 4 TIS-SchGO). Das gilt auch für die widerklagende Partei, wenn durch eine verspätet oder unbegründet eingereichte Widerklage eine Verzögerung des Schiedsverfahrens verursacht wird (§ 15 i.V.m. § 14 Abs. 4 TIS-SchGO).

e) Beweisregeln und Beweiserhebung

Im Rahmen des Schiedsverfahrens tragen die Parteien die Beweislast hinsichtlich der Umstände, auf die sie sich zur Begründung bzw. Abwehr der jeweiligen Ansprüche berufen. Das Schiedsgericht kann von den Parteien weitere Beweise verlangen und auch die Einholung eines Sachverständigengutachtens anordnen. Urkunden sind von den Parteien in der Urschrift oder einer beglaubigten Abschrift einzureichen (§ 9 Abs. 2, § 12 Abs. 2 TIS-SchGO); das Schiedsgericht kann die Übersetzungen von Urkunden anordnen, wenn es dies für erforderlich hält (§ 33 TIS-SchGO). Sofern weder das SchVG noch die TIS-SchGO etwas anderes bestimmen, finden auf das Beweisverfahren die Vorschriften der taiwanesischen ZPO Anwendung (§§ 277 ff. taiwanesische ZPO). In den Fällen, in denen den Anordnungen des Schiedsgerichts nicht nachgekommen wird (beispielsweise Säumnis von Zeugen oder Sachverständigen), kann das Schiedsgericht Vornahme dieser Verfahrenshandlungen bei dem zuständigen ordentlichen Gerichts beantragen (§ 28 SchVG).

Ein *discovery*-Verfahren ist dem taiwanesischen Schiedsverfahren ebenso fremd wie dem Verfahren vor den taiwanesischen staatlichen Gerichten. Gemäß § 23 Abs. 1 SchVG ist es Sache des Schiedsgerichts, den Sachverhalt - soweit erforderlich - zu ermitteln. Das Verfahren ist nicht, wie im Zivilprozess vor den staatlichen Gerichten, durch den Beibringungsgrundsatz geprägt, sondern es gilt ein eingeschränkter Untersuchungsgrundsatz (siehe oben). Freilich hat das Schiedsgericht den Sachverhalt nur dann als „erforderlich“ zu ermitteln, wenn die Parteien ihn zumindest andeutungsweise vorgetragen haben (§ 23 Abs. 1 SchVG). Erst wenn sich das Parteivorbringen widerspricht, wenn die Behauptung einer Partei durch den Vortrag des Gegners streitig wird, hat das Schiedsgericht Beweis zu erheben. Dabei kann das Schiedsgericht auch dann Beweis erheben, wenn er von den Parteien nicht angetreten wurde, so dass das Beweisverfahren ganz in den Händen des Schiedsgerichts liegt. Allerdings wird in der Praxis häufig ein von den Parteien ernannter Sachverständiger eingesetzt. Das Schiedsgericht hat nach taiwanesischem Recht keinerlei Zwangsgewalt. Es kann daher gemäß § 26 Abs. 1 SchVG Zeugen und Sachverständige nur bei freiwilligem Erscheinen vernehmen. Im Übrigen bedarf es der Hilfe des staatlichen Gerichts. Diese umfasst u.a. die Vermittlung einer Beweisaufnahme im Ausland (§ 295 taiwanesische ZPO), die Ausübung des Zwangs zum Erscheinen gegenüber Zeugen und Sachverständigen (§ 302 taiwanesische ZPO) und die Beeidigung von Zeugen, Sachverständigen und Parteien (§ 312 taiwanesische ZPO).

f) Einstweilige Maßnahmen

Besteht die Gefahr, dass die Vollstreckung eines Schiedsspruchs gefährdet bzw. vereitelt wird, so kann die betroffene Partei beim zuständigen (ordentlichen) Gericht den Erlass von einstweiligen Maßnahmen beantragen. Das Schiedsgericht ist hiervon unverzüglich in Kenntnis zu setzen. In dem einstweiligen Anordnungsverfahren kann der Gegenpartei auferlegt werden, bis zur Entscheidung des Schiedsverfahrens über bestimmte Sachen oder Rechte nicht zu verfügen, bestimmte Handlungen vorzunehmen bzw. zu unterlassen oder Sicherungsmaßmaßnahmen zu dulden. Das Schiedsgericht selbst kann keine einstweiligen Maßnahmen anordnen.

IX. Entscheidungsgrundsätze: Die Regelung des anwendbaren Rechts

§ 31 SchVG ist die einzige Norm im taiwanesischen Schiedsrecht, die sich auf das anwendbare materielle Recht bezieht. Allerdings trifft § 31 SchVG keine umfassende Regelung des anwendbaren materiellen Rechts. In § 31 SchVG wird nur die ausdrückliche Ermächtigung der Parteien zur Entscheidung nach *ex aequo et bono* oder *amiable composition* getroffen. Dies verdeutlicht, dass das SchVG eher auf rein inländische Sachverhalte zugeschnitten ist. Die detaillierte Regelung des anwendbaren materiellen Rechts des § 28 Model Law, wurde auf eine ausdrückliche Ermächtigung der Vereinbarung von *ex aequo et bono* oder *amiable composition* reduziert.

In nationalen Schiedsverfahren sind stets die materiellen Bestimmungen der taiwanesischen Rechtsordnung anzuwenden. In Verfahren mit Auslandsberührung können die Parteien aufgrund der Parteiautonomie die Anwendung eines anderen Rechts vereinbaren, sofern die vereinbarte Rechtsregelung nicht zu zwingenden Bestimmungen des taiwanesischen Rechts im Widerspruch steht (§ 6 taiwanesisches IPR). Obwohl es bereits viele Diskussionen in der Literatur über das anwendbare Recht in internationalen Schiedsverfahren gibt, sind sie in der Praxis von geringer Bedeutung, da die Anzahl der Schiedsfälle mit Auslandsbezug bis heute gering geblieben ist. Auf das Schiedsverfahren mit internationalem Element, das in Taiwan durchgeführt wird, ist im Regelfall taiwanesisches Recht anzuwenden, weil die Mehrzahl der Verträge, insbesondere der öffentlichrechtlichen Verträgen mit Behörden, eine Klausel enthält, die das taiwanesische Recht für anwendbar erklärt. Dennoch empfiehlt sich die Erörterung der internationalprivatrechtlichen Regelungen in Taiwan, die auf den Schiedsvertrag Anwendung finden. Dadurch kann zugleich die rechtliche Weltanschauung Taiwans verdeutlicht werden und die mögliche Entwicklungslinie der internationalen Handelsschiedsgerichtsbarkeit in Taiwan aufgezeigt werden.

A) Vereinbarung des materiellen Rechts durch die Parteien

a) Grundprinzipien über das anwendbare Recht

aa) Schiedsrecht und Kollisionsrecht

Das taiwanesische autonome Schiedsrecht enthält keine ausdrückliche kollisionsrechtliche Regelung. Nach allgemeiner Ansicht entscheidet zunächst die freie Rechtswahl der Parteien über das auf die Schiedsvereinbarung anzuwendende Recht[89]. Auch wenn die Schiedsvereinbarung nach heutiger h. M. zugleich als Prozessvertrag anzusehen ist, ist ein Schiedsgericht nicht an die *lex fori*, also das taiwanesische Recht, gebunden. Vielmehr ist mangels ausdrücklicher oder stillschweigender Vereinbarung der Parteien in entsprechender Anwendung von Art. 6 taiwanesisches IPR das Recht desjenigen Staates auf die Wirksamkeit der Schiedsvereinbarung anzuwenden, der zu der Schiedsvereinbarung die engste Verbindung aufweist. Meist wird das der Staat sein, in dem das Schiedsgericht seinen Sitz hat[90]. Bezüglich der Anerkennung und Vollstreckung von Schiedssprüchen gilt das SchVG als *lex specialis* zu dem taiwanesischen IPR.

bb) Parteiautonomie

Welches materielle Recht der Entscheidung des Rechtsstreits zugrunde zulegen ist, bestimmt sich derzeit nach Art. 6 taiwanesisches IPR. Anwendbar ist in

89 *Shin-shang Liu,* Die internationale Handelsschiedsgerichtsbarkeit und das IPR, in: Sammlung der Aufsätze über Handelsschiedsgerichtsbarkeit (shang-wu-jon-tsai-lun-xu-hui-ben), Bd. I, TIS 1988, S. 319 f.

90 *Shin-shang Liu,* a.a.O. (Fn. 89), S. 303 f.

erster Linie das von den Parteien gewählte Recht, subsidiär das Recht mit dem engsten Bezug zur Streitsache. Danach wird es häufig so sein, dass sich aus der Vereinbarung eines Schiedsgerichts schließen lässt, dass das materielle Recht desjenigen Staates angewendet werden soll, in dem das Schiedsgericht seinen Sitz hat.

cc) Generelle Beurteilung der Parteiautonomie und ihre Grenzen im Hinblick auf den *ordre public*

Die Parteiautonomie beherrscht das Schiedsverfahren und damit auch die Wirksamkeit der Schiedsvereinbarung. Die Zulässigkeit der freien Rechtswahl wird mit der allgemeinen Dispositionsfreiheit der Parteien im Schiedsgerichtsverfahren und der generellen Rechtswahlfreiheit nach Art. 6 taiwanesisches IPR bei Schuldverträgen begründet[91].

b) Die internationalprivatrechtliche Qualifikation der vier relevanten Vereinbarungen in einer Schiedsangelegenheit mit Auslandsbezug

In einer Schiedsangelegenheit mit Auslandsbezug existieren meist vier separate Vereinbarungen: nämlich der Hauptvertrag, die Rechtswahlklausel, die Schiedsvereinbarung und die Vereinbarung zur Entscheidung nach *ex aequo et bon*" oder *amiable composition*. Die internationalprivatrechtliche Qualifikation dieser vier Vereinbarungen und ihre rechtliche Wirkung wird folgendlich separat diskutiert[92].

aa) Schiedsvereinbarung

Nach der h.M. ist die Schiedsvereinbarung ein materiellrechtlicher Vertrag mit prozessrechtlicher Wirkung. Die materiellrechtliche Wirkung der Schiedsvereinbarung ist von internationalprivatrechtlicher Bedeutung. Die Bestimmung des Rechts, das für die Beurteilung der Schiedsvereinbarung mit Auslandsbezug angewendet werden soll, richtet sich auch nach Art. 6 taiwanesisches IPR. Obwohl das SchVG keine Regelungen über den Anwendungsbereich beinhaltet, finden seine Bestimmungen Anwendung, wenn es die Anerkennung und Vollstreckung in Taiwan betrifft, vgl. § 47 SchVG. In dieser Hinsicht gilt das SchVG als *lex specialis* zu dem taiwanesischen IPR. Daraus folgt, dass die Kollisionsnorm des taiwanesischen IPR über Schiedsverfahren und die Vollstreckung von Schiedssprüchen nur auf die Form und die übrigen Erfordernisse der Schiedsvereinba-

91 *Yu Huang*, Über die Rechtsanwendung in der internationalen Handelschiedsgerichtsbarkeit, Uni-Magisterarbeit, National Taiwan University 1986, S. 124 f.

92 *Wei-ming Liao*, Über die „*ex aequo et bono*" oder „*amiable composition*"-Klausel in der internationalen Handelschiedsgerichtsbarkeit, Journal of Arbitration (chinesisch) 61, TIS, S. 69, 91.

rung Anwendung finden kann, wenn die Parteien für die Beurteilung der Schiedsvereinbarung nicht eine abweichende Rechtswahl vereinbart haben. Diese darf aber nicht den Umfang des SchVG überschreiten. Da die übrigen Teile der Schiedsvereinbarung im Prinzip einen materiell-rechtlichen Charakter aufweisen (siehe unten), so dass sich die Rechtswahl auch nach den Bestimmungen des Art. 6 taiwanesisches IPR richtet.

bb) Hauptvertrag

Nach Art. 6 taiwanesisches IPR wird die Parteiautonomie zur Rechtswahl anerkannt. Bei Schiedsverfahren mit Auslandsbezug haben die Parteien die unbegrenzte Rechtswahl, sofern das Verfahren Schuldverhältnisse betrifft. Hingegen ist eine unbegrenzte Rechtswahl bei Streitigkeiten betreffend Sachenrecht, Erbrecht oder Familienrecht nicht zulässig (Art. 9 ff. taiwanesisches IPR). Unter Schuldverhältnissen werden gemäß Art. 6 taiwanesisches IPR Rechtsverhältnisse aus Verträgen und aus einseitigen Rechtshandlungen definiert. Der Hauptvertrag ist ohne Zweifel eine materiellrechtliche Vereinbarung und unterliegt somit der freien Rechtswahl.

cc) Rechtswahlklausel

Der Vertrag über die Wahl des anzuwendenden Rechts ist eine privatrechtliche selbständige Vereinbarung[93]. Daraus folgt einerseits, dass es den Parteien zusteht das auf die Rechtswahlklausel anwendbare Recht zu wählen. Auf der anderen Seite führt eine eventuelle Nichtigkeit des Hauptvertrages nicht automatisch zu der Nichtigkeit des Vertrages über die Wahl des anzuwendenden Rechts. Wird von den Parteien eine Rechtswahl nicht getroffen, so wird für die Entscheidung der Streitigkeit das sich nach den inländischen Kollisionsnormen des jeweiligen Landes ergebende Recht angewendet.

dd) *ex aequo et bono* oder *amiable composition*-Klausel

Eine Schiedsgerichtsentscheidung nach Billigkeit oder die Entscheidung nach sog. *ex aequo et bono* oder *amiable composition*, ist seit langem zulässig[94], bedarf aber nach § 31 SchVG einer besonderen Ermächtigung durch die Parteien, wobei freilich auch hier die Grenzen des *ordre public* zu beachten sind (siehe unten). Da die meisten Rechtswirkungen, die die Parteien mit der Vereinbarung einer *ex aequo et bono* oder *amiable composition*-Klausel erzielen, materiell-

93 *Wei-ming Liao*, a.a.O. (Fn. 92), S. 78.

94 Urteil in Zivilsachen des Bezirkgerichts Taipeh, jong-shu-ji Nr. 01, 1991, abgedruckt in: Ausgewählte gerichtliche Urteile bezüglich der Schiedsfälle (jon-tsai-ang-jien-fa-yuan-tsai-pan-xuen-ji), Bd. IV, TIS 1997, S. 5 f.

rechtlicher Art sind, ist die *ex aequo et bono* oder *amiable composition*-Klausel in diesem Sinne eine privatrechtliche Vereinbarung[95].

B) Bestimmung des anwendbaren materiellen Rechts durch das Schiedsgericht im Schiedsverfahren mit Auslandsbezug

a) Anwendung des taiwanesischen IPR

Wurde seitens der Parteien eine Rechtswahl nicht vorgenommen und ergibt sich auch nichts Abweichendes aus den Taiwan bindenden internationalen Abkommen, so bestimmt das Schiedsgericht das anzuwendende Recht auf der Grundlage der Kollisionsnormen (Art. 6 taiwanesisches IPR). Hiernach richtet sich die Geschäftsfähigkeit einer natürlichen Person nach ihrer Staatsangehörigkeit. Die Rechts- und Geschäftsfähigkeit nach taiwanesischem Recht ist jedoch ausreichend, wenn die zu beurteilende Rechtshandlung in Taiwan vorgenommen wurde (Art. 1 taiwanesisches IPR). Die Geschäftsfähigkeit einer ausländischen juristischen Person richtet sich hierbei nach der Rechtsordnung des Hauptsitzes (Art. 2 taiwanesisches IPR). Die Wirksamkeit und die Folgen der Unwirksamkeit bzw. Nichtigkeit von Rechtshandlungen richten sich nach demselben Recht wie die Wirkungen derselben. Sofern die Form einer Rechtshandlung zu beurteilen ist, genügt die Erfüllung der Anforderungen der Rechtsordnung an dem Ort, an dem es zu der Vornahme der Rechtshandlung kam (Art. 5 taiwanesisches IPR). Ist für die Gültigkeit einer Rechtshandlung nach der Rechtsordnung, nach der sich der Vertrag richtet, die Schriftform erforderlich, so ist die Einhaltung der Schriftform zwingende Voraussetzung für die Wirksamkeit der zu beurteilenden Handlung (Art. 6 taiwanesisches IPR).

Für Schuldverhältnisse gilt grundsätzlich die *lex causae*. Diese richten sich demnach nach der Rechtsordnung, nach der sich nach der Kollisionsnorm der bestimmte Vertrag und die durch ihn begründeten Rechtsverhältnisse richten. Gem. Art 6 taiwanesisches IPR richtet sich der Vertrag primär nach dem Recht des Staates dem beide Parteien angehören und sekundär nach dem Abschlussort. Die *lex causae* gilt jedoch mit dem Vorbehalt, dass die Beurteilung des Rechtsverhältnisses einer vernünftigen Regelung der gegebenen Rechtsbeziehung entspricht[96]. Die Theorie der „engsten Verbindung" sollte bei der Auslegung, welche Regelung als vernünftig anzusehen ist, als ein Maßstab gelten[97].

---

95 *Wei-ming Liao*, a.a.O. (Fn. 92), S. 78.

96 *Tie-jeng Liu/Jong-chuang Chen*, Das IPR (guo-ji-shi-fa-lung), San-Min Verlag, 1. Aufl. 1996, S. 345 f.

97 *Jing-je Li*, Über die Grundfunktionen des IPR, fa-lue-ping-lung 63. Bd. 10-12 Ausgabe, S. 26.

Die Bestimmung der Grenzen bei Schuldverhältnissen ist unpräzise, denn als eine grundlegende Grenzbestimmung wird die „vernünftige Regelung der gegebenen Beziehung" erachtet. Da unbeschränkte Freiheit der Rechtswahl besteht, empfiehlt es sich, in Beziehungen mit internationalem Element im Interesse der Rechtssicherheit eine klare Rechtsbestimmung zu vereinbaren.

b) Feststellung des anwendbaren Rechts durch das Schiedsgericht

Das Schiedsgericht hat die gültige Vereinbarung der Parteien über die Wahl des anzuwendenden Rechts von Amts wegen zu respektieren. Gleichfalls hat das Schiedsgericht die Kollisionsnormen des taiwanesischen IPR anzuwenden, wenn die Parteien keine Rechtswahl getroffen haben und das Schiedsverfahren in Taiwan durchgeführt werden soll. Der Ansatz der sog. *voie directe* wurde zwar in der Literatur erwähnt[98], ist aber bis heute in der Praxis ganz fremd.

c) Ermittlung von Inhalt des fremden Rechts

Sofern in dem Schiedsverfahren fremdes Recht Anwendung finden soll, kann das Schiedsgericht von den Parteien die Vorlage der zu berücksichtigenden gesetzlichen Bestimmungen verlangen und gegebenenfalls im Wege der Amtshilfe auch weitere Informationen über das zu berücksichtigende Recht bei dem zuständigen Justizministerium einholen Das fremde Recht hat das Schiedsgericht gleich dem Richter (Schiedsrichter), der Angehöriger des jeweiligen fremden Staates ist, anzuwenden. Dementsprechend sind auch wissenschaftliche Publikationen und die Rechtsprechung des jeweiligen Landes von dem Schiedsgericht zu berücksichtigen, was auch der bestehenden Praxis weitgehend entspricht.

C) Zulässigkeit der Billigkeitsentscheidung nach § 31 SchVG (*hen-ping-jong-tsai*)

Im Prinzip werden Streitigkeiten in der taiwanesischen Rechtsordnung nach den positiven Normen des anzuwendenden materiellen Rechts beurteilt. In der Schiedspraxis sind die wichtigsten taiwanesischen Normen des materiellen Rechts das taiwanesische BGB, die vier sog. Handelsgesetze (Gesellschafts-, Wertpapier-, Seehandels- und Versicherungsgesetz) und sonstige besondere Rechtsbeziehungen regelnde Vorschriften, wie beispielsweise das Patent-, Urheber- oder Markengesetz oder das Gesetz gegen unlauteren Wettbewerb. Im Rahmen der zwischen den Parteien vertraglich getroffenen Vereinbarungen ist auch der jeweilige Handelsbrauch zu berücksichtigen. Liegt eine ausdrückliche dahingehende Vereinbarung vor, kann das Schiedsgericht nach den Grundsätzen der Billigkeit und einer gerechten Entscheidung gemäß § 31 SchVG die Strei-

98 *Ying-fan Lan*, Ein Vergleich zwischen neuem deutschen und neuem taiwanesischen Schiedsrecht, Journal of Arbitration (chinesisch) 51, TIS, S. 10.

tigkeit entscheiden. Hat das Schiedsgericht nach Billigkeit entschieden, ohne dazu ermächtigt zu sein, ist der Schiedsspruch gemäß § 40 Abs. 1 Nr. 4 SchVG aufhebbar.

Die Billigkeitsentscheidung hat im taiwanesischen Schiedsrecht eine lange Tradition und sie wird in der bisherigen Schiedspraxis oft angewendet. Vor der Verabschiedung des SchVG war die Anwendung des positiven Rechts im inländischen Schiedsverfahren nicht erforderlich, wenn die Parteien dies nicht ausdrücklich vereinbart hatten. 1975 wurde ein Forschungsprojekt errichtet, in dem ein bekannter Zivilrechtler Prof. Tze-jian Wang als Projektleiter die diesbezügliche Entwicklung im deutschen Recht studiert hat[99]. Die zwingende Anwendung des positiven Rechts ohne ausdrückliche Parteivereinbarung hat Prof. Wang verneint, weil seiner Meinung nach der Schiedsrichter das positive Recht nicht kennt oder nicht kennen kann. Dieses Ergebnis hat zu einer großzügigen Haltung der Gerichte gegenüber der Billigkeitsentscheidung in der Schiedsgerichtsbarkeit in Taiwan geführt. Die nachfolgende Entwicklung ist jedoch sehr umstritten, da das traditionelle chinesische Rechtsverständnis mit dem positiven modernen Zivilrecht eher nicht kompatibel ist. Augrund der traditionellen eklektischen Kultur ist ein Phänomen entstanden, nämlich das sog. „eine Mark angesprochen, fünfzig Pfennig zugesprochen“[100]. Diese kulturelle Besonderheit der Billigkeitsentscheidung im taiwanesischen Schiedsrecht führt zu einer Entrechtlichtung des Schiedsrechts. Dies kann für den internationalen Handel durchaus positiv sein, da diese Methode im Wesentlichen dem *ex aequo et bono* entspricht. Aber die praktischen Erfahrungen waren eher negativ, weil die taiwanesischen Schiedsrichter zu schnell auf die Billigkeitsentscheidung zurückgegriffen haben[101]. Aufgrund der fehlenden Bindung an das materielle Recht führte es oft zu Rechtsunsicherheit, wenn die Schiedsrichter zu kompromisssüchtig waren. Zudem war der Rückgriff auf die Billigkeitsentscheidung auch dem Rechtsfrieden abträglich, denn die Angemessenheit der Interessenabwägung stellte für die Parteien häufig keine befriedigende Begründung dar.

Anlässlich der Diskussion um ein neues Schiedsverfahrensrecht hat sich das Justizministerium besorgt über diese Entwicklung geäußert[102]. Dies führte zu dem Ergebnis, dass die Billigkeitsentscheidung die ausdrückliche Vereinbarung der Parteien erfordert (§ 31 SchVG). Zu diesem Novum wurde ein neuer Begriff

99 *Tze-jian Wang*, Studie der Billigkeitsschiedsgerichtsbarkeit im deutschen Recht, Schriftreihe von National Commission for Scientific Research, 1974.

100 *Jung-yi Lin*, Die Rechtsanwendung im Schiedsverfahren, Journal of Arbitration (chinesisch) 58, TIS, S. 18.

101 Protokoll des Seminars des Justizministeriums über die Handelsschiedsgerichtsbarkeit, Bd. II, Justizministerium 1995, S. 102.

102 Protokoll der Reformdiskussion, a.a.O. (Fn. 37), S. 154-200.

eingeführt, die Vereinbarung der Billigkeitsentscheidung, das sog. *hen-pin-jong-tsai* (Billigkeitsschiedsgerichtsbarkeit).

Um die Verrechtlichung der Schiedsgerichtsbarkeit noch zu verstärken wurde zugleich eine ergänzende Maßnahme eingeführt: Die juristische Ausbildung der Schiedsrichter muss verstärkt werden (§ 8 ff. SchVG i.V.m. der Richtlinie über Training und Unterricht der Schiedsrichter[103]).

Als ein positiv festgelegtes Institut im taiwanesischen Schiedsrecht hat die Billigkeitsschiedsgerichtsbarkeit zugleich auch einen neuen Aspekt gewonnen; nämlich das Bedürfnis nach dem Institut der *ex aequo et bono* oder *amiable composition* in der internationalen Handelsschiedsgerichtsbarkeit. Das Institut der *ex aequo et bono* oder *amiable composition* wurde im Model Law bereits anerkannt. Ebenso wie in Deutschland, wo *ex aequo et bono* als schillerndes Institut bezeichnet wird[104], ist auch in Taiwan die Gestalt dieses Rechtsinstituts nach wie vor unklar. Trotz zahlreicher Aufsätze, die den Inhalt und die Reichweite dieses Instituts im rechtsvergleichenden Zusammenhang zu ergründen suchen[105], hat die sog. Billigkeitsentscheidung im Schiedsrecht (entweder das Institut der *ex aequo et bono* oder *amiable composition* oder das Institut des sog. hen-pin-jong-tsai nach § 31 SchVG) bis heute noch keine erkennbare Gestalt angenommen. Es wird in Taiwan bis heute vehement diskutiert[106]. Nach der Ansicht der Gerichte sollte sich dieses Institut in Anlehnung an den Wegfall der Geschäftsgrundlage entwickeln[107]. Die entsprechende Entwicklung zwischen dem *ex aequo et bono* oder *amiable composition* auf internationaler Ebene oder dem sog. hen-pin-jong-tsai nach § 31 SchVG erfordert intensive Studien, weil die ADR in Taiwan sehr beliebt werden. Die übertriebene eklektische Lösung in Taiwan soll auf jeden Fall korrigiert werden.

D) Schiedsspruch nach dem sog. „*lex mercatoria*" bzw. nach generellen Rechtsprinzipien

In der taiwanesischen Literatur wird noch keine strenge Grenze zwischen der *lex mercatoria* und Handelsbräuchen gezogen. Handelsbräuche sind selbst keine Rechtsregeln, sondern können als tatsächliche, von einer bestimmten Branche ständig geübte Gepflogenheiten Vorstufe für die Bildung von Recht sein. Sie

103 Siehe Anhang 3.

104 *Otto Sandrock*, "*ex aequo et bono*"- und "*amiable composition*"-Vereinbarungen: ihre Qualifikation, Anknüpfung und Wirkungen, Jahrbuch für die Praxis der Schiedsgerichtsbarkeit, Band 2 (1998), Verlag Recht und Wirtschaft GmbH Heidelberg, S. 120.

105 *Jung-yi Lin*, a.a.O. (Fn. 100), S. 1 f.

106 Siehe Fn. 100.

107 Ansicht des Oberen Gerichts über die Rechtsproblematik des Schiedsverfahrens, Nr. 16 1999, Journal of Arbitration (chinesisch) 55, TIS, S. 110 f.

sind aber bei der Rechtsfindung zu berücksichtigen, und zwar auch dann, wenn die Parteien dies nicht ausdrücklich vereinbart haben (vgl. § 1 taiwanesisches BGB). Ob man die *lex mercatoria* anders als die Handelsbräuche behandeln kann, ist zweifelhaft. In Taiwan wird bei internationalen Schiedsgerichtsverfahren meist eine bestimmte Rechtsordnung gewählt, so dass die *lex mercatoria* nicht ausdrücklich zur Anwendung kommt. Unklar ist bis heute, ob die Parteien das UN-Kaufrecht oder die Anwendung der UNIDROIT- Prinzipien wirksam vereinbaren können. Nach der wohl Hauptmeinung gelten weder die UNIDROIT- Prinzipien noch das UN- Kaufrecht als Recht i.S.v. Art.6 taiwanesisches IPR und können daher nicht als solches von den Parteien vereinbart werden[108]. Dem SchVG fehlt die detaillierte Regelung des anwendbaren materiellen Rechts, wie es bei § 28 Model Law der Fall ist. § 31 SchVG betrifft nur die Entscheidung nach *ex aequo et bono* oder *amiable composition*. Das Einheitsrecht könnte jedoch eventuell herangezogen werden, wenn die Parteien die Schiedsrichter ausdrücklich zur Entscheidung nach *ex aequo et bono* oder *amiable composition* ermächtigt haben.

E) Der *ordre public*-Vorbehalt

Das ausländische Recht ist von dem Schiedsgericht jedoch dann nicht anzuwenden, wenn es im Widerspruch zu dem Vorbehalt der öffentlichen Ordnung nach der taiwanesischen Rechtsordnung steht. Im taiwanesischen IPR schwankt der Inhalt des Begriffs der *ordre public* stark. Der Begriff des *ordre public* umfasst den Verstoß gegen die öffentliche Sicherheit oder Ordnung sowie den Verstoß gegen die guten Sitten. Im Allgemeinen wird der Begriff der öffentlichen Sicherheit und Ordnung bzw. der guten Sitten im taiwanesischen Recht sehr weit ausgelegt[109]. Gerade im Bereich des internationale Wirtschafts- und Handelsrechts wird oft gefordert, ihn auf Grundsätze, auf denen ohne Vorbehalt bestanden werden muss, einzugrenzen. Fassbare Erfahrungssätze bzw. Rechtsprechung, an denen sich die Auslegung des Begriffs der öffentlichen Interessen orientiert, weist die junge taiwanesische Rechtsordnung bislang aber nicht auf. Ein Verstoß liegt zweifelsfrei vor, wenn ausländisches Recht gegen das taiwanesische Verfassungsrecht und die darin verankerten Grundrechte und Grundfreiheiten verstößt. Es ist davon auszugehen, dass auch ein Verstoß gegen den *ordre public* vorliegt, wenn das anzuwendende ausländische Recht gegen öffentliches Recht verstößt. Wann jedoch ein Verstoß gegen die guten Sitten vorliegt, bleibt bis heute unklar.

---

108 *Tser-dong Ker*, a.a.O. (Fn. 69), S. 49 ff.; *ders.*, Über das neue Seehandelsrecht, Yuan-Jao Verlag, 1. Aufl. 2000, S. 120 f.

109 Vgl. Zweck der Gesetzgebung der Art. 25 des taiwanesischen IPR.

Diese sehr weite und auch unklare Auslegung des *ordre public* bringt gerade für ausländische Vertragspartner eine gewisse Rechtsunsicherheit mit sich. Der *ordre public* sollte daher auf einen außerordentlichen und nur in äußersten Grenzfällen anzuwendenden Rechtsvorbehalt reduziert werden, wenn Taiwan als wichtiges Exportland international aktiv sein möchte.

Ist taiwanesisches materielles Recht anwendbar, so gilt grundsätzlich, dass das Schiedsgericht an das taiwanesische materielle Recht gebunden ist. Etwas anderes gilt nur dann, wenn die Parteien das Schiedsgericht von dieser Bindung befreien. Eine solche Befreiung ist aber nur in den Grenzen der öffentlichen Ordnung und der guten Sitten möglich. Insoweit setzt sich der *ordre public* auch hier durch. Vorschriften des ausländischen öffentlichen Rechts sind insofern anzuwenden, als sie einen direkten Einfluss auf die Rechtsverhältnisse haben, über die im Schiedsverfahren zu entscheiden ist. In Betracht kommen insbesondere diverse öffentlich-rechtliche Einschränkungen im Bereich des Außenhandelsrechts, Devisenbeschränkungen oder Beschränkungen beim Immobilienerwerb.

Der sog. *ordre public international* wurde in Taiwan bislang wenig diskutiert. Obwohl vielfach für einen A-nationalen Ansatz des *ordre public* plädiert wurde[110], also für die Schaffung von international gültigen Maßstäben, hat sich diese Meinung im taiwanesischen Schiedsrecht bis heute nicht durchgesetzt. Die Schiedsvereinbarung ist auch in Taiwan zweifelsfrei der Parteiautonomie unterworfen. Ob diese Parteiautonomie den nationalen *ordre public* brechen könnte, ist in Taiwan wie in anderen Ländern bis heute fraglich[111].

X. Der Vergleich und die Mediation im Schiedsverfahren

Der Vergleich bzw die Mediation wurden in §§ 44 ff SchVG ins taiwanesische Schiedsrecht anerkannt. Gemäß § 46 SchVG finden die Regelungen in §§ 38, 40, 41, 42 und 43 bezüglich der Aufhebung des Schiedsspruchs auch für den Vergleich bzw. die Mediation im schiedsrichterlichen Verfahren Anwendung. Die zwei Institute haben sich dadurch einen Schritt weiter annähert.

A) Vergleich im Schiedsverfahren

Der genaue Verlauf des Vergleichsverfahrens wird im SchVG nicht geregelt. Es findet nach § 44 Abs. 1 SchVG vor dem Schiedsgericht statt. Die Parteien können in jedem Stadium des Schiedsverfahrens einen Vergleich abschließen. Hierbei können von dem Schiedsgericht den Parteien in jedem Stadium des Verfahrens Vorschläge, Empfehlungen und Anregungen zwecks Herbeiführung einer

110 *Huan-wen Chen*, a.a.O. (Fn. 23), S. 45 ff.

111 Vgl. Europäische IPR-Vorlesungswoche an der Universität Trier, ZEuP 1999, S. 380 ff.

gütlichen Einigung unterbreitet werden. Auf jeden Fall können die Parteien frei entscheiden, den empfohlenen Vergleichsentwurf anzunehmen oder abzulehnen, was die Einstellung des Vergleichsverfahrens zur Folge hat. Der Vergleich kann von den Parteien im Rahmen der mündlichen Verhandlung oder auch außerhalb dieser abgeschlossen werden. Kommen die Parteien im Rahmen der mündlichen Verhandlung zu einer vergleichsweisen Regelung, so wird der Inhalt des Vergleichs in die Niederschrift der mündlichen Verhandlung aufgenommen und sodann per Beschluss die Einstellung des Verfahrens verkündet.

Das Vergleichsverfahren führt aber nicht zum Erlass eines Schiedsspruchs, sondern nur zu einem Vergleichsprotokoll (*he-jie-shu*; § 44 Abs. 1 SchVG). Nach § 44 Abs. 2 SchVG ist dieses entsprechend dem Schiedsspruch rechtlich bindend. Es benötigt zur Vollstreckung auch den Vollstreckungsbeschluss des Gerichts. Der größte Unterschied zwischen einem Vergleichsprotokoll und einem Schiedsspruch liegt in der Anerkennung und Vollstreckung im Ausland, da das Vergleichsprotokoll eine taiwanesische schiedsrechtliche Besonderheit ist[112]. Ob die Parteien dagegen auch beantragen können, den Inhalt des geschlossenen Vergleichs in der Form eines Schiedsspruchs statt nur in der Form eines Vergleichsprotokolls zu verkünden, ist unklar.

Ein vereinbarter Vergleich der Parteien hat die rechtliche Qualität und Wirkung eines Vertrages und ist somit nur in dem Falle, dass es zu einer Verkündung in der Form eines Vergleichsprotokolls kommt, vollstreckbar. Die Verkündung des Vergleichs in der Form eines Vergleichsprotokolls ist wegen der damit verbundenen prozessrechtlichen Folgen unbedingt zu empfehlen, da nur in diesem Fall die Streitigkeit als entschieden gilt (*res judicata*) und damit die weitere Geltendmachung der streitbefangenen Ansprüche vor den Schiedsgerichten bzw. ordentlichen Gerichten ausgeschlossen ist. In dem Fall, dass es nur zum Abschluss eines Vergleichs ohne die Verkündung in der Form eines Vergleichsprotokolls kommt, besteht die Möglichkeit, diesbezügliche Ansprüche weiterhin gerichtlich geltend zu machen (*res transacta*).

B) Mediation im Schiedsverfahren

Vor der Einführung der Mediation für den internationalen Rechtsverkehr war auf internationaler Ebene vehement für die ADR plädiert worden. Dies lässt sich darauf zurückführen, dass vor der Verabschiedung des SchVG die behördliche Schlichtung bei der Streitbeilegung im Außenhandel eine große Rolle gespielt hat. Zuständig für das behördliche Schlichtungsverfahren war die fünfte Abteilung des Büros für internationalen Handel des Wirtschaftsministeriums (folgend als Fünfte Abteilung bezeichnet). Die Fünfte Abteilung hat aufgrund ihrer Fach-

112 *Huan-wen Chen*, a.a.O. (Fn. 54), S. 388 f.

kunde und administrativen Ressourcen aktiv in die Außenhandelsstreitigkeiten eingegriffen, um den Ruf Taiwans als ein Außenhandelsland zu verbessern. Diese besondere Art der Schlichtung durch die Verwaltung, nennt man *tiao-chu*. *Tiao-chu* hat die Natur eines administrativen Eingriffs. Wegen der Demokratisierung und Verrechtlichung in Taiwan wurde es einerseits, u.a. von den Juristen, erwartet, dass neben den Behörden auch die ordentlichen Gerichte für die Handelsstreitigkeiten kompetent sein könnten. Andererseits wurde aber insbesondere von den USA vielfach gefordert, eine funktionsfähige internationale Handelsschiedsgerichtsbarkeit einzurichten. Dieser Druck von außen war es unter anderem, der später zur Einführung des Model Law in der Form des SchVG führte. Nach dem Gesetzgebungszweck der „Internationalisierung und Liberalisierung" des SchVG sollten die Behörden künftig bei administrativen Eingriffen in privatrechtliche Streitigkeiten zurückzuhaltend sein. Da die zuständige Behörde neben der bürokratischen Autorität und Ressourcen oft auch das Fachwissen für das diesbezügliche Geschäftsfeld zur Verfügung hat, wird sie bis heute sowohl von den inländischen als auch von den ausländischen Parteien bevorzugt. Für die Behörden birgt das Tätigwerden im Rahmen des *tiao-chu* jedoch immer die Gefahr in die Kritik zu geraten, dass die öffentliche Hand in privatrechtliche Streitigkeiten eingreife. Diese Besorgnisse sind im Zuge der weiteren Demokratisierung so groß geworden, dass das *tiao-chu* langsam an Bedeutung verloren hat, weil die Verwaltung die Durchführung des Verfahrens zunehmend ablehnt. Da ausländische Parteien ein gerichtliches Verfahren bis heute nicht sehr schätzen, wächst die Bedeutung der Schiedsgerichtsbarkeit inzwischen stark an. Durch die Kombination von *tiao-chu* und der Schiedsgerichtsbarkeit ist eine besondere Art der Schlichtung im taiwanesischen Schiedsrecht entstanden (*tiao-jie*; § 43 SchVG), wo das *tiao-jie* mit der Mediation im westlichen Sinne vergleichbar ist.

Der genaue Verlauf des Mediationsverfahrens wird im SchVG nicht ausführlich geregelt. Es wird auf die Verordnung zur Regelung der Organisation der Schiedsinstitution, der Mediationsverfahren und ihrer Kosten verwiesen (im Folgenden als Verordnung zur Organisation der Schiedsinstitution bezeichnet). Gemäß § 45 Abs. 1 SchVG ist der Antrag eines Mediationsverfahrens unzulässig, sofern eine wirksame Schiedsvereinbarung zwischen den Parteien besteht. Der Antrag auf Schlichtung ist schriftlich zu stellen (§ 39 Verordnung zur Organisation der Schiedsinstitution). Die Schiedsinstitution muss den Antrag schnellstmöglich der Gegenpartei übermitteln und sie auffordern, ihre Zustimmung innerhalb einer Frist von 7 Tagen abzugeben (§ 40 Verordnung zur Organisation der Schiedsinstitution). Erfolgt die schriftliche Zustimmung nicht innerhalb dieser Frist, so gilt dies als Ablehnung des Schiedsverfahrens. Das Mediationsverfahren wird vor einem Schiedsgericht durchgeführt. Gemäß § 41

Abs. 1 der Verordnung zur Organisation der Schiedsinstitution sollen die Parteien entweder gemeinsam einen Schiedsrichter oder jede jeweils einen Schiedsrichter wählen, die das Mediationsverfahren leiten sollen. Nach Abs. 2 können die Parteien auch vereinbaren, dass die Schiedsinstitution in ihrem Namen einen oder zwei Schiedsrichter benennt, die das Mediationsverfahren leiten sollen. Wenn die Parteien keine solche Vereinbarung getroffen haben und keine fristgemäße Einigung über einen Schiedsrichter erzielen können, ist die Schiedsinstitution befugt, nach Abs. 3 auf Antrag einen Schiedsrichter als Schlichter zu benennen. Gemäß § 42 der Verordnung zur Organisation der Schiedsinstitution können die Parteien eine andere Person schriftlich bevollmächtigen, sie im Mediationsverfahren zu vertreten (§ 42 der Verordnung zur Organisation der Schiedsinstitution).

Das Mediationsverfahren wird in den Räumlichkeiten einer Schiedsinstitution oder einem anderen zweckmäßigen Ort durchgeführt; es kann der Öffentlichkeit unzugänglich gemacht werden. Der Schlichter und jede Person, die die Mediationsangelegenheiten bearbeitet, sind verpflichtet, die Vertraulichkeit zu wahren, es sei denn, die Sachverhalte sind bereits veröffentlicht worden (§ 45 Verordnung zur Organisation der Schiedsinstitution). Zur Durchführung des Mediationsverfahrens wird eine mündliche Verhandlung durch das Schiedsgericht anberaumt (§ 46 Verordnung zur Organisation der Schiedsinstitution). Wenn eine oder beide der Parteien am Tag des Mediationsverfahrens ohne berechtigten Grund nicht anwesend sind, gilt dies als das Ende des Mediationsverfahrens (§ 44 Verordnung zur Organisation der Schiedsinstitution). Das Mediationsprotokoll ist gemäß § 47 der Verordnung zur Organisation der Schiedsinstitution zu formulieren; der Schlichter hat das Schlichtungsprotokoll der Schiedsinstitution innerhalb von 5 Tagen zu übersenden (§ 47 Verordnung zur Organisation der Schiedsinstitution). Es steht den Parteien frei, ob sie den empfohlenen Mediationsentwurf annehmen oder ablehnen. Eine Ablehnung des Mediationsvorschlages hat die Einstellung des Mediationsverfahrens zur Folge (§ 48 Verordnung zur Organisation der Schiedsinstitution). Die Mediationskosten werden in §§ 50 ff. Verordnung zur Organisation der Schiedsinstitution geregelt. Im Prinzip werden die Mediationskosten gleichmäßig durch die Parteien getragen, es sei denn, die Parteien haben etwas abweichendes vereinbart (§ 56 Abs. 1 Verordnung zur Organisation der Schiedsinstitution). Die Partei, die den Antrag oder die Zustimmung zum Mediationsverfahren widerruft, trägt jedoch die gesamten Mediationskosten (§ 56 Abs. 2 Verordnung zur Organisation der Schiedsinstitution).

Mit dem *tiao-jie* verfügt Taiwan über ein modernes Institut der Mediation im Schiedsrecht. Bemerkenswert ist jedoch, dass das Ergebnis des *tiao-jie*, das Mediationsprotokoll Rechtskraft besitzt (*tiao-jie-shu*; § 45 Abs. 1 SchVG).

Gemäß § 45 Abs. 2 SchVG kommt dem Mediationsprotokoll ebenso wie einem Vergleichsprotokoll Rechtskraft zu. In dieser Hinsicht ist das Mediationsprotokoll also dem Schiedsspruch gleichgestellt. Somit besteht in der taiwanesischen Rechtsordnung kein Unterschied in der Rechtswirkung zwischen einem Mediationsprotokoll und einem Schiedsspruch oder einem Vergleichsprotokoll. Im internationalen Rahmen ist die Anerkennung und Vollstreckung des Mediationsprotokolls im Ausland völkerrechtlich aber nicht obligatorisch.

Nach § 45 SchVG lässt es sich erschließen, dass die Mediation wegen der dreistufigen Einordnung rechtlich gegenüber einem als Vergleich minderwertig eingeschätzt werden sollte. Das bezeugt auch die negativen Erfahrungen der taiwanesischen Justiz mit dem traditionellen *tiao-jie* bzw. auch dem administrativen *tiao-chu*. Beim traditionellen *tiao-jie* oder sogar auch beim administrativen *tiao-chu* wird oft kritisiert, dass ein Zwang von dem Mediator zur schnellen bzw. traditionsgebundenen Lösung wegen seiner wirtschaftlichen, politischen oder bürokratischen Machtstellung entstehen könnte. Das widerspricht nicht selten dem Gleichheitspostulat im modernen Zivilrecht. Die internationale Tendenz, dass der Mediation zum Nächsten im Rahmen der internationalen Handelsschiedsgerichtsbarkeit auch die Rechtskraft eines Schiedsspruchs verliehen wird, erfordert in dieser Hinsicht eine tiefgreifende und kulturorientierte Rechtsvergleichung, um die inhaltliche Bewertung näher zu überprüfen. Darüber hinaus stimmt die passive Einstellung der taiwanesischen Justiz bezüglich der Mediation, wie sie bei § 45 SchVG zum Ausdruck kommt, auch nicht mit der internationalen überein. Gemäß § 14 der neuen DIS-Schlichtungsordnung vom 01.01.2002 kann in Deutschland das Mediationsverfahren weiter in ein Schiedsverfahren übergeleitet werden und die Mediator (Schlichter) können dabei ihre Tätigkeit als Schiedsrichter fortsetzen (Abs. 1). Soweit die Parteien nichts anderes vereinbaren, findet auf das Schiedsgerichtsverfahren die DIS-Schiedsgerichtsordnung Anwendung (Abs. 2). Die enge Kombination zwischen Mediation und Schiedsgerichtsbarkeit liegt auf der Hand. Ob eine solche Überleitung auch im taiwanesischen Schiedsrecht zugelassen wird, wird im SchVG nicht geregelt. Erwähnenswert ist schließlich, dass in Taiwan sich die Mediatoren auf die Schiedsrichter einer Schiedsinstitution beschränken. Damit soll die Mediation genau wie die Schiedsgerichtsbarkeit verrechtlicht werden. Welche Rolle die Schiedsrichter und die TIS in Zukunft bei der Durchführung des Mediationsverfahrens spielen, bleibt abzuwarten.

C) ADR für die Rechtswirklichkeit in Taiwan[113]

a) Das traditionelle Rechtsleben

Das traditionelle chinesische Recht in Taiwan wird in der westlichen Welt als konfuzianistische Rechtskultur bezeichnet. Der Kern des Konfuzianismus in diesem Sinn ist die Familie und das Patriarchat. Um das Familiensystem zu festigen, wird nach Außen die gestufte Liebe für die Menschen anerkannt und nach Innen die Schamkultur gegenüber Familiensachen entwickelt. Rechtskulturell wird der Konfuzianismus sehr oft so charakterisiert, dass die kollektivistische Platzzuweisung das Bewusstsein des Individuums unterdrückt, so dass eine Zivilgesellschaft im europäischen Sinn nicht entstehen kann. Obwohl die Gleichheitsvorstellung zwischen den Familien als gesellschaftliche und politische Einheit theoretisch besteht, wird diese oft von der hierarchischen politischen und wirtschaftlichen Struktur verwässert. Dieser konfuzianistische Differenz-Ansatz hat sich im modernen Zusammenhang oft zu einem starken Bewusstsein der „wir-Gruppen" umgewandelt. Den feinen Abgrenzungslinien in den zwischenmenschlichen Beziehungen sollten sich die ausländischen Juristen bewusst sein, damit eine „soft skill" entwickelt werden kann, um Konflikte zu vermeiden. Das ist besonders sinnvoll, weil sich die konfuzianistische Rechtskultur bereits im Ganzen sog. „(Ost-)Asiatischen Rechtskreis"[114] verbreitet.

Taiwan ist eine unabhängige Rechtsordnung sowohl im formellen als auch im materiellen Sinn. Im formellen Sinn ist Taiwan vollständig und endgültig zuständig für die Justiz. Im materiellen Sinn gilt in der taiwanesischen Rechtsordnung bereits ein einzigartiges Rechtssystem. In diesem Sinn hat Taiwan einerseits in großem Maß die traditionelle konfuzianistische Rechtskultur geerbt, wenn man die Tatsache berücksichtigt, dass das Festland China nach 1949 vehement und turbulent den Marxismus-Lenninismus eingeführt hat. Anderseits ist Taiwan ein Land mit einem modernen Zivilrechtssystem. Um die Praxis in Taiwan besser zu verstehen und sich selbst darin zu betätigen, sollte der ausländische Jurist, insbesondere der Schiedsrichter, das komplexe Rechtsbewusstsein als eine gemischte Form in der Übergangsphase zwischen Osten und Westen kennen lernen.

---

113 Dazu vgl. auch Teil II, Kapitel III, A, I: Kurze Darstellung der traditionellen chinesischen Rechtskultur; ferner vgl. auch *Catherine Li*, Evaluating the Various Non-Litigation Processes for Resolving Disputes: The Cost-Effectiveness Approach, Journal of international Arbitration, 18(4) S. 435-447 2001, Verlag Kluwer Law International.

114 Vgl. Fn. 14; *Hyeong-Kyu Lee*, a.a.O. (Fn. 14), S. 159, 170; ferner auch *Michael Pryles* (ed.), Dispute Resolution in Asia, Kluwer Law International, 1997; *William S. Haas*, Östliches und westliches Denken. Eine Kulturmorphologie, Rowohlt Taschenbuch Verlag GmbH, 1967.

b) Die Rechtswirklichkeit

Die traditionelle konfuzianistische Rechtskultur lebt immer noch. Der Hauptbeweis ist, dass das Modell des Familienunternehmens für viele Erfolgsstories in der taiwanesischen Wirtschaft spricht. Die taiwanesischen Familienunternehmen, deren Existenz zu den vielleicht wichtigsten Eigenschaften der zukünftigen industriellen Struktur des sog. Chinesischen Wirtschaftskreises gehört, belegen die tiefgreifende Kraft der Tradition. Während die west-europäische Gesellschaft nach ost-asiatischem Standard ziemlich individualisiert wird, funktioniert die chinesische familienorientierte Gleichheitsvorstellung auch noch im modernen Zusammenhang. Die umgeformte bzw. gemischte Wertvorstellung führt zu der neuen Gestaltung des modernen Gesellschaftslebens. Von praktischer Bedeutung ist z.B. die Frage, wie man in Ost-Asien die Streitbeilegung vor dem staatlichen Gericht bewertet. Oder wie definiert man die Streitkultur überhaupt für die Ost-Asiaten, wenn sie die menschliche Nähe bevorzugen? Oder wird die Gesellschaft durch den harten Wettbewerb im kapitalistischen Leben nur schicksalhaft à la europèen individualisiert werden? Ein Beispiel ist auch, dass die außervertraglichen Faktoren nicht selten eine noch größere Rolle spielen. Soziale Sanktionen haben nach wie vor eine ebenso große Bedeutung wie Gerichtsurteile. Das gerichtliche Verfahren wird unter den Bürgern oft als negativ bewertet, weil sie denken, dass man vor Gericht das Gesicht verlieren würde.

Es lässt sich die taiwanesische Lockerheit für die Sprache am folgenden Beispiel verdeutlichen. Wer im Scherz, aus Ironie, Prahlerei oder oft aus Höflichkeit eine nicht ernst gemeinte Willenserklärung abgibt und dabei annimmt, der Erklärungsempfänger werde den Mangel der Ernstlichkeit erkennen, handelt ohne Erklärungsbewusstsein (§ 118 BGB oder §§ 86 ff. taiwanesisches BGB). Das Gesagte und das Gewollte in taiwanesischer Rechtswirklichkeit sind für das deutsche Verhältnis zu weit getrennt. Das führt dazu, dass die Willensstärke der Parteien nur schwer festzustellen ist. Ob eine stillschweigende Einigung zum Vertragsabschluss, ein geheimer Vorbehalt (§ 116 BGB oder § 86 taiwanesisches BGB), ein Scherzgeschäft (§ 118 BGB) oder ein Scheingeschäft (§ 117 odcr § 87 taiwancsischcs BGB) vorliegt, ist im taiwanesischen Recht und Praxis immer schwer festzustellen. Die sog. formelle Beweiskraft der Urkunde geht im taiwanesischen Zivilprozessrecht ins Leere.

Im Bereich des Handelsrechts spielt der Vertragsabschluss trotzdem eine große Rolle. Das Rechtsdenken der taiwanesischen Bürger lässt sich heute als Eklektizismus und Pragmatismus kennzeichnen. Die Einstellung zu den positiven Normen ist bis heute aber nur wenig untersucht worden.

Mittelweile wird das moderne Zivilrecht in Taiwan bereits seit über 100 Jahren praktiziert. Taiwan hat heute eine eher gemischte Rechtskultur, wenn die Wichtigkeit des traditionellen Rechts mitberücksichtigt wird. Das juristische Multisystem, das aus dem ordentlichen Gericht, dem Schiedsgericht und dem Mediationsverfahren besteht, ist gerade auch die Kontur der taiwanesischen Rechtswirklichkeit. Während die Justiz das von Europa rezipierte moderne Rechtssystem vertritt, lebt die überlieferte konfuzianistische Rechtskultur oft mit der Mediation. Die Wirtschaftsrationalität wird inzwischen von der Schiedsgerichtsbarkeit gepflegt. Um die wirtschaftlichen Faktoren beiderseits zu verbinden, sollten die in diesem Bereich arbeitenden westlichen Juristen darauf achten, dass ohne Sensibilität für die kulturellen Hintergründe die juristische Überredungskunst im westlichen Sinne nur negativ wirken könnte, weil die Taiwanesen die langfristigen Beziehungen schätzen und bei Streitigkeiten das Harmoniepostulat einen hohen Stellenwert hat. Die Überredung im westlichen Sinne bezieht sich oft auf die Suche nach der sog. Wahrheit. Die Dialektik bringt oft nur mehr Konflikte, weil die Taiwanesen dazu tendieren, ohne Worte einen pragmatischen Kompromiss zu schliessen. Für die Parteien selber ist die Wahrheit eigentlich nicht schwer festzustellen.

c) Die Entwicklung der ADR in Taiwan

Im taiwanesischen Recht erfreuen sich zur Zeit die ADR einer zunehmenden Beliebtheit. Dies zeigt sich unter anderem an der Entwicklung des Instituts der sog. „Dispute Review Board" in der taiwanesischen Bauindustrie. In Taiwan wird dieses Institut bei (öffentlichen) Bauvertragsverhältnissen oft verwendet, um die Ursachen der Konflikte zu klären und sich zu verständigen. Die ADR passen gut zu dem überlieferten Rechtsverständnis und der heutigen kaufmännischen Rechtswirklichkeit. Ebenso wie in der traditionellen Rechtskultur wird der kompromiss-suchende Prozess betont und die materiellrechtliche Gesetzlichkeit ignoriert. Diese typische Eigenschaft stammt aus dem Harmonie-Postulat des konfuzianistischen Kollektivismus. Insbesondere im internationalen Handel erweisen sich die ADR als vorteilhaft. Unterschiedliche nationale Rechtsordnungen werden meist von geisteswissenschaftlichen Faktoren geprägt, die sich aus der Kulturgeschichte des jeweiligen Landes ergeben. Diese Tatsache erschwert die Kommunikation über rechtliche Fragen im internationalen Rahmen erheblich. Die ADR können helfen, diese Unterschiede zu überbrücken, denn die Kompromissfindung im Rahmen einer ADR ist weder an die nationale Rechtsmethode noch an eine bestimmte Rechtsauffassung gebunden. Insbesondere kommt die gütliche Streitbeilegung in der ADR den praktischen Bedürfnissen der internationalen Kaufleute eher entgegen als der kämpferische Stil der westlichen ordentlichen Gerichte, wo Angriff und Verteidigung das Verfahren beherrschen. Im internationalen Wirtschaftsverkehr stellen die ADR somit einen tauglichen Mechanismus zur Konfliktbeilegung dar.

Gerade im Umgang mit taiwanesischen Kaufleuten sollten die Möglichkeiten, die die ADR bietet, nicht vernachlässigt werden. Dies gilt vielleicht insbesondere für deutsche Juristen, deren Formalismus und Liebe zum Detail für taiwanesische Klein- und Mittelunternehmen oft fremd und unfreundlich wirkt.

Insbesondere bei deutschen Juristen sind Mediationsverfahren bis heute nicht sehr beliebt. Dies ist u.a. auf rechtskulturelle Faktoren zurückzuführen. Wer Kompromisse macht, „kompromittiert sich". Das meinte man in Deutschland bis 1945 und teilweise noch länger. Kompromisse galten als moralisch minderwertig und charakterlos, für politisch prinziplos und gesellschaftlich haltlos[115]. Die aus einem Dezisionismus stammende deutsche Kompromissfeindlichkeit[116], insbesondere in den Sektoren, wo man mit dem hierachisch-hoheitlichen Steuerungsprinzip arbeitet, ist für die Bewältigung internationaler Handelskonflikte zumindest aus taiwanesischer Sicht eher hinderlich. Es wäre daher wünschenswert, dass die deutschen Juristen sich in kulturübergreifenden Situationen dem Denken anderer Rechtskulturen öffnen und ihre traditionellen Vorbehalte gegen die Mediation abbauen.

D) Zwischenergebnis

Die Bedeutung der Mediation wird in der Zukunft sowohl im asiatischen Raum als auch im internationalen Handelsverkehr zunehmend an Bedeutung gewinnen. Schon heute ist gerade in ost-asiatischen Ländern, bedingt durch den Vorrang der zwischenmenschlichen Beziehungen und der Vorliebe für Kompromisse, eine Tendenz zur Prozeduralisierung verbunden mit einer Abkehr vom materiellen Recht erkennbar. Die Einführung der Mediation in das Schiedsrecht ist auch von den wichtigen internationalen Schiedsinstitutionen propagiert worden und hat in Taiwan eine erfreuliche Resonanz gefunden. Taiwan sollte jedoch das traditionelle *tiao-jie* oder *tiao-chu* reformieren und sich der modernen Mediation annähern. Die Mediation ist auch das Spiegelbild eines politischen Paradigmenwechsels in den Machtstrukturen der Welt. Der Mythos des Staatsapparats ist der Dezentralisierung und Selbstorganisierung, die in der neuzeitlichen Demokratie als „Notlösung" geschätzt werden[117], gewichen. Dies hat zu einem

115 *Martin Greiffenhagen*, Kulturen des Kompromisses, Leske + Budrich 1999, S. 19.

116 *Martin Greiffenhagen*, a.a.O. (Fn. 115), S. 19 f.

117 *Martin Jänicke*, Vom Staatsversagen zur politischen Modernisierung? Ein System aus Verlegenheitslösungen sucht seine Form, in: Böhret, C./WEWER, G. (Hrsg.): Regieren im 21. Jahrhundert – zwischen Globalisierung und Regionalisierung, Festgabe für Hans-Hermann Hartwich zum 65. Geburtstag, Opladen, S. 63-78.

neuen kooperativen Politikstil geführt, der auch für die Rechtsauffassung nicht irrelevant sein kann. Gerade im internationalen Handel, einem Bereich, in dem die Nationalstaaten den mächtigen wirtschaftlichen Interessen gegenüber ohnmächtig und desinformiert sind, sollte ein autonomer Kooperationsmechanismus entwickelt werden. Die ADR weisen insofern einen gangbaren Weg für die Zukunft.

XI. Verfahrenskosten

Nach § 51 SchVG darf die Schiedsinstitution nur ein nicht-profitsuchender Verein sein. Da die TIS die bedeutendste Schiedsinstitution in Taiwan ist und Schiedsverfahren mit internationalem Element bis heute meist nur bei der TIS durchgeführt werden, ist es sinnvoll, dass im Folgenden hauptsächlich die Regelungen der Verfahrenskosten der TIS dargestellt werden. Einbezogen werden ferner auch die Regelungen des § 25 der Verordnung zur Regelung der Organisation der Schiedsinstitution, der Mediationsverfahren und ihrer Kosten[118] (im Folgenden als Verordnung zur Organisation der Schiedsinstitution bezeichnet), da sie als die Rechtsgrundlage der Verfahrenskosten der TIS gilt.

Die Verfahrenskosten und deren Ausgleich im Falle eines Verfahrens bei der TIS werden in relevanten Paragraphen der TIS-SchGO über die Schiedsverfahrenskosten geregelt (§§ 8, 14 Abs. 2, 15 Abs. 1, 36 Abs. 2, 43 Abs. 2 TIS-SchGO). Bei der TIS besteht grundsätzlich eine Vorschusspflicht bezüglich der gesamten Verfahrenskosten für die Parteien. Die Kostentabelle ist von der TIS in einer Broschüre veröffentlicht worden[119]. Die Regeln der Verfahrenskosten unterscheiden bei den Kostenarten nicht zwischen der Schiedsrichtervergütung, den Verwaltungskosten und den sonstigen Kosten und Auslagen. Die Gebühr für die Schiedsrichtervergütung, Verwaltungsgebühren der TIS, dem Schiedsgericht entstehende besondere Kosten, eigene Auslagen der Parteien und eventuell Sicherheitsleistungen im internationalen Schiedsverfahren sind pauschal bei der TIS im Voraus zu entrichten. Die Kostenregelungen in dieser Verordnung und folglich bei der TIS sollen als Maßstab für ein eventuelles Ad hoc-Schiedsverfahren gelten (§ 38 Verordnung zur Organisation der Schiedsinstitution).

A) Kostenvorschüsse

Die Gebühr für das Schiedsverfahren wird für jede Streitigkeit pauschal erhoben, wobei die Höhe der Gebühr nach dem Wert des Streitgegenstandes bestimmt wird. Gemäss § 25 Verordnung zur Organisation der Schiedsinstitution werden die Verfahrenskosten für die Schiedsgerichtsbarkeit bezüglich der

118 Siehe Anhang 2.
119 Siehe Anhang 9.

vermögensrechtlichen Ansprüche aufgrund des Streitwerts berechnet. Für ein nicht-vermögensrechtliches Schiedsverfahren werden die Schiedskosten in Höhe von 9.000 NT-Dollar erhoben (§ 26 Abs. 1 Verordnung zur Organisation der Schiedsinstitution). Für ein nicht-vermögensrechtliches Schiedsverfahren mit vermögensrechtlichem Anspruch werden die Schiedskosten getrennt berechnet (§ 26 Abs. 1 Verordnung zur Organisation der Schiedsinstitution). Nach § 27 Abs. 1 der Verordnung zur Organisation der Schiedsinstitution wird der Streitwert des Schiedsverfahrens durch das Schiedsgericht festgelegt. Die Gebühr ist von der klagenden Partei bei Einreichung der Klage bzw. von der beklagten Partei im Fall einer Widerklage zu entrichten, dessen Höhe in dem Tarif definiert ist. Es ist üblich, einen Vorschuss auf die Kosten zu fordern und zu gewähren. Dieser Pauschalbetrag, der an die TIS entrichtet wird, umfasst auch die Vergütung für die Schiedsrichter. Der Pauschalbetrag wird auch im Fall einer Widerklage bzw. der Erklärung der Aufrechnung berechnet (§§ 14 Abs. 2, 15 Abs. 1, TIS-SchGO). Dabei sind nach deren Wert dieselben Gebühren wie für die Klage zu entrichten. Im Fall einer nicht fristgerecht erfolgten Gebührenzahlung werden die Widerklage bzw. der Aufrechnungseinwand von dem Schiedsgericht nicht berücksichtigt.

B) Vergütung der Schiedsrichter und der unterstützenden Organisationen

Die Höhe der Schiedsrichtervergütung wird gemäss § 28 Abs. 1 der Verordnung zur Organisation der Schiedsinstitution berechnet. Wenn der Schiedsrichter ohne gerechtfertigten Grund den Schiedsspruch nicht unterschreibt, kann die Partei verlangen, die angesprochenen Schiedskosten auszusetzen (§ 28 Abs. 2 Verordnung zur Organisation der Schiedsinstitution). Soweit die TIS das Schiedsverfahren organisiert, erhebt sie eine Verwaltungsgebühr nach ihrer Gebührenordnung. Da die Ad hoc-Schiedsgerichtsbarkeit bis heute eine Ausnahme ist, werden dabei die Schiedsrichter nach der Vereinbarung der Parteien unter entsprechender Heranziehung von §§ 528 ff. (Auftrag) bzw. 482 ff. (Dienstvertrag) taiwanesisches BGB vergütet. Die TIS erstattet die Gebühr in den Fällen, in denen ein Schiedsrichter nicht am Erlass des Schiedsspruches mitgewirkt hat oder den Schiedsspruch nicht untergezeichnet hat (§ 43 TIS-SchGO i.V.m. § 28 Abs. 2 Verordnung zur Organisation der Schiedsinstitution).

C) Sonstige Kosten und Auslagen

In §§ 29 der Verordnung zur Organisation der Schiedsinstitution werden die sonstigen Kosten und Auslagen geregelt. Unter besonderen Kosten werden in der Regel Kosten der Beweisführung wie Sachverständigerkosten oder Mehrkosten, verursacht durch mündliche Verhandlungen außerhalb des Sitzes des Schiedsgerichts, oder Übersetzungs-, Dolmetscher oder sonstige Nebenkosten verstanden. Für die Deckung dieser besonderen Kosten haben die Parteien einen angemessenen Vorschuss zu entrichten (§ 37 Verordnung zur Organisation der Schiedsinstitution), dessen Höhe durch das Schiedsgericht bestimmt wird (§ 30 Verordnung zur Organisation der Schiedsinstitution). Die auf Antrag einer Partei durch Übersetzungen oder Dolmetscherleistungen entstandenen Kosten, werden jedoch stets von der beantragenden Partei getragen.

D) Abschließende Kostenfestsetzung

Das Schiedsgericht ist gehalten, auch darüber zu entscheiden, wer die Kosten des Schiedsverfahrens zu tragen hat. Es ist darüber hinaus für die Festsetzung der Kosten zuständig und hat diese im Schiedsspruch festzulegen (§ 34 Abs. 1 Verordnung zur Organisation der Schiedsinstitution). Grundsätzlich gilt, dass die Gebühren von derjenigen Partei zu tragen sind, die im Streit unterlegen ist. Wird der Klage nur teilweise entsprochen, so erfolgt eine Aufteilung der Erstattungspflicht zwischen den Parteien im Verhältnis des Obliegens und des Unterliegens. Über die Verteilung dieser Kosten auf die Parteien wird von dem Schiedsgericht nach den bereits dargelegten Grundsätzen anlässlich der Beendigung des Schiedsverfahrens im Schiedsspruch entschieden (§ 38 Abs. 3 TIS-SchGO i.V.m. § 34 Verordnung zur Organisation der Schiedsinstitution). Im Übrigen trägt jede Partei ihre Kosten bzw. Auslagen für Reisen, Rechtsvertretungen oder eigene Übersetzungen u.ä. selbst. Nur in begründeten Fällen kann eine Partei per Beschluss ein teilweiser Ersatz dieser Kosten durch die Gegenpartei zuerkannt werden. Desgleichen kann das Schiedsgericht derjenigen Partei, die der Gegenpartei infolge von zwecklosen oder nicht ordnungsgemäßen Handlungen unnötige Kosten verursacht hat, auferlegen, diese Kosten zu erstatten. Diese Ermessensentscheidung des Schiedsgerichts umfasst auch eine Kostenverteilung bezüglich der Gebühren für das Verfahren und die Verwaltungskosten. Über ihre eigenen Gebühren dürfen die Schiedsrichter aber wegen des Grundsatzes der Unparteilichkeit der Rechtspflege nicht selbst entscheiden, auch nicht mittelbar über die Festsetzung des Streitwertes, so dass die Kostenfestsetzung nur das Verhältnis der Parteien zueinander (insbesondere die Erstattung der Anwaltsgebühren) betrifft.

XII. Verfahrenseinstellung, Schiedsspruch und Vollstreckung

Ein Schiedsverfahren endet in der Regel durch Schiedsspruch oder Vergleich bzw. Mediation. Es kann auch per Beschluss des Schiedsgerichts das Verfahren eingestellt werden.

A) Verfahrenseinstellung

Das Verfahren wird per Beschluss des Schiedsgerichts insbesondere dann eingestellt, wenn

1. vom Schiedsgericht die fehlende Zuständigkeit festgestellt worden ist (§ 22 Abs. 1 SchVG);
2. eine Klagerücknahme erfolgt ist (§ 19 SchVG);
3. eine Einrede aufgrund von Verfahrensmängeln erfolgreich erhoben wurde (§ 29 SchVG);
4. Mängel in der Klageschrift entgegen einer Aufforderung des Schiedsgerichts nicht beseitigt wurden und der Kläger auf der Durchführung des Schiedsverfahrens besteht (§ 30 SchVG);
5. die Parteien einen vom Schiedsgericht bestätigten Vergleich ohne Verkündung eines Schiedsspruchs abgeschlossen haben (§§ 44 ff. SchVG);
6. bei einem Schiedsgericht mit mehr als einem Schiedsrichter die über 50-prozentige Mehrheit nicht erreicht worden ist (§ 33 Abs. 4 SchVG).

Der Beschluss über die Einstellung des Schiedsverfahrens muss nach erfolgter Begründung und Unterzeichnung wie ein Schiedsspruch den Parteien zugestellt werden (analoge Anwendung des § 33 Abs. 4 SchVG).

B) Schiedsspruch

Gemäss § 21 Abs. 1 SchVG muss der Schiedsspruch binnen 6 Monaten nach dem Tag, an dem das Schiedsgericht die Mitteilung über seine Bestellung empfangen hat, erlassen werden; die Frist kann um 3 Monate verlängert werden, sofern es notwendig ist. Diese Frist ist im internationalen Vergleich eher kurz, für die taiwanesischen Verhältnisse wurde sie bereits auch als zu kurz kritisiert[120].

Ein Schiedsspruch ist die endgültige Entscheidung über den Streitgegenstand im ganzen oder über einen abgegrenzten Teil davon (Teilschiedsspruch). Eine Zwischenentscheidung ist kein Schiedsspruch. Der Schiedsspruch wird bei Anwendung des taiwanesischen Rechts nach Beratung der Schiedsrichter mit einfacher Mehrheit der Stimmen getroffen (§ 32 Abs. 2 SchVG). Ist die einfache Stimmenmehrheit nicht zu erreichen, sind sich die Schiedsrichter also nicht einig geworden, so tritt die Schiedsvereinbarung außer Kraft, wenn die Parteien in der

---

120 *Huan-wen Chen*, a.a.O. (Fn. 54), S. 230.

Schiedsvereinbarung nicht etwas Abweichendes vereinbart haben (§ 32 Abs. 3 SchVG).

Das Schiedsverfahren in der Hauptsache wird in der Regel mit dem Schiedsspruch beendet. Das Schiedsgericht beendet das Verfahren, sobald eine Entscheidung sachgerecht getroffen werden kann. Der Schiedsspruch ist zehn Tage nach der Beendigung des Verfahrens zu erlassen. Das Schiedsverfahren kann jedoch auch auf Antrag der Parteien durch einen Vergleich beendet werden (vgl. § 44 SchVG). Das Schiedsgericht kann einen Teilschiedsspruch erlassen, wobei das Verfahren im Übrigen fortgesetzt wird und erst im nachhinein endgültig entschieden wird (§ 40 TIS-SchGO). Des weiteren kann das Schiedsgericht einen vorläufigen Schiedsspruch erlassen (§ 40 TIS-SchGO). Durch den vorläufigen Schiedsspruch wird zunächst über den Grund des geltend gemachten Anspruchs entschieden und das Verfahren bezüglich der festzustellenden Höhe fortgesetzt. Über die Verfahrenskosten kann das Schiedsgericht auch in Form eines Schiedsspruchs entscheiden.

Der Schiedsspruch ist nach § 33 SchVG schriftlich abzufassen und mit Gründen zu versehen (§ 33 Abs. 2 Nr. 5 SchVG). Er muss die Parteien bezeichnen und eine Entscheidungsformel enthalten. Nach § 33 Abs. 2 Nr. 6 SchVG ist der Schiedsspruch unter Angabe des Tages seiner Abfassung von den Schiedsrichtern zu unterzeichnen. Anschließend ist er nach § 34 Abs. 1 SchVG förmlich zuzustellen. Eine Hinterlegung der Urschrift bei Gericht ist obligatorisch (§ 34 Abs. 2 SchVG). Der Schiedsvergleich ist eine schriftliche (oder vom Schiedsgericht protokollierte) Einigung der Parteien, die von diesen und von den Schiedsrichtern zu unterzeichnen ist (vgl. § 44 SchVG). Soll aus dem Schiedsvergleich vollstreckt werden, so bedarf es der Unterwerfung unter die sofortige Zwangsvollstreckung und der Hinterlegung des Schiedsvergleichs bei einem staatlichen Gericht (§ 44 i.V.m. 34 Abs. 2 SchVG). Auf jeden Fall handelt es sich nicht um einen echten Schiedsspruch (§ 44 Abs. 2 SchVG; vgl. auch unten). Die inhaltlichen Erfordernisse des Schiedsspruchs sind in § 33 Abs. 2 SchVG bzw. § 42 TIS-SchGO wie folgt festgelegt:

1. den vollen Namen der Partei und ihren Wohnsitz oder Aufenthaltsort; wenn eine Partei eine juristische Person oder irgendeine andere Körperschaft ist, ihren Namen und den Ort ihres Verwaltungssitzes oder der Hauptniederlassung;
2. den vollen Namen, den Wohnsitz oder der Aufenthaltsort des gesetzlichen Vertreters und gegebenenfalls des vor dem Schiedsgericht stehenden Vertreters;

3. gegebenenfalls den vollen Namen, die Nationalität, den Ort des Wohnsitzes oder des Aufenthalts des Dolmetschers;

4. den Hauptteil des Urteils;

5. die Tatsachen und die Gründe, sofern die Parteien nichts anderes vereinbart haben; und

6. Ort und Datum, an dem der Schiedsspruch erlassen wird.

Der Schiedsspruch ist von den Schiedsrichtern zu unterzeichnen. Im Fall der Verhinderung eines Mitglieds des Schiedsgerichts wird der Schiedsspruch von den Schiedsrichtern, die unterzeichnet haben, unter Angabe des Grundes für die Verhinderung mitunterzeichnet (§ 33 Abs. 3 SchVG). Die Abstimmung des Schiedsgerichts über den Schiedsspruch ist nicht öffentlich, wobei das Schiedsgericht mit einfacher Stimmenmehrheit entscheidet (§ 32 SchVG). Im Anschluss daran erfolgt stets die schriftliche Abfassung des Schiedsspruchs und die Zustellung an die Parteien. Einer (schriftlichen) Begründung des Schiedsspruchs bedarf es nur dann nicht, wenn die Parteien dies vereinbart haben (§ 33 Abs. 2 Nr. 5 SchVG). Das gleiche gilt auch für das Vergleichs- bzw. Mediationsprotokoll (§ 46 i.V.m. § 38 Nr. 2, weiter i.V.m. § 33 Abs. 2 Nr. 5 SchVG). Ob eine vorherige mündliche Verkündung nebst einer schriftlichen Ausfertigung des Schiedsspruchs erforderlich ist, wird im SchVG nicht geregelt. In der Praxis überwiegt die Zustellung des Schiedsspruchs ohne eine mündliche Verkündung. Mit der Zustellung an alle Parteien des Schiedsverfahrens wird der Schiedsspruch rechtskräftig. Offensichtliche Fehler in der Abfassung des Schiedsspruchs werden von dem Schiedsgericht jederzeit auf Antrag der Parteien oder auf eigene Veranlassung berichtigt. Der berichtigte Schiedsspruch ist den Parteien erneut zuzustellen (§ 35 SchVG). In diesem Fall werden von den Parteien keine neuen Gebühren bzw. Auslagen erhoben. Sofern die Parteien in der Schiedsvereinbarung nicht die Möglichkeit einer Überprüfung des Schiedsspruchs durch andere Schiedsrichter vereinbart haben, ist der Schiedsspruch endgültig und erlangt mit seiner Zustellung Rechtskraft.

C) Verfahren nach Erlass des Schiedsspruchs

a) Anerkennung des Schiedsspruches durch Schiedsgerichtsorganisationen

Eine Anerkennung des Schiedsspruches durch eine Schiedsinstitution ist in Taiwan nicht vorgesehen. Erst recht gibt es keine Vorlage des Entwurfs eines Schiedsspruches, wie vor allem in Art. 27 der ICC-Schiedsgerichtsordnung von 1998 vorgesehen ist.

b) Hinterlegung des Schiedsspruchs

Bei Anwendbarkeit taiwanesischen Schiedsrechts ist der Schiedsspruch nach § 34 Abs. 2 SchVG bei der Geschäftsstelle des zuständigen staatlichen Gerichts zu hinterlegen. Die Hinterlegung ist zwar obligatorisch, ob es sich aber um eine Wirksamkeitsvoraussetzung handelt, ist unklar. Zusätzlich ist dem Schiedsspruch die Zustellungsurkunde oder, wenn eine andere Art der Bekanntmachung vereinbart ist, ein Nachweis der Bekanntmachung beizufügen. Der Schiedsspruch wird durch das Schiedsgericht oder in seinem Auftrag durch einen der Schiedsrichter niedergelegt (§ 34 Abs. 2 SchVG).

c) Berichtigung des Schiedsspruchs durch das Schiedsgericht

Entsprechend § 35 SchVG können Schreibfehler, Rechenfehler und ähnliche offenbare Unrichtigkeiten jederzeit vom Schiedsgericht berichtigt werden. Nach Zustellung ist dazu freilich die Zustimmung der Parteien notwendig. Wird die Zustimmung nicht erteilt, muss ein eigener Berichtigungsschiedsspruch erlassen werden, der seinerseits zu unterzeichnen, zuzustellen und niederzulegen ist.

d) Rechtsmittel

Nach dem SchVG gibt es gegen einen Schiedsspruch weder Berufung (entsprechend §§ 437 ff. taiwanesische ZPO) noch Beschwerde (entsprechend §§ 482 ff. taiwanesische ZPO); noch ist eine Wiederaufnahme des Verfahrens zulässig (entsprechend §§ 496 ff. taiwanesische ZPO). Ob ein Oberschiedsgericht als zweite Instanz angerufen werden kann, wenn die Parteien dies in der Schiedsvereinbarung oder durch Vereinbarung einer entsprechend formulierten Schiedsgerichtsordnung vorgesehen haben, ist im SchVG nicht geregelt. Aufgrund der Parteiautonomie im Schiedsrecht sollte dies jedoch unproblematisch möglich sein. Gemäss § 40 SchVG kann allein die Aufhebung des Schiedsspruches verlangt werden, wobei die Vorschrift die Aufhebungsgründe abschließend festlegt. Die Aufhebungsklage ist somit das einzige Rechtsmittel gegen einen Schiedsspruch. Zuständig ist das staatliche Gericht (§ 40 SchVG).

e) Erlöschen der Schiedsvereinbarung

Die Schiedsvereinbarung begründet ein Dauerrechtsverhältnis, das auf verschiedene Weise beendet werden kann. Sie kann, wie jeder andere Vertrag, durch Parteivereinbarung aufgehoben werden. Außerdem verliert die Schiedsvereinbarung ihre Wirkung, wenn der Beklagte vor dem staatlichen Gericht auf die Einrede der Schiedsvereinbarung verzichtet oder diese Einrede verspätet erhoben wird und deshalb präkludiert ist (§ 4 Abs.1 Satz 2 SchVG). Außerdem erlischt die Schiedsvereinbarung mit dem Erlass eines rechtskräftigen Schiedsspruchs oder eines Vergleiches.

D) Die Vollstreckung bzw. Anerkennung des Schiedsspruchs

Die Zuständigkeit des ordentlichen Gerichts für die Vollstreckung bzw. Anerkennung des Schiedsspruchs wird im SchVG nicht geregelt. In der Praxis findet die taiwanesische ZPO analoge Anwendung. Die funktionelle und sachliche Zuständigkeit der Gerichte erster Instanz für die Anerkennung bzw. Vollstreckung eines ausländischen Schiedsspruchs gemäss der taiwanesischen ZPO obliegt den Bezirksgerichten. Grundsätzlich ist das Gericht zuständig, in dessen Bezirk sich (falls vorhanden) Vermögenswerte der beklagten Partei befinden (§ 3 Abs. 1 taiwanesische ZPO). Das Berufungsverfahren ist in diesen Fällen vor dem zuständigen Obergericht durchzuführen[121]. Auf das Verfahren zur Anerkennung oder Vollstreckung des Schiedsspruchs vor den ordentlichen Gerichten finden die Verfahrensvorschriften für die freiwillige Gerichtsbarkeit entsprechend Anwendung. Das Gericht entscheidet daher durch Beschluss und nicht durch Urteil. Die Regelungen der taiwanesischen ZPO finden nur Anwendung, soweit das Gesetz über die freiwillige Gerichtsbarkeit keine Regelungen vorsieht. Die entsprechende Anwendung des Gesetzes der freiwilligen Gerichtsbarkeit dient der Beschleunigung des Verfahrens[122] und damit der Förderung der Schiedsgerichtsbarkeit[123].

a) Die Vollstreckung des inländischen Schiedsspruchs

Die Vollstreckung der inländischen Schiedssprüche ist in § 37 SchVG geregelt. Inländisch ist ein Schiedsspruch, der in Taiwan und nach taiwanesischem Recht erlassen wurde. Die taiwanesische Rechtsordnung geht von dem Grundsatz aus, dass ein Schiedsspruch die Wirkungen einer rechtskräftigen Gerichtsentscheidung hat und ebenso wie diese vollstreckbar ist (§ 37 Abs. 1 SchVG). Das gilt sowohl für inländischen Schiedssprüche als auch für die Vollstreckung von ausländischen Schiedssprüchen, soweit die Gegenseitigkeit gewährleistet ist (§ 47 SchVG). Der Schiedsspruch wird rechtskräftig, wenn seine schriftliche Ausfertigung den Parteien zugestellt wurde. Die Schiedsinstitutionen haben die Schiedssprüche für eine Zeit von 20 Jahren, ab Erlass des Schiedsspruchs gerechnet, aufzubewahren (§ 42 Abs. 3 TIS-SchGO). Das Angeführte gilt für alle sog. taiwanesischen Schiedssprüche, sei es für Schiedsverfahren zwischen inländischen Parteien oder Verfahren mit internationalem Element.

Ein rechtskräftiger Schiedsspruch ist vollstreckbar, wenn die der Gegenpartei (den Gegenparteien) zur Erfüllung der ihr im Schiedsspruch auferlegten Pflich-

121 Bescheid des Bezirksgerichts Taipeh von 1987, jong-ji Nr. 9, 12.03.1988. Vgl. auch *Jung-yi Lin*, a.a.O. (Fn. 84), S. 130, 131.

122 *Jung-yi Lin*, a.a.O. (Fn. 84), S. 130.

123 *Huan-wen Chen*, a.a.O. (Fn. 54), S. 414.

ten eingeräumte Frist erfolglos abläuft. Sofern die Leistungsfrist nicht im Schiedsspruch enthalten ist, können die Bestimmung der taiwanesischen ZPO entsprechend herangezogen werden. Gem. § 396 Abs. 1 taiwanesische ZPO ist die durch gerichtliche Entscheidung auferlegte Pflicht innerhalb der vorgesehenen Frist zu erfüllen. Wurde in der Entscheidung keine Leistungspflicht auferlegt, ist sie vollstreckbar, sobald sie rechtskräftig wird (§ 398 Abs. 2 i.V.m. § 396 Abs. 3 taiwanesische ZPO). Das vorstehend Angeführte gilt für inländische Schiedssprüche.

b) Die Vollstreckung des ausländischen Schiedsspruchs

Die sog. ausländischen Schiedssprüche werden in Taiwan anerkannt und vollstreckt, wenn die Gegenseitigkeit gewährleistet ist. Die Gegenseitigkeit wird auch als verbürgt betrachtet, wenn der fremde Staat gleichfalls ausländische Schiedssprüche unter der Bedingung der Gegenseitigkeit für vollstreckbar erklärt. Die jüngste Entwicklung der gerichtlichen Praxis zeigt, dass Taiwan aufgrund der *international comity* dazu tendiert, ausländische Schiedssprüche auch ohne Gegenseitigkeit anzuerkennen[124]. Die Vollstreckung der Schiedssprüche in Streitigkeiten mit internationalem Element ist in § 47 i.V.m. § 37 SchVG geregelt.

aa) Völkerrechtliche Verpflichtung

Obwohl Taiwan kein Mitglied des NYÜ ist, wurden die diesbezüglichen Regelungen bereits völlig ins SchVG integriert. Die Anerkennung und Vollstreckung von Schiedssprüchen ist darüber hinaus in einer Reihe von bilateralen Abkommen geregelt, die Taiwan mit anderen Staaten über gegenseitige Rechtshilfe bzw. speziell über die Anerkennung und Vollstreckung von Gerichtsentscheidungen abgeschlossen hat (z. B. mit den USA[125], Hongkong usw.). Zwischen Deutschland und Taiwan besteht bis heute noch keine Gegenseitigkeit bezüglich der Anerkennung von Schiedssprüchen. Soweit die Anerkennung eines ausländischen Schiedsspruchs verfolgt wird, der unter eines der genannten Abkommen fällt, kann das angerufene taiwanesische Gericht die Anerkennung nur aus den in diesen Abkommen genannten Gründen versagen.

bb) Verfahren der Anerkennung

Die Anerkennung eines in- oder ausländischen Schiedsspruchs wird nicht durch eine besondere Entscheidung zum Ausdruck gebracht. Vielmehr erfolgt die

---

124 *Jung-yi Lin*, Forschung über die gegenseitige Anerkennung eines ausländischen Schiedsspruchs, Journal of Arbitration (chinesisch) 61, TIS, S. 42 ff.

125 Siehe „Sino-American Friendship, Commerce, Nevigation Treaties" (die sog. FCN-Treaties).

Anerkennung dadurch, dass das Gericht die Vollstreckung der Entscheidung per Erlass eines Exequaturs anordnet, § 47 SchVG. Sachlich und örtlich zuständig für die gerichtliche Vollstreckung eines ausländischen Schiedsspruchs ist das Gericht, in dessen Bezirk sich der Gegenstand der Vollstreckung befindet[126]. Das ist das Bezirksgericht, in dessen Bezirk der Anspruchsgegner seinen Wohnsitz hat, wenn es sich um eine natürliche Person handelt. Unterhält der Anspruchsgegner keinen Wohnsitz, so ist das Gericht zuständig, in dessen Bezirk er sich aufhält. Das allgemeine Gericht einer juristischen Person ist das Gericht, in dessen Bezirk diese ihren Sitz hat. Bei einem Unternehmer ist der allgemeine Gerichtsstand das Gericht am Ort des Geschäftssitzes, und wenn sie keinen Ort der Unternehmung haben, das Gericht ihres Wohnsitzes, § 2 Abs. 2, 3 taiwanesische ZPO. Hat der Verpflichtete keinen allgemeinen Gerichtsstand in Taiwan, so ist zur Vollstreckung der Entscheidung das Gericht zuständig, in dessen Bezirk der Verpflichtete Vermögen hat. Handelt es sich um die Vollstreckung der Entscheidung durch Zuweisung einer Forderung, ist das Gericht des allgemeinen Gerichtsstandes des Schuldners des Verpflichteten (Drittschuldner) zuständig. Betrifft die Vollstreckung der Entscheidung Liegenschaften, so ist immer das Bezirksgericht zuständig, in dessen Bezirk sich die Liegenschaft befindet.

Das Verfahren über die Vollstreckung der Entscheidung wird auf Antrag des Berechtigten eingeleitet. Die Bestimmungen über die Vollstreckung von Gerichtsentscheidungen in §§ 381 ff. taiwanesische ZPO finden auch auf die Vollstreckung von Schiedssprüchen und von vollstreckbaren Vergleichen Anwendung. Handelt es sich um einen ausländischen Schiedsspruch, so hat der Antragsteller zur Anerkennung die folgenden Dokumente vorzulegen (§ 48 Abs. 1 SchVG):

1. Originaldokument des Schiedsspruches oder eine ordnungsgemäß beglaubigte Abschrift;

2. Originaldokument der Schiedsvereinbarung oder eine ordnungsgemäß beglaubigte Abschrift; und

3. die vollen Texte des ausländischen Schiedsgesetzes, der Schiedsverordnung der ausländischen Schiedsinstitution oder der Schiedsverordnung der internationalen Organisation, wenn der Schiedsspruch nach dem ausländischen Schiedsgesetz erlassen worden ist.

Wenn die Dokumente in Fremdsprache geschrieben werden, hat der Antragsteller eine ordnungsgemäß zugelassene Übersetzung in Chinesisch beizufügen. Die

---

126 *Jung-yi Lin*, a.a.O. (Fn. 84), S. 150.

angeordnete ordnungsgemäße Beglaubigung ist bei den Botschaften, den Konsulaten oder dem Repräsentanten der Republik China auf Taiwan oder bei den von der Behörde anerkannten Anstalten anzufertigen (§ 48 Abs.3 SchVG). Von dem Anerkennungsantrag sind entsprechend der Anzahl der gegnerischen Parteien Abschriften zu erstellen. Diese werden durch das Gericht zugestellt (§ 48 Abs. 4 SchVG). Die taiwanesische Rechtsordnung kennt ansonsten keine besonderen Bedingungen oder höhere Gerichtsgebühren für die Vollstreckung von ausländischen Schiedssprüchen.

E) Aufhebung eines Schiedsspruchs und Ablehnung der Anerkennung

Die Aufhebung eines ausländischen Schiedsspruches ist unzulässig. Sie widerspräche dem international anerkannten Grundsatz, dass ausländische Schiedssprüche nur in ihrem Herkunftsland aufgehoben werden können. Daher kann lediglich die Anerkennung eines ausländischen Schiedsspruches gemäß § 47 SchVG versagt werden. Die Ablehnung der Anerkennung des ausländischen Schiedsspruches entspricht folglich der Aufhebung des inländischen Schiedsspruches. Dennoch unterscheiden sich die Aufhebungsvoraussetzungen von den Voraussetzungen, unter denen eine Anerkennung abgelehnt werden kann (§ 37 und § 47 SchVG). Diese Dualisierung darf jedoch nicht als Diskriminierung des ausländischen Schiedsspruches verstanden werden. Auf den ersten Blick erscheint die juristische Kontrolle des inländischen Schiedsspruches sogar wesentlich strenger, denn § 37 SchVG enthält wesentlich mehr Aufhebungsvoraussetzungen als § 47 SchVG. Dies ist auf zweierlei zurückzuführen. Zum einen ist ein inländischer Schiedsspruch notwendigerweise ein Schiedsspruch der nach taiwanesischem Recht ergangen ist (§ 47 SchVG e contrario), sodass es möglich ist umfassend die Gesetzesverstöße aufzuzählen, die einen Aufhebungsgrund darstellen, während dies für einen ausländischen Schiedsspruch schon praktisch unmöglich ist. Hinzu kommt die Besorgnis, dass das Schiedsrecht zu einer zunehmenden Entrechtlichung führen würde und eine Abkehr vom positiven Zivilrecht bedeuten könnte.

a) Inländische Schiedssprüche

Die Aufhebungsklage muss vor dem zuständigen Bezirksgericht, in dessen Bezirk das Schiedsverfahren stattgefunden hat, innerhalb von 30 Tagen nach Erlass des Schiedsspruchs erhoben werden (vgl. § 42 SchVG). Die Frist beginnt jedoch in den Fällen des § 40 Abs. 6, 7, 8 und 9 erst mit Kenntnis von den die Unwirksamkeit begründenden Tatsachen. Fünf Jahre nach dem Erlass des Schiedsspruches kann die Aufhebungsklage jedoch nicht mehr erhoben werden (§ 41 Abs. 1, 2 SchVG). Das Gericht kann den Schiedsspruch nur aus den in § 40 i.V.m. § 38 SchVG abschließend aufgezählten Gründen aufheben:

1. der Schiedsspruch stimmt nicht mit den in der Schiedsvereinbarung geregelten Streitigkeiten überein; die übereinstimmenden Teile bleiben unberührt, sofern die Streitigkeiten behoben werden können; oder
2. keine Begründung im Schiedsspruch angegeben wird, wenn diese angefordert wurde; es sei denn, das Schiedsgericht hat dies nachgeholt; oder
3. der Schiedsspruch eine Partei auffordert, gesetzeswidrig zu handeln; oder
4. irgendwelche Umstände, die in § 38 geregelt werden, bestehen; oder
5. die besagte Schiedsvereinbarung nicht zustandegekommen oder unwirksam ist, oder vor der Beendigung der schiedsrichterlichen Verhandlungsverfahren noch nicht wirksam oder schon ungültig war; oder
6. vor der Beendigung der schiedsrichterlichen Verhandlungsverfahren das Schiedsgericht einer Partei keine gleichen Gelegenheiten ihren Standpunkt darzulegen, oder die Parteien während des Verfahrens nicht gesetzlich vertreten wurden; oder
7. die Zusammensetzung des Schiedsgerichts oder der Ablauf des schiedsrichterlichen Verfahrens schiedsvereinbarungs- oder gesetzeswidrig war; oder
8. der Schiedsrichter gegen seine Mitteilungspflicht in § 15 Absatz 2 verstoßen hat und eine schwerwiegende Ungerechtigkeit verursacht hat, oder trotz seiner Ablehnung im schiedsrichterlichen Verfahren mitgewirkt hat, es sei denn, die Anfrage der Rücknahme ist nach diesem Gesetz abgewiesen worden; oder
9. der Schiedsrichter eine kriminelle Tat bei der Aufgabenerfüllung beging; oder
10. die Parteien oder ihre Vertreter eine kriminelle Tat bezüglich des schiedsrichterlichen Verfahrens begingen; oder
11. die als Entscheidungsgrundlage geltenden Beweismittel oder Übersetzungen verfälscht wurden oder wahrheitswidrig sind; oder
12. das als Entscheidungsgrundlage geltende Straf- oder Zivilurteil oder ein anderer Verwaltungsakt durch ein nachträgliches Urteil oder einen nachträglichen Verwaltungsakt aufgehoben oder geändert worden ist.

Das Gericht hat den Antrag auf Aufhebung abzulehnen, wenn diejenige Partei, die die Aufhebung wegen der Unzuständigkeit des Schiedsgerichts (z.B. aufgrund eines Mangels der Schiedsvereinbarung oder der fehlenden Befähigung des Schiedsrichters (§§ 16, 22 SchVG) verlangt, diesen Grund nicht im Schiedsverfahren, spätestens bevor sie in der Sache selbst zu verhandeln begann, geltend machte, obwohl sie ihn hätte geltend machen können. Das Gericht lehnt den Aufhebungsantrag auch ab, wenn der Antragsteller von der Zuwiderhandlung gegen die Bestimmungen dieses Gesetzes oder die Schiedsvereinbarung Kenntnis hatte oder hätte haben können und dennoch das schiedsrichterlichen Verfahren fortsetzt hat, da dieser das Rügerechts verloren hat (§ 29 SchVG).

Hebt das Gericht den Schiedsspruch auf, können die Parteien nur vor Gericht Klage bezüglich des Streitgegenstandes erheben, sofern keine andere Schiedsvereinbarung besteht (§ 43 SchVG), da nach taiwanesischem Recht die Schiedsvereinbarung mit dem Erlass des Schiedsspruches verbraucht ist.

Diese Regelung steht im Gegensatz zu der deutschen Regelung in § 1059 Abs. 5 ZPO, nach der die Schiedsvereinbarung im Falle der Aufhebung wiederauflebt.

Die Partei, gegen die die Vollstreckung des Schiedsspruchs angeordnet wurde, kann im Falle der Aufhebung die Einstellung der Vollstreckung der Entscheidung beantragen. Die Einreichung eines Antrags auf Aufhebung des Schiedsspruchs hat *ex lege* keine aufschiebende Wirkung auf die Vollstreckbarkeit des Schiedsspruchs. Das Gericht kann jedoch auf Antrag des Verpflichteten und gegen eine zur Verfügung gestellten Sicherheit die Vollstreckung durch Beschluss aussetzen (§ 42 Abs. 1 SchVG). Nur nachdem der Schiedsspruch durch das Gericht offiziell aufgehoben worden ist, wird das Exequatur von Amts wegen für ungültig erklärt (§ 42 Abs. 2 SchVG).

b) Ausländischer Schiedsspruch

Nach § 49 SchVG kann ein Antrag auf Anerkennung eines ausländischen Schiedsspruches von Amts wegen vom Gericht nur abgewiesen werden, wenn

1. die Anerkennung oder Vollstreckung gegen den taiwanesischen *ordre public* verstößt; oder
2. der Gegenstand der Streitigkeit nach dem taiwanesischen Recht schiedsunfähig ist; oder
3. es an der Gegenseitigkeit der Anerkennung fehlt.

Die Anerkennung kann in den folgenden Fällen abgelehnt werden, wenn die Gegenpartei dies binnen 20 Tagen nach der Zustellung den Anerkennungsantrages beantragt (§ 50 SchVG):

1. wenn die Schiedsvereinbarung unwirksam ist, weil die Parteien nach dem anwendbaren Gesetz geschäftsunfähig sind; oder

2. die Schiedsvereinbarung nach dem vereinbarten Recht unwirksam ist oder nach dem Recht des Schiedsortes, wenn kein anwendbares Recht vereinbart wurde; oder

3. die Partei bezüglich der Bestellung des Schiedsrichters, der Mitteilung über das Verfahren oder anderer einschlägiger Gelegenheiten, die zu ungerechtem Ablauf des Verfahrens führen können, unsachgerecht informiert worden ist; oder

4. die Schiedsvereinbarung den Streitgegenstand nicht erfasst, oder der Schiedsspruch den Umfang der Schiedsvereinbarung überschreitet; ist die entschiedene Streitigkeit nur teilweise von der Schiedsvereinbarung erfasst, und kann der Teil, der von der Schiedsvereinbarung erfasst ist, von dem nicht erfassten Teil getrennt werden, so kann der dem schiedsrichterlichen Verfahren unterworfene Teil anerkannt und vollstreckt werden; oder

5. die Zusammensetzung des Schiedsgerichts oder der Ablauf des schiedsrichterlichen Verfahrens nicht mit der Schiedsvereinbarung übereinstimmt, oder wenn eine solche Vereinbarung fehlt, nicht mit dem Gesetz des Landes übereinstimmt, in dem das Schiedsverfahren stattfand; oder

6. der Schiedsspruch für die Parteien noch nicht bindend ist oder dieser bereits durch die zuständige Obrigkeit aufgehoben oder eingestellt wurde.

Das Verfahren über die Anerkennung eines ausländischen Schiedsspruches sowie das Aufhebungsverfahren bei inländischen Schiedssprüchen richtet sich nach den Vorschriften über die freiwillige Gerichtsbarkeit.

c) Zwischenergebnis

Die Dualisierung zwischen Aufhebungsvoraussetzungen für inländische Schiedssprüche und der Anerkennungsvoraussetzungen für ausländische Schiedssprüche entsteht durch die unterschiedlichen Voraussetzungen des § 37 SchVG gegenüber den §§ 49 und 50 SchVG. Sie darf aber nicht dahingehend missverstanden werden, dass dies einer Diskriminierung von ausländischen Schiedssprüchen gleichkommt. Ganz im Gegenteil werden die ausländischen

Schiedssprüche nach internationalem Standard, also nach dem NYÜ behandelt. Die Aufhebungsvoraussetzungen für inländische Schiedssprüche sind hingegen zahlreicher. Dies erklärt sich zum einen dadurch, dass ein taiwanesischer Schiedsspruch per definitionem nach taiwanesischem Recht erlassen wird und zum anderen durch das Bestreben der Verfestigung des modernen Zivilrechts in Taiwan. Dieser Differenzierungsansatz zwischen in- und ausländischen Schiedssprüchen liegt auch dem NYÜ zugrunde. Er hat den Zweck bei der Anerkennung und Vollstreckung von ausländischen Schiedssprüchen einen internationalen Standard zu sichern. Sowohl in Taiwan als auch in Deutschland wurde dieser Ansatz durch das SchVG beziehungsweise durch das neue deutsche Schiedsrecht umgesetzt[127]. Im neuen deutschen Schiedsrecht entsprechen jedoch die Aufhebungsvoraussetzungen exakt den Voraussetzungen für die Ablehnung der Anerkennung. Diese Tendenz ist für die Entwicklung der internationalen Handelsschiedsgerichtsbarkeit gesund und erwünscht, weil zur Erleichterung der insbesondere durch den E-Commerce beschleunigten Globalisierung der Wirtschaft das Institut der internationalen Handelsschiedsgerichtsbarkeit schnellmöglichst mobilisiert werden soll. Der Differenzierungsansatz gilt als eine passende Übergangslösung, um die interne Rechtssicherheit zu wahren, während die Bedürfnisse auf internationaler Ebene zugleich befriedigt werden können.

Es sollte aber auch darauf aufmerksam gemacht werden, dass die sog. Nationalität des Schiedsspruchs und der damit zusammenhängende Gegenseitigkeitsvorbehalt, wie sie im NYÜ konzipiert worden sind, im Grunde genommen ein Fehlschlag sind. Die Bestimmung der sog. Nationalität des Schiedsspruchs richtet sich heute meist nach dem Schiedsort (Territorialitätsprinzip). Dieser ist jedoch aufgrund der zunehmenden Mobilität beliebig geworden und somit kein sinnvolles Kriterium mehr. Das Model Law sieht in den § 35 Abs. 1, und § 36 Abs. 1 bereits vor, dass der Schiedsspruch als bindend anzuerkennen ist, unabhängig davon, in welchem Land er erlassen worden ist[128]. Das führt u.a. zu der Streichung der unterschiedlichen Behandlung der in- und ausländischer Schiedssprüche. Der Differenzierungsansatz stimmt also mit dem Model Law nicht überein. Nach dem Model Law stellt es kein Anerkennungshindernis mehr dar, dass Taiwan kein Unterzeichnerland des NYÜ ist. Daher sollte auch der typische taiwanesische Schiedsspruch, der nach dem (taiwanesischen) SchVG erlassen wurde, in Deutschland ebenso anerkennungsfähig sein wie ein deutscher Schiedsspruch. Auch im Rahmen des *ordre public*-Vorbehalts kann jedes Land

---

127 Nach der jüngst Ansicht kann die Differenzierung zwischen aus- und inländischen Schiedssprüchen bereits im neuen deutschen Schiedsrecht realisiert werden. Dazu *Abbo Junker*, Deutsche Schiedsgerichte und Internationales Privatrecht (1051 ZPO), FS für Otto Sandrock, Verlag Recht und Wirtschaft GmbH, Heidelberg 2000, S. 445 f.

128 *Howard M. Holtzmann/Joseph E. Neuhaus*, a.a.O. (Fn. 1), Art. 35, S. 1006 ff.; Art. 36, S. 1055 ff.

sich seine bedeutensten nationalen Werte verteidigen. Abschließend kann man sagen, dass der Mechanismus des Gegenseitigkeitsvorbehaltes im NYÜ zur Anerkennung und Vollstreckung ausländischer Schiedssprüche in der Zukunft seine Bedeutung verlieren sollte, da die diesbezüglichen Regelungen des NYÜ nicht mehr mit dem Model Law übereinstimmen. Auch § 1061 Abs. 1 (deutsche) ZPO ist in diesem Sinne eher konservativ und stimmt mit dem Model Law nicht völlig überein.

F) Mögliches Verteidigungsmittel gegen die Vollstreckung

Die Partei, gegen die die Vollstreckung des Schiedsspruchs angeordnet wurde, kann gemäss dem taiwanesischen Zwangsvollstreckungsgesetz die Einstellung der Vollstreckung der Entscheidung beantragen, und zwar auch dann, wenn sie keinen Antrag auf Aufhebung des Schiedsspruchs einreichte. Wird der Antrag auf Einstellung der Vollstreckung der Entscheidung eingereicht, so unterbricht das Gericht die Vollstreckung des Schiedsspruches und gibt dem Antragsteller auf, Sicherheit zu leisten (§ 18 Abs. 2 taiwanesisches Zwangsvollstreckungsgesetz). Kommt der Antragsteller dieser Aufforderung nicht nach, so setzt das Gericht die angeordnete Vollstreckung der Entscheidung fort. Die Vollstreckungswiderklage gemäss §§ 14 ff. taiwanesisches Zwangsvollstreckungsgesetz gilt als das letzte Verteidigungsmittel gegen die Vollstreckung eines Schiedsspruchs. Die Kontrolle des Schiedsspruchs durch die staatlichen Gerichte im Vollstreckungsverfahren, insbesondere im Rahmen des *ordre public*, gewährleistet eine hinreichende Garantie für die Einhaltung der Vorschriften, die die öffentlichen Interessen oder die guten Sitten betreffen. Bis zum Erfolg der Zwangsvollstreckung kann eine Vollstreckungswiderklage jederzeit erhoben werden (§§ 14 ff. taiwanesisches Zwangsvollstreckungsgesetz).

Kapitel III Zusammenfassende Bewertung und praktische Vorschläge

I. Zusammenfassende Beurteilung der Entwicklung der Schiedsgerichtsbarkeit in Taiwan

A) Hauptentwicklungslinien der Schiedsgerichtsbarkeit in Taiwan

a) Internationalisierung der Schiedsgerichtsbarkeit

Wie auf allen Gebieten hat Taiwan auch auf dem Gebiet der Rechtspflege in den letzten Jahren eine rasante Entwicklung erlebt. Die Entwicklung auf dem Gebiet der Rechtspflege ist u.a. durch den WTO-Beitritt bedingt. Mit den im Rahmen der Reformgesetzgebung zur Anpassung für die WTO-Mitgliedschaft nach 2002 auch für den ausländischen Investor erweiterten Möglichkeiten aktiver Tätigkeit in Taiwan geht ein verstärktes Bedürfnis nach der effektiven Durchsetzung von Ansprüchen einher. Diesem Bedürfnis hat der taiwanesische Gesetzgeber insbesondere durch Erlass des SchVG 1998 und zahlreicher anderer Rechtsakte Rechnung getragen. Abzuwarten bleibt, in welchem Maß sich der Rechtsschutz als effektiv erweist. Der Staatswille zur Förderung einer funktionsfähigen Schiedsgerichtsbarkeit ist jedenfalls vorhanden. Dies zeigt sich vor allem daran, dass mit § 55 SchVG eine Rechtsgrundlage für die aktive Förderung und Subventionierung der Schiedsgerichtsbarkeit durch die Regierung geschaffen wurde. Die Zukunft der Schiedsgerichtsbarkeit erscheint auf dieser Grundlage viel versprechend. Auch gesellschaftlich wächst die Akzeptanz bei den vom Unternehmertum geprägten, taiwanesischen Bürgern zusehends. Das Bewusstsein, dass die Schiedsgerichtsbarkeit ein autonomes Institut der Wirtschaft ist, verbreitet sich schon heute zunehmend.

Wegen der durch das SchVG anerkannten Befugnisse des Schiedsgerichts und der beschränkten staatlichen Eingriffskompetenz ist auch die Möglichkeit der gerichtlichen Überprüfung von Schiedssprüchen zum größten Teil dem internationalem Standard angepasst worden. Dies hat sich insbesondere durch den Matra-Fall gezeigt.

Die Tatsache, dass überdies mehrere ausländische Staatsbürger in der Schiedsrichterliste der TIS bereits eingetragen sind und auch außerhalb dieser Liste ernannt werden können, lässt hoffen, dass die bisweilen immer noch bestehende psychologische Barriere seitens ausländischer Unternehmer, ein Schiedsverfahren bei der TIS durchzuführen, in den nächsten Jahren beseitigt werden kann. Andererseits wird die Tätigkeit ausländischer Schiedsrichter wohl dazu führen, dass die ständige Spruchpraxis der TIS sich verändern wird. Hierdurch wird auch ein Stück Rechtssicherheit verloren gehen. Diese Problematik, die durch die Internationalisierung der Schiedsgerichtsbarkeit überall in der Welt stattgefunden hat oder stattfindet, kann nur mit einer Ausweitung der Bemühungen auf dem Gebiet der Rechtsvergleichung und Rechtsvereinheitlichung begegnet werden. Unsicherheit besteht auch noch hinsichtlich der Konturen des *ordre public*. Die Frage nach der Bedeutung und dem Inhalt des *ordre public* in der internationalen Handelsschiedsgerichtsbarkeit kann jedoch nur durch Grundsatzentscheidungen der staatlichen Gerichte und nicht der Schiedsinstitutionen erhellt werden. Diese sind naturgemäß oftmals wenig vertraut mit den Fragen der internationalen Handelsschiedsgerichtsbarkeit. Die Entwicklung der internationalen Handelsschiedsgerichtsbarkeit in Taiwan wird daher wohl auch in entscheidendem Maß von der Qualität und Effizienz der Entscheidungen der Gerichte abhängen.

Durch das Schiedsverfahren wurden die Möglichkeiten der Anerkennung und Vollstreckung von ausländischen Schiedssprüchen in Taiwan erheblich verbessert. Die Haltung der taiwanesischen Gerichte in Anerkennungsfragen ist seit 1998 wesentlich liberaler geworden. Anerkannt werden sowohl Schiedssprüche, die im Ad hoc-Schiedsverfahren erlassen wurden, als auch solche die in einem Verfahren bei einer ausländischen Schiedsinstitution ergangen sind. Für Unternehmer besteht also die Option, eine Streitigkeit mit einem taiwanesischen Geschäftspartner durch ein Schiedsverfahren im Ausland beizulegen. Diese Möglichkeit ist insbesondere für deutsche Kaufleute von Interesse, da Deutschland bedauerlicherweise den taiwanesischen Schiedsspruch zum momentanen Zeitpunkt nicht anerkennt.

Die Internationalisierung der Schiedsgerichtsbarkeit in Taiwan sollte die Anerkennung und Vollstreckung des taiwanesischen Schiedsspruchs im Ausland in Zukunft erleichtern, insbesondere in Deutschland, da beide Seiten eine gemeinsame Zivilrechtskultur teilen. Nach der momentanen deutschen Rechtslage sind ausländische Schiedssprüche jedoch nur anerkennungsfähig, wenn ihr Herkunftsland zu den Unterzeichnern des NYÜ gehört oder ein bilateraler Staatsvertrag besteht (§ 1061 Abs. 1 ZPO). Da Taiwan weder zu den Unterzeichnerländern des NYÜ gehört, noch einen bilateralen Staatsvertrag mit Deutschland geschlossen hat, werden die sog. taiwanesischen Schiedssprüche in Deutschland nicht anerkannt. Taiwanesisch ist ein Schiedsspruch gem. § 1025 Abs.1 ZPO, wenn das Schiedsverfahren in Taiwan durchgeführt wurde.

Diese Rechtslage erscheint angesichts der Tatsache, dass das taiwanesische Schiedsrecht dem internationalen Standard entspricht, nicht mehr gerechtfertigt. Hinzu kommt, dass die Ablehnung auf dem Territorialitätsprinzip beruht. Das Territorialitätsprinzip ist schon aufgrund der hohen Mobilität kein sinnvolles Instrument mehr, um die Nationalität eines Schiedsspruches zu bestimmen. Vor allem erscheint es wenig sinnvoll auch solche Schiedssprüche nicht anzuerkennen, die in einem ad hoc-Verfahren, das durch einen deutschen Juristen geleitet wurde, ergangen sind. Die Ablehnung beeinträchtigt vor allem das legitime Interesse der deutschen Bürger, in Taiwan ein Schiedsverfahren einzuleiten.

Obwohl die Anwendung des NYÜ auch gegenüber Nichtvertragsstaaten das erklärte Ziel des deutschen Gesetzgebers war[129] und Deutschland überdies inzwischen völkerrechtlich den früher erklärten Vertragsstaatenvorbehalt bereits zurückgenommen hat[130], bleibt es abzuwarten ob und wieweit es auch auf die Gegenseitigkeit gegenüber den sog. taiwanesischen Schiedsspruch in der Praxis verzichten werden wird.

b) Institutionalisierung der Schiedgerichtsbarkeit

Der Ad hoc-Schiedsgerichtsbarkeit wird in Taiwan bis heute mit Skepsis und Abstand begegnet, obwohl sie nach dem SchVG zugelassen ist. Die institutionelle Schiedsgerichtsbarkeit ist daher die entscheidende Treibkraft für die Entwicklung des taiwanesischen Schiedsrechts in der absehbaren Zukunft. Da § 54 SchVG die Möglichkeit eröffnet, weitere Schiedsgerichtsinstitutionen in Taiwan zu gründen, ist davon auszugehen, dass in Zukunft die internationale Schiedsgerichtsbarkeit in Taiwan nicht mehr nur auf die TIS konzentriert wird. Diese wird aufgrund ihrer Autorität und Erfahrung zweifelsohne noch lange Zeit ihre Monopolstellung faktisch beibehalten. Die Verringerung der staatlichen Kontrolle hat bereits dazu geführt, dass zwei neue Schiedsinstitutionen errichtet wurden und vielerorts Überlegungen im Gange sind neue Schiedsinstitutionen zu errichten. Insoweit hat die TIS bereits ihre absolute Monopolstellung als einzige Schiedsinstitution eingebüßt. Allerdings sind die neuen Schiedsinstitutionen eher auf inländische Streitigkeiten ausgerichtet, so dass die TIS im Bereich der internationalen Handelsschiedsgerichtsbarkeit nach wie vor eine Monopolstellung innehat.

c) Prozeduralisierung der Schiedsgerichtsbarkeit

In Taiwan hat zugleich auch eine andere bemerkenswerte Entwicklung stattgefunden, nämlich die aktive Übernahme und Akzeptanz der aus den USA stammenden ADR, insbesondere im Rahmen der Schiedsgerichtsbarkeit. Die ADR passen gut zu dem überlieferten Rechtsverständnis und dem heutigen kaufmännlichen Rechtsleben, weil sie wie die traditionelle Rechtskultur den kompromisssuchenden Prozess betonen und die materiellrechtliche Gesetzlichkeit ignorieren. Diese typische Eigenschaft entspricht dem Harmonie-Postulat des konfuzianistischen Kollektivismus. Ein alter chinesischer kaufmännischer

129 BT-Drucks. 13/5274, S. 62.
130 BGBl 1999 II S. 7.

Spruch lautet: „Der Gewinn entsteht durch die Harmonie“ (he-chi-shen-tsai). Die ADR sind eine kulturübergreifende Institution, weil ihr Ziel nicht die Rechts- sondern die Kompromissfindung ist. Der überwiegend national geprägten Rechtsmethode kommt bei den ADR daher weniger Bedeutung zu. Durch die ADR könnte den Herausforderungen der Globalisierung einfacher begegnet werden. Obwohl die strenge Trennung von dem materiellen Recht und dem Prozessrecht aufgrund der Dichotomie zwischen dem Privatrecht und dem öffentlichen Recht seit langem im taiwanesischen Recht verankert ist, wird diese im Schiedsrecht zunehmend verwischt. Dies ist auch darauf zurückzuführen, dass ein Grossteil der Juristen, die in diesem Bereich arbeiten, in den USA studiert hat. Zudem stößt die Anwendung des positiven Zivilrechts in der Schiedsgerichtsbarkeit auf Probleme, weil ein Großteil der Schiedsrichter Fachleute ohne juristische Ausbildung sind. Auch die zunehmende Beliebtheit der Billigkeitsentscheidung spiegelt die Tendenz zur Prozeduralisierung wieder.

d) Verrechtlichung der Schiedsgerichtsbarkeit

Zugleich versucht das Justizministerium dieser Prozeduralisierung entgegen zu wirken und aktiv eine Verrechtlichung des Schiedsrechtes zu fördern. Durch zwingend vorgeschriebene Seminare und andere Veranstaltungen wird versucht, die juristische Ausbildung der Schiedsrichter zu verbessern. Auch die strenge staatliche Kontrolle der Schiedssprüche, die jedoch weniger auf den ausländischen Schiedsspruch abzielt als vielmehr auf den inländischen, dient der Verrechtlichung des taiwanesischen Schiedsspruches. Dies zeigt sich schon daran, dass das SchVG weniger Gründe für die Ablehnung der Anerkennung eines ausländischen Schiedsspruchs vorsieht, als für die Aufhebung eines inländischen Schiedsspruchs. Auf diese Weise soll der materiellrechtliche Ansatz in der taiwanesischen Schiedsgerichtsbarkeit gefördert werden. Denselben Zweck verfolgt die strenge administrative Kontrolle der Schiedsinstitutionen. Nur hierdurch kann die Verfestigung des von Europa übernommenen Zivilrechts in Taiwan gewährleistet werden. Es wäre jedoch wünschenswert, dass die (zumindest technische und psychologische) starke administrative Kontrolle der Schiedsinstitutionen durch das Justizministerium, in der Zukunft gelockert und durch die justizielle Kontrolle im Rahmen des *ordre public* ersetzt wird. Nur so kann sich die Schiedsgerichtsbarkeit als ein autonomes Institut der Streitbeilegung für die Wirtschaft und sogar für verschiedene soziale Bereich ein der Gesellschaft behaupten.

Die Schiedsgerichtsbarkeit in Taiwan schwankt bis heute zwischen Prozeduralisierung und materiellrechtlichem Ansatz. Wie dieser Spagat gelöst werden wird, ist noch offen. Vielleicht kann er auch nur im Rahmen eines kulturübergreifenden und rekonstruierenden Paradigmenwechsels der Rechtsmethode gründlich gelöst werden. Für die internationale Handelschiedsgerichtsbarkeit gilt sodann die materiellrechtliche Vereinheitlichung als das Kernproblem (vgl. Teil II).

B) Bemerkungen über die Entwicklungen der Schiedsgerichtsbarkeit in Taiwan

Die Situation der internationalen Handelsschiedsgerichtsbarkeit in Taiwan(siehe oben) lässt sich in 10 zusammenfassenden Thesen charakterisieren.

1. Anders als die (ehemaligen) sozialistischen Länder ist Taiwan seit langem ein auf dem modernen Zivilrecht beruhendes freies Markt- und Rechtssystem. Die Entwicklung der sog. Handelsschiedsgerichtsbarkeit in der taiwanesischen Rechtsordnung verläuft im Einklang mit der internationalen Entwicklung, obwohl die konservative bürokratische Haltung und Skepsis gegenüber der Außenwelt (verständlicherweise) noch zu spüren sind. Bemerkenswert ist ferner, dass sogar das deutsche wirtschaftsrechtliche Postulat der sozialen Marktwirtschaft von den taiwanesischen Juristen bei der Suche nach einer eigenen Wirtschaftsverfassung vielfach befürwortet wird. Taiwan wird zwar nicht direkt durch Staatsverträge zur Anerkennung und Vollstreckbarerklärung ausländischer Schiedssprüche verpflichtet, es unterstellt sich jedoch auf freiwilliger Basis den Bedürfnissen des Welthandels. Durch die Übernahme des Model Law hat das SchVG den Weg zur Anerkennung und Vollstreckbarerklärung ausländischer Schiedssprüche frei gemacht. Auch in Deutschland hat sich die internationale Handelsschiedsgerichtsbarkeit bezüglich der Anerkennung und Vollstreckbarerklärung ausländischer Schiedssprüche stark entwickelt. Diese Entwicklung auf beiden Seiten sollte die gegenseitige Anerkennungs- und Vollstreckbarerklärung der Schiedssprüche zwischen Deutschland und Taiwan in Zukunft erleichtern, obwohl Taiwan noch kein offizielles Unterzeichnungsland des NYÜ ist. Zwischen Deutschland und Taiwan besteht bis heute auch kein bilateraler Vertrag über die Anerkennung und Vollstreckbarerklärung von Schiedssprüchen.

2. Die Übernahme des Model Law hat zugleich den Weg zur Anerkennung der Entscheidungsbefugnis des Schiedsgerichts gebahnt. Die Befugnis des Schiedsgerichtes wird durch den Schiedsvertrag oder im Rahmen der Zwangsschiedsgerichtsbarkeit durch Gesetz begründet. Durch den Schiedsvertrag können alle vergleichsfähigen Streitigkeiten der Befugnis des Schiedsgerichtes unterworfen werden. Das Schiedsgericht entscheidet auch über die Einwände gegen seine Befugnis selbst. Eine Kontrolle der Befugnisbegründung durch die staatlichen Gerichte erfolgt im Rahmen des Aufhebungsverfahrens. Ob diese Kontrolle durch eine gesonderte

Kompetenz-Kompetenz-Klausel ausgeschlossen werden kann, bleibt im SchVG aber noch unklar. Die Befugnis des Schiedsgerichtes kann in Taiwan im Rahmen der Zwangsschiedsgerichtsbarkeit auch durch Gesetz begründet werden. Die Zwangsschiedsgerichtsbarkeit ist dem Bemühen entsprungen, der schwächeren Partei einen besseren Schutz und eine effektivere Rechtsdurchsetzung zu gewähren, denn die Justiz war in der Vergangenheit häufig eine Justiz der Mächtigen. Heute gewinnt die Zwangsschiedsgerichtsbarkeit vor allem auch in stark internationalisierten Bereichen der Wirtschaft, wie zum Beispiel dem Wertpapierhandel, an Bedeutung. Allerdings greift die Zwangsschiedsgerichtsbarkeit in nicht unerheblicher Weise in die Parteiautonomie ein. Ihre Legitimationsbasis erfordert daher eine umfassende Untersuchung.

3. Durch das SchVG ist auch das Schiedsverfahren weitgehend liberalisiert worden. Den Parteien steht es frei, das Verfahrensrecht zu vereinbaren. Die Parteiautonomie findet ihre Grenze lediglich im *ordre public*, insbesondere im Grundsatz des fairen Verfahrens. Treffen die Parteien eine solche Vereinbarung nicht, so steht die Wahl der verfahrensrechtlichen Regeln im Ermessen des Schiedsgerichtes. Die Meinung, dass das Schiedsgericht zwingend die Zivilprozessordnung anzuwenden habe, hat sich bis heute nicht durchgesetzt.

4. Die Gerichte sind in der Praxis bei der Anerkennung und Vollstreckbarerklärung ausländischer Schiedssprüche immer noch zurückhaltend. Hierin unterscheidet sich Taiwan jedoch nicht wesentlich von den meisten anderen Ländern. Seit Erlass des SchVG ist allerdings eine deutliche Tendenz zur Liberalisierung erkennbar. Inzwischen beschränken sich die Gerichte auf eine formelle Kontrolle des Schiedsspruches. Schwierigkeiten bereitet jedoch nach wie vor der genaue Inhalt des materiell- und verfahrensrechtlichen *ordre public.*

5. Die akademische Wahrnehmung des Phänomens der internationalen Handelsschiedsgerichtsbarkeit hat sich in den letzten 5 Jahren immens verstärkt. Die Zahl der Veröffentlichungen und der verfügbaren Materialien auf diesem Gebiet ist bereits sehr umfangreich. Ein Großteil der bis zum heutigen Tag veröffentlichen Aufsätze ist jedoch beschreibender Natur. Eine systematische und analytische Untersuchung des Rechts und der Praxis der Schiedsgerichtsbarkeit in Taiwan ist daher dringend notwendig. Nur eine tiefgreifende Untersuchung der Wirklichkeit der Schiedsgerichtsbarkeit und ihres Einflusses auf die geltende Rechtsordnung wäre geeignet, die skeptische Haltung der Justiz nachhaltig zu beeinflussen.

6. Die Analyse der Handelschiedsgerichtsbarkeit in Taiwan zeigt auch, dass das größte Hemmnis für die Handelsschiedsgerichtsbarkeit in den Unwägbarkeiten des *ordre public*-Vorbehaltes liegt. Der *ordre public* ist tiefgreifend in der materiellrechtlichen Weltanschauung der jeweiligen Rechtskultur verankert und durch die Rechtsquellenlehre auf den jeweiligen Nationalstaat beschränkt. Der *ordre public*-Vorbehalt schränkt sowohl die Anerkennung von ausländischen Schiedssprüchen ein als auch die Anwendbarkeit von ausländischem Recht. Nach herrschender Meinung in Deutschland wie in Taiwan soll die internationale Handelsschiedsgerichtsbarkeit im System des IPR „erden". (der sog. IPR-Ansatz). Die Parteiautonomie wird im IPR durch den *ordre public* begrenzt. Die Anwendung von ausländischem materiellem Recht oder Verfahrensrecht ist im IPR ausgeschlossen, wenn sie gegen den nationalen *ordre public* verstößt. An genau diese strukturelle Störung könnte auch das taiwanesische Recht stoßen, weil der Begriff „Schiedsgerichtsbarkeit mit Auslandsbezug" bereits von der Justiz verwendet wurde. Die Überwindung dieser Schwierigkeiten und die sog. „A-Nationalisierung" der internationalen Handelsschiedsgerichtsbarkeit als idealer Ansatz kann daher nur durch eine eingehende rechtsvergleichende Untersuchung der verschiedenen Rechtsinstitute im nationalen Schiedsrecht und durch eine Angleichung des *ordre public* erreicht werden. Durch den Model Law-Ansatz wurde bis heute wegen der unterschiedlichen nationalen Übernahme nur eine partielle Rechtsvereinheitlichung erreicht. Dies zeigt auch gleichzeitig die Grenzen dieses Ansatzes. Deutschland und Taiwan werden bereits als *Model Law countries* angesehen, obwohl zwischen beiden Rechtssystemen der Schiedsgerichtsbarkeit immer noch Unterschiede bestehen. Neben der Übernahme des Model Law teilen die beiden Länder aber auch viele rechtliche Gemeinsamkeiten, insbesondere eine zumindest ähnliche positive Zivilrechtskultur. Dies dürft die Annäherung des *ordre-public*-Verständnisses erleichtern. Auf jeden Fall soll die nationale Entwicklung beiderseits beschleunigt werden, insbesondere auf dem Gebiet der wirtschaftsrechtlichen Wertvorstellung. Auch im deutschen Recht wird die Meinung vertreten, dass die Rechtsangleichung und -vereinheitlichung der internationalen Handelsschiedsgerichtsbarkeit vorangetrieben werden sollte. Während die Praxis der Anerkennung und Vollstreckbarerklärung ausländischer Schiedssprüche als Hauptentwicklungslinie der internationalen Handelsschiedsgerichtsbarkeit beiderseits gilt, spricht sich der klassische deutsche Ansatz eindeutig dafür aus, dass ein tiefgreifender Entscheidungseinklang die materiellrechtliche Harmonisierung erfordert. Taiwan kann als ein Mitglied der BGB/ZPO-Familie qualifiziert werden und in dieser Hinsicht die primäre Voraussetzung für eine Rechtsharmo-

nisierung mit Deutschland erfüllen. Die Verrechtlichung der Schiedsgerichtsbarkeit in Taiwan sollte in diesem Sinne begrüßt werden. Deutschland und Taiwan teilen, wie bereits mehrfach betont wurde, einen soliden positivgesetzlichen Standpunkt: d.h. das BGB, die ZPO und sogar den rechtlichen Ansatz zur sog. sozialen Marktwirtschaft. Auf dieser gemeinsamen Rechtsgrundlage sollte, wie oben argumentiert, auch die gegenseitige Anerkennung und Vollstreckung der Schiedssprüche ermöglicht werden.

7. Obwohl die ad hoc-Schiedsgerichtsbarkeit seit langem im taiwanesischen Schiedsrecht anerkannt wird, ist sie bis heute eine Ausnahme geblieben. Die Schiedsgerichtsbarkeit in Taiwan entwickelt sich vor allem im Rahmen der institutionellen Schiedsgerichtsbarkeit. Die Verbandsschiedsgerichtsbarkeit ist nach dem SchVG zwar erlaubt; bis zum heutigen Tag existieren in Taiwan nur drei ständige Schiedsinstitutionen, nämlich die TIS, die Schiedsinstitution für baurechtliche Streitigkeiten und die Schiedsinstitution für arbeitsrechtliche Streitigkeiten. Die internationale Handelsschiedsgerichtsbarkeit findet fast ausschließlich bei der TIS statt. Die Infrastruktur für die (internationale) Handelsschiedsgerichtsbarkeit ist durch die TIS jedoch gewährleistet. Die TIS als ein (privatisierter) Verein ist sowohl im nationalen als auch in internationalen Rahmen aktiv. Mehrere branchenspezifische Schieds-kommissionen wurden bereits gegründet. Zwischen DIS und TIS besteht bereits ein Abkommen zur Zusammenarbeit. Das ist eine Basis, auf der man auf den weiteren Fortschritt der beiderseitigen Entwicklung hoffen kann. Ihnen fehlt jedoch eine aktive und international anerkannte Schiedsinstitution. Der sog. anationale Ansatz kann deswegen nur schwer praktiziert werden und sich in Recht und Praxis verankern. Der IPR-Ansatz ist eine eher langfristige Aufgabe; eine aktive Schiedsinstitution spielt mindestens für das gegenseitige Vertrauen eine Rolle. Die Behandlung der Ad hoc-Schiedsgerichtsbarkeit in Deutschland kann als Vorbild für Taiwan dienen, weil Deutschland große Erfahrung mit der ad hoc-Schiedsgerichtsbarkeit hat. Hier sieht man, wie die Schiedsgerichts-barkeit auch als ein autonomer Mechanismus der Bürger bzw. der Wirtschaft unter dem Postulat des Rechtsstaats entwickelt werden kann und sich die Liberalität der staatlichen Gerichte gegenüber der Dynamik der wirtschaft-lichen Tätigkeit bzw. der sozialen Differenzierung dabei entfalten kann.

8. Die Schiedsgerichtsbarkeit als ein Rechtsinstitut zur außergerichtlichen Streitbeilegung (ADR) relativiert zugleich aber auch das geltende Zivilrecht. Insbesondere könnte die weltweite Anerkennung der Entscheidung nach *ex aequo et bono* oder *amiable composition* die im modernen Zivil-

recht legalisierte Gerechtigkeit verwässern und die Rechtssicherheit beeinträchtigen. In Taiwan findet genau diese Entwicklung statt; d.h. die aktive Einfuhr und Akzeptanz der von den USA stammenden ADR. Die ADR passen gut zu dem überlieferten Rechtsverständnis und dem heutigen kaufmännischen Rechtsleben in Taiwan, weil die traditionelle chinesische Rechtskultur die Harmonie betont. Dies hat zur Folge, dass der sog. Prozeduralisierungs-Ansatz im Schiedsrecht zunehmend an Bedeutung gewinnt. Sollte der verfahrensrechtliche Ansatz weiter verfolgt werden, würde das rezipierte moderne Zivilrecht in Taiwan vielleicht langsam seine Bedeutung verlieren. Obwohl das deutsche BGB seit über 100 Jahren im taiwanesischen Recht verankert ist, wurde es nach europäischem Standard eher schwach entwickelt. Die taiwanesische Rechtsdogmatik hat noch keine feste Gestalt angenommen, obwohl die deutsche Methodenlehre vielfach eingeführt worden ist. Ingesamt ist die sprachlogische Schärfe des taiwanesischen Rechts nicht so stark ausgeprägt wie im deutschen Recht. Obwohl die deutsche juristische weltanschauliche Rigorosität oft von Taiwan bewundert wird, ist der juristische Bewertungsmaßstab im technischen Sinn oft unterschiedlich. Das hat u.a. mit der Semantik der chinesischen Schriftzeichen und der chinesischen Kultur zu tun. Das traditionelle Rechtsverständnis und Rechtsleben hat die Einführung des positiven Zivilrechts überdauert. Die rechtliche Weltanschauung der Chinesen beruht auf den sozialen Institutionen verschiedener Schichten und wird noch nicht tiefgreifend durch das staatliche Recht geprägt. Daraus entsteht jene kompromisssuchende Rechtskultur, die für Taiwan typisch ist. Entgegen der von Europa übernommenen und vom Staat durchgesetzten sog. formellen Rationalität und dem Angriff-Verteidigung-Modell besteht in Taiwan immer noch das Harmonie-Postulat. Die synallagmatische Gerechtigkeit im geltenden Zivilrecht wird vielfach von sozialen Institutionen verschiedener Schichten verfärbt. Die Entwicklung der Rechtsinstitution von *ex aequo et bono* oder *amiable composition* in Taiwan ist für den deutschen Leser deswegen von besonderem Interesse, weil die Kenntnis des überlieferten chinesischen Rechtsbewusstseins Voraussetzung für die sog. „*soft skills*" der im ost-asiatischen Kreis tätigen Juristen darstellt. Es wäre daher wünschenswert, dass sowohl in Taiwan als auch in Deutschland die Schiedssprüche aufgrund *ex aequo et bono* oder *amiable composition* zwecks akademischer Studien veröffentlicht und intensiv analysiert werden. Der sog. Formalismus der deutschen Kaufleute in Taiwan, der sich durch die strenge Einhaltung des Vertrags auszeichnet, wird von der taiwanesischen Seite häufig kritisiert. Während die deutschen Kaufleute das aus ihrer Sicht „fehlende Rechtsbewusstsein" der taiwanesischen Seite, manchmal als *comme çi comme ça*, manchmal sogar als willkürlich bezeichnen. Diese Verständnisschwierigkeiten sind darauf zurückzuführen, dass taiwanesische Kaufleute den zwischenmenschlichen Beziehungen häufig mehr Bedeutung als dem Vertragsschluss zumessen. Ein Vertragsabschluss wird häufig sogar als negativ angesehen, weil er mit einem Vertrauensverlust gleichgesetzt wird. Deutsche Kaufleute sollten sich daher bewusst sein, dass der Vertragsabschluss in Taiwan noch keine Selbstverständlichkeit für Geschäftsbeziehungen ist.

9. Der Prozeduralisierungs-Ansatz soll an dieser Stelle aus praktischen Erwägungen für Beziehungen zwischen taiwanesischen und deutschen Kaufleuten empfohlen werden. Die Rigorosität und der Formalismus des deutschen Rechts ist für Taiwan eher fremd und die taiwanesischen Kaufleute bevorzugen die ADR. Die in Deutschland alles überragende Maxime der Rechtssicherheit, spielt für Kaufleute häufig nur eine untergeordnete Rolle. In diesem Sinne soll der materiellrechtliche Ansatz aufgelockert und die ADR rechtlich akzeptiert werden. Hierdurch kann die Streitbeilegung in der internationalen Handelsschiedsgerichtsbarkeit verbessert werden. Die Kaufleute sollten auf jeden Fall zwischen den beiden Alternativen frei entscheiden können.

10. Das moderne Privatrecht, insbesondere das Vertragsrecht, ist meist auch das Ergebnis geschäftlicher Verhandlungen (Kautelarjurisprudenz), also ökonomischer Vernunft. Wird das moderne Zivilrecht in diesem Sinne verstanden, so kann es auch eine glaubwürdige Plattform zur Entwicklung eines einheitlichen internationalen Handelsrechts bieten. Daher sollte die Rolle der wirtschaftlichen Vernunft bei der Rechtsvereinheitlichung ebenso berücksichtigt werden wie die national geprägte Rechtsmethode. Deshalb wurde das auf die Hauptsache anzuwendende Recht in dieser Schrift besonders berücksichtigt, damit das Rechtsleben beiderseits sowohl im (traditionellen) rechtlichen als auch im (wirklichen) wirtschaftlichen Sinn verglichen werden kann. Die praktische Entwicklung hat gezeigt, dass sich die normative Funktion des modernen, europäisch orientierten Zivilrechts bereits in Taiwan durchgesetzt hat. Sogar unter der autoritären Herrschaft der KMT (1945-1989) ist die Anzahl der Prozesse drastisch gestiegen. Die Überlastung der Justiz in Taiwan bezeugt die Rechtswirklichkeit. Obwohl die genauen Gründe rechtssoziologisch noch untersucht werden sollen, ist die immense Zahl der Klein- und Mittelunternehmen in Taiwan sicher ein Grund für diesen Anstieg. Während die normalen Bürger an der (traditionellen) Schlichtung festhalten, wenden sich die Kaufleute eher an das moderne Rechtssystem. Die starke Entwicklung des modernen Zivilrechts im kautelarjurisprudenziellen

Sinne in Taiwan durch die Kaufleute ist geeignet, die Theorie zu stützen, dass das moderne Zivilrecht zugleich auch eine Verkörperung der ökonomischen Vernunft sei. Dieses Modell, durch die ökonomische Vernunft das Zivilrecht zu entwickeln, differenziert sich naturgemäß von dem Ansatz der ontologischen Ergründung und der humanitären Aufklärung, wie er insbesondere in Deutschland vorherrscht. Dieser ontologische Ansatz ist für das Rechtsbewusstsein der Taiwanesen weniger prägend als der der ökonomischen Vernunft. Zivilgesellschaft kann daher in Taiwan etwas anders bedeuten als in Deutschland. Daher sollten Freiheits- und Gleichheitspostulat auch in ihrem kautelarjurisprudenziellen Aspekt berücksichtigt werden, um eine sachgerechte Methode zur Anwendung des Einheitsrechts in der internationalen Handelsschiedsgerichtsbarkeit zu entwickeln.

C) Schlussfolgerung und Erwartungen

Auch wenn derzeit noch nicht alle mit dem SchVG zusammenhangenden Fragen geklärt sind, ist schon jetzt ersichtlich, dass dieses in vielen Bereichen den Grundsätzen des Model Law entspricht und damit zu einer Annäherung des nationalen Schiedsverfahrensrechts an den internationalen Standard führen wird. Schon heute ist es möglich in Taiwan, ein internationalisiertes Schiedsverfahren auf dem Niveau des Model Law durchzuführen. Die oben angesprochenen Nachteile des SchVG im Hinblick auf eine umfassende Kontrollmöglichkeit seitens der staatlichen Gerichte werden durch eine Beschränkung der staatlichen Gerichte auf formelle Verfahrensfehler beseitigt. Besonderheiten und Abweichungen im Vergleich zu dem Model Law sind im nationalen Schiedsverfahrensrecht vor allem durch das im SchVG positiv geregelte duale System bezüglich der Aufhebungsvoraussetzungen und Anerkennungsvoraussetzungen bedingt. Diese Dualisierung bringt jedoch keine Nachteile für ausländische Parteien mit sich, denn die Anerkennungsvoraussetzungen für ausländische Schiedssprüche entsprechen denen des NYÜ.

Auf der anderen Seite sollte der Maßstab der Bewertung über den Entwicklungsgrad bzw. die Internationalität eines (nationalen) Schiedsrechts nach der Streichung der Differenzierung zwischen in- und ausländischen Schiedssprüchen, nicht mehr von zwischenstaatlichen Übereinkommen sondern von der Öffnung einer Rechtsordnung für die Parteiautonomie abhängen. Bei Gleichbehandlung der in- und ausländischen Schiedssprüche sollte sodann allein die *ordre public*-Kontrolle des Landes, bei dem die Anerkennung und Vollstreckung ersucht werden, für die Rechtskraft eines Schiedsspruchs maßgeblich sein. Allein die eigene rechtliche Weltanschauung eines Landes entscheidet die Reichweite der Parteiautonomie und folglich des Schiedsrechts. Taiwan verfügt bereits über ein hoch entwickeltes Rechtsinstitut der Schiedsgerichtsbarkeit, wobei der Schiedsspruch, der nach dem SchVG als ausländischer Schiedsspruch definiert wird, im Prinzip gleich wie, wenn nicht liberaler als, ein inländischer Schiedsspruch und nach internationalem Standard behandelt wird. Das gewährleistet nicht nur einen großen Lebensraum der taiwanesischen Kaufleute in der ganzen Welt, sondern ermöglicht den internationalen Kaufleute im schiedsrechtlichem Rahmen einen einfacheren und sichereren Rechtsverkehr mit der taiwanesischen Seite. Taiwan hat als ein wichtiges Handelsland mit der Entwicklung auf dem Gebiet der internationalen Handelsschiedsgerichtsbarkeit Schritt gehalten. Dies beweist die umfangreiche Öffnung der taiwanesischen Rechtsordnung für die Parteiautonomie bezüglich der Rechtswahl sowie die gleichmäßige Gewährung der Rechtskraft eines Schiedsspruchs. In der Zukunft sollte auch der *ordre public-* Vorbehalt im Sinne der De- Regulation neu definiert werden. Vor Taiwan stehen nunmehr die weitergehende Internationalisierung bzw. Standardisierung der Einzelinstitute seines Schiedsrechts im Rahmen des Model Law als wichtige Aufgabe, um die Anerkennung und Vollstreckung der taiwanesischen Schiedssprüche im Ausland zu erleichtern. Hierdurch könnte Taiwan auch zu einem attraktiven Austragungsort für internationale Schiedsverfahren werden.

Darüber hinaus sollten sich die Anerkennung und Vollstreckung eines ausländischen Schiedsspruchs nicht mehr an der eigentlich politisch bestimmten sog. Nationalität orientieren. Die Gegenseitigkeit zur Anerkennung und Vollstreckung eines ausländischen Schiedsspruchs, die das NYÜ vorschreibt, ist in dieser Hinsicht bereits veraltet und nicht mehr sachgemäß. Auch im Rahmen des *ordre public*-Vorbehalts kann jedes Land seine bedeutensten nationalen Werte verteidigen.

Um eine tiefgreifende (weltweite) Rechtssicherheit zu erreichen, sollte die Rechtsvereinheitlichung in der Zukunft nicht nur für die positiven Regelungen sondern auch in der Rechtsmethode angestrebt werden, weil sehr ausdifferenzierte rechtskulturelle Faktoren aus aller Welt über die Anerkennung und Vollstreckung eines ausländischen Schiedsspruchs direkt in die eigene Rechtsordnung eindringen könnten. Zur (weltweiten) Rechtsvereinheitlichung sollten die Festlegung und Reichweite der Privatautonomie im *lex causae arbitrii* zuerst thematisiert werden, weil die internationale Handelsschiedsgerichtsbarkeit auf der universellen rechtlichen Maxime der Privatautonomie beruht. Zur Weiterentwicklung der internationalen Handelsschiedsgerichtsbarkeit soll die Rechtsharmonisierung im Rahmen des modernen Zivilrechts in nächster Phase als Arbeitschwerpunkt gelten (Dazu: Teil II). Taiwan als ein modernes Zivilrechtssystem hat nicht nur im Recht der internationalen Handelsschiedsgerichtsbarkeit mitgewirkt; es soll und kann bei der Rechtsvereinheitlichung weiterhin mitwirken und zur weltweiten Verbreitung des modernen Zivilrechts beitragen. In diesem Sinne sollten die typischen taiwanesischen Schiedssprüche, die nach dem (taiwanesischen) SchVG erlassen werden, zur Anerkennung und Vollstreckung im Ausland mehr berücksichtigt werden, weil die Privatautonomie im taiwanesischen Recht seit langem eine Selbstverständlichkeit ist und auch bereits zur hohen Entwicklung der schiedsgerichtlichen Befugnis geführt hat.

II. Praktische Vorschläge für die in Taiwan tätigen ausländischen Juristen

A) Rechtswirklichkeit und traditionelles Recht

Das traditionelle chinesische Recht in Taiwan wird in der westlichen Welt als konfuzianistische Rechtskultur bezeichnet (s.o.). Im Prinzip ist das Postulat *pacta sunt servanda* anerkannt. Die Zeit-Dimension des chinesischen Volks gegenüber den zwischen-menschlichen Beziehungen und dem daraus folgenden Pflichtbewusstsein ist noch nicht tief untersucht worden. Bemerkenswert ist, dass die traditionelle chinesische Kultur sehr personbezogen ist und die (Schrift-) Form keine große, oder sogar eine negative Rolle innehat. Das Verlangen eines Vertragabschlusses kann für sehr traditionell orientierte Chinesen sogar bedeuten, dass keine personbezogene Vertrauensbasis mehr existiert. Anderseits ist die aus dem sozialen Status stammende, persongebundene Verantwortung eine feste Spielregel, die man nicht einfach brechen darf. Sie gewährleistet daher eine dem Vertrag ähnliche Sicherheit. Die Platzzuweisung in der konfuzianistischen Kultur ist heutzutage in verschiedenen Erscheinungsformen wiedergeboren worden und funktioniert als Schutzmechanismus gegen die immer härter gewordene Konkurrenz im modernen Wirtschaftsleben. Die an Freiheit und Effizienz gewöhnten Europäer sollten sich dieses Mechanismus der Persongebundenheit bewusst sein. Berücksichtigt werden soll aber auch, dass durch die Amerikanisierung bzw. Globalisierung der Geschäftskultur der traditionelle Lebensstil auch in Taiwan an Bedeutung verloren hat. Dies hat zu einer Annäherung des modernen Geschäftslebens und der Wirklichkeit des Rechtslebens in Taiwan an Europa geführt. Europäern dürfte daher das Wirtschaftsleben in Taiwan nicht völlig fremd sein.

B) Praktische Vorschläge für die deutsche Seite

Angesichts der Tatsache, dass die Anerkennung und Vollstreckung ausländischer Schiedssprüche weltweit noch immer unsicher ist, sollten die zusätzlichen Vorteile der ADR in der internationalen Handelsschiedsgerichtsbarkeit nicht einfach außer acht gelassen werden. Dabei sollte der Kompromiss als neues Paradigma[131] für die internationale Handelsschiedsgerichtsbarkeit gelten. Im

131 *Martin Greiffenhagen*, a.a.O. (Fn. 115), S. 189.

Unterschied zur einseitigen Anordnung beruhen Verhandlungsprozesse auf wechselseitiger Einflussnahme und freiwilliger Einigung. Die Wechselseitigkeit der Beziehung zwischen den Kooperationspartnern beschränkt sich nicht auf Verhandlungsprozesse zur Vorbereitung einer Entscheidung, sondern zeigt sich darüber hinaus auch in der Zustimmung zum Verhandlungsergebnis[132]. Das ist für die in Taiwan, sogar in den ganzen chinesischen Kreisen, tätigen ausländischen Juristen besonders wichtig, wenn man berücksichtigt, dass die Mediation im taiwanesischen Schiedsrecht schon verankert ist (§ 45 SchVG) und wegen der kompromisssuchenden Tradition von der taiwanesischen Seite bevorzugt wird.

Wie die Rechtsvergleichung im zweiten Teil zeigen wird, sind die ADR aufgrund der Vorliebe der taiwanesischen Kaufleute für Harmonie und Kompromiss für beide Seiten empfehlenswert. Die Rechtssicherheit, die in Deutschland durch die ordentlichen Gerichte gewährt wird, spielt für Kaufleute gegenüber dem Rechtsfrieden häufig nur eine untergeordnete Rolle. Die Kaufleute sollten zwischen Rechtssicherheit und Rechtsfrieden frei entscheiden können. Generell wird der in der asiatischen Mentalität erfahrene Jurist es vorziehen, die öffentliche Austragung von Streitigkeiten nach Möglichkeit zu vermeiden und dementsprechend länger verhandeln. Der Schwerpunkt beim Deutschen Wirtschaftsbüro in Taipeh liegt deshalb in einer vermittelnden Tätigkeit, die zum Ziel hat, Konflikte gütlich zu regeln[133]. Auf jeden Fall sollte ein guter Jurist in internationalem Umfeld immer bestrebt sein, die *soft skill* und die rechtskulturelle Empfindlichkeit zu beherrschen. Entscheidend für die Akteure im Beratungsumfeld ist das Gespür und der Respekt für ausländische Rechtssysteme und die Offenheit für unterschiedliche kulturelle und historische Entwicklungen[134].

„Es ist dem Stein ein rätselhaftes Zeichen
Tief eingegraben in sein glühend Blut,
Er ist mit einem Herzen zu vergleichen,
In dem das Bild der Unbekannten ruht.

132 *Martin Greiffenhagen*, a.a.O. (Fn. 115), S. 177.
133 *Thomas Fuhrmann*, a.a.O. (Fn. 21), S. 531-534.
134 *Klaus Böhlhoff*, International Practice of Law. Globalisation – Regionalisation. Too Big – Too Small. Ethics, Ethics, in: Wege zur Globalisierung des Rechts. Festschrift für Rolf A. Schütze zum 65. Geburtstag, hrsg. von Reinhold Geimer, München, Beck 1999, S. 155.

Man sieht um jenen tausend Funken streichen,
Um dieses woget einen lichte Flut.
In jenem liegt des Glanzes Licht begraben,
Wird dieses auch das Herz des Herzens haben?“

Novalis

Zweiter Teil: Internationale korrekte Begründung als *ordre public international*

- Zur Sicherheit und Verrechtlichung der internationalen Handelsschiedsgerichtsbarkeit zwischen Deutschland und Taiwan -

Einführung: Unsicherheit als Sachproblem der internationalen Handelsschiedsgerichtsbarkeit

Man hat Gewalt, so hat man Recht.
Man fragt ums Was und nicht ums Wie.
Ich müsste keine Schifffahrt kennen:
Krieg, Handel und Piraterie,
Dreieinig sind sie, nicht zu trennen."

Mephistopheles

A) Anlass der Untersuchung

Der internationale Handel ist nicht sicher. Häufig resultieren Streitfälle aus unerwarteten Situationen, die selbst die erfahrenen Export- und Importfirmen des internationalen Handels nicht einkalkulieren können[135]. Zahlreiche anthropologische und wirtschaftliche Untersuchungen weisen auf einen bisher nicht erwähnten Faktor hin, der langfristige Geschäftsbeziehungen („*relational contracts*") ermöglicht und stabilisiert. Ben-Porath spricht von „F-connection": Familien, Freundschaften, Firmen[136]. Die Unsicherheit im internationalen Rechtsverkehr ist unter anderem durch das Aufeinandertreffen völlig verschiedener Kulturen bedingt. In dieser sog. „anonymen Gesellschaft"[137] des internationalen Handels herrscht oft ein Klima, das durch eine von Macaulay zitierte Äußerung eines Geschäftsmannes gut charakterisiert wird: "Contracts are a waste of time. We've never had any trouble, because we know our customers and our suppliers. If we needed a contract with a man, we wouldn't deal with him"[138]. Diese klassische Handelsstrategie ist im rechtsfreien Raum des internationalen Handels entstanden. Darüber hinaus führen das durch protektive Staatstätigkeit entstandene Niemandsland und die fehlende internationale Rechtssetzung zur „*self-regulation in international trade*".

135 *Rudolf Bruns*, Zur Reform der Vollstreckung internationaler Schiedssprüche (Genfer Abkommen von 1927), ZZP 70. Band, S. 18.

136 *Y. Ben-Porath*, The F-connection: Families, Friends and Firms and the Organization of Exchange: Population and Development Rev. 6 (1980), S. 1-30.

137 Siehe zu dieser These *Schmidt-Trenz*, Außenhandel, S. 286.

138 *S. Macaulay*, The Use and Non-use of contracts in the Manufacturing Industry, in: *I. R. MacNeil*, Cases and Materials on Contracts: Exchange, Transactions and Relationship (1971), S. 860.

Die internationalen branchenspezifischen Handelskreise sind zu einer Gesellschaft geworden (Stichwort: *international business community*), zu der nur Eingeweihte Zugang haben. Diese Entwicklung hat zu einem laissez-faire Ansatz der nationalen Justiz und der Schiedsinstitutionen geführt. Der laissez-faire Ansatz führt letztendlich zu einer „Entrechtlichung“ des internationalen Handels und kann daher keine Rechtssicherheit gewährleisten.

Die Undurchsichtigkeit des Rechts und der Realität im internationalen Handel lässt sich dadurch verdeutlichen, dass anlässlich der Gestalt der *lex mercatoria* ein Feuerwechsel zwischen beiden Seiten des Ärmelkanals stattgefunden hat. Während die französischen Professoren die Existenz einer geheimen „societas mercatorum“ vermuteten, lehnten ihre englischen und sogar amerikanischen Kollegen dies als ein „phantome of Sorbonne professors“[139] ab.

Es besteht die dringende Notwendigkeit diesen rechtsfreien Raum zu bekämpfen, denn bisher gilt: „the international legal field is after all a field of struggle, which means that different outcomes are possible”[140]. Hinzu kommt, dass der rechtsfreie Raum zum Machtmissbrauch verführt („Arbitration is Power”[141]) und die *lex mercatoria* im Gegensatz zum staatlichen Recht weder materielle Gerechtigkeit gewährleistet, noch durch ihre lückenhaften Regeln eine ausreichende Rechtssicherheit bieten kann[142].

Die *international business community* ist, wie oben bereits erwähnt, seit langem auf das Problem der *unforeseeability* gestoßen[143]. Der juristische Hauptgrund dafür ist, dass bis heute keine geltende Rechtsauslegungsregel für das transnationale Einheitshandelsrecht existiert. Dies ist darauf zurückzuführen, dass die starke Ausdifferenzierung der nationalen Rechtskulturen einen Konsens erschwert. Das Ausmaß der Rechtsunsicherheit im internationalen Handel zeigt sich deutlich am Institut von ex aequo et bono. Obwohl dieses Institut im Schiedsrecht weltweit anerkannt ist, wird aufgrund seines unklaren Gehaltes als

139 *Gunther Teubner*, Breaking Frame: The Global Interplay of Legal and Social Systems, American Journal of Comparative Law 45(1997), S. 150.

140 *Y. Dezalay* und *B. Garth*, Dealing in Virtue: International Commercial Arbitration and the Constitution of a Transnational Legal Order, University of Chicago Press 1996, Chicago/London, S. 317; vgl. auch *Luke Nottage*, Trade law harmonization in the Asia-Pacific Region: A Realist's View from New Zealand – and a Way Forward?, in: New Zealand Law Journal 1995, S. 295.

141 Vgl. *Kronstein*, Arbitration is Power: N. Y. Univ. L. Rev. 38, 1963, S. 661.

142 *Bernd v. Hoffmann*, IPR, 6. Aufl. 2000, § 2 Rz. 56 (S. 59).

143 *Stefan Leible*, Außenhandel und Rechtssicherheit, ZvglRWiss 97(1998), S. 286-319; *Otto Sandrock*, Neue Herausforderung an das Internationale Wirtschaftsrecht, ZvglRWiss 98(1999), S. 227-259.

„schillerndes Institut" bezeichnet[144]. Auch die Frage nach dem materiellen Recht ist bis heute ein unsicheres Feld geblieben. In Taiwan ist es nach wie vor strittig, ob das positive Zivilrecht ohne vorherige Vereinbarung der Parteien anwendbar ist[145]. Auch im deutschen Recht stellen sich bei einem Fehlen der Rechtswahlklausel Probleme, denn bis heute ist nicht völlig klar wie das Recht mit der engsten Verbindung zu bestimmen ist. Dieser durch die Parteiautonomie entstehende „Rechtsfreiraum" kann aber nicht auf nationaler Ebene beseitigt werden, da weltweit das Recht der internationalen Handelsschiedsgerichtsbarkeit als eigenständiges Recht betrachtet wird. Die Eigenständigkeit des Schiedsrechts erfordert eine nähere Betrachtung der Möglichkeiten für die Entwicklung eines neuen Ansatzes, der im Stande ist das Sachproblem der Rechtsunsicherheit zu überwinden und eine gemeinsame Rechtskultur in diesem internationalen Freiraum zu gestalten (Stichwort: *lex mercatoria*).

B) Themenstellung

Der Anfang des 21. Jahrhunderts ist gekennzeichnet durch die Reduzierung der Handelshemmnisse im Welthandel und die schnelle Entwicklung der internationalen wirtschaftlichen Beziehungen. Die „Globalisierung der Weltwirtschaft" wird durch den E-Commerce beschleunigt und stellt den Juristen vor neue Herausforderungen[146]. Die im Jahre 1994 in Rom erschienenen UNIDROIT-Prinzipien[147], die eine Kodifikation des internationalen Handelsvertragsrechts enthalten, stellen einen Schritt in Richtung Rechtsvereinheitlichung im Bereich des internationalen Handels dar. Ob das Unternehmen der UNIDROIT-Verfasser erfolgreich sein wird, hängt von vielen Faktoren ab. Einer von ihnen ist, wie oft die Gerichte bzw. insbesondere die Schiedsgerichte die UNIDROIT-Prinzipien anwenden werden und wie intensiv sie von Lehre, Schrifttum und praxisorientierten Kommentaren zum Gegenstand der Analyse gemacht werden. Bisher gibt es jedoch nur wenige Arbeiten die sich mit der Rechtsmethode bei der Anwendung der UNIDROIT-Prinzipien beschäftigen. Die Problematik der Anwendung stößt jedoch in jüngster Zeit auf zunehmendes Interesse, denn ohne einheitliche Rechtsmethode kann keine Kodifikation Rechtssicherheit in einem ausreichen-

144 *Otto Sandrock*, "*ex aequo et bono*"- und "*amiable composition*"-Vereinbarungen: ihre Qualifikation, Anknüpfung und Wirkungen, Jahrbuch für die Praxis der Schiedsgerichtsbarkeit, Band 2 (1998), Verlag Recht und Wirtschaft GmbH Heidelberg, S. 120.

145 Urteil des Obersten Gerichts, tai-shang-ji 2722, 1996; Urteil des Obersten Gerichts, tai-shang-ji 2196, 1992; vgl. auch *Chun-yi Lin*, Die Rechtsanwendung im Schiedsverfahren, Journal of Arbitration (chinesisch) 58, S. 16.

146 Tagungsbericht, Einheitliches Wirtschaftsrecht im 21. Jahrhundert, ZvglRWiss 91(1992), S. 343-349.

147 UNIDROIT (Hrsg), UNIDROIT-Principles of International Commercial Contracts, 1994; vgl. Dazu *Bonell*, An International Restatement of Contract Law, 2. Aufl. 1998, S. 19 ff.

den Umfang gewährleisten. Die vorliegende Arbeit soll die Grundzüge einer solchen Rechtsmethode herausarbeiten. Im Folgenden werden die Ansätze vorgestellt, anhand derer eine solche Methode erarbeitet werden könnte.

a) Das Problem der Hermeneutik im Einheitsrecht

Obwohl die Rechtssicherheit in der *international business community* als erstrebenswert gilt, fällt es der internationalen Handelsschiedsgerichtsbarkeit schwer herauszufinden, was die tatsächlichen Determinanten der juristischen Entscheidung sind. Hauptgrund hierfür ist, dass es an einer glaubwürdigen semantischen Grundlage auf internationaler Ebene fehlt. Die Hermeneutik auf internationaler Ebene ist daher wenig eindeutig und leicht manipulierbar. Bildlich gesprochen ist die Hermeneutik auf internationaler Ebene korrupt.

b) Verrechtlichung der internationalen Handelsschiedsgerichtsbarkeit: internationale Handelsschiedsgerichtsbarkeit als „*users' law*“

In dieser Arbeit wird zuerst der Ansatz „internationale Handelsschiedsgerichtsbarkeit als „*users' law*“ thematisiert. Im internationalen Handel sind sowohl das Recht als auch der Austragungsort der Streitigkeit der Wahl der Parteien unterworfen. Der Erfolg einer rechtlichen Regelung sowie jeder Schiedsinstitution hängt davon ab, ob sie den Interessen der Kunden oder *users* entspricht. Dieser Ansatz hat in Deutschland bereits Resonanz gefunden. Das neue Schiedsverfahrensrecht von 1998 setzt darauf, das Ansehen der Bundesrepublik Deutschland als Austragungsort internationaler Schiedsstreitigkeiten zu fördern[148]. Die klassische nationale Rechtsmethodik erweist sich jedoch gerade unter diesem Blickwinkel in der internationalen Handelsschiedsgerichtsbarkeit als nicht funktionsfähig. Dies ist zum einen darauf zurückzuführen dass das Zusammentreffen mehrerer Rechtskulturen die nationale Methodik notwendigerweise relativiert. Hinzu kommt, dass sie das Hauptinteresse in der Handelsschiedsgerichtsbarkeit, nämlich die Wirtschaftsrationalität nur unzureichend berücksichtigen kann. Um die Schiedsgerichtsbarkeit für die *user* attraktiver zu gestalten bedarf es daher eines neuen Ansatzes für die Rechtsanwendung. Auf der wissenschaftlichen Grundlage der Hermeneutik soll daher ein praxisorientierter und interdisziplinärer Ansatz erarbeitet werden, der die Betroffenen aus allen Bereichen zu überzeugen vermag.

c) Funktionskonvergenz zwischen Rechtssicherheit und Rechtsfrieden: gute und hinreichende Begründung als „*right decision*“

Da der internationale Handel vielfach unsicher ist, wird oft für den Rechtsfrieden plädiert. Von den Kaufleuten wird weniger die bestimmende Funktion des

---

148 BT-Drucks. 13/5274, S. 1.

Rechts gewünscht als vielmehr seine befriedende. Der Rechtsfrieden wird in dieser Arbeit thematisiert, um die aufklärende und dienende Funktion des Rechts für die *international business community* als Kunden nutzbar zu machen. Es wird für das Recht der internationalen Handelsschiedsgerichtsbarkeit als Pufferzone der Methodenverständniskonflikte und als Treibhaus der Rechtskulturintegration plädiert, um die Sicherheit des internationalen Handels zu verstärken.

Eine höhere Qualität der Handelsschiedsgerichtsbarkeit setzt allerdings gleichzeitig voraus, dass Rechtssicherheit geschaffen wird. Die Schiedsinstitutionen sollten daher die Steigerung von Rechtssicherheit und Rechtsfrieden als Marketingstrategie betrachten. Ein tiefgreifender Rechtsfrieden kann jedoch nur versprochen werden, wenn die Transparenz von Entscheidungsvorgängen gewährleistet ist. Nur eine gut begründete Entscheidung kann beide Parteien überzeugen und den Rechtsfrieden wieder herstellen. Rechtssicherheit und Rechtsfrieden stimmen daher beim gleichen methodischen Ansatz überein, nämlich der hinreichenden und gute juristischen Begründung.

d) Interdisziplinärer Ansatz zur Gestaltung der einheitlichen Rechtskultur

Nach der begründungstheoretischen Untersuchung wird festgestellt, dass die Rechtssicherheit nur im relativen Sinn erwartet werden kann. Es fällt besonders schwer, im kulturübergreifenden Kontext eine allgemeingültige juristische Hermeneutik herauszuarbeiten. Die Rechtssicherheit i.S.d. Formstrenge überzeugt im internationalen Schiedsrecht nur bedingt. Dies gilt insbesondere für die Beziehung mit asiatischen Ländern. Der Rechtsfrieden bzw. das Harmoniepostulat werden in der chinesischen Rechtskultur dem Rechtssicherheit vorgezogen. Hinzu kommt, dass das chinesische traditionelle Rechtsbewusstsein ich oft im sozialen Umfeld entwickelt und die juristische Hermeneutik dadurch vielfach formfrei ist. Nur ein interdisziplinärer Ansatz kann daher für die aus verschiedenen Rechtskulturen stammenden Kaufleute und Schiedsrichter überzeugend sein.

e) Institutionelle Rahmenbedingungen

Um die Rechtssicherheit im transnationalen Rechtsverkehr zu verbessern und dem Welteinheitsrecht näher zu kommen, soll eine einheitliche Minimalkontrolle aufgrund der UNIDROIT-Prinzipien, herausgearbeitet werden. Gegenstand dieser Kontrolle soll die gute und hinreichende Begründung sein. Diese Begründung kann als *ordre public international* qualifiziert werden. Auf diese Weise könnte man eine Vereinheitlichung der Hermeneutik erreichen und gleichzeitig die Unwägbarkeiten des nationalen ordre public zurückdrängen.

Zu diesem Zweck erfolgt eine rechtsvergleichende Betrachtung der Minimalkontrolle in Deutschland und der Minimalkontrolle in Taiwan.

f) Gestaltende Funktion des *ordre public international*

Die „internationale korrekte Begründung“ als Anforderung an jeden Schiedsspruch ist eine wichtige Bedingung der Rechtssicherheit im internationalen Schiedsspruch. Ihre gestaltende Funktion für den Inhalt einer einheitlichen Rechtskultur wird daher in dieser Arbeit betont. Für die konkreten Beziehungen zwischen Deutschland und Taiwan wäre die Realisierung dieser Minimalkontrolle (mindestens zwischen Deutschland und Taiwan) aufgrund der gemeinsamen rechtlichen Wurzeln realistisch.

Für den Ansatz des *ordre public international* wurde zwar seit langem plädiert, doch sind die Anforderungen an den *ordre public international* bis heute unklar. Seine gestaltende Funktion für die Rechtsmethode wurde oft außer Acht gelassen. Anders als in der traditionellen Abwehrfunktion des *ordre public*-Vorbehalts in der nationalen Rechtsordnung wird in dieser Arbeit im Ansatz des *ordre public international* als Grundlage für einen Konsens über die zukünftige Gestaltung eines Welteinheitsrechts thematisiert.

C) Gang und Methode der Arbeit

Im ersten Kapitel wird zuerst die Unsicherheit als Sachproblem der internationalen Handelsschiedsgerichtsbarkeit dargestellt. Untersucht wird die Entwicklung der internationalen Handelsschiedsgerichtsbarkeit auf beiden Seiten. Vor allem soll erörtert werden, ob ein neuer Raum für die transnationale Verrechtlichung besteht und was in der neuen Rechtsordnung von den Parteien erwünscht ist. Dabei wird der Ansatz „internationale Handelsschiedsgerichtsbarkeit als *users' law*“ vorgebracht. Die materielle Verrechtlichung stellt hierbei den Arbeitsschwerpunkt dar. Begleitend wird der Ansatz der *„right decision*“ vorgebracht, da auf diese Weise die Probleme im Rechtsverständnisses beim kulturübergreifenden Rechtsverkehr und die zahlreichen Unsicherheitsfaktoren beim internationalen Handel ausgeglichen werden können.

Im zweiten Kapitel wird die hermeneutische Methodenproblematik in der Anwendung Einheitsrecht diskutiert. Die Kodifikation des internationalen Handelsvertragsrechts erfolgt auf der Grundlage der Methodik des *civil law* und nicht auf der Grundlage des *common law*. Es wird eine rechtsvergleichende Betrachtung der Zivilrechtsmethodik in Deutschland und in Taiwan vorgenommen. Dabei wird zunächst die Entwicklung der Zivilrechtsmethodik in Deutschland untersucht und schließlich festgestellt, dass nach der juristischen Begründungslehre die Begründung als Nexus der Rechtsanwendung gilt. Jedoch wird auch erläutert, dass das klassische deutsche Konzept der Rechtssicherheit, in dem nach der Begriffsjurisprudenz die Rechtsanwendung ein Entscheidungsakt ist, im internationalen Handelsrecht unbrauchbar ist. Daher wird ein Ansatz entwickelt nach dem das Konzept der Rechtssicherheit auf die Überzeugungskraft der Begründung („*right decision*") umgestellt werden soll. Die juristische Begründung gilt hierfür nicht nur als kommunikative Schnittstelle zwischen den Fachleuten als Schiedsrichter und den Parteien aus aller Welt, sondern auch als Plattform des modernen und demokratischen juristischen Diskurses. Dabei wird die gute und hinreichende Begründung im Namen der „*right decision*" hervorgehoben.

Ein kulturübergreifender Überblick zwischen Deutschland und Taiwan wird im dritten Kapitel herangezogen, um zu erläutern, dass die nationale Hermeneutik insbesondere auf internationaler Ebene oft nicht funktionsfähig ist. Aus diesem Grund stellt sich die Herstellung der Rechtssicherheit als äußerst schwierig dar. Die gute und hinreichende Begründung kann daher in dieser Entwicklungsphase einen möglichen Lösungsansatz bieten. Außerdem kann durch die gute und hinreichende Begründung eine Funktionskonvergenz zwischen Rechtssicherheit und Rechtsfrieden erreicht werden. Ihr wird daher besondere Aufmerksamkeit entgegengebracht, weil so das von den taiwanesischen bzw. chinesischen Wirtschaftskreisen seit langem verfolgte Konzept der Harmonie mit dem westlichen Wunsch nach Rechtssicherheit in Übereinstimmung gebracht werden kann.

Da die *foreseeability* als ein wichtiges Kriterium der Qualität der internationalen Handelsschiedsgerichtsbarkeit weltweit anerkannt ist, werden die Bedingungen der Rechtssicherheit im vierten Kapitel untersucht. Aufgrund einer Untersuchung der Eigenschaften der *internationalen business community* wird festgestellt, dass zur Erhöhung der *foreseeability* ein Kompromiss zwischen den verschiedenen nationalen Rechtskulturen unerlässlich ist. Dieser Kompromiss soll durch die Festlegung der UNIDROIT-Prinzipien als semantischer Fixpunkt im internationalen Handelsrecht und die Festlegung der Wirtschaftsrationalität als Wertmaßstab erreicht werden. Diese Minimalanforderungen werden unter dem Namen der „internationalen korrekten Begründung" eingehend erörtert. Danach wird ihre Bedeutung für die Rechtssicherheit begründungstheoretisch bewertet und festgestellt, dass die „internationale korrekte Begründung" als *ordre public international* qualifiziert werden kann und soll, um das Einheitsrecht weiter zu gestalten. Sie ist folglich auch der sachlichen Überprüfung durch das nationale Gericht bzw. das Schiedsgericht unterworfen. Anschließend wird untersucht welches die rechtlichen und institutionellen Rahmenbedingungen für die Anwendung des *ordre public international* sind. Als Ergebnis wird betont, dass auf der soliden Grundlage des BGB-Begriffssystems und des hohen Rechtsannäherungsgrads zwischen Deutschland und Taiwan die Rechtsicherheit weitgehend erreicht werden kann. Die gegenseitige Anerkennung und Vollstreckung von Schiedssprüchen sollte daher erleichtert werden.

Da in dieser Arbeit für den Ansatz der internationalen Handelsschiedsgerichtsbarkeit als „*users' law*“ und den Ansatz der Interdisziplinarität plädiert wird, verfolgt die Darstellungsweise nicht mehr den klassischen hermeneutischen Weg. Sie ist zugleich an die internationalen Kaufleute und die als Schiedsrichter bestellten Fachleute gerichtet.

Bemerkenswert ist insbesondere die Arbeitsmethode im Kapitel II und III, die hauptsächlich um eine Kulturmorphologie der Sprachlogik, statt um eine Rechtsvergleichung i.e.S. geht, weil die taiwanesischen Erfahrungen zur Übernahme des deutschen Rechts gezeigt haben, dass der Übernahmesvorgang gerade bei der Anwendung der Sprachlogik auf beachtliche Schwierigkeiten gestoßen ist. Da die Sprachlogik, als Kernstück und unverwechselbare Charakterstärke des deutschen Rechts gilt, soll ihre geschichtliche und kulturelle Bedingtheit untersucht werden, um festzustellen, inwieweit eine nationale Jurisprudenz auf internationale Sachverhalte übertragen werden kann. Es lässt sich dadurch auch verdeutlichen, dass die Rechtsmethodik, egal von welchem Land, oft sehr national bedingt ist und ihre Verbreitung an Grenzen stößt. Dieses Verständnis ist von besonderer Bedeutung beim Versuch, eine einheitliche Rechtsmethode im Rahmen der UNIDROIT-Prinzipien aufzubauen, weil eine Rechtsmethode mit stark national-kultureller Färbung hierfür ungeeignet ist.

Kapitel I Sicherheit und Verrechtlichung für die internationale Handelsschiedsgerichtsbarkeit

„Finality of the award“ is certainly an issue
when the parties look for the „right decision“
which is almost always the case when „the stake is high“, i.e.
in large and complex debt and securities underwriting and derivatives
transactions.

Marcus C. Boeglin, in: The 7th Geneva Arbitration Forum

I. Freier Raum zur Verrechtlichung für die internationale Handelsschiedsgerichtsbarkeit

Zur Sicherung der internationalen Rechtsbeziehungen herrscht das klassische Postulat der Privatautonomie. Die Parteien können dabei einen „optimalen Filter der Rechtsfindung”[149] durch Gestaltung der folgenden Punkte festlegen: Wahl der Schiedsrichter; die zu verwendende Verfahrensordnung; den Ort des Schiedsverfahrens; die Wahl des auf den Hauptvertrag anzuwendenden materiellen Rechts (Verweisungsvertrag) und die Wahl der Verfahrenssprache. Das hohe Maß an Privatautonomie stößt jedoch oft an die Grenze des nationalen Rechts und führt häufig zu Rechtsunsicherheit. Um die Rechtsunsicherheit zu mindern, soll die internationale Handelsschiedsgerichtsbarkeit (einheitlich) verrechtlicht werden. Inwieweit auf dem Gebiet der internationalen Handelsschiedsgerichtsbarkeit tatsächlich ein Rechtsfreiraum besteht, soll zunächst im Rahmen einer rechtsvergleichenden Betrachtung zwischen Deutschland und Taiwan untersucht werden.

A) Taiwanesisches Recht

a) § 31 SchVG: Anwendbares Recht

aa) Rechtsfreier Raum?

Das SchVG regelt die Frage nach dem anwendbaren Recht nicht. Nur § 31 SchVG bestimmt, dass *ex aequo et bono* nur aufgrund einer ausdrücklichen Vereinbarung der Parteien Anwendung finden kann. Aus dieser Regelungslücke resultiert eine große Anzahl von Unsicherheiten. Nach herrschender Meinung ist das anwendbare Recht nach den Regeln des taiwanesichen IPR zu bestimmen. Art. 6 des taiwanesischen IPR erkennt die Rechtswahlfreiheit der Parteien an.

---

149 *Schmidt-Trenz*, a.a.O. (Fn. 137), S. 274 f..

Unklar ist jedoch bis heute, ob die UNIDROIT-Prinzipien als Recht i.S. Art. 6 taiwanesisches IPR vereinbart werden können. Teilweise wird sogar die Anwendbarkeit des positiven Zivilrechts ohne eine entsprechende Vereinbarung der Parteien bezweifelt. Diese Bedenken gegenüber der Anwendung des Zivilrechts sind auf die Tatsache zurückzuführen, dass die meisten Schiedsrichter das übernommene positive Recht nicht kennen und das traditionelle Rechtsverständnis unterschiedlich ausgelegen wird. Sogar der staatliche Richter greift oft zum sog. Königsparagraph von Treu und Glauben (§ 219 taiwanesisches BGB). Das traditionelle Recht beruht auf dem Konfuzianismus und bis heute ist noch keine feste hermeneutische Methodik und operationsfähige Systematik dazu ausgearbeitet worden[150]. Die normative Funktion des modernen Zivilrechts hat sich zwar nach über 70 Jahre Praktizierung bereits entfaltet, doch die moderne rechtliche Weltanschauung ist noch nicht so tief verankert wie in den westlichen Ländern.

bb) *ex aequo et bono und amiable composition?*

Auch in Taiwan existiert eine Vielfalt von Meinungen über den Inhalt des Instituts von *ex aequo et bono* und *amiable composition.* Dieses Institut kann daher wie in Deutschland als ein „schillerndes Rechtsinstitut" bezeichnet werden[151].

b) Bindungskraft des Schiedsspruchs und sachliche Kontrolle des Gerichts

Auch im taiwanesischen Recht erfolgt nur eine Minimalkontrolle des Schiedsspruchs durch das Gericht. Beispielsweise begründet die Unangemessenheit des Ergebnisses der schiedsrichterlichen Entscheidung oder die Unrichtigkeit der Rechtsanwendung begründet keinen Anspruch auf Aufhebungsklage[152], [153]. Sogar die Widersprüchlichkeit des Schiedsspruches bildet keinen Aufhebungsgrund. Die staatlichen Gerichte kontrollieren vor allem die Einhaltung des *ordre public.* Konkrete Maßstäbe für die *ordre public*-Widrigkeit im Aufhebungsverfahren nach § 40 Abs. 1 Nr. 1 i.V.m. § 38 Abs. 3 SchVG oder im Anerkennungsverfahren nach § 49 Abs. 1 Nr. 1 SchVG fehlen jedoch bis heute.

c) Zwischenergebnis

Insbesondere bei der Frage nach dem anwendbaren Recht, herrscht in der taiwanesischen Handelsschiedsgerichtsbarkeit aufgrund der fehlenden Regelung bis-

150 Das traditionelle Recht Chinas wird von Fickentscher als "primitives Recht" kategorisiert. *Wolfgang Fickentscher*, Methoden des Rechts in vergleichender Darstellung, J.C.B. Mohr (Paul Siebeck) Tübingen, 1975, Bd. I, S. 369 ff. und S. 206 ff.; vgl. ferner *A.S. Diamond*, Primitive Law, London, 1935, S. 1 ff.; S. 8-15.

151 *Otto Sandrock*, a.a.O. (Fn. 144), S. 120.

152 Urteil des Obersten Gerichts, tai-shang-ji 2722, 1996.

153 Urteil des Obersten Gerichts, tai-shang-ji 2695, 1999.

her Unsicherheit. Diese Schwierigkeiten tauchen unter anderem deshalb auf, weil das moderne Zivilrecht für die Kaufleute und die als Schiedsrichter bestellten Fachleute noch fremd ist. Die sachliche Überprüfung des Gerichts bleibt formell. Schwierigkeiten bereitet allerdings die fehlende Systematisierung der *ordre public*-Kontrolle. Die zurückhaltende Kontrolle der Schiedsgerichte und die Rechtswahlfreiheit eröffnen in Taiwan einen Rechtsfreiraum, der eine Rechtsvereinheitlichung auf dem Gebiet der internationalen Handelsschiedsgerichtsbarkeit ermöglicht.

B) Deutsches Recht

a) Stellenwert des § 1051 ZPO als hermeneutischer Stützpunkt

Anders als im (taiwanesischen) SchVG, wird in § 1051 ZPO das anzuwendende materielle Recht ausführlich geregelt. Der Hauptzweck dieser Regelung ist Rechtssicherheit hinsichtlich des anwendbaren Rechts zu erzielen. Um dieses Ziel zu erreichen und dennoch das Model Law umzusetzen, hat der deutsche Gesetzgeber ein Spagat zwischen Art. 28 Model Law und der strengeren Regelung der Art. 27 ff. EGBGB versucht[154]. Der neue Begriff „Rechtsvorschriften" des § 1051 Abs. 1 ZPO öffnet die Tür zur Rechtsvereinheitlichung in der internationalen Handelsschiedsgerichtsbarkeit. Die Anerkennung von *ex aequo et bono* oder *amiable composition* in § 1051 Abs. 3 ZPO könnte einen noch größeren Raum zur Rechtsfortbildung zulassen[155]. Andererseits birgt dieses Institut aufgrund seines undurchsichtigen Inhaltes immer die Gefahr der Entrechtlichung in sich[156].

b) Bindungskraft des Schiedsspruchs und sachliche Kontrolle des Gerichts

Im allgemeinen wird eine „Minimalkontrolle" seitens der staatlichen Gerichte im deutschen Recht von Verfassung wegen für geboten erachtet. Ihre Notwendigkeit ergibt sich daraus, dass es mit dem Rechts- und Sozialstaatsprinzip nicht vereinbar wäre, den Bürger in einen rechtsfreien, nicht kontrollierbaren Raum zu verstoßen. Schließlich handelt es sich bei der Schiedsgerichtsbarkeit um ein gerichtsähnliches, der Auffindung des Rechts dienendes Verfahren und damit um Rechtssprechung. Schiedsgerichtliche Tatsachenfeststellungen sind für das staatliche Gericht im Aufhebungsverfahren nach § 1059 Abs. 2 Nr. 2 b ZPO insoweit bindend, als das schiedsgerichtliche Verfahren selbst nicht *ordre public*-widrig ist. Rechtsansichten eines Schiedsgerichts entfalten für das staatliche

---

154 *D. Solomon*, Das vom Schiedsgericht in der Sache anzuwendende Recht nach dem Entwurf eines Gesetzes zur Neuregelung des Schiedsverfahrensrechts, RIW, Dezember 1997, S. 989.

155 Vgl. *Otto Sandrock*, a.a.O. (Fn. 144); dazu vgl. auch Fn. 172.

156 *Otto Sandrock*, a.a.O. (Fn. 144), S. 120.

Gericht im Aufhebungsverfahren nach § 1059 Abs. 2 Nr. 2 b ZPO insoweit Bindungswirkung, als sie vertretbar sind[157].

Als in diesem Sinne „vertretbar" ist eine Rechtsauffassung dann anzusehen, wenn sich nicht durch allgemein überzeugende Argumente erweisen lässt, dass sie unrichtig ist und eine andere konkurrierende Lösungsmöglichkeit den Vorzug verdient. Dies wäre grundsätzlich immer dann nicht der Fall, wenn die schiedsrichterliche Entscheidung erkennbar willkürlich getroffen wurde oder zu einem gesetzlich verbotenen Tun oder Unterlassen oder einer unmöglichen Handlung verurteilt[158]. Andererseits ist auch eine übermäßige Kontrolldichte nicht mit der Verfassung vereinbar. Das Schiedsverfahrensrecht als Bestandteil der Zivilprozessordnung muss verfassungskonform ausgelegt werden[159]. Deshalb verdient bei mehreren Auslegungsmöglichkeiten stets diejenige den Vorzug, die der Verfassung am besten entspricht und bei der die Grundrechte am wirksamsten durchgesetzt werden[160]. Aus Art. 2 GG folgt aber nicht nur, dass der Staat eine private Schiedsgerichtsbarkeit zulassen muss, sondern auch, dass dieser ein Freiraum bei ihren Entscheidungen zustehen muss. Dieser Freiraum darf nicht nur dem Namen nach bestehen, sondern dieser muss in der Rechtswirklichkeit so ausgestaltet sein, dass er die verfassungsrechtlich garantierte Partei- und Vertragsautonomie am wirkungsvollsten zur Geltung bringt. Die verfassungsrechtlich garantierte privat Schiedsgerichtsbarkeit darf nicht durch ein zu eng geknüpftes staatliches Kontrollnetz in bedenklicher Weise ausgehöhlt werden. Die staatliche Kontrolldichte darf nicht so gestaltet sein, dass eine private Schiedsgerichtsbarkeit insgesamt dadurch nicht mehr attraktiv ist. Eine verfassungsrechtlich bedenkliche Kontrollverdichtung wird aber von der Rechtssprechung dadurch vorgenommen, dass jede schiedsgerichtliche Rechtsauffassung hinsichtlich einer Norm des *ordre public*, die von der des letztentscheidenden staatlichen Gerichts abweicht, zur Aufhebung des Schiedsspruchs führt. Eine Rechtfertigung für eine solche staatliche Kontrolldichte ergibt sich auch nicht aus der Befürchtung, der Staat müsse Schiedssprüche anerkennen, die gegen die Grundgedanken der Rechtsordnung verstoßen. Diese Bedenken sind im Rahmen der sog. Vertretbarkeit einer Rechtsauffassung nicht begründet[161]. Obwohl in Deutschland die Entscheidung im Schiedsspruch als Rechtssprechung gilt, gilt die Schiedsgerichtsbarkeit zugleich auch als privatautonomes Rechtsinstitut.

157 *Jörg Jochen Fournier*, Bindungswirkung schiedsrichterlicher Rechtsansichten und Tatsachenfeststellungen im Aufhebungsverfahren nach § 1059 Abs. 2 Nr. 2 b ZPO, Uni Diss. Giessen 1999, S. 106.

158 *Jörg Jochen Fournier*, a.a.O. (Fn. 157), S. 93.

159 Vgl. *Zöller/Vollkommer*, Einleitung, Rdnr. 98.

160 Vgl. BverfGE 51 97 (110); BGHZ 84 24 (S. 28 f.).

161 *Jörg Jochen Fournier*, a.a.O. (Fn. 157), S. 104,105.

c) Zwischenergebnis:

Ansatz der Minimalkontrolle und Freiraum zur Rechtsvereinheitlichung in der internationalen Handelsschiedsgerichtsbarkeit

Die in § 1051 anerkannte Rechtswahlfreiheit der Parteien, die sowohl eine Entscheidung anhand von *ex aequo et bono* als auch die Anwendung der UNIDROIT-Prinzipien ermöglicht, legt den notwendigen Grundstein zu einer weitergehenden Rechtsvereinheitlichung und Rechtsfortbildung. Durch die Minimalkontrolle der Gerichte wird der Handelsschiedsgerichtsbarkeit zudem ein Freiraum eröffnet, den es international einheitlich auszufüllen gilt.

C) Entwicklung auf internationaler Ebene

Auch auf internationaler Ebene ist eine zunehmende Anerkennung der Schiedsgerichtsbarkeit und eine Minimierung der staatlichen Kontrolle festzustellen, während die Frage nach dem anwendbaren Recht meist im Dunkeln bleibt.

a) New Yorker Übereinkommen 1958 (NYÜ)

Der Hauptzweck des NYÜ ist, die Anerkennung und Vollsteckung ausländischer Schiedssprüche zu fördern. Seine Passivität gegenüber dem materiellrechtlichen Ansatz zur Rechtsvereinheitlichung ist ersichtlich. Art. 5 NYÜ lässt nur eine formelle Kontrolle des ausländischen Schiedsspruchs zu. Der *ordre public*-Vorbehalt ist zwar eingeräumt worden, wird aber in der Wissenschaft durch den Ansatz der *ordre public international* relativiert und in der Praxis der wichtigen Handelsländer beschränkt angewandt. Die sachliche Kontrolle des nationalen Gerichts im Rahmen der *ordre public* tendiert zu einer Minimalkontrolle.

b) UNCITRAL-Model Law von 1985 (Model Law): Art. 28 Model Law

Anders als das New Yorker Übereinkommen, in dem das auf den Hauptvertrag anzuwendende Recht nicht geregelt wurde, wird es bei dem Model Law unter Art. 28 sehr ausführlich bestimmt. Art. 28 Model Law als eine *Guideline* ist zwar nicht zwingend, ihr Zweck ist aber, die *certainty* zu erreichen[162]:

> National arbitral laws rarely address the question of choice of law. They are generally designed primarily for arbitrations connected solely with the enacting State, and in such noninternational arbitration there is rarely a serious choice of law question. In order fully to meet the needs of international arbitration, therefore, the Model Law, like international conventions on arbitration and some rules designed for international arbitration, provides guidelines on this subject. As the Commission Report noted, there

162 *Howard M. Holtzmann/Joseph E. Neuhaus*, a.a.O. (Fn. 1), Art. 28, S. 765.

> was wide support for the view that the model law would be incomplete without a provision on rules applicable to the substance of disputes, particularly in view of the fact that the model law dealt with international commercial arbitration where a lack of rules on that issue would give rise to uncertainty.

Die Diskussion des Gesetzesentwurfs des Model Law hat vielfach betont, die *uncertainty* des Rechts verringern zu wollen[163]. Diese Zielsetzung ist aber noch nicht erreicht worden, weil die tiefgreifende Rechtsvereinheitlichung eine eigene Systematik und Methodik erfordert. Die Verankerung des Begriffs „Rechtsvorschriften“ (*rules of law*) in Art. 28, Absatz 1 Model Law bahnt einerseits den Weg zum Welteinheitsrecht an. Andererseits darf dies jedoch nicht dazu führen, dass man sich schon am Ziel glaubt, denn bis heute fehlt es an einer einheitlichen Methodik für die Anwendung eines Welteinheitsrechts. Zudem bringt die weltweite Anerkennung des Instituts von *ex aequo et bono* oder *amiable composition*[164] die Gefahr mit sich, dass die Ernsthaftigkeit der richtigen Rechtsanwendung erschüttert wird.

c) Richtung der nationalen Entwicklung

In den seit dem englischen Arbitration Act von 1979 erlassenen modernen Schiedsgesetzen haben die staatlichen Gesetzgeber die Schiedsgerichtsbarkeit als eigenständige Institution der Rechtschutzgewährung anerkannt. Stellvertretend hierfür steht die Begründung des deutschen Schiedsgesetzes vom 1. Januar 1998. Ihr Leitmotiv ist die Anerkennung der Schiedsgerichtsbarkeit als „eine der staatlichen Gerichtsbarkeit im Prinzip gleichwertige Rechtsschutzmöglichkeit”[165]. Indizien für die Entwicklung der Schiedsgerichtsbarkeit zu einer der staatlichen Gerichtsbarkeit ebenbürtigen Rechtsschutzmöglichkeit sind die seit der *Mitsubishi*-Entscheidung des US Supreme Court[166] weltweit betriebene Ausdehnung der objektiven Schiedsfähigkeit und die Zurücknahme gerichtlicher Kontroll- und Eingriffskompetenz – insbesondere das Verbot der *révision au fond* des Schiedsspruchs und die Beschränkung der materiellen Inhaltskontrolle auf den restriktiv auszulegenden internationalen *ordre public* – sowie die Anerkennung der urteilsgleichen Wirkung des Schiedsspruchs. Darüber hinaus beginnt sich durch die zunehmende Veröffentlichung von internationalen Schiedssprüchen ein genuines „*case law*” der internationalen Schiedsgerichtsbarkeit

163 *Howard M. Holtzmann/Joseph E. Neuhaus*, a.a.O. (Fn. 1), Art. 28, S. 765 f.
164 Vgl. auch *Chun-Yi Lin*, a.a.O. (Fn. 145), S. 1-27.
165 BT-Drucks. Nr. 13/5274 v. 12. 7. 1996, abgedruckt bei *Berger* (Hrsg.), Das neue Recht der Schiedsgerichtsbarkeit, 1998, S. 179.
166 *Mitsubishi Motors Corp.* v. *Soler Chrysler Plymouth*, 473 US 614 (1985).

herauszubilden[167]. Schließlich hat auch der Bundesgerichtshof die Schiedsgerichtsbarkeit stets als „echte" materielle Rechtssprechung betrachtet[168].

d) Zwischenergebnis

Die Entwicklung der internationalen Handelsschiedsgerichtsbarkeit in den letzten Jahrzehnte weist eine Konstante auf: Die immer geringer werdende staatliche Kontrolle. Die Kontrolle der Gerichte wird sowohl durch die internationalen Verträge auf diesem Gebiet beschränkt, als auch durch die nationale Gesetzgebung. Durch diese Entwicklung ist ein erheblicher Rechtsfreiraum entstanden. Dieser darf jedoch nicht auf nationaler Ebene reduziert werden, sondern vielmehr durch ein international einheitliches Handelsrecht.

D) Internationale Entwicklung: Systematisierungsbedürfnis zur Verrechtlichung

a) Erfahrungen aus der Praxis der internationalen Handelsschiedsgerichtsbarkeit: *foreseeability* als Ausgangspunkt

Zahlreiche Bemühungen in der Praxis zeigen dass ein Bedürfnis nach einer Systematisierung des anwendbaren Rechts besteht und eine Verbesserung der Rechtssicherheit zu den Hauptwünschen der *international buisness community* gehört.

aa) Vereinbarung des zweiten Schiedsverfahrens

In der Praxis der internationalen Handelsschiedsgerichtsbarkeit können die Parteien auch ein zweistufiges Schiedsverfahren vereinbaren in dem die zweite Instanz den ersten Schiedsspruchs überprüft[169]. Der ICC hat die Möglichkeit zur Vereinbarung einer Zweiten Schiedsgerichtsbarkeit angeboten. Die Schiedspraxis und rechtliche Anerkennung der sog. Zweiten Schiedsgerichtsbarkeit als Quasi-Rechtsmittel beweist auch das Bedürfnis der *foreseeability.*

bb) Das 7. Genfer Forum zur globalen Schiedsgerichtsbarkeit

Das 7. Genfer Forum zur globalen Schiedsgerichtsbarkeit (The 7th Geneva Global Arbitration Forum[170]) 1999 hat sogar bezweifelt, ob die Endgültigkeit des Schiedsspruchs wirklich den Wunsch der Parteien vollständig erfüllen kann.

---

167 Vgl. Bereits von *Hülsen*, JZ 1967, S. 629, 632 f.; *Berger*, J.Int'l.Arb., Nr. 4 1992, S. 5 ff.

168 Vgl. Nur BGHZ 6, 335, 338; 98, 32, 36; BGH NJW 1960, S. 1462.

169 *Arsene Verny*, Schiedsgerichtsbarkeit in der Tschechischen Republik, 1998, Schriften zur Schiedsgerichtsbarkeit, Herausgegeben von Prof. Dr. Dr. *Dieter Pfaff*, S. 60.

170 The 7th Geneva Arbitration Forum, Journal of International Arbitration 16(1) 1999, S. 55-114; 16(2) 1999, S. 109-137.

Obwohl die „judicial review" von der *international business community* allgemein nicht erwünscht ist, suchen die Parteien trotzdem in bestimmten Fällen, insb. für die wichtigsten Handelssachen („when the stake is high"), eine anständige Entscheidung: („*right decision*")[171]. Dabei wurde eine zweite Instanz bzw. ein „*international appelate arbitral body*" vorgeschlagen, um die Qualität des Schiedsspruchs zu erhöhen.

cc) Stimme aus der Praxis

Das Thema Rechtssicherheit ist besonders wichtig, wenn man die Tatsache berücksichtigt, dass die sog. Anpassungsklausel[172] oft in der Praxis der großen internationalen Projekten und joint ventures angewendet wird. Dabei versucht man, im Rahmen der Vertragsgestaltung die Risiken zu bewältigen. Die *unforeseeability* bzw. *uncertainty* als Sachproblem der internationalen Handelsschiedsgerichtsbarkeit liegt auf der Hand. Bei der Diskussion über die *lex mercatoria* bzw. die UNIDROIT-Prinzipien wurden vielfache Überlegungen vorgebracht, bei denen die Rechtssicherheit hervorgehoben wurde: „Much as the commercial realities supported the idea of *lex mercatoria*, at least the criticism of vagueness, incoherence and unpredictability seemed to be serious objections"[173]. „Wenn diese Tendenz Erfolg hat, wird die internationale Handelsschiedsgerichtsbarkeit „entrechtlicht" werden und letztlich mehr eine Sache des persönlichen Ermessens von Schiedsrichtern sein, als die Anwendung zwingender Rechtsvorschriften. Die internationale Schiedsgerichtsbarkeit würde gehemmt werden"[174].

E) Zwischenergebnis

Die Schiedsgerichtsbarkeit wird als „echte" materielle Rechtssprechung betrachtet, während die nationale gerichtliche Kontrolle immer mehr aufgelockert wird. Diese Tendenz der Deregulierung schafft einen Rechtsfreiraum, der ein verstärktes Bedürfnis nach mehr Rechtssicherheit hervorruft. Erstrebt wird eine

---

171 *Marcus C. Boeglin*, in: The 7th Geneva Arbitration Forum, Journal of International Arbitration 16(1), 1999, S. 66.

172 *K.–H. Böckstiegel*, Vertragsklausel über nicht zu vertretende Risiken im internationalen Wirtschaftsverkehr, RIW 1984, S. 1-9; W. Peter, Arbitration and Renegotiation Clauses, Journal of international Arbitration, Book 3, (1986), Nr. 2, S. 29-46; *A. H. Puelinckx*, Frustration, Hardship, Force Majeure, Imprévision, Wegfall der Geschäftsgrundlage, Unmöglichkeit, Changed Circumstances, Journal of international Arbitration, Volume 3, (1986), Nr. 2, S. 47-66; *P. van Ommeslaghe*, Les clausese de force majeure et d'imprévision(hardship) dans des contrats internationaux, Révue de Droit international et de Droit Comparé, Volume 57,(1980), S. 7-59.

173 *Gesa Baron*, Do the UNIDROIT Principles of International Commercial Contracts Form a New Lex Mercatoria? Arbitration International, Vol. 15, No. 2, S. 130.

174 *O. Sandrock*, Internationales Wirtschaftsrecht in Theorie und Praxis 1995, S. 441.

einheitliche Verrechtlichung der internationalen Handelsschiedsgerichtsbarkeit, unter dem Namen des „Selbstgeschaffenen Rechts“ diskutiert wird. Die welteinheitliche Verrechtlichung erfordert einen Leitfaden und eine Methode um die Systematisierung erfolgreich umzusetzen.

II. Sachlage und Rechtslage zur Verrechtlichung der internationalen Handelsschiedsgerichtsbarkeit

A) Sachlage zur Verrechtlichung: Doppel-Relativierung der juristischen Selbstverständnis

In keinem anderen Rechtsgebiet wird das nationale juristische Selbstverständnis so sehr relativiert wie in der internationalen Handelsschiedsgerichtsbarkeit. Dies geschieht sowohl durch die Wirtschaft[175], als auch durch die Internationalität. Das nationale juristische Selbstverständnis wird folglich doppelt relativiert.

a) Relativierung durch die Internationalisierung

aa) *dépeçage* als Beispiel für die Relativierung des nationalen Rechts

Während der äußere Entscheidungseinklang als das „formale Ideal“[176] des IPR gilt, behält der innere Entscheidungseinklang - wie ihn besonders Kegel als eigenständiges kollisionsrechtliches Interesse herausgearbeitet hat – seinen Stellenwert im IPR-System[177]. Der Begriff *„dépeçage*”– mag es auch um einen *„fancy name*”[178] gehen – hat sich in der Gerichtspraxis – wenigstens in den USA – etabliert. Es geht dabei darum, dass für einzelne Teilfragen (*„issues*”) Sachnormen aus verschiedenen Rechtsordnungen in demselben Fall angewandt werden[179]. Im Extremfall führt es sogar zur sog. „Parzellierung“[180] oder „Rosinentheorie“. Aus Teilverweisungen resultiert der residuale Wert des nationalen Rechts. Für eine solche Spaltung spricht, dass der Auslandssachverhalt Regeln unterstellt sein kann, die sich von denen für reine Inlandsfälle unterscheiden. Auf der einen Seite entspricht die Tendenz zur *„dépeçage*” einer Entwicklung von Sachnormen, deren Schutzcharakter sich gegenüber den übrigen Regeln des gleichen Systems verselbständigt hat[181]. Auf der anderen Seite verursacht die

175 Dazu *Schlosser*, Das Recht der internationalen privaten Schiedsgerichtsbarkeit, 2. Aufl. 1989, S. 26 ff., S. 139 f.

176 So *Neuhaus*, Grundbegriffe, S. 38.

177 *Kegel*, Der Kinderreiche aus Ghana oder zum Statut des vorzeitigen Erbausgleichs, IPRax 1986, S. 230; vgl. auch *Kegel*, Internationales Privatrecht, 5. Aufl. 1985, S. 78 f.

178 *Leflar*, The New Conflicts-Limitation Act, Mercer L.Rev. Bd. 35(1984), S. 459 ff.

179 *Cramton, D. Currie*, Kay, Conflict of Laws, 3. Aufl. 1981, S. 383 f.; vgl. auch Corporacion Venezolano de Fomento v. Vintero Sales, 629 F.2d. 786, 794 (2d Cir. 1980).

180 *D. Solomon*, a.a.O. (Fn. 154), S. 982.

181 *Erik Jaime*, Betrachtungen zur "dépeçage" im internationalen Privatrecht, S. 267.

„dépeçage" aber auch Rechtsunsicherheit, bevor übergreifende Rechtsgrundsätze entstehen. Das *„dépeçage"*-Phänomen bzw. die Rosinentheorie zeigt, wie der Wert des nationalen Rechts im internationalen Wirtschaftsverkehr relativiert worden ist und wie kompliziert und unsicher der transnationale Rechtsverkehr ist.

bb) Privatisierung der Justiz

Unter der Internationalisierung versteht man nicht nur die Europäisierung für die EU-Länder, vielmehr auch die Mondialisierung[182]. Diese Tendenz wird von den modernen Informations- und Telekommunikationstechnologien beschleunigt. Dies spiegelt sich auch darin wieder, dass die internationale Handelsschiedsgerichtsbarkeit durch die weltweite Ratifizierung des NYÜ und die nationale Verankerung des Model Law eine Quasi-Weltinstitution geworden ist. Diese neue Epoche sollte daher auch in der nationalen Rechtswissenschaft ernster genommen werden.

Zur Sicherung der zunehmenden internationalen Rechtsbeziehungen ist das klassische Postulat der Privatautonomie von herausragender Bedeutung. Dem trägt die internationalen Handelsgerichtsbarkeit dadurch Rechnung, dass die Parteien einen „optimalen Filter der Rechtsfindung"[183] durch die Gestaltung des Schiedsverfahrens festlegen können. Dies erklärt die Tendenz im internationalen Handel der Schiedsgerichtsbarkeit den Vorzug vor der staatlichen Justiz zu geben. Daraus folgt schließlich die Privatisierung der Justiz durch die Schiedsgerichtsbarkeit[184]. Rechtssprechung wird in der Schiedsgerichtsbarkeit zu einer Ware, die sich nach den Wünschen der Kunden richten muss, wenn sie Erfolg haben will. Sie hat also weniger eine bestimmende als vielmehr eine dienende Funktion. Das Hauptinteresse der Kunden ist in der internationalen Handelsschiedsgerichtsbarkeit die Ökonomie.

b) Relativierung durch die Ökonomie

Wenn man im nationalen Rechtssystem versucht, privates Recht und öffentliches Recht als Einheit zu begreifen, aber von oben nach unten, Privates Rechtshandeln als letzte Ausgliederung innerhalb der Staatsstruktur, birgt es stets die Gefahr in sich, die Freiheit des Einzelnen unnötig zu beschneiden. In einer Gesellschaft lassen sich stets zwei Elemente voneinander sondern: Das eine könnte man das „Bestimmende" nennen. ... Ihm steht gegenüber das „Dahintreibende", „Regellose" (d. h. an Regeln nicht gebundene) freiverlaufende, fließende, pul-

---

182 *Jürgen Sonnenberger*, Das internationale Privatrecht im dritten Jahrtausend –Rückblick und Ausblick, ZVglRWiss 100(2001), S. 116.

183 *Schmidt-Trenz*, a.a.O. (Fn. 137), S. 274 f..

184 *Woflgang Voit*, Privatisierung der Gerichtsbarkeit, JZ 3/1997, S. 120-125.

sierende „unverantwortliche" Element der Sozialvorgänge. Falsch wäre es zu sagen: das durch das andere Element Bestimmte (also einen – die Logik erfreuendende – Gegensatz Bestimmendes – Bestimmtes herauszustellen), denn die Bestimmung geschieht stets nur *teilweise*, und soll auch immer und überall so ökonomisch gehandhabt werden wie irgend angängig[185]. Die Äußerung von Karl Homann ist hierfür besonders beeindruckend: „Wettbewerb ist solidarischer als Teilen." In unserem Zeitalter des „ökonomischen Imperialismus" wird die nationale juristische Regulierung oft als Anachronismus angesehen.

c) Zwischenergebnis:

Internationale Handelsschiedsgerichtsbarkeit als Extremfall für Popularisierung des Rechts

Die Doppel-Relativierung des Rechts führt dazu, dass bei der Verrechtlichung der internationalen Handelsschiedsgerichtsbarkeit der nationale juristische Ansatz nicht erwünscht ist. Die Rechtsanwendung soll hier nicht bestimmen, sondern dienen und vermitteln. Die Wirtschaftlichkeit und die Internationalität sind zwei wichtig Faktoren, die die Entwicklung des selbstgeschaffenen Rechts beeinflussen. Auch die Rechtsanwendung muss auf diese Faktoren Rücksicht nehmen.

B) Bestandsaufnahme der Entwicklung des selbstgeschaffenen Rechts

Das selbstgeschaffene Recht des transnationalen Wirtschaftsverkehrs ruht im Wesentlichen auf drei Säule: Standardisierung, Typisierung und Regelbildung für grenzüberschreitende Transaktionen; Festlegung materieller Rechts- und Verfahrensregeln zur Vertragsergänzung und Konfliktbeteiligung (dic Ökonomen sprechen hier von den „*governance structure*"); und Streitentscheidung durch internationale Wirtschaftsschiedsgerichte[186]. Zur materiellen Rechtsanwendung erfordert es weiter einer Methode und einer Rechtsquelle. Im Folgenden werden zwei wichtige Grundlagen der Rechtsentwicklung im internationalen Rechtsverkehr dargestellt.

a) Rechtsvergleichung als Rechtsquelle für die internationale Handelsschiedsgerichtsbarkeit

Die vielfach beklagte mangelnde Eignung nationalen Rechts für die Regelung internationaler Sachverhalte kann nicht vollständig überwunden werden, weil die Auslegungsmethode in die Grenzen und das System der jeweiligen Rechts-

---

185 *Rudolf Bruns*, a.a.O. (Fn. 135), S. 19-20.

186 *Ursula Stein*, Systembildung durch privatautonome Rechtssetzung und ihre Grenze, S. 666-667.

ordnung eingebunden bleibt. In der funktionalen Rechtsvergleichung sieht man ein Instrument, das dem Richter bei der Auslegung und Fortbildung seines Privatrechts ein Hilfsmittel leistet. Sie kann nicht nur dem nationalen Richter, sondern auch dem internationalen Schiedsrichter Orientierung bei der Rechtsanwendung vermitteln. Im Kontext des nationalen Rechts haftet der rechtsvergleichenden Methodik jedoch das Odium der methodischen Unsicherheit, der „Abenteuerlichkeit", der „undogmatischen Nivellierung" und der „Soziologisierung" der richterlichen Entscheidungsfindung an[187]. Dadurch wird der rechtsvergleichende Beitrag der deutschen (Instanz-)Gericht bereits als „verschwindend gering" eingestuft[188]. Die Ergebnisse der Rechtsvergleichung (insb. im nationalen methodischen Rahmen) können daher die Rechtssicherheit nicht wesentlich verbessern; sie sollten deswegen auch von der *international business community* nur teilweise anerkannt werden.

b) Die sog. schleichende Kodifizierung durch Listenbildung der Rechtsprinzipien

Die in den letzten Jahren gewachsene Akzeptanz der „informellen" Wege zur Rechtsvereinheitlichung hat zu einer sog. schleichende Kodifizierung durch Listenbildung der Rechtsprinzipien geführt[189]. Dies bietet ein speziell auf die Bedürfnisse des internationalen Handelsvertragsrechts zugeschnittenes Instrumentarium. Dieses Recht ist aber noch nicht ausreichend untersucht worden und auch der Praxis nicht zugänglich. Praktiker brauchen zu dessen Anwendung verlässliche Zusammenstellungen der entsprechenden Grundsätze. Wissenschaftler sind zur Diskussion der Prinzipien mit dem Ziel der Fortschreibung der Grundsätze ebenfalls auf eine umfassende Darstellung angewiesen. Eine solche Zusammenstellung in Form einer Liste mit über siebzig Rechtsgrundsätzen der *Lex Mercatoria* mit umfangreichen Verweisen gilt als die Quellen des transnationalen Wirtschaftsrechts. Zu diesen Quellen zählen insbesondere internationale Schiedssprüche, nationale Gesetze, internationale Konventionen, allgemeine Geschäftsbedingungen, Handelsbräuche, Musterklauseln und wissenschaftliche Quellen[190]. Um die nationale Vielfalt der Hermeneutik zu überwinden und um

---

187 *K. P. Berger*, Auf dem Weg zu einem europäischen Gemeinrecht der Methode, ZEuP 2001, S. 9.

188 *Drobnig*, Rechtsvergleichung in der deutschen Rechtssprechung, RabelsZ 50(1986), S. 610,612.

189 Vgl. *P. K. Berger*, Formalisierte oder "schleichende" Kodifizierung des transnationalen Wirtschaftsrechts. Zu den methodischen und praktischen Grundlagen der lex mercatoria (Berlin/New York 1996); es ist Anfang 1997 im Verlag Kluwer Law International auch in englischer Sprache erschienen ist ("The Creeping Codification of the Lex Mercatoria").

190 Die Datenbank, die diese Lex Mercatoria-Liste als das Zentrum bildet, steht bereits im Internat zur Verfügung. Vgl. Central im Internet unter http://www.transnational-law.de/, abgerufen am 20.07.2001.

das juristische Argumentieren in der internationalen Handelsschiedsgerichtsbarkeit zu klären, ist inzwischen ein interdisziplinärer und transkultureller Überblick unerlässlich.

c) Zwischenergebnis

Während die Anwendung der *rechtsvergleichenden Methode* im deutschen Recht wegen des hohen Anspruchs an Rechtssicherheit für die internationale Handelsschiedsgerichtsbarkeit unerwünscht ist, ist der Ansatz der sog. schleichenden Kodifizierung wegen der indirekten und langsamen Entwicklung für die internationale Handelsschiedsgerichtsbarkeit oft nicht unmittelbar nützlich. Zur Verrechtlichung der internationalen Handelsschiedsgerichtsbarkeit sollte daher ein spezifisches, den Bedürfnissen der grenzüberschreitenden Transaktion genau angepasstes Recht geschaffen werden, dass keinen bestimmten territorialen Bezug besitzt. Dieser Ansatz der Positivierung des Rechts ist nunmehr der Entwicklungsschwerpunkt der internationalen Handelsschiedsgerichtsbarkeit. Die Anwendung eines positivierten selbstgeschaffenen Rechts ist auf jeden Fall eng mit der Hermeneutik verbunden, denn nur die Rechtsmethodik kann eine eingehende Entwicklung der Positivierung und folglich tiefgreifende Rechtssicherheit gewährleisten.

C) Zur sozialen Ordnung in der *international business community*: Recht als sozialtechnologische Disziplin

Um die Bedürfnisse, denen eine Verrechtlichung der internationalen Handelsschiedsgerichtsbarkeit Rechnung tragen muss besser zu verstehen, soll zuerst der rechtssoziologische Aspekt erörtert werden.

a) Zur sozialen Ordnung in der *international business community*

Das Problem einer adäquaten Ordnung ist schon am Beginn der modernen Sozialphilosophie durch Thomas Hobbes unter naturalistischen Gesichtpunkten formuliert worden[191]. Zur Lösung dieses Problems hat Hobbes bestimmte Annahmen über die menschliche Natur und über die Situation des Menschen gemacht, aus denen sich bestimmte Konsequenzen für das Zusammenleben des Menschen zu ergeben schienen. Seine fundamentalen Annahmen waren: (1) die Bestimmung des individuellen Verhaltens durch das Selbstinteresse, und (2) die Knappheit der Güter als typische Ausgangslage, so dass Konkurrenz und Konflikt zu erwarten sind. Dabei war der sog. Naturzustand, von dem er ausging, ein Grenzfall, also das Resultat einer Idealisierung. Damit hat er wohl als erster eine auf das Problem der sozialen Ordnung bezogene Sozialtechnologie entwickelt.

---

191 Dazu *J. W. N. Watkins*, Hobbes's System of Ideas. A Study in the Political Significance of Philosophical Ideas, sec. Ed., London 1973.

Die heutige Entwicklungsphase der internationalen Handelsschiedsgerichtsbarkeit passt zu diesem idealisierten Naturzustand.

Einen ähnlichen Naturzustand legt John Rawls seiner Theorie der Gerechtigkeit zugrunde und versucht aus diesem Zustand die Prinzipien abzuleiten, die für eine gerechte Gesellschaft sprechen.

Die von John Rawls in seiner „Theorie der Gerechtigkeit" formulierten, die Grundstrukturen einer gerechten Gesellschaft auszeichnenden zwei Gerechtigkeitsprinzipien sollen aus einem Verfahren folgen, das als Wahlverfahren im Urstand (*initial situation*) ausgestaltet ist[192]. Für die Szene der internationalen Handelsschiedsgerichtsbarkeit haben die *users* aus aller Welt wie in diesem „Urstand" je eigene Lebenspläne, da sie unterschiedliche Ziele und Zwecke verwirklichen möchten mit konkurrierenden Ansprüchen auf die natürlichen und sozialen Ressourcen. Sie sollen nun die für ihr künftiges Zusammenleben verbindlichen Gerechtigkeitsprinzipien wählen. Die Gerechtigkeitsprinzipien müssen ihrer Ordnungsfunktion wegen (1.) ihrer Form nach allgemein sein und (2.) universell angewendet werden; sie müssen (3.) öffentlich bekannt sein, (4.) konkurrierende Ansprüche regeln und (5.) innerhalb praktischen Diskurses die Bedeutung einer letzten Berufungsinstanz annehmen.

b) Recht als sozialtechnologische Disziplin

Der normative Ansatz zur Verrechtlichung der internationalen Handelsschiedsgerichtsbarkeit ist aufgrund der Doppel-Relativierung der nationalen Rechtsmethodik (Stichwort: „internationale Handelsschiedsgerichtsbarkeit als *users' law*"; siehe unten) nicht erwünscht und auch nicht realistisch. Die deutsche Rechtsmethodik konnte sich zuerst nur in einem europäischen Rahmen entwickeln. Die europäische Kultur kennzeichnet sich durch ein relativ autonomes Recht aus. So existiert in Europa eine scharfe Unterscheidung zwischen Rechtsinstitutionen, die durch professionelle Juristen verwaltet werden und anderen Institutionen; Jurisprudenz und Dogmatik werden als systematisches Wissen auf Universitäten gelehrt[193] und scharf von den Sozialwissenschaften getrennt. Für die internationale Handelsschiedsgerichtsbarkeit ist ein solches System bis jetzt wenig realistisch. Auch den meisten anderen Kulturen ist eine Rechtstradition im europäischen Sinne fremd. Der soziologische Aspekt spielt in diesen Kulturen eine wesentlich größere Rolle. Nur wenn dieser soziologische

---

192 Vgl. *Koch/Rüßmann*, Juristische Begründungslehre, Verlag C.H. Beck München 1982, S. 113; ferner *von Höffe*, in: *ders.* (Hrsg.), Über John Rawls' Theorie der Gerechtigkeit, 1977, S. 11 f.

193 Vgl. dazu *Harold J. Berman*, Law and Revolution. The Formation of the Western Legal Tradition, Cambridge, Mass./London 1983.

Aspekt bei der Verrechtlichung der internationalen Handelsschiedsgerichtsbarkeit Berücksichtigung findet, kann sie auch Erfolg haben. Daher kann die Rechtswissenschaft der Rechtspraxis in der internationalen Handelsschiedsgerichtsbarkeit nur helfen, wenn sie sich als eine sozialtechnologische Disziplin auffasst[194]. Benötigt wird also kein Holismus, sondern eine Schritt für Schritt vorgehende Sozialtechnik[195]. Wenn die Rechtswissenschaft sich als sozialtechnologische Disziplin versteht, kann sie den für sie charakteristischen praktischen Erkenntnisse folgen, ohne das für alle Realwissenschaften konstitutive Interesse an der Wahrheit aufzugeben. Denn sozialtechnologische Disziplinen streben ja kognitive – und damit wahrheitsfähige – Aussagen an, die in einer für die praktische Anwendung geeigneten Weise organisiert sind[196]. Es geht dabei um Wirkungen, die sich aufgrund der Gesetzmäßigkeiten des sozialen Zusammenspiels individueller menschlicher Handlungen ergeben, auch bei Nomen, die keine Anweisungen für das Handeln sondern Zuweisungen von Handlungskompetenzen enthalten. Solche Wirkungen erschließen sich keineswegs logisch aus den durch die Gesetzgebung produzierten Normen. Um sie zu eruieren, sind vielmehr Überlegungen über kausale Zusammenhänge am Platz, wie sie für eine sozialtechnologisch aufgefasste Jurisprudenz charakteristisch sind[197].

c) Zwischenergebnis

Auf der einen Seite erfreut es sich im deutschen Sprachbereich keiner besonderen Wertschätzung, auf die Auffassungen der realistisch-soziologischen Richtungen der Rechtsphilosophie zurückzugreifen[198]. Auf der anderen Seite hat der Bundesgerichtshof aber eine rechtsvergleichende oder wirtschaftlich vernünftige Auslegung „*in a common sense manner*" zur Anwendung ausländisches Rechts als allgemein anerkannte Methode sanktioniert[199]. Diese juristische Realität bezeugt den methodischen Zwiespalt, mit dem die Verrechtlichung der internationalen Handelsschiedsgerichtsbarkeit im deutschen Recht zur Zeit konfrontiert ist. Das neue Schiedsrecht hat die Tür für das „Internationale" weiter öffnen können und damit auch für bisher in der internen deutschen Rechtsystematik wenig anerkannten Ansätzen der Rechtsanwendung.

---

194 *H. Albert*, Kritischer Rationalismus (vier Kapitel zur Kritik illusionären Denkens), Mohr Siebeck Tübingen 2000, S. 68.

195 *Karl R. Popper*, Die offene Gesellschaft und ihre Feinde, Bd. II, 7. Aufl., Verl. Mohr Tübingen 1992, S. 156.

196 *H. Albert*, a.a.O.,(Fn. 194) S. 68-69.

197 *H. Albert*, a.a.O., (Fn.194) S. 71.

198 Vgl. dazu *Alf Ross*, On Law and Justice, London 1958.

199 Vgl. BGH NJW 1986, S. 1436, 1437 (in BGHZ 96, 40, 46 nicht vollständig abgedruckt); vgl. auch die Vorinstanz OLG Frankfurt RIW 1984, S. 400. Zur rechtsvergleichenden Auslegung auch BGHZ 101, S. 337, 342 f.

III. Funktionskonvergenz zwischen Rechtssicherheit und Rechtsfrieden: „*right decision*" als Ausgangspunkt

Außer der Rechtssicherheit ist auch der Rechtsfrieden ein wichtiges Anliegen der internationalen Kaufleute, denn der Rechtsfrieden ist eine der vielfältigen Bedingungen, die zur Wahrung von Handelsbeziehungen notwendig sind. Für die Verrechtlichung der internationalen Handelsschiedsgerichtsbarkeit soll der Rechtsfrieden, daher als eine wichtige Funktion des Rechts gelten.

A) Entwicklungslinien: Zwiespalt der Rechtsentwicklung der internationalen Handelsschiedsgerichtsbarkeit

Momentan können in der Entwicklung der internationalen Handelsschiedsgerichtsbarkeit zwei Strömungen unterschieden werden: die Prozeduralisieung und die Verrechtlichung.

a) Prozeduralisierung (*processualization*[200])

Obwohl im Rahmen des NYÜ die Anerkennung von Mediationsverfahren nicht geregelt ist, erfreuen sich die ADR zunehmender Beliebtheit. Es ist vor allem die vermittelnde Funktion des Verfahrens, die den Erfolg der ADR erklärt. Während das Angriffs- und Verteidigungsmodell eines Schiedsverfahrens die *connections* zwischen den Parteien gefährden kann, gelingt es in einem Mediationsverfahren eher die Geschäftsbeziehungen zu wahren. Demzufolge ist es vor allem die Gewährleistung des Rechtsfriedens, die die ADR für die *international buissness community* so attraktiv macht. Das materielle Recht wird in der internationalen Handelsschiedsgerichtsbarkeit nur wenig berücksichtigt und seine Funktion wird zunehmend außer Acht gelassen.

b) Verrechtlichung (*judicialization*[201])

Wegen der Erweiterung der objektiven Schiedsfähigkeit, der Auflockerung der *ordre public*-Kontrolle und der Erleichterung von Anerkennung und Vollstreckung ausländischer Schiedssprüche ist die internationale Handelsschiedsgerichtsbarkeit zu einem immer wichtigeren Weltrechtsinstitut geworden. Die Verbreitung des Model Law wird eines Tages zur Vereinheitlichung der Schiedsinstitute in aller Welt. Solch eine Weltinstitution erfordert die Zusammenarbeit mit der nationalen Justiz, wenn und insofern sich diese ohne Bedenken daran beteiligt. Genau diese Weltinstitution selbst benötigt auch ihre eigene Systematik und Administration um den Beteiligten mehr Rechtssicherheit bieten

200 *Fali S. Nariman*, The Spirit of Arbitration. The Tenth Annual Goff Lecture, Arbitration International, Vol. 16, No. 3, S. 266 ff.

201 *Fali S. Nariman*, a.a.O. (Fn. 200), S. 267.

zu können. Die Kodifizierung des Handelsrechts, wie z.B. die UNIDROIT-Prinzipien oder die formalisierte oder „schleichende" Positivierung des transnationalen Wirtschaftsrechts[202], sind ein erster Schritt zur Verrechtlichung (*rule of law*) der internationalen Handelsschiedsgerichtsbarkeit [203]. Bis heute fehlt es allerdings für dieses Recht des internationalen Handels an einer Methode.

B) Dichotomie zwischen Rechtssicherheit und Rechtsfrieden für die internationale Handelsschiedsgerichtsbarkeit?

Die Bestrebungen in der Praxis wie z.B. die Einrichtung einer zweiten Instanz, zeigen das die (materiellrechtliche) Sicherheit zu den Hauptwünschen der *international buisness community* gehört. Andereseits zeigt sich aber in der zunehmenden Verbreitung der ADR, wie wichtig für die Kaufleute die Bewahrung des Rechtsfriedens ist. Man muss sich also fragen ob Rechtsfrieden und Rechtssicherheit eine Dichotomie bilden oder ob sie beim richtigen Ansatz nicht vielmehr komplementär sind.

a) Materiellrechtliche Sicherheit als Hauptwunsch der *international business community*

Der Ansatz der Kundenorientierung kann sich nicht nur auf die individuelle Ebene bzw. den Einzelfall beschränken. Vielmehr soll das Systemdenken der internationalen Handelsschiedsgerichtsbarkeit zum Aufbau einer Weltinstitution führen, die sich an den Bedürfnissen ihrer Kunden orientiert. Einer der Hauptwünsche der *international buisness community* ist hierbei die Rechtssicherheit. Eine hinreichende Klarheit und Sicherheit für die Parteien kann nur erreicht werden, wenn es gelingt ein einheitliches Systemdenken zu etablieren, dass dauerhaft den Parteien dient (Stichwort: *foreseeability* bzw. Rechtssicherheit). Dadurch kann den Parteiinteressen optimal Geltung getragen werden. Die parteiautonome Rechtsgestaltung[204] kann durch die Kautelarjurisprudenz und die Ausgestaltung der Schiedsabreden zu einer Einheitlichkeit oder Harmonisierung der in Betracht kommenden Rechtsordnungen beitragen, wenn die staatlichen Rechtsordnungen der Parteiautonomie hierfür genügend Spielraum gewähren[205]. Trotzdem sollte berücksichtigt werden, dass eine Verrechtlichung durch die Parteiautonomie zugleich ein Bewusstsein der Parteien für die Rechtsmethode erfordert. In dieser Hinsicht werden hohe Anforderungen an die Sensibilität der Parteien für die Bedeutung und den Inhalt der Schiedsabrede gestellt, die in der

---

202 *Klaus Peter Berger*, a.a.O. (Fn. 189).

203 Vgl. *Knut Ipsen*, Rule of Law in den internationalen Wirtschaftsbeziehungen: Die Welthandelsorganisation (im Kontext des Völkerrechts), RIW 1994 Heft 9, S. 717-723.

204 *Schlosser*, a.a.O. (Fn. 175), S. 141 f.

205 Vgl. Dazu *Coing*, in: Coing/Ellwood/Fouchard/Waehler/Vondracek/Koschucharoff/Lando/Migliazza, S. 20.

Praxis jedoch oft sehr ungenügend ausgebildet ist. Daher kann eine geeignete Rechtsmethode nicht allein durch Parteiautonomie gefunden werden. Diese Rechtsmethode sollte es ermöglichen, dass die rechtskulturellen Hintergründe der Betroffenen bei juristischen Entscheidungen in der internationalen Situation ausgeglichen werden können. Von entscheidender Bedeutung ist es daher herauszufinden, welche konkreten Faktoren bei rechtlichen Entscheidungen in der internationalen und kulturübergreifenden Situation eine Rolle spielen. Hierzu soll eine vergleichende Untersuchung der traditionellen nationalen Rechtsmethodik in Deutschland und Taiwan erfolgen.

b) Sicherheit i.w.S. zur Wahrung der Handelsbeziehungen

Die Sicherheit im Recht kann in zwei Dimensionen gesehen werden. Beim Ansatz der Prozeduralisierung ist die Sicherheit eher durch Dialoge zu erreichen. Sicherheit bedeutet hier die Bewahrung der Handelsbeziehung und nicht die Voraussehbarkeit des Ergebnisses. Die Parteien werden durch die Verfahren psychologisch betreut und beruhigt. Hierdurch können die „*connections*“ besser bewahrt werden. Beim Ansatz der (materiellen) Verrechtlichung ist die „*foreseeability*“ durch die Hermeneutik zu erreichen. Obwohl die Rechtssicherheit im hermeneutischen Sinn vielfach erstrebenswert ist, könnte das Angriff- und Verteidigungsmodell die „*connections*“ verletzen. Eine Rechtsmethode, die in der internationalen Handelsschiedsgerichtsbarkeit Erfolg haben will, muss also das Anliegen der Parteien ihre Beziehungen zu bewahren berücksichtigen.

c) Zwischenergebnis

Zwei Richtungen in den Entwicklungslinien der internationalen Handelsschiedsgerichtsbarkeit sind aufgetaucht. Während der Ansatz der Prozeduralisierung den Rechtsfrieden betont, gewährleistet der Ansatz der Verrechtlichung die Rechtssicherheit. Hieraus muss allerdings nicht zwingend der Schluss gezogen werden, dass Rechtsfrieden und Rechtssicherheit eine Dichotomie bilden. Wenn es gelingt einen Konsens zwischen dem Rechtsanwender und den Parteien bzw. zwischen den Parteien über die Qualifikationen der guten Rechtsentscheidung („*right decision*“), so können sowohl der Rechtsfrieden als auch die Rechtssicherheit durch eine Entscheidung die diesem Konsens entspricht erreicht werden. Rechtsfrieden und Rechtssicherheit sind demnach komplementär wenn auf einer wissenschaftlichen Grundlage die Anforderungen an eine gute Entscheidung herausgearbeitet werden können.

C) Funktionen der juristischen Kompetenz: Paradigmenwechsel von systematischer Bestimmtheit zur Rechtssicherheit zu persönlicher Überzeugung zum Rechtsfrieden

Seit langem wird unter Rechtssicherheit die systematische Entscheidung verstanden. Absolute Rechtssicherheit, die durch den sog. *ratio legis* erreicht werden könnte, gibt es aber nicht. Gerade für die internationale Handelsschiedsgerichtsbarkeit ist die systematische Bestimmtheit alleine wenig hilfreich, denn sie impliziert eine bestimmende Funktion des Rechts, während in der internationalen Handelsschiedsgerichtsbarkeit die dienende Funktion des Rechts erwünscht ist. Zudem erlaubt ein solches System nur in eingeschränktem Maße die Berücksichtigung der ökonomischen Folgen. Einen Ausweg aus dieser Problematik könnte die juristische Begründungslehre bieten. Sie lässt die Probleme des Entscheidungsaktes dahingestellt und wendet sich dem Begründungsakt zu. Die juristische Begründungslehre hat also nicht den Entscheidungsakt selber zum Gegenstand, sondern vielmehr die Frage was gute Gründe für eine juristische Entscheidung sein können[206]. Rechtssicherheit bedeutet in diesem Sinne also nicht lediglich Bestimmtheit, sondern vielmehr auch Überzeugungskraft. Die Rationalität der Begründung kann auf diese Weise die klassische dienende und lehrende Funktion des Rechts mit einer beruhigenden und überzeugenden Funktion verbinden. Diese Funktionskonvergenz zwischen Rechtssicherheit und Rechtsfrieden durch die *„right decision“* ist für den asiatischen Kulturraum von besonderem Interesse, denn für das chinesische traditionelle Recht, dass immer noch tief im Rechtsbewusstsein verankert ist, hat das Harmoniepostulat eine herausragender Bedeutung. Zudem ermöglicht die Erarbeitung von Anforderungen an die Begründung einer juristischen Entscheidung die Integration der Rechtsfolgenberücksichtigung und damit auf die Ökonomie als Hauptinteresse der *international buissness community.* Der Ansatz der *right decision* könnte somit geeignet sein den Hauptwünschen der *international buissness community,* nämlich dem Rechtsfrieden der Rechtssicherheit und der Ökonomie Rechnung zu tragen.

D) Zwischenergebnis: *„right decision“* zur Überzeugung der *international business community als users*

Die *international business community*, deren Mitglieder aus allen Kulturen der Welt stammen, ist ein typisches Beispiel für die polyzentrische Gesellschaft[207]. Das Recht kann in dieser Gesellschaft nur Erfolg haben, wenn es gelingt die in-

---

206 *Koch/Rüßmann*, a.a.O. (Fn. 192), S. 1; vgl. auch *U. Neumann*, Juristische Argumentationslehre, 1986, S. 3 f.

207 *H. Willke*, Ironie des Staates: Grundlinien einer Staatstheorie polyzentrischer Gesellschaft, Suhrkamp 1992; *H. Willke & G. Teubner*, Kontext und Autonomie: Gesellschaftliche Steuerung durch reflexives Recht, Zeitschrift für Rechtssoziologie, 5(1984), S. 4-35.

ternationalen Kaufleute von seinem Nutzen zu überzeugen. Es muss daher ein Konsens gefunden werden, der zwischen den verschiedenen Rechtskulturen vermittelt. Dies kann gelingen wenn der Ansatz der *right decision* kulturübergreifenden Faktoren und Wünsche soweit wie möglich berücksichtigt. Die Hauptanliegen der internationalen Kaufleute bilden ein Trias: Rechtssicherheit, Rechtsfrieden und Wirtschaftlichkeit. Wenn es gelingt diese Elemente durch einen methodischen Ansatz mit einander zu verbinden, wird die Verrechtlichung der internationalen Handelsschiedsgerichtsbarkeit von Erfolg gekrönt sein. Die Transparenz des juristischen Entscheidens muss hierbei zunächst als dringlichste Aufgabe gelten, denn nur so kann das Vertrauen der Kaufleute in das Recht des internationalen Handels gewonnen werden. *Ex aequo et bono* oder *amiable composition* kann zwar zum Zweck der wirkungsvollen Verständigung als Übergangsinstitut entwickelt werden, soll seine Funktion aber darauf beschränken, die klassische juristische Kompetenz zu ergänzen und zu verbessern.

IV. Das Recht der internationalen Handelsschiedsgerichtsbarkeit als „*users' law*“

A) Theorienstreit zur Rechtsnatur des internationalen Handelsrecht

Die internationale Wirtschaft hat sich durch Formulare und Handelsbräuche einen autonomen Rahmen gegeben, der ohne Rückgriff auf staatliches Recht funktioniert und durch die internationale Schiedsgerichtsbarkeit als ein autonomes System der Streitentscheidung ergänzt wird. Gegen eine völlige Loslösung des internationalen Handelsrechts vom staatlichen Recht bestehen aber zwei Einwände: Einerseits ist zweifelhaft, ob die materielle Gerechtigkeit durch die *lex mercatoria* in gleicher Weise gewährleistet wird wie das staatliche Recht, andererseits ist das autonome Recht des internationalen Handels noch viel zu lückenhaft, um die Rechtssicherheit zu gewähren wie staatliches Recht. Indes dürfte die Neubestimmung des Verhältnisses von autonomem internationalem Recht und staatlichem Privatrecht zu den Zukunftsaufgaben des IPR gehören[208], die eine grundsätzliche Stellungnahme zum Rechtsverständnis erfordert. Die Stellungnahme betrifft sowohl die Geltungsfragen als auch die verfassungsrechtliche Verankerung privater Rechtssetzung und erfordert eine staatliche Entscheidung, unter welchen Voraussetzungen einschlägigen Schiedsurteilen staatliche Vollstreckung gewährt werden soll[209].

---

208 *Bernd v. Hoffmann*, a.a.O. (Fn. 142), § 2 Rz. 56 (S. 59).
209 *Jürgen Sonnenberger*, a.a.O. (Fn. 182), S. 124.

a) Selbstgeschaffenes Recht als Derivative des staatlichen Rechts

Die faktisch autonom gesetzten Normen der Gemeinschaft der internationalen Kaufleute können, da sie Geltungsgrund und Grenze[210] an der durch die Wertung einer staatlichen Rechtsordnung konkretisierten Rechtsidee erfahren, rechtsdogmatisch nur als der nationalen Rechtsordnung untergeordnet gedacht werden. Die soziologisch originäre Autonomie ist rechtsdogmatisch eine Derivative[211]. Schmitthoff präzisiert die Frage nach dem autonomen Recht des internationalen Handels aus der Sicht der am staatlichen Recht orientierten Rechtsdogmatik:

> „whether the modern law of international trade constitutes an autonomous legal order independent of municipal laws but admitted in their domains by authority of the municipal sovereign"[212].

Auch die Gestaltung des selbstgeschaffenen Rechts ist keineswegs völlig autonom, sondern wird zum größten Teil auch vom nationalen Methodenverständnis geprägt.

b) Relativierung des Staatsrechts gegenüber dem Selbstgeschaffenen Recht

Mit der Gleichstellung von staatlichem Gericht und Schiedsgericht wächst dem Schiedsrichter zugleich aber auch die Befugnis zu, das anwendbare materielle Recht nicht nur anzuwenden und mechanisch abzubilden, sondern auch fortzubilden. Liegt eine Rechtswahl der Parteien vor, so ist ohnehin anzunehmen, dass die Parteien diese Bandbreite möglicher Entscheidungen bewusst in Kauf nehmen.

> „Wer eine bestimmte Rechtsordnung wählt, meint damit nicht bestimmte vorhersehbare Lösungen der nach dem Vertrag möglichen Rechtsfragen, sondern die dieser Rechtsordnung in Fragen der anstehenden Art weseneigene Streubreite möglicher, rechtlich richtiger Entscheidungen"[213].

210 *Ralf Michaels*, Privatautonomie und Privatkodifikation, RabelsZ Bd. 62 (1998), S. 580-626.

211 *Bernd v. Hoffmann*, Internationale Handelsschiedsgerichtsbarkeit – Die Bestimmung des maßgeblichen Rechts, Alfred Metzner Verlag 1970, S. 25 f.

212 *Schmitthoff*, The Law of International Trade, its Growth, Formulation and Operation, S. 35; *ders.*, RabelsZ 28. 1964, S. 47, 61.

213 *Aden*, Die Anwendung materiellen Rechts durch den Schiedsrichter, RIW 1984, S. 934, 937.

Daraus resultiert die Relativierung des staatlichen Rechts. Diese wird durch die Verringerung der zwingender Normen[214] in den modernen Schiedsgesetzen noch verstärkt.

c) Zwischenergebnis

Um dem Dilemma zwischen selbstgeschaffenem Recht und staatlicher Rechtsordnung zu entkommen, erfordert es eine politisch farblose, wertneutrale und rein instrumentale Schnittstelle zwischen selbstgeschaffenem Recht und staatlicher Rechtsordnung.

B) Internationale Handelsschiedsgerichtsbarkeit als „*users' law*"[215]

a) Internationale Resonanz

Bei der Entwicklung „selbstgeschaffenen Rechts der internationalen Wirtschaft" kann der Blick nach Großbritannien als ehemaliger Kolonial- und Handelsmacht geworfen werden.

> „One thing is certain: that in the future, as in the past, commercial law will be driven by and fashioned for the legitimate needs and practices of the mercantile community; for commercial law, above all, is a *users' law*, and it is from this creativity of the merchant and the financier in devising new instruments and new business methods that it will continue to evolve. ... If customers do not like our product they will go elsewhere"[216].

Auch in Deutschland hat der Ansatz die internationale Handelsschiedsgerichtsbarkeit wie ein Produkt attraktiv zu machen (Stichwort: Internationale Handelsschiedsgerichtsbarkeit als „*users' law*") Resonanz gefunden. Die Zielsetzung des neuen Schiedsverfahrensrechts von 1998 ist, den modernen Entwicklungstendenzen in der internationalen Handelsschiedsgerichtsbarkeit Rechnung zu tragen und ein zeitgemäßes, den internationalen Rahmenbedingungen angepasstes Recht zu schaffen. Dadurch soll das Ansehen der Bundesrepublik Deutschland als Austragungsort internationaler Schiedsgerichtsbarkeiten gefördert werden[217]. Der Ansatz der Attraktivität der internationalen Handelsschiedsgerichtsbarkeit beinhaltet zugleich auch den Ansatz der Kundenorientierung im deutschen Schiedsrecht.

---

214 *Schlosser*, a.a.O. (Fn. 175), Vor § 14.

215 *Fali S. Nariman*, a.a.O. (Fn. 200), S. 265.

216 *Christopher Staughton*, Commercial Law in the Next Millenium, (1999) 15 Arbitration International 3, S. 315-318; vgl. auch *Fali S. Nariman*, a.a.O. (Fn. 200), S. 265.

217 BT-Drucks. 13/5274, S. 1.

b) Kenner als Schiedsrichter

Zur materiellrechtlichen Gestaltung für die internationale Handelsschiedsgerichtsbarkeit muss auch berücksichtigt werden, dass die als Schiedsrichter bestellten Fachleute häufig Nichtjuristen sind. Sie sind vor allem an der Vertraulichkeit und Informalität des Verfahrens interessiert und verlangen vor allem, dass die einheitliche Rechtskultur in *a common sense manner* zu gestalten ist. Die Verrechtlichung der internationalen Handelsschiedsgerichtsbarkeit soll deswegen methodisch leicht verständlich sein.

c) Das Recht als Autopoietisches System[218]

Es bestehen in den hochkomplexen, funktional differenzierten Gesellschaften viele selbstreferentielle und eigendynamische Teilsysteme. Für die *international business community* als eine polyzentrische Gesellschaft kann die Wissenschaft den Individuen ohnehin nicht die Entscheidung darüber abnehmen, in welcher Ordnung sie zu leben wünschen. Dass eine normative Wissenschaft das könnte, ist eine Illusion, die dem Wertplatonismus entstammt, der Auffassung, dass es spezifische Werteinsichten gibt, die Anspruch auf Geltung im Sinne der Wahrheit machen können[219]. Versteht man Politik als gesellschaftsbezogene Intervention in komplexen Systemen, dann ist Recht als Interventionsinstrument nur dann geeignet, wenn es den Bedürfnissen der *users* genügend Rechnung trägt. Im deutschen Wirtschaftsrecht wird trotz des ORDO-liberalen Standpunkts die politische Grundfrage wiederum hervorgehoben. Anders als dieser Ansatz herrscht im Recht der Schiedsgerichtsbarkeit der Ansatz der Automatisierung und Entpolitisierung der Wirtschaft. Der Ansatz der internationalen Handelsschiedsgerichtsbarkeit als *„users' law"* passt zu dieser Entwicklung. Auf der Suche nach dem Universalitätspostulat der internationalen Handelsschiedsgerichtsbarkeit wird oft die Anthropologie herangezogen. Anthropologisch gesehen sind Verhalten und Handlungen der Menschen nicht völlig vom Instinkt getrieben. Vielmehr definiert er sich im sozialen Umfeld durch das national-kulturelle Sollen. In der internationalen Handelsschiedsgerichtsbarkeit, wo der Utilitarismus herrscht, soll dieses national-kulturelle Sollen zu Zwecken der internationalen Verständigung zurückgedrängt werden. Die nationale hermeneutische Methode ist oft nur kulturelle Geschmacksache und deswegen für die einheitliche Verrechtlichung nicht geeignet.

---

218 Dazu G. *Teubner, A. Bankowska & R. Adler* (Übers.), Law as an Autopoietic System, Blackwell 1993; *N. Luhmann*, Closure and Openness: On reality in the World of Law, in: *G. Teubner* (Hrsg.), Autopoietic Law: A New Approach to Law And Society, Walter de Gruyter 1987.

219 *H. Albert*, a.a.O. (Fn. 194), S. 76.

C) Zwischenergebnis

Die Doppel-Relativierung der staatlichen Rechts führt zu einer sowohl methodisch als auch kulturell neuen Richtung, die internationale Handelsschiedsgerichtsbarkeit zu verrechtlichen, nämlich dem Ansatz internationale Handelsschiedsgerichtsbarkeit als *„users' law"*. Darunter versteht man die Wirtschaftsrationalität und die Internationalität als erste Aufgabe für die *users* aus aller Welt. Dazu ist ein interdisziplinärer Ansatz erforderlich, um die internationale Handelsschiedsgerichtsbarkeit aufgrund ihrer soziologischen Eigenschaften zu verrechtlichen; also im dienenden statt im normativen Sinne. Der Ansatz internationaler Handelsschiedsgerichtsbarkeit als *„users' law"*, der den Bedürfnissen der internationalen Kaufleute dienen soll, wird weiter unten gegenüber den internationalen Entwicklungslinien erörtert.

V. Zusammenfassende Bemerkung

Die *foreseeability* ist im internationalen Rechtsverkehr hochgeschätzt und erstrebenswert. Der Ansatz internationaler Handelsschiedsgerichtsbarkeit als *„users' law"* führt dazu, dass die diesbezügliche Verrechtlichung diesen Kundenwunsch erfüllen muss. Dazu ist ein interdisziplinärer Ansatz erforderlich, der die Internationalität und Wirtschaftsrationalität der internationalen Handelsschiedsgerichtsbarkeit zu ihrer Sicherheit und Verrechtlichung in Betracht zieht. Während die Maxime des *„users' law"* für die international orientierten Schiedsinstitutionen von existentieller Bedeutung ist, tendiert die *international business community* zugleich auch für die Schiedsgerichtsbarkeit mit hoher Vorhersehbarkeit. Die *foreseeability*, die als Endzielsetzung der *„lex mercatoria"* gilt, kann für die Verrechtlichung der internationalen Handelsschiedsgerichtsbarkeit als Hauptaufgabe angesehen werden. Die tiefgreifende materiellrechtliche Sicherheit für den internationalen Rechtsverkehr ist nur mit dem materiellrechtlichen Ansatz als Ausgangspunkt zu erreichen. Die Positivierung soll im Hinblick des Systemdenkens bejaht werden und die Rechtsvereinheitlichung kann dadurch einen (großen) Schritt vorwärts gebracht werden. Da das moderne Zivilrecht meist auch das Ergebnis geschäftlicher Verhandlungen ist und die sog. Katalysatorfunktion des Handelsrechts[220] für die weitere Entwicklung der Weltrechtsordnung eine zentrale Rolle spielen kann, sollte eine Politik der *foreseeability* betrieben werden.

Trotzdem weist die „Ordnung des Rechts" in einer polyzentrischen Gesellschaft, wie es bei der *international business community* der Fall ist, auf den Ansatz der *„right decision"* hin, wobei vielfache Rahmenbedingungen berücksichtigt werden müssen. Da Rechtssicherheit der Hauptansatz zur Verrechtlichung ist und

---

220 *K. P. Berger*, a.a.O. (Fn. 186), S. 5.

Rechtsvereinheitlichung ein langer Prozess ist, ist die Verrechtlichung im nationalen Rahmen unerwünscht. Betroffen sind die hermeneutische Methodik und die nationalen rechtlichen Wertvorstellungen. Wie das „*dépeçage*"-Phänomen bzw. die Rosinentheorie zeigen, ist der Wert des nationalen Rechts im internationalen Wirtschaftsverkehr residual geworden. Insb. ein methodischer Ansatz ist dringend notwendig, da die positivierte Rechtsgrundlage Realität ist, nämlich die UNIDROIT-Prinzipien.

> „Vielleicht war die von *Goldman* flink auf die Bahn gebrachte „*lex mercatoria*" eine funkelnde Sternschnuppe, die für eine Zeit die Juristenwelt in Erregung versetzt und zum kritischen Nachdenken veranlasst hat. Hoffen wir, dass die internationale Arbitrage wieder zur Ordnung des Rechts zurückfindet"[221].

221 *Detlev von Breitenstein*, Rechtsordnung und "Lex Mercatoria", in: Festschrift für *Otto Sandrock*, Verlag Recht und Wirtschaft, 2000, S.135.

Kapitel II Methodenstreit zur Verrechtlichung

„[Rationalismus] ist eine Einstellung,
die die Hoffnung nicht leichtfertig aufgibt,
dass man durch Argumente und durch sorgfältiges Beobachten
in vielen wichtigen Problemen zu einer Art Übereinstimmung kommen kann;
und er glaubt, dass es sogar dort,
wo verschiedene Interessen und Forderungen aufeinanderprallen,
möglich ist, über diese Forderungen und Vorschläge zu argumentieren und
– vielleicht durch Schiedsspruch – einen Kompromiss zu erreichen,
der wegen seiner Unparteilichkeit für die meisten,
wenn nicht für alle, annehmbar ist."

Karl R. Popper

I. Hermeneutische Methode als Problematik der Verrechtlichung?

Die im Jahre 1994 in Rom erschienenen *UNIDROIT-Prinzipien of International Commercial Contracts* [222] stellen einen Schritt in Richtung der Rechtsverein-

222 Siehe *L. O. Baptista*, The UNIDROIT-Principles for International Commercial Law Project: Aspects of International Private Law, Tulane Law Review 1995, 1209-1224; *Gesa Baron*, Do the UNIDROIT Principles of International Commercial Contracts Form a New Lex Mercatoria? Arbitration International, Vol. 15, No. 2, 115-130; *K. P. Berger*, Die UNIDROIT-Prinzipien für Internationale Handelsverträge, Indiz für ein autonomes Weltwirtschaftsrecht?, ZvglRWiss 1995, 217-236; *ders*, a.a.O. (Fn. 189); *ders*, Vom praktischen Nutzen der Rechtsvergleichung – Die "international brauchbare" Auslegungsregel nationalen Rechts, Festschrift für Otto Sandrock, Verlag Recht und Wirtschaft Heidelberg 2000, S. 49-64; *K. Boele-Woelki*, Die Anwendung der UNIDROIT-Prinzipien auf internationale Handelsverträge, IPRax 1997, 161-171; *dies*, Principles and International Private Law, The UNIDROIT-Principles of International Commercial Contracts and the Principles of European Contract Law. How to Apply Them to International Contracts, ULR 1996, 652-679; *M.J. Bonell*, The UNIDROIT-Principles of International Commercial Contracts; Toward a New Lex Mercatoria?, International Business Law Journal 1997, 142-163; *ders*, Das UNIDROIT-Projekt für die Ausarbeitung von Regeln für internationale Handelsverträge, RabelsZ 56(1992), 174-189; *ders*, Die UNIDROIT-Prinzipien der internationalen Handlesverträge: Eine neue Lex Mercatoria? ZfRV 1996, 152-157; *ders*, The UNIDROIT-Principles in Practice: The Experiences of the First Two Years, ULR 1997, 34-45; *ders*, The UNIDROIT-Principles of International Commercial Contracts and the Principle of European Contract Law: Similar Rules for the Same Purpose?, ULR 1996, 26-39; *ders*, The UNIDROIT-Principles of International Commercial Contracts: Why? What? How? Tulane Law Review 1995, 1121-1147; *E. A. Farnsworth*, Closing Remarks, American Journal of Comparative Law 40(1992) 699-702; F. Ferrari, Defining the Sphere of 1994 "UNIDROIT-Principles of International Commercial Contracts", Tulane Law Review 1995, 3731225-1237; *R. Goode*,

heitlichung im Bereich des internationalen Handels dar. Die „*judicialization*" bedeutet in diesem Sinn nicht nur den Ansatz der „*rule of law*[223]", sondern auch den der deduktiven Rechtsanwendung. Um die *international business community* von dieser Kodifikation zu überzeugen und um die internationale Handelsschiedsgerichtsbarkeit zu verrechtlichen, müssen noch eine Reihe von Hindernissen überwunden werden. Aber sind die nationalen hermeneutischen Methodenunterschiede wirklich eines der größten Hindernisse für eine Verrechtlichung des internationalen Handels, so wie es die Äußerung von Michael Joachim Bonell: „The Real Trouble Begins"[224] andeutet?

Das selbstgeschaffene Recht hat sich als Derivative des Staatsrechts entwickelt, und ist folglich national-kulturell geprägt: „The Method is the Message"[225]. Seine zentralen Rechtsbegriffe werden nur „von der Methodenlehre her" entwickelt. Da sich die nationalen Methodenverständnisse jedoch unterscheiden wird hierdurch eine tiefgreifende Rechtssicherheit verhindert. Gegen diese internationale Methodenproblematik soll ein Ansatz vorgebracht werden. Die neue universelle Methodenlehre muss zugleich auch die Nationalität des Methodenverständnisses ausgleichen, um internationale Anerkennung zu erhalten. Um einen solchen Ansatz erarbeiten zu können soll zuerst die nationale Methodik untersucht werden. Den Schwerpunkt bildet hierbei die Funktionsfähigkeit der

---

International Restatement and Contract and English Contract Law, ULR 1997, 231-248; *H. van Houtte*, The UNIDROIT-Principles of International Commercial Contracts, Arbitration International 1995, 373-380; *F. Juenger*, Listening to Law Talk About Good Faith: Some Afterthoughts, Tulane Law Review 1995, 1253-1257; *A.S. Komarov*, UNIDROIT-Principles of International Commercial Contracts: a Russian View, ULR 1996, 247-254; *G. Parra-Arranguren*, Conflichts of Laws Aspect of the UNIDROIT-Principles of International Commercial Contracts, Tulane Law Review 1995, 1239-1252; *A. Rosett*, Unification, Harmonization, Restatement, Codification, and Reform in International Commercial Law, American Journal of Comparative Law 683-697; *H. Veytia*, The Requirements of Justice and Equity in Contracts, Tulane Law Review 1995, 1190-1207; J. *CH. Wichard*, Die Anwendung der UNIDROIT-Prinzipien für internationale Handelsverträge durch Schiedsgerichte und staatliche Gerichte, RabelsZ 60(1996) 267-302; *Grzegorz Zmij*, Währungsrechtliche Probleme des vertraglichen Schadenersatzes unter besonderer Berücksichtigung der UNIDROIT-Grundregeln der Internationalen Handelsverträge, ZfRV 1998, 21-34.

223 Vgl. *Knut Ipsen*, a.a.O. (Fn. 208).

224 *Michael Joachim Bonell*, International Uniform Law in Practice – Or Where the Real Trouble Begins, The American Journal of Comparative Law, Vol. 38 1990, S. 873 ff.; vgl. auch z.B. *Martin Boodman*, The Myth Of Harmonization of Laws, American Journal of Comparative Law 39(1991), S. 699 ff.

225 *Slaughter/Ratner*, The Method is the Message, Am.J.Int'l.L. 1999, 410 (im Kontext des Völkerrechts); für die Entwicklung des Rechtsbergriffs "von der Methodenlehre her" auch *Franz Bydlinski*, Juristische Methodenlehre und Rechtsbegriff, 2. Aufl., 1991, S. 179 ff; *Hans Martin Pawlowski*, Methodenlehre für Juristen, 2. Aufl., 1991, S. 149.

nationalen Methodik im internationalen Umfeld. Anschließend wird versuch die Aufgabe der Hermeneutik im Recht des internationalen Handels zu ergründen. Die Untersuchung stellt insofern eine Wiederbelebung des internationalen Methodenstreites auf dem Gebiet der internationalen Handelsschiedsgerichtsbarkeit dar.

Nur wenn es gelingt eine einheitliche Methode für die internationale Handelsschiedsgerichtsbarkeit zu finden, kann eine Kodifikation Rechtssicherheit für die *international buissness community* erreichen. Es gilt also nunmehr die Funktionsfähigkeit der UNIDROIT-Prinzipien zu verbessern und sicherzustellen.

II. Entwicklung der Zivilrechtsmethodik im deutschen Recht

A) Kurze Darstellung der deutschen Zivilrechtsmethodik[226]

Die Beschreibung der deutschen Zivilrechtsmethodik muss mit einem kurzen historischen Rückblick beginnen[227]. Zwei Geistesströmungen, die das deutsche Rechtsdenken des 19. Jahrhunderts bestimmten, waren der spekulative Vernunftidealismus, der die Norm und das begrifflich-logische System betonte, und der empirische Positivismus, der das Sein, das Faktische, Naturwissenschaftliche und Soziologische hervorhob[228]. Sie führten zu den konträren Positionen des formalen Gesetzespositivismus und des juristischen Naturalismus. Zwischen diesen Extremen entwickelte sich die herrschende Zivilrechtsmethodik in Deutschland von der Begriffsjurisprudenz über die Interessenjurisprudenz zur Wertungsjurisprudenz der Gegenwart. Alle drei Methodenlehren stimmen darin überein, dass der Akt der materiellen Entscheidung eines Rechtsfalls Rechtsanwendung ist.

Die Begriffsjurisprudenz verstand das Recht als eine geschlossene logische Ordnung, aus deren Begriffen und System die Rechtsfolge für jeden Fall im Wege der rein logischen Deduktion abzuleiten war. Vorausgesetzt wurde die

---

226 Die Darstellung ist angelehnt an *Guntram Rahn*, Rechtsdenken und Rechtsauffassung in Japan. Dargestellt an der Entwicklung der modernen japanischen Zivilrechtsmethodik, S. 391-397.

227 Zur deutschen Zivilrechtsmethodik vgl.: *F. Wieacker*, Privatrechtsgeschichte der Neuzeit, 2. Aufl. 1967; *H. Coing*, Juristische Methodenlehre, 1972; *W. Fickentscher*, a.a.O. (Fn. 150), Bd. III, 1976; *M. Kriele*, Theorie der Rechtsgewinnung, 2. Aufl. 1976; *F. Müller*, Juristische Methodik, 2. Aufl. 1976; *H.-M. Pawlowski*, Methodenlehre und Rechtsbegriff, 1982; *K. Larenz*, Methodenlehre der Rechtswissenschaft, 5. Aufl. 1983; *R. Zippelius*, Juristische Methodenlehre, 4. Aufl. 1985. Diese Standardwerke werden nachfolgend nur mit dem Verfassernamen zitiert.

228 Vgl. *R. Bubner* (Hrsg.), Geschichte der Philosophie in Text und Darstellung, Bd. 7: 19. Jahrhundert, hrsg. von M. Riedel, 1981, S. 9 ff.; *Fickentscher*, S. 37 ff., 361f., 639 f.; *Larenz*, S. 19 ff., 36 f.

Lückenlosigkeit dieser Ordnung in dem Sinne, dass bei Fehlen einer positiven Regelung der maßgebliche Rechtssatz durch die Konstruktion begrifflicher Abstraktionen gefunden werden konnten[229]. Die Interessenjurisprudenz ging davon aus, dass die Gesetzesordnung tatsächlich lückenhaft sei: ihre Normen bildeten nicht lediglich ein logisches Begriffssystem, sondern vor allem Entscheidungen typischer Interessenkonflikte durch den Gesetzgeber. Die Lücken müsse der Rechtsanwender aufgrund historischer Interessenforschung in „denkendem Gehorsam" gegenüber dem Gesetz ausfüllen[230]. Die Interessenjurisprudenz eröffnete damit die Möglichkeit einer gesetzmäßigen und gleichzeitig sachgerechten Rechtsfortbildung. Die Wertungsjurisprudenz hat gegenüber der Interessenjurisprudenz präzisiert, dass maßgebend für die Rechtsanwendung nicht die historischen Interessen sein können, die den Rechtsnormen zugrunde liegen, sondern nur die Wertung, die der Gesetzgeber in Anbetracht der Interessenkonflikte getroffen hat. Sie wollte sich damit von der Kausalitätsvorstellung des juristischen Naturalismus lösen. Darüber hinaus bemühte sie sich, für die Fälle des Fehlens positiver gesetzlicher Wertung durch Konkretisierung überpositiver Wertungsmaßstäbe die subjektive Eigenwertung des Rechtsanwenders soweit wie möglich zurückzudrängen. Die Wertungsjurisprudenz wird als „nobilitierte Tochter" der Interessenjurisprudenz bezeichnet[231]. Sie ist heute in Deutschland die in Rechtswissenschaft und Rechtssprechung herrschende Zivilrechtsmethodik[232].

Innerhalb der Wertungsjurisprudenz gibt es je nach dem postulierten Bewertungsmaßstab für die Entscheidung des Rechtsanwenders verschiedene Richtungen[233]. Der objektive Sinn des zur Anwendung in Betracht kommenden Gesetzes soll durch die sprachlich-grammatikalische, systematisch, historische, und teleologische Auslegung ermittelt werden. Zur Rechtsfortbildung kommen als Verfahren die Analogie, der Umkehrschluss und die teleologische Reduktion in Betracht. Der methodische Vorgang der Rechtsfindung - Subsumtion, Wertung und Konstruktion – wird in der Entscheidungsbegründung im sog. Urteilsstil wiedergegeben.

B) Die juristische Begründungslehre bzw. Argumentationstheorie

Die Zweifel an der herkömmlichen Zivilrechtsmethodik als Verfahren der Rechtserkenntnis und –entscheidung führten die subsumtionskritische Richtung

229 Vgl. *Wieacker*, S. 381 ff., 430ff.; *Larenz*, S. 19 ff.; *Fickentscher*, S. 87 ff.; *Pawlowski*, S. 50 ff.; *Bydlinski*, S. 109 f.

230 *Ph. Heck*, Gesetzesauslegung und Interessenjurisprudenz, AcP Bd. 112 (1914), S. 19 f.

231 Der Ausdruck stammt von *Wieacker*, zit. n. *Pawlowski*, S. 58.

232 Vgl. *Larenz*, S. 118; *Fickentscher*, S. 415; *Pawlowski*, S. 75; *Bydlinski*, S. 123.

233 Vgl. *Fickentscher*, S. 405 ff.; *Pawlowski*, S. 60 ff.

weg von der Methodenlehre zur juristischen Argumentationstheorie und Begründungslehre[234]. Sie lassen die Probleme des Entscheidungsaktes dahingestellt und wenden sich dem Begründungsakt zu. Egal wie die Entscheidung zustande gekommen ist, sie muss jedenfalls gerechtfertigt (nicht reproduziert) und rational begründet werden[235]. Das Deduktivitätspostulat und das Gesetzesbindungspostulat der herkömmlichen Zivilrechtsmethodik werden auf die Entscheidungsbegründung bezogen, die Rechtsanwendung somit vom Entscheidungsakt auf den Begründungsakt, von der „Herstellung" auf die „Darstellung" der Entscheidung verlagert. Immerhin räumen auch Argumentationstheoretiker ein, dass selbst dort, wo der Rechtsanwender nicht in erster Linie ein gesetzgemäßes, sondern ein sachgerechtes Ergebnis anstrebt, seine Entscheidung „an die normativen Vorgaben des Gesetzes gebunden" bleiben[236]. Andererseits lassen diese Lehren die Probleme des Entscheidungsaktes dahingestellt und wenden sich dem Begründungsakt zu. In diesem Zusammenhang sind die Thesen von juristischen Begründungslehrern bestechend: „...es geht nicht um den Versuch herauszufinden, was die tatsächlichen Determinanten juristischen Entscheidens sind, sondern zu beschreiben, was gute Gründe für juristische Entscheidungen sein können"[237], und „nur da, wo es begründet wird, ist rechtlich maßgeblich"[238]. Die Antwort auf die oft beklagte Stofffülle der internationalen Handelsschiedsgerichtsbarkeit kann nur die Ausbildung der Fähigkeit sein, jederzeit in neuen Sachbereichen und Rechtsgebieten in internationalen Handelsbeziehungen gut begründete Entscheidungen erarbeiten zu können. Notwendige Bedingung für die Erreichung dieses Ziels sind methodische Fähigkeiten und Kenntnisse[239]. Dazu ist aber ein interdisziplinärer Ansatz erforderlich[240]. Und schließlich können „die anderen Arten von juristischen Handlungen (Vertragsgestaltung, Verrechtlichung, Planung, Streitbereinigung durch Vergleich) in diesem Sinne zwar nicht um die Ersetzung dieser klassischen juristischen Kompetenz gehen, sondern nur um ihre Ergänzung und ihre qualitative Verbesserung"[241].

---

234 Vgl. *R. Alexy*, Theorie der juristischen Argumentation, 1978; *Ch. Perelmann*, Juristische Logik als Argumentationslehre, 1979; *Koch/Rüßmann*, a.a.O. (Fn. 192); *F. Haft*, Juristische Rhetorik, 3. Aufl. 1985; *U. Neumann*, a.a.O. (Fn. 206).

235 *Koch/Rüßmann*, a.a.O. (Fn. 192), S. 1; vgl. auch *U. Neumann*, a.a.O. (Fn. 206), S. 3 ff.

236 *U. Neumann*, a.a.O. (Fn. 206), S. 5 f..

237 *Koch/Rüßmann*, a.a.O. (Fn. 192), S. 1; vgl. auch *U. Neumann*, a.a.O. (Fn. 206), S. 3 ff.

238 *Koch/Rüßmann*, a.a.O. (Fn. 192), S. 5.

239 *Koch/Rüßmann*, a.a.O. (Fn. 192), S. 3.

240 *Koch/Rüßmann*, a.a.O. (Fn. 192), S. 3.

241 *Koch/Rüßmann*, a.a.O. (Fn. 192), S. 3.

C) Entwicklung und Grenzen der klassischen Hermeneutik

Um die Aufgabe und Grenze der hermeneutischen Methodenlehre näher zu betrachten und die oben erwähnten Zivilrechtsmethoden zu bewerten, soll zuerst die Entwicklung der juristischen Hermeneutik im Allgemeinen als Basiswissen dargestellt werden.

a) Grenze der Hermeneutik im wirtschaftlichen Umfeld

Der Versuch, die wirtschaftliche Macht im hermeneutischen Rahmen zu berechnen, wie es bei der Begriffsbildung der wirtschaftlichen Geschäftsfähigkeit[242] der Fall ist, fällt seit langem schwer. Die Ohnmacht der Hermeneutik zeigt sich z.B. in der Theorie der Vertragsparität[243], im Wettbewerbs- und Kartellsrecht[244] und in den modernen Risikobewältigungsklauseln (z.B. die sog. Anpassungsklausel /*adaption clause*/*clause d'adaptation*)[245] u.s.w.. Es ist deswegen dringend erforderlich, andere wissenschaftliche Methoden auch in der juristischen Begründung einzuführen. Die Schwierigkeiten der klassischen Hermeneutik im internationalen Rahmen lassen sich am Rechtsinstitut der *force majeur* zeigen. In der internationalen Handelsschiedsgerichtsbarkeit findet der Gedanke der *force majeure* häufig Anwendung[246]. Während dieses Rechtsinstitut auf internationaler Ebene bereits allgemein anerkannt wird[247], ist die entsprechende Entwicklung in Deutschland unter dem Begriff „höhere Gewalt" in der Jurisprudenz nicht selten auf die dogmatische Bedenken gestoßen[248]. Das bezeugt sowohl die Charakterstärke der deutschen dogmatischen Jurisprudenz als auch ihre Grenze. Man muss sich daher die Frage stellen, ob die deutsche Jurisprudenz für die internationale Handelsschiedsgerichtsbarkeit methodisch überzogen ist. Die Anerkennung des Instituts der *ex aequo et bono* oder *amiable composition* oder sogar der Mediation bezeugt die beginnende Abwendung von der klassischen

---

242 *Wolf*, Rechtsgeschäftliche Entscheidungsfreiheit und vertraglicher Interessenausgleich, 1970, S. 178 f.

243 Dazu *Günther Hönn*, Der Schutz des Schwächeren in der Krise, Erstveröffentlichung: Festschrift für Alfons Kraft zum 70. Geburtstag, 1998, abrufbar im Internet unter http://www.jura.uni-sb.de/projekte/Bibliothek/texte/Hoenn.html, abgerufen am 20.07.2001; ferner auch *W. Fickentscher*, Vertrag und wirtschaftliche Macht, FS Hefermehl, 1971, S. 41 f.

244 Dazu *Reich*, Markt und Recht, 1977.

245 Vgl. Fn. 172; dazu auch *Andreas Doll*, Von der vis maior zur höheren Gewalt. Geschichte und Dogmatik eines haftungsentlassenden Begriffs, Frankfurt am Main; Bern; New York; Paris: Lang 1989; zugl.: Köln, Univ., Diss., 1989.

246 *Otto Sandrock*, a.a.O. (Fn. 142), S. 120.

247 Vgl. auch *Andrea Gattini*, Zufall und force majeure im System der Staatenverantwortlichkeit anhand der ILC-Kodifikationsarbeit, Berlin: Drucker und Humblot, 1991; zugl. München, Univ., Diss., 1989.

248 *Andreas Doll*, a.a.O. (Fn. 245).

Hermeneutik in der internationalen Handelsschiedsgerichtsbarkeit. Wenn die Hermeneutik in der internationalen Handelsschiedsgerichtsbarkeit nicht noch mehr an Bedeutung einbüßen soll, braucht man einen neuen Ansatz zur Verrechtlichung der internationalen Handelsschiedsgerichtsbarkeit. Dieser Ansatz könnte in der juristischen Begründungslehre liegen.

b) Grenze der Hermeneutik in der modernen sozialen Wirklichkeit

Auch in der modernen sozialen Wirklichkeit stößt eine Hermeneutik, die Logik in Sprache ausdrückt, zunehmend auf Schwierigkeiten. In der demokratischen Gesellschaft nimmt der pragmatische Sprachgebrauch unvermeidbar Einfluss auf die auf die juristische Semantik und diese Hinwendung zur Pragmatik ist auch bei der juristischen Hermeneutik spürbar[249]. Unter dem Stichwort „Die Korruption der Hermeneutik" in der Literaturwissenschaft der post-modernen Gesellschaft, ist die folgende Ausführung peinlich eindrucksvoll:

> „Nicht die Richtigkeit, sondern die ästhetische Originalität, nicht die rationale Nachvollziehbarkeit, sondern die hermetische Irritation der Kunst, nicht die prinzipielle Verständlichkeit, sondern die Unverständlichkeit, nicht Stichhaltigkeit, sondern die Überbietung des bisher Dagewesenen werde zu Kriterien des intellektuellen Ranking"[250].

Es ist auch die zunehmende Entmaterialisierung der Schriftform durch die neuen Technologien, die einer auf die Semantik gestützten Hermeneutik Schwierigkeiten bereitet. Die Intensionen der Parteien werden vielfach mit multimedialen Mitteln zum Ausdruck gebracht, statt in Textform. Die Hermeneutik muss sich diesen modernen Lebensverhältnissen anpassen, um sich auch im realen und sozialen Umfeld entfalten.

Einen Schlüssel für diese Anpassung kann in der Begründung liegen, wie sie Habermas versteht. Auch Habermas verwendet die Begriffe „begründen" und „Begründung" nur im schwachen Sinn von „Gründe liefern für einen Anspruch", ihn mit Belegen und Argumenten stützen und ihn gegen Kritik verteidigen – und nicht im Sinn der Letztbegründung, die darauf zielt, einen Anspruch auf irgendeiner unumstößlichen Basis zu gründen[251]. Von der juristischen Begründung kann auch nur die Korrektheit statt der Richtigkeit erwartet

249 *Koch/Rüßmann*, a.a.O. (Fn. 192), S. 151.

250 *Peter Glotz*, Die beschleunigte Gesellschaft – Kulturkämpfe im digitalen Kapitalismus, Rowohlt Taschenbuch Verlag, Hamburg, April 2001, S. 54.

251 *Jürgen Habermas*, Theorie des kommunikativen Handels, Frankfurt/Main 1981; *ders.*, Der philosophische Diskurs der Moderne, Zwölf Vorlesungen, Frankfurt/Main 1985; vgl. auch *McCarthy*, Thomas, Kritik der Verständigungsverhältnisse: zur Theorie von Jürgen Habermas, übersetzt von *Max Looser*, 1. Aufl., Suhrkamp 1989, S. 605.

werden. Feinheit ist dabei die maßgebliche Tugend der juristischen Hermeneutik.

c) Hermeneutik im kulturübergreifenden Umfeld

Im kulturübergreifenden Umfeld ist die klassische Hermeneutik besonders schwer umsetzbar, weil sie die Sprachphilosophie betrifft und somit auf fast unüberwindbare Schwierigkeiten stößt wenn die Anwender verschiedenen Sprachkulturen entstammen. Auch die Vorstellung von überpositiven Wertmaßstäben ist im internationalen rahmen nicht einfach zu verwirklichen. Die gedankliche Gestaltung überpositiver Wertungsmaßstäbe im nationalen Rahmen ist oft historisch und kulturell geprägt und führt zu einer nationalen Hermeneutik, die besonders für Ausländer kaum verständlich ist. Allerdings muss die Eindämmung der Willkür des Rechtsanwenders durch die Vorstellung von den überpositiven Wertungsmaßstäben auch in der internationalen Handelsschiedsgerichtsbarkeit ein Ziel sein. Dazu sollten autonome und einheitliche überpositive Wertungsmaßstäbe für die internationale Handelsschiedsgerichtsbarkeit herausgearbeitet werden. Das ist jedoch für die internationale Gesellschaft bis heute nicht real, denn allein die subjektive Eigenwertung des Rechtsanwenders über die überpositiven Wertungsmaßstäbe ist schon unsicher. Zur Kritik der deutschen übergesetzlichen Wertvorstellung ist die begründungstheoretische Analyse der sog. *ratio legis* ein gutes Beispiel[252].

Die logische Überzogenheit und die Begriffsschärfe, die aufgrund der Unterscheidungskraft der Begriffsjurisprudenz ausgeprägt sind, haben das deutsche Recht zu einem Vorbild an Wertungsfeinheit und folglich auch relativer Rechtssicherheit gemacht. Dennoch ist diese Begriffsjurisprudenz ein typisch deutsches, nationales Merkmal geblieben, dass für Ausländer nur schwer zugänglich ist. Zur Verrechtlichung der internationalen Handelsschiedsgerichtsbarkeit ist der nationale Ansatz wegen der internationalen Ausdifferenzierung und des internationalen Entwicklungsgrades oft unreal und unerwünscht. Auf internationaler Ebene, wo die Vertrauensbasis bis heute meist fehlt, muss sie jedenfalls gerechtfertigt (nicht reproduziert) und rational begründet werden, egal, wie die Entscheidung zustande gekommen ist. Dabei soll der Begründungsakt das Kernstück der Rechtsanwendung sein.

D) Zwischenergebnis:

Juristische hermeneutische Methodik als national-kulturelle Identität

252 *Koch/Rüßmann*, a.a.O. (Fn. 192), S. 221 f.

Die Wertungsjurisprudenz, die heute in Deutschland, die in Rechtswissenschaft und Rechtssprechung herrschende Zivilrechtsmethodik ist, geht von dem Entscheidungsakt aus. Sie stammt aus der Begriffs- und Interessenjurisprudenz. Alle drei sind wegen der deutschen nationalen Kultur für die *international business community* nur schwer verständlich. Eine solche national geprägte Hermeneutik ist für Ausländer häufig unverständlich und könnte im Extremfall sogar zu „*pitfall and prattfall*" für ausländische Parteien führen, weil sie ihre Entscheidung von oben herab fällt. Die juristische Begründungslehre bzw. Argumentationstheorie lassen die Probleme des Entscheidungsaktes dahingestellt und wenden sich dem Begründungsakt zu. Es geht nicht um den Versuch herauszufinden, was die tatsächlichen Determinanten juristischen Entscheidens sind, sondern darum zu beschreiben, was gute Gründe für juristische Entscheidungen sein können. Nun sollen die Qualifikationen der guten Gründe im internationalen Schiedsspruch untersucht und die Bedingungen der Rechtssicherheit herausgearbeitet werden, um der Rechtsunsicherheit des internationalen Handels zu begegnen. Die juristische Begründungslehre wird in dieser Arbeit angewendet, um die relevanten Aspekte zur Verrechtlichung der internationalen Handelsschiedsgerichtsbarkeit festzustellen und Lösungsansätze dazu zu erarbeiten.

Absolute hermeneutische und systematische Rechtssicherheit, die vom Rechtsanwender als „Logikmaschine" automatisch und zielgenau gewährt werden könnte, gibt es nicht. Während die systemgebundene Rechtssicherheit im deutschen Recht nicht selten um jeden Preis erkämpft wird, muss in der internationalen Handelsschiedsgerichtsbarkeit auch der Rechtsfrieden beachtet werden. Die persönliche Überzeugung muss daher eine gewichtige Rolle spielen. Auf jeden Fall erfüllt das Recht nur da, wo es gut und hinreichend begründet wird, seine tief beruhigende Funktion.

III. Philosophische Grundlagen der Hermeneutik

Um die Kulturmorphologie der Sprachlogik besser erfassen zu können, sollen an dieser Stelle ihre philosophischen Grundlagen untersucht werden. Hierdurch lässt sich der geschichtliche Kontext der nationalen Rechtsmethodik verdeutlichen.

A) Entwicklung der Erkenntnisphilosophie und dogmatische Jurisprudenz

Die dogmatische Jurisprudenz, die der Begriffsjurisprudenz entstammt, ist in jüngerer Zeit nicht selten auf Kritik gestoßen. Es ist vor allem aber auch die Logik selber, die Grundlage der dogmatischen Jurisprudenz, die in der modernen Philosophie in die Kritik geraten ist. Vielleicht können diese Strömungen der modernen Philosophie auch Ansätze für ein neues juristisches Denken insbesondere im internationalen Umfeld liefern.

a) Entwicklung des Rationalismus

Ziel und Aufgabe der deutschen juristischen Hermeneutik sind seit langem die Rechtssicherheit, weil sie von der Systematisierung gefordert und für die Kontrolle der richterlichen Willkür konzipiert wird. Bei der klassischen Hermeneutik, die sich als Kunstlehre der Auslegung von Texten seit dem 18. Jahrhundert entwickelt hat, waren die Denker die Rationalisten in einem weiten Sinne des Wortes, nämlich im Sinne einer positiven Akzentuierung der Logik, der Wissenschaften und des kritischen Denkens[253]. Diese Form des Denkens stößt inzwischen auf viel Kritik[254]. Die dogmatische „Theorie" stößt auf eine unüberwindbare Schwierigkeit. Sie führt nämlich in ein Trilemma, eine Situation mit drei Alternativen, die alle drei nicht akzeptabel sind (Münchhausen-Trilemma)[255]. Man hat nämlich die Wahl zwischen einem nicht durchführbaren unendlichen Regress, einem unbrauchbaren logischen Zirkel und dem Abbruch des Begründungsverfahrens an einem Punkt, bei dem die Begründungsforderung suspendiert wird. Hier kommt es dann nicht selten zu Scheinlösungen, zum Beispiel zum Rückgriff auf Evidenz als Kriterium der Wahrheit oder etwa auf den Konsens in einer Gemeinschaft unter bestimmten idealen Bedingungen. Mitunter wird sogar der Versuch gemacht, den Wahrheitsbegriff auf diese Weise zu bestimmen[256]. Dadurch kann das Paradoxon der Dogmatik nicht vermieden werden; es kann nur versteckt werden.

b) Kritischer Rationalismus: Aufstand gegen die Vernunft als Ausgangspunkt

Bei der modernen Hermeneutik handelt es sich um die philosophische Strömung des 20. Jahrhunderts, die auf Martin Heidegger und Hans Georg Gadamer zurückgeht. Sie hat diesen Namen für ein Unternehmen ganz anderer Art adoptiert, für eine Konzeption, die die ganze Philosophie revolutionieren und den abendländischen Rationalismus überwinden möchte. Sie ist überdies mit einem radikalen Historismus verbunden und mit einer Kritik an der klassischen Hermeneutik[257]. Man müsse das Verstehen, so stellt Gadamer fest, weniger „als eine Handlung der Subjektivität" auffassen, sondern „als Eindrücken in ein Überlieferungsgeschehen". Das müsse die hermeneutische Theorie berücksichtigen, die viel zu sehr „von der Idee eines Verfahrens, einer Methode beherrscht" sei[258].

253 *H. Albert*, a.a.O. (Fn. 194), S. 113.

254 Dazu *N. Luhmann*, Die Paradox der Form, in: D.Baecker (Hsrg.), Kalkül der Form, Suhrkamp 1993b; *ders.*, Legal Argumentation: An Analysis of its Form, The Modern Law Review, Vol.58, No.3 1995a.

255 *H. Albert*, Traktat über kritische Vernunft, 5. Aufl., Tübingen 1991, S. 13-17.

256 *H. Albert*, a.a.O. (Fn. 194), S. 13.

257 *H. Albert*, a.a.O. (Fn. 194), S. 112.

258 *Gadamer*, Hermeneutik II, Tübingen 1986, S. 496.

Das Ziel des Verstehens müsse jeweils ein „Einverständnis in der Sache" sein[259]. Die Aufgabe der Hermeneutik besteht, wie er meint, nicht in der Entwicklung von Verfahrensweisen, sondern in der Klärung der Bedingungen des Verstehens. Die hermeneutische Wende des philosophischen Denkens hat also in eine Sackgasse geführt, in den Postmodernismus, der teilweise auch schon die Wissenschaften infiziert hat. So Gadamer: „Dunkle Satzwolken, aus denen Blitze zuckten, die uns halb gelähmt zurück ließen"[260].

Dem Rationalismus wird oft der Irrationalismus gegenübergestellt. Diese Dichotomie wurde von Karl M. Popper auf „Intellektualismus – Empirismus" umgestellt und ausgelegt[261]. Er hat weiter interpretiert: „ ...verwende ich das Wort „Rationalismus" zur Bezeichnung einer Einstellung, die möglichst viele Probleme durch einen Appell an die Vernunft, das heißt an klares Denken und an die Erfahrung zu lösen versucht, statt an Gefühle und Leidenschaften zu appellieren. ...Es ist vielleicht besser, wenn man den Rationalismus durch Hinweis auf praktische Einstellungen oder Verhaltensweisen erklärt. Eine solche Erfahrung würde den Rationalismus als eine Einstellung kennzeichnen, die bereit ist, kritische Argumente zur Kenntnis zu nehmen und von der Erfahrung zu lernen. Es ist im Grund eine Einstellung, die zugibt, dass ,ich mich irren kann, dass du recht haben kannst und dass wir zusammen vielleicht der Wahrheit auf die Spur kommen werden"[262]. So führt *F. P. Ramsay*[263] aus: „Die Hauptgefahr unserer Philosophie ist, abgesehen von Faulheit und Verschwommenheit, der Scholastizismus, der das Vage so behandelt, als sei es genau."

B) Paradigmenwechsel von Erkenntnis zu Erlebnispostulat

Insbesondere im Zeitalter der Globalisierung kann die dogmatische Jurisprudenz nicht mehr vom Zauber Platons[264] besessen sein. Insbesondere kann sie keine Wahrheit für ihre Methode beanspruchen. Die Suche nach einer *„new world order"* erfordert ein objektives Verständnis[265], dass sich vom traditionellen Boden des Rationalismus löst. Die Parteiautonomie, insb. in der internationalen Handelsschiedsgerichtsbarkeit, gilt als der beste Zuschnitt der transkulturellen

259 *Gadamer*, Wahrheit und Methode, S. 313 f.
260 Zitiert von *H. Albert*, a.a.O. (Fn. 194), S. 137.
261 *Karl R. Popper*, a.a.O. (Fn. 195), S. 262.
262 *Karl R. Popper*, a.a.O. (Fn. 195), S. 263.
263 Zitat in: *Karl R. Popper*, a.a.O. (Fn. 195), S. 15.
264 *Karl R. Popper*, Die offene Gesellschaft und ihre Feinde, Bd. I, 7. Aufl., Verl. Mohr Tübingen 1992, Bd. I Kapitel 10, S. 202 f.
265 Dazu *W. L. Schneide*, Objektives Verstehen: Rekonstruktion eines Paradigmas - Gadamer, Popper, Toulmin, Luhmann, Westdeutscher Verlag 1991; *H. Maturana & F. Varela*, The Tree of Knowledge: The Biological Roots of human Understanding, Shambhala 1987.

Diskurse, wobei ein Stadium der interpersonellen Theorie[266] statt der kollektivistischen entstehen kann. Das führt zu der Ansicht, dass wir jeden Menschen, mit dem wir uns verständigen, als eine potentielle Quelle von Argumenten und von vernünftiger Information betrachten müssen. Damit wird eine Verbindung zwischen den Menschen hergestellt, die man die ‚rationale Einheit der Menschheit' nennen könnte[267]. Dieses objektive Verständnis[268] ist eine wichtige Voraussetzung, um den „*social code*" einer anderen Rechtskultur zu entziffern.

> „Der Humanist konzentriert absichtlich seine ganze Aufmerksamkeit und alle seine Anstrengungen darauf, ...menschliche Dinge unter die Herrschaft des Menschen zu bringen. Jedoch...kann die Einheit der Menschheit nie anders erreicht werden als in einem Rahmen der Einheit des übermenschlichen Ganzen, dem die Menschheit als Teil angehört...und unsere moderne abendländische Humanistenschule hat in absonderlicher und unnatürlicher Weise geplant, den Himmel zu erreichen, indem sie einen gigantischen babylonischen Turm auf irdischen Grundlagen errichtete..."[269].

Daher gibt es für solche Humanisten keine Chance, internationales Geschehen unter die Herrschaft der menschlichen Vernunft zu bringen[270]. Für die Methodenbehauptungen, die versuchen, die Rechtsmethode als gigantischen babylonischen Turm auf irdischen Grundlagen zu errichten, gibt es keine Chance zur Verrechtlichung der internationalen Handelsschiedsgerichtsbarkeit, weil gerade die hermeneutische dogmatische Überzogenheit im Wesentlichen damit inkompatibel ist. Auf jeden Fall erscheint im Lichte des Siegeszuges des modernen kritischen Rationalismus der Versuch, eine Methodik traditioneller Hermeneutik für die internationale Handelsschiedsgerichtsbarkeit zu erschaffen, eher unzeitgemäß und unreal. Der Paradigmenwechsel von Erkenntnistheorie zu Erlebnispostulat, von systematischer Bestimmtheit zu heuristischer Überzeugung, führt dazu, dass das Verstehen im relativistischen Sinn als moderne Aufgabe der Justiz gelten soll. Auf diese Weise ließe sich die Problematik der nationalen Methodenunterschiede bewältigen. Insbesondere der Ansatz die internationale Handelsschiedsgerichtsbarkeit als „*users' law*" zu betrachten, ist für den Paradigmenwechsel von besonderer Bedeutung. Auf dem Weg zur Informationsgesellschaft bzw. Wissenswirtschaft sollte die deutsche juristische Begründungslehre bzw. Argumentationstheorie herangezogen werden, um die klassische juristische Kompetenz wesentlich zu ergänzen und zu verbessern, und zwar zuerst in der internationalen Handelsschiedsgerichtsbarkeit.

---

266 *Karl R. Popper*, a.a.O. (Fn. 195), S. 264.
267 *Karl R. Popper*, a.a.O. (Fn. 195), S. 264.
268 *Karl R. Popper*, a.a.O. (Fn. 195), Kapitel 24, S. 262 f.
269 *Toynbee*, zitiert in: *Karl R. Popper*, a.a.O. (Fn. 195), S. 301.
270 *Karl R. Popper*, a.a.O. (Fn. 195), S. 301.

IV. Funktion der Hermeneutik im internationalen Umfeld

A) Recht als Steuerungsinstrument der gesellschaftlichen Entwicklung?

Das Konzept der Autopoiesis als Element einer umfassenden, neoliberal orientierten Deregulierungsbewegung in den Sozialwissenschaften wird seit langem diskutiert[271]. Die westliche juristische Hermeneutik gilt oft als Steuerungsinstrument der gesellschaftlichen Entwicklung. Diese Funktion ist heute aber nicht mehr so sehr erwünscht. Dem Ansatz, dass die hermeneutische Form als Model des rationalen Denkens gilt, fehlt auch die wissenschaftliche Grundlage. Das Münchhausen-Trilemma bezeugt die Unzweckmäßigkeit des Rationalismus als Mittel der Erkenntnis. Das nationale „dogmatische Glasperlenspiel"[272] funktioniert insbesondere auf internationaler Ebene oft nicht.

Andererseits sucht man stets einen neuen Ansatz, um die Komplexität der modernen, funktional differenzierten Gesellschaften zu bewältigen. Während das klassische Rechtssystemdenken auf einem festgelegten Nexus beruht[273], suchen die modernen Systemtheorien nach *„order from noise"* oder *„well disorder society"*[274]. Obwohl er immer noch keine feste Gestalt angenommen hat, besteht bereits der aktive Versuch eines Konstruktivismus unterwegs[275]. Für die *international business community* als eine globale Gesellschaft sind diese modernen Ansätze von besonderem Interesse, weil die nationale Rechtsmethodik sich auf diesem Gebiet als nicht funktionsfähig erweist. Die juristische Begründungslehre gilt hierbei als eine Brücke zwischen juristischen Denkweisen aller Richtungen. Auch die natürliche Ordnung, von der die philosophische Wertbestimmung abhängen soll[276], kann nur durch die Beweisführung der Parteien und die Begründung des Rechtsanwenders zutage kommen und als Zukunftsaufgabe in die Entwicklung der menschliche Ethik und Gedankenwelt integriert werden. Die juristische Begründung bietet hierfür einen idealen Ansatz.

---

271 Vgl. Fn. 218.

272 *Koch/Rüßmann*, a.a.O. (Fn. 192), S. 271.

273 *Canaris*, Systemdenken und Systembegriff in der Jurisprudenz: entwickelt am Beispiel des deutschen Privatrechts, Dunker & Humbold 1969, S. 11-13.

274 *N. Luhmann* (Hrsg.), Theorie der Gesellschaft oder Sozialtechnologie, Suhrkamp 1971, S. 9-11; vgl. auch *A. M. Andrew*, Self-organizing Systems, Gordon and Breach Science Publishers 1989; *L. von Bertalanffy*, General System Theory, 1977.

275 Siehe die Webseite „Radical Constructivism" im Internet unter http://www.univie.ac.at/cognition/constructivism/index.html, abgerufen am 20.07.2001.

276 *Sebastian Gardner*, Value and idealism, in: Anthony O'Hear, Philosophy, the Good, the True and the Beautiful, Royal Institute of Philosophy Supplement: 47, Cambridge University Press 2000, S. 18.

B) Die gestaltende Funktion der *„right decision"*

Die juristische Begründung dient nicht nur zur Verhinderung einer unbeschränkten Interpretation der Schriftform als Extension des Parteiwillens, sondern auch dazu, dass die Partei als Individuum ihre Intensionen bei der Beweisführung soweit wie möglich preisgeben kann. Alle diese Begründungen können als Material zum Zweck der zukünftigen Konstruktion eines Weltrechtsverständnisses funktionieren. Genau diese juristische Begründungslehre passt auch zur Entwicklungslinie der modernen Systemtheorien, in denen mehr Informationen und folglich auch mehr Wissen erbracht werden kann[277]. Die Deregulierung der internationalen Handelsschiedsgerichtsbarkeit symbolisiert die Ankunft der *„post regularity society"*[278] im globalen Umfeld. Als sozialtechnologische Disziplin kann die Jurisprudenz auch „produktiv" sein, also neue Normen ins Spiel bringen, ohne die ihr gesetzten Grenzen zu überschreiten, denn ihre diesbezüglichen Aussagen haben kognitiven Charakter und unterliegen damit der üblichen kritischen Prüfung unter der regulativen Idee der Wahrheit. Eine Disziplin dieser Art benötigt überdies keine zweifelhaften pseudologischen Verfahrensweisen, sondern sie kommt mit den üblichen Methoden aus[279], bevor weitere soziologische Untersuchungen, entweder quantitativ oder qualitativ, eingeführt werden, um die Regelungszweckmäßigkeit zu überprüfen. Die gute und hinreichende Begründung gilt für die Verwirklichung des Rechts als Sozialtechnologie als ideal.

V. Ergebnis

Die Entwicklung im deutschen Recht weist darauf hin, dass die überzogene juristische Hermeneutik – wie die Begriffsjurisprudenz - ihre wissenschaftliche Bedeutung verloren hat. Der Versuch, Rechtsmethode als gigantischen babylonischen Turm auf irdischen Grundlagen zu errichten, kann auf internationaler Ebene mindestens in der aktuellen Entwicklungsphase nur mehr Streitigkeiten erregen. Die juristische Begründungslehre als moderne juristische Hermeneutik soll stattdessen betont werden. Die Stellungnahme des Bundesgerichtshofs, dass die (rechtsvergleichend oder wirtschaftlich) vernünftige Auslegung *„in a common sense manner"* zur Anwendung ausländischen Rechts als allgemein anerkannte Methode sanktioniert werden kann[280], ist deswegen zu bejahen, und es ist wünschenswert dies auf die Auslegung des Einheitsrechts wie die UNIDROIT-Prinzipien zu übertragen. Dadurch wird der Methodenstreit über die

277 Dazu *H. Maturana & F. Varela*, a.a.O. (Fn. 265).

278 Kritik dagegen *Nahamowitz*, Autopoiesis oder ökonomischer Staatsinterventionismus, Zeitschrift für Rechtssoziologie, 9(1988), S. 36-73.

279 *H. Albert*, a.a.O. (Fn. 194), S. 70.

280 Siehe Fn. 199.

Verrechtlichung der internationalen Handelsschiedsgerichtsbarkeit gelöst werden.

Zur Verrechtlichung der internationalen Handelsschiedsgerichtsbarkeit muss der Ansatz der juristischen Begründung herangezogen werden. Nur das, was gut begründet wird, ist rechtlich maßgeblich. Nur durch die gute und hinreichende Begründung kann die klassische Jurisprudenz an demokratischer Bedeutung hinzugewinnen und zugleich die „*black box*“ des *ex aequo et bono* oder *amiable composition* durchleuchten. Zudem können mittels der *right decision* die Rechtssicherheit und der für die Wahrung der Handelsbeziehungen so wichtige Rechtsfrieden miteinander versöhnt werden. Auf diese Weise könnte es gelingen den zwei wichtigsten Bestrebungen der *user's* zu entsprechen. Die Prozeduralisierung und die (materiellrechtliche) Verrechtlichung als Hauptentwicklungslinien der internationalen Handelsschiedsgerichtsbarkeit vereinigen sich ebenfalls im Ansatz der „*right decision*“, der zugleich die aufklärende und die beruhigende Funktion des Rechts verwirklicht. In diesem Sinn gilt die juristische Hermeneutik als Logik des Handelns[281].

281 *Igor Zehrfasel*, Hermeneutik als „Logik des Handelns“. Dölle und das Problem des Verstehens, in: *H. Albert*, a.a.O. (Fn. 194), S. 220 ff.

Kapitel III Hermeneutik im kulturübergreifenden Hinblick

So wie Quellewasser seine Färbung und seinen Geschmack
den durchdrungenen Bodenschichten verdankt,
so entwickelt sich das Recht unter dem Einfluss
des vorgegebenen kulturellen und historischen Umfelds

Sir Francis Bacon

I. Kulturübergreifender Überblick der juristischen Hermeneutik zwischen Deutschland und Taiwan

Nachdem die juristische Hermeneutik im zweiten Kapitel vertikal, also wissenschaftlich, ergründet wurde, soll sie nun in diesem Kapitel horizontal, also im kulturübergreifenden Hinblick untersucht werden, um die Bedingungen der Rechtssicherheit auf internationaler Ebene besser erkennen zu können. Da das positive Einheitsrecht wie es sich zum Beispiel in den UNIDROIT-Prinzipien manifestiert schon Realität ist, stellt sich die Hauptproblematik nun aufgrund der hermeneutische Vielfalt auf dem Gebiet der Rechtsanwendung. „Einheitliche Rechtskultur bedeutet viel weniger formelle Rechtseinheit [...], sondern primär einheitliche konzeptionelle Horizonte der *„interpretative community"*[282]. In der internationalen Handelsschiedsgerichtsbarkeit, die Leute aus allen Rechtskulturen zusammenbringt, ist das Beharren auf (national-kultureller) juristischer Hermeneutik oft ein schweres Hindernis für die Verrechtlichung. Die juristische Hermeneutik soll hierfür im kulturübergreifenden Hinblick betrachtet und analysiert werden. Taiwan als Referenzrechtsordnung ist von besonderem Interesse, weil hinter der Gemeinsamkeit des BGB sich zwei unterschiedliche Rechtskulturen gegenüberstehen. Als ein Mitglied der BGB-Familie teilt Taiwan mit Deutschland den fast gleichen positiven Gesetzestext. Wie und wie weit die '*interpretative community*' und die Gesetzesbindung in Taiwan nach über sechzig Jahren der Übernahme Gestalt angenommen hat, ist für die Anwendung der *UNIDROIT-Prinzipien* nicht unbedeutsam. Die Methodenverständnisse beiderseits verdienen besondere Aufmerksamkeit. Gegenstand der Untersuchung ist das traditionelle chinesische Recht als Referenzordnung, weil seine psychologische Orientierung das Gegenstück zu der Logikgebundenheit des deutschen Rechts ist, für die die deutsche Begriffsjurisprudenz als Prototyp (insb. auf der internationalen Ebene) angesehen wird.

282 *Walter R. Schluep* (Hg.), Recht, Staat und Politik am Ende des zweiten Jahrtausends, 1993, S. 732.

A) Kurze Darstellung der traditionellen chinesischen Rechtskultur[283]

a) Rechtsdenken und Rechtsauffassung im traditionellen chinesischen Recht

Im Folgenden steht der Begriff „Rechtsauffassung" für die Einstellungen und Meinungen der Anwender und Adressaten einer Rechtsordnung zum Wesen des Rechts, seiner Rolle in der Gesellschaft und der geeigneten Art und Weise seiner Anwendung in der Praxis. „Rechtsdenken" meint die geistig-seelische Auseinandersetzung mit dem Recht unter diesem Aspekt[284]. Diese zwei Aspekte werden bei der Untersuchung des traditionellen chinesischen Rechts erörtert.

b) Kulturelle Hintergründe für die traditionelle chinesische Denkart

aa) Familiengebundenheit

Das chinesische Bewusstsein der familiären Gebundenheit ist als eine Folge des Nassreisanbaus als einer jahrtausendealten Wirtschafts- und Lebensform aus der notwendigen Zusammenarbeit entstanden. Die Familie bedeutet in der Geschichte Chinas Verwandtschaft im weiten Sinne, und nicht nukleare Familie im modernen westlichen Sinne. In der Han-Dynastie wurde der Konfuzianismus auf Initiative Dong Zhongshus (180-115 v.Chr.) zur offiziellen Staatsreligion gefördert. Diese Festlegung des modulierten Konfuzianismus als nationale Weltanschauung des Kaisertums, die von der bürokratischen Autorität durchgesetzt wird, führt zur Herrschaft des patriarchalischen Familiensystems in der chinesischen Kultur. Das Wir-Gefühl in diesem Familienkreis führt nach außen hin zur Abgrenzung und im Interessenverhältnis unter Umständen zur Fraktionsbildung. Die Bewahrung des Familiensystems ist die Kernaufgabe der chinesischen Politik und gilt schließlich im traditionellen chinesischen Recht als legalisierte Gerechtigkeit, welche als konfuzianische Rechtskultur bezeichnet wird. Bis heute beherrschen immer noch die sog. Familienunternehmen die chinesischen Wirtschaftskreise.

bb) Intuitive und erfahrungsgemäße Denkart

In der chinesischen kulturellen und geschichtlichen Literatur wird der pragmatisch-utilitaristische und eklektische Zug der chinesischen Denkart auf die jahrtausendealte, ökologisch bedingte Feldbauernkultur in China zurückgeführt. Anders als die Nomaden, die vielen Völkern begegnen und viele Informationen dazu benötigen, ist die Unterscheidung der Begriffe für bodenbeständige Feldbauern nicht von besonderem Interesse, weil in einem stabilen und geschlossen

283 Dazu *Heinz Roetz*, Konfuzius, 2. Aufl. 1998, Verlag C. H. Becker; *Oskar Weggel*, Taiwan Hongkong, 1. Aufl. 1992, Verlag C. H. Becker; *ders.*, China im Aufbruch. Konfuzianismus und politische Zukunft, 1. Aufl. 1997, Verlag C. H. Becker.

284 Die Definition ist angelehnt an *Guntram Rahn*, a.a.O. (Fn. 226), S. 25.

System das Bewusstsein einzig für die überlieferte Ordnung (Platzzuweisung[285]) geschätzt wird. Diese Akkulturationstiefe ist zugleich durch die Eintonigkeit und Einheitlichkeit der Lebensform in diesem gigantischen Kaisertum bedingt. Der älteren Generation gebührt immer viel Respekt, weil sie mehr Erfahrungen mit dem Feldanbau hat. Die an konkreten Phänomenen orientierte intuitive Denkart stammt u.a. aus der Distanz zur Hermeneutik, so wie aus dem elitären Zen-Buddhismus, der das diskursive Denken zugunsten der Intuition verwirft. Die sprunghafte Denkart der Chinesen verdeutlicht auch diese Akkulturationstiefe, weil das Vorverständnis im Gespräch oder in der Literatur dadurch oft vorausgesetzt werden kann.

cc) Chinesisches Temperament

Wegen der übermäßigen Adjektivisierung und Ästhetisierung der Sprache haben die Chinesen eine intensive Emotionalität, die man als „chinesisches Temperament" bezeichnen kann. Für das chinesische Verhältnis dient die Sprache der sozialen Aufgabe der Platzzuweisung, nämlich der zwischen-menschliche Positionierung. Die Adjektive bringen die Gefühle bezüglich der sozialen Zuordnung zum Ausdruck und spielen eine größere Rolle als die Nomen, womit die systematische Beobachtung des Phänomens anfangen kann. Psychologische Fixierung geht vor der naturorientierten Wahrnehmung aus. Die Klarheit der Sprache und die Schärfe der Begriffe sind keine Tugend für die subjektive Weltanschauung. Die Chinesen kümmern sich eher um die Volksethik und die Ästhetik.

dd) Distanz von der Sprache

China als ein gigantisches Land des Ackerbaus denkt meist bodenbeständig. Als ein Volk, das geographisch von den Nomaden isoliert ist und ethnologisch seit über 2000 Jahren durch die Integration und Akkulturation eines übermächtigen politischen Oberbaus konsolidiert wird, benennen die Chinesen ihr Land als „Reich der Mitte", als ein selbstzentriertes geschlossenes System. Wegen der tiefgreifenden Akkulturation nehmen die Bedürfnisse der Sprache als Kommunikationsmittel langsam ab. Die asiatische Schamkultur verschleiert zudem die Intentionen der Bürger. Die Erreichung einer Sprachkonvention wird durch diese sozialen Gegebenheiten erschwert. Bis heute knüpft die juristische Argumentation auch weniger an die abendländische Tradition des Diskurses und der Rhetorik an. In Taiwan möchte man auch lieber „Rechtsschreiben" als „Rechtssprechen". Hier soll der psychologische Aspekt der Argumentation und des logischen Denkens der ost-asiatischen Völker erforscht werden, weil sie auf eine (sprachliche) Auseinandersetzung besonders empfindlich reagieren.

285 *Wolfgang Fickentscher*, a.a.O. (Fn. 150), Bd. I, S. 210.

ee) Harmoniepostulat

In China als einem selbstzentrierten geschlossenen System wird die Mobilität unter den Bürgern oder mit dem Ausland nicht hoch angesehen. Die soziale Platzzuweisung im Innensystem ist viel wichtiger als die durch das Zivilrecht (im römischen Sinn), das die abgesicherte Grundlage bildet, auf der man Viehzucht, Jagd, Schifffahrt, Handel u.v.a. einfacher und sicherer durchführen kann. In einem so statischen altchinesischen Agrarwirtschaftssystem sollen und können die Mitglieder an dem überlieferten festen Ort leben und arbeiten, ohne nach einer Möglichkeit der Mobilität außerhalb der Familie zu suchen. Die Harmonie bedeutet in diesem Zusammenhang Stabilisierung, statt Mobilisierung. Die chinesische Harmonie ist nicht für die Ordnung eines dynamischen Vorgang konzipiert. Das Harmoniepostulat, das in der Geschichte entweder von dem vorgesetzten Familienmitglied angeordnet wird oder durch eine Schlichtung vor den Bürokraten bestimmt wird, birgt in sich stets den Zwang. In diesem Sinne gilt das Harmoniepostulat als ein Zeichen der Herrschaft des patriarchalischen Familiensystems. Der oft anzutreffende Zwang zur Vereinigung im taiwanesischen Schlichtungsverfahren nach der Schlichtungsverordnung in den Kommunen (shian-jen-shi-tiao-jie-tiao-li), wird heute immer öfter kritisiert[286].

ff) Präferenz des rituellen Denkens

In einem englischen Essay über die chinesische Philosophie in 18. Jahrhundert wird die der Chinesen für rituelles Denken gegenüber dem formalen rationellen Denken dargestellt:

> „if arguing from authorities be exploded from every other branch of learning why should it be particularly adhered to in this? I plainly foresee how a method of investigation must embarrass every suit, even perplex the student: ceremonies will be multiplied, formalities must increase, and more time will thus be spent in learning the art of litigation than in the discovering of the right“[287].

Das chinesische Ressentiment gegen die Formalität verdeutlicht auch die chinesische Distanz von der Schriftform und ihren Skepsis über die Hermeneutik. Der soziale Zusammenhang in einer statischen Gesellschaft ist viel überzeugender als der Vertrag. Diese Stellung hat im Prozess der Industrialisierung langsam ihre Grundlage verloren. Andererseits sucht man im traditionellen chinesischen Recht nach der Kultivierung der Tugend, während bei westlicher Jurisprudenz

---

286 *Wen-yu Chai*, Studie über die Schlichtung – im Hinblick der ADR, Magisterarbeit von National Taiwan University, 1994, S. 21.

287 *Oliver Goldsmith*, Letters from a Chinese Philosopher Residing in London to his Friends in the East, in: The Citizen of the World, London 1762.

die Intelligenz im Vordergrund seht. Die Definitionen der „*right decision*" können sich daher in dieser Hinsicht unterscheiden.

gg) Zwischenergebnis

Als eine Rechtsordnung der Agrarwirtschaft basierend auf der Einzelfamilie (shao-non-jing-ji) lässt sich das traditionelle chinesische Rechtsdenken als Ungleichheit der Menschheit (Hierarchie) beschreiben, die zugunsten des Familiensystems ontologisch festgelegt wurde. Die Platzzuweisung resultiert aus dem patriarchalischen Zwang. Die chinesische Rechtskultur kann daher als die Herrschaft der patriarchalischen Systems charakterisiert werden. Die Rechtsauffassung ist konkret, nicht abstrakt, tatsachenorientiert, nicht theoretisch, pragmatisch, nicht logisch-begrifflich, an der Rechtswirklichkeit ausgerichtet, und nicht am Rechtssystem orientiert[288].

Der Weg zur Ordnung in der konfuzianischen Kultur führt jedoch nicht nur über gesittete Umgangsformen und über moralische Selbstvervollkommnung, sondern noch über eine dritte Hürde der „korrekten sprachlichen Bezeichnungen" (zhengming). Da sich Begriffsverwirrungen nach traditionellem konfuzianischen Verständnis nicht weniger chaotisch auswirken als Schnitzer im Protokoll, darf es hier, im Bereich der Sprache, niemals Fehlerfreundlichkeit geben. Nach konfuzianischem Verständnis gelten die Begriffsverwirrungen als Schieflagen in der Politik[289]. Trotz der konfuzianischen aktiven Mitwirkung in der Politik durch die Historiographie und die „zhengming" hat die gigantische Bürokratie des traditionellen Chinas oft versagt. Dabei ist das wörtliche Glasperlenspiel in der chinesischen Politik entstanden. Die Legalisten, die sich mehr mit dem kodifizierten Gesetzestext beschäftigt haben, waren in der chinesischen Geschichte wenig erwünscht. Die konfuzianische Gerechtigkeit wurde zwar anerkannt; sie wurde aber nicht legalisiert, also positiviert. Der Konfuzianismus funktioniert bis heute meist durch soziale Rituale.

---

288 Vgl dazu *Duan Lin*, Der rechtskulturelle Konflikt zwischen Osten und Westen – Die taiwanesische Justiz im Übernahmesprozess (I), Juristische Zeitschrift (fa hsüeh ts'ung kan), Bd. 38, Nr. 2 (Vol. 150), S. 65 f.

289 *Oskar Weggel*, China im Aufbruch. Konfuzianismus und politische Zukunft, 1. Aufl. 1997, Verlag C. H. Becker, S. 28 f.

B) Rückblick des Harmoniepostulats im sprachphilosophischen Sinne

a) Chinesische Hermeneutik im Allgemeinen

An der semantischen Erscheinungsform und der wesentlichen Wortsinngewinnung (min-shi-ji-jen) zweifelten die Chinesen schon vor zwei Tausend Jahren[290]. Im Retoquieren waren schon die chinesischen Philosophen geübt. Lü Bu We[291] hat im 5. Kapitel über „Unsichere Worte" die folgende Geschichte erzählt:

> Auf einer Zusammenkunft bei Kung Hiung schlossen die Staaten Tsin und Dschau einen Bund. Die Bedingungen waren: Von nun ab soll, wenn Tsin etwas beabsichtigt, Dschau ihm Unterstützung zuwenden, und wenn Dschau etwas beabsichtigt, soll Tsin ihm Unterstützung zuwenden.
>
> Nicht lange danach rüstete sich Tsin, um den Staat Liang We anzugreifen. Dschau wollte demselben zu Hilfe kommen. Der König von Tsin war darüber entrüstet und sandte einen Boten, um dem König von Dschau Vorwürfe zu machen. Er sprach: „Im Vertrag heißt es, dass, wenn Tsin etwas beabsichtigt, Dschau ihm helfen soll. Nun beabsichtigt Tsin den Staat Liang We anzugreifen und Dschau will nun jenem zu Hilfe kommen, das entspricht nicht unsern Abmachungen."
>
> Der König von Dschau sagte es dem Ping Yüan Gün. Ping Yüan Gün sagte es dem Gung-Sun Lung. Gung-Sun Lung sprach: „Man kann auch einen Boten an den König von Tsin schicken, der ihn folgendermaßen zur Rede stellt: Dschau beabsichtigt, den Staat Liang We zu retten und Tsin hilft uns dennoch nicht dabei, das entspricht nicht den Abmachungen."

Der Bundesgerichtshof hat mit dem *retorqueo argumentum* einmal ein Strafurteil aufgehoben[292]. Aber andererseits führt der Glaube, dass das Wort nicht sicher ist, zur chinesischen Distanz gegenüber der Hermeneutik. Die Distanz zur Sprache hat eine lange Tradition in China. Sie zeigt sich u.a. in der Zen-Pädagogik: „Kein Satz geschrieben, kein Wort gesprochen"(„bu-li-wen-ji, bu-yi-yenxuan")[293]. Das erklärt auch die chinesische Neigung zum persönlichen Kontakt und zu zwischen-menschlichen Beziehungen. Die Schriftform ist in diesem Zu-

---

290 Vgl. *Chia-lin Wu/Wen-Shung Lin*, Die juristische Logik (fa-lü-lo-ji-shüe), 1. Aufl. 1993, Verlag Wu-Nan Taipeh, S. 12.

291 Frühling und Herbst des Lü Bu We, Gelbe Reihe im Eugen Diederrichs Verlag, 1979; vgl. auch *Egon Schneider*, Logik für Juristen, 5. Aufl., Verlag Vahlen München 1999, S. 132.

292 Siehe zu dem Fall *Schneider*, Justizspiegel, 2. Aufl. 1999, S. 137 f.

293 Siehe die chinesische buddhistische Klassik Liou-Zhu-Tan-Jin. Ein umfangreiches Informationsangebot im Internet zum Thema des chinesischen Chan/Zen findet sich unter http://www.zennow.org.tw/. Angeboten wird auch ein kleiner deutschsprachiger Service.

sammenhang oft wegen ihres Formalismus und Objektivität nicht erwünscht. Die traditionale chinesische Wahrnehmung von Sicherheit entwickelt sich meist im sozialen Umfeld. Man ist glaubwürdig, wenn man miteinander eng verwandt oder gut befreundet ist. Das chinesische Rechtsbewusstsein liegt weniger in der Formstrenge, als vielmehr in der sozialen Förmlichkeit, die Hermeneutik durch Rituale ersetzt.

b) Sprachphilosophie des traditionellen Chinas: Tugend statt Wahrheit

Die mächtige Entwicklung der Rhetorik hat nur vor dem Entstehen der Zentralherrschaft Chinas stattgefunden. Nachdem sich der Staat Tsin im Jahr 221 v.Chr. mit China vereinigt hatte, suchte China nach einem System, um das Kaisertum auf agrarwirtschaftlicher Grundlage zu stabilisieren. In der Dynastie Han wurde der Konfuzianismus zur offiziellen Quasi-Staatsreligion gefördert. Darunter versteht man u.a. eine auf der Familienebene beruhenden Wertanschauung, wobei die Verwandtschaftsnähe gegenüber dem Gleichheitspostulat vorgezogen wird. Die Chinesen denken daher agrarwirtschaftlich und haben Ressentiments gegen den pulsierenden Geschäftsantrieb, obwohl das vereinigte Kaisertum zugleich auch einen gigantischen Innenmarkt verspricht. In der chinesischen Geschichte stoßen diese zwei Strömungen gegeneinander. Der Kaiser und seine Bürokraten stehen meist den Bauern zur Seite.

Den Chinesen fehlt das durch Logik geprägte rationale Denken. Es wird oft bemerkt, dass für Menschen westlicher Herkunft die sprunghafte Denkart der Chinesen häufig schwer verständlich ist, wenn sie auch ab und zu argumentativ sind. Die Entschärfung der Unterscheidungskraft verursacht die Begriffsgrobheit. Die Entziehung der materialen semantischen Grundlage führt nicht selten zu (psychologischen) Manipulation der chinesischen Wahrheit. Diese fangen mit dem moralischen Subjektivismus an. Das (moralische) Harmoniepostulat versucht, die Funktionen der Rechtssicherheit und des Rechtsfriedens nur durch die Autorität zu kombinieren. Die überzogene Aufgabe der Autorität resultiert aus diesem bürokratischen Übel. Die Modernisierung Chinas seit Ende 19. Jahrhundert ist ein turbulenter Vorgang, der versucht das Volk argumentativ zu mobilisieren. Seitdem ist die mündliche Kultur ein wichtiges Thema geworden. Der geschichtlich bedingte entschärfte Sprachgebrauch der Bürger, wurde auf dem Weg zur Modernisierung von den chinesischen Philosophen hart kritisiert. Men bezeichnet dieses Phänomen als chinesisches „comme ci, comme ça“ (cha-bu-do)[294].

Ohne Logik wird das traditionelle chinesische Rechtsverständnis auch von der Negationsfunktion der Logik verschont, wodurch die Neigung zum Kompromiss

294 *Shi-ji Hu*, Herr Cha-bu-do, in: Essay von Shi-ji Hu (chinesisch).

entstanden ist. Das chinesische Rechtsverständnis entwickelt sich vielfach im psychologischen Umfeld. So wie der Ansatz „Eine Mark angesprochen, 50 Pfennig zugesprochen", kümmert sich das traditionelle chinesische Recht wenig um die übergeordnete Rationalität als Ordnungsgrundlage. An ihre Stelle ist das Geschick getreten, die Streitenden psychologisch zu betreuen, zu beruhigen und zu versöhnen, während der mögliche Zwang verbogen bleibt. Der Sprachgebrauch der Chinesen trägt in sich tiefe kulturelle Hintergründe. China hat als ein seit über zwei Tausend Jahren stabilisiertes politisches System eine eigene Philosophie, bei der der agrarwirtschaftliche *status quo* durch die Abschaffung der Argumentativität bewahrt wurde. Die einheitliche Lebensform der Bauern beschränkt den Begriffsreichtum und die Begriffsschärfe. Der strenge semantische Gehalt wurde der chinesischen Sprache in ihrer langen Geschichte langsam entzogen. Die Unterscheidungskraft ist unerwünscht und das streng gesetzliche Denken kann sich dadurch nicht entfalten. Die Adjektivisierung und Ästhetisierung der Sprache (insb. unten den traditionellen Intellektuellen) führen dazu, dass das chinesische Rechtsverständnis meist geistig und seelisch ist. Es ist oft subjektiv psychologisch konzipiert und weniger objektiv logisch geprägt. Die Wahrheit im traditionellen chinesischen Recht bedeutet eher die tiefgreifende psychologische Beruhigung oder Verstehen im sozialen Sinnzusammenhang. Das traditionelle chinesische Recht zielt auf die Kultivierung der Tugend.

c) Harmonisierung statt Unterscheidung

Die pragmatisch-eklektische Einstellung der Chinesen führt zu der Akzeptanz theoretischer Widersprüche sowie eine Neigung, zu harmonisieren statt zu unterscheiden. Diese Eigenschaft ist das radikale Gegenteil der westlichen Methode, die durch die negierende Natur der Logik geprägt und durch die daraus folgende klassifizierende Dynamik beherrscht ist. Die Unterscheidungskraft gilt als der wesentliche Unterschied zwischen chinesischem Harmoniepostulat und deutscher Begriffsjurisprudenz. Zur Anpassung des übernommenen BGB an die traditionelle Rechtskultur dient den taiwanesischen Juristen oft die Rechtsfolgenberücksichtigung. Mit ihrer Hilfe gelingt es den quälenden Spagat zwischen dem modernen Zivilrecht und dem traditionellen chinesischen Recht zu bewältigen. Der häufige Rückgriff der taiwanesischen Juristen auf § 219 des taiwanesischen BGB (Treu und Glauben) lässt das traditionelle Rechtsbewusstsein in weitem Umfang in die moderne Rechtswirklichkeit einfließen. Die traditionelle Hermeneutik wird nicht von strenger Begriffssystematik geprägt. Die Ablehnung der deutschen juristischen Methode und das Abstellen auf die Angemessenheit im konkreten Einzelfall, erklären sich einerseits durch das Ressentiment gegenüber formalistischem Denken und andererseits durch die Neigung zur Synthetisierung: Man könnte sagen, dass die eingehende Begriffsbildung und das Harmoniepostulat Antagonisten sind.

C) Folgenberücksichtigung im taiwanesischen Recht

In Taiwan existieren bis heute keine allgemein verbindlichen Auslegungsregeln, weil das politische Monopolsystem das Vertraulichkeitspostulat betont und das Wirtschaftsleben die Anonymität wertschätzt. Der Belang des modernen Zivilrechts für die Zivilgesellschaft im deutschen Sinne wird deswegen nicht genug berücksichtigt. Um zwischen dem übernommenen BGB, das durch die Gewährung starker subjektiver Rechtspositionen geprägt ist, und der kollektivistischen Wertanschauung zu vermitteln, neigt man in Taiwan zu einer übermäßigen Folgenberücksichtigung im Hinblick auf die Angemessenheit im konkreten Einzelfall. Die Taiwanesen leben noch zum großen Teil in einem sozialen Umfeld, das kollektivistisch geprägt ist, während die deutsche Gesellschaft einen wesentlich höheren Grad an Individualisierung aufweist. Die Individualisierungstiefe und folglich das subjektive Recht sind deswegen für die taiwanesische Justiz problematisch. Die taiwanesischen Freirechtslehrer wollten diese Problematik mit der geistig-ideellen Begründung der Lehre von Treu und Glauben begegnen. Anders als der japanische Versuch, die kollektivistisch traditionelle und übergeordnete Wertvorstellung „*giri*“ (Dankpflicht für die Gesellschaft) systematisch ins moderne Zivilrecht einzuführen, um die Gewährung des subjektiven Rechts zu relativieren[295], greifen die Taiwanesen oft einfach auf § 219 des taiwanesischen BGB (Treu und Glauben) zurück. Dieser einfache Zugriff auf den sog. „Königparagraph“ birgt in sich oft die Absicht, die juristische Systematik abzuwerten und auf eine an der sozialen Wirklichkeit auszurichtende konkrete Angemessenheit als Kriterium der Rechtsentscheidung abzustellen.

Bei der juristischen Begründungslehre wird eingeräumt, dass selbst dort, wo der Rechtsanwender nicht in erster Linie ein gesetzesmäßiges, sondern ein sachgerechtes Ergebnis anstrebt, seine Entscheidung „an die normativen Vorgaben des Gesetzes gebunden" bleibt. Die juristische begründungstheoretische Ansicht beweist auch die Möglichkeit, dass der Rechtsanwender sogar gemäß einer fremden übergeordneten kollektivistischen Wertvorstellung das „sachgerechte“ Ergebnis anstrebt. Nur dort, wo die moralische Bewertung begründet wird und sich innerhalb der Zulässigkeit erwogener Interpretation befindet, kann der Widerspruch seiner Entscheidung gegen die normativen Vorgaben des Gesetzes unter Kontrolle gebracht werden.

D) Ergebnis

Die moderne soziale Ordnung sichert bis zu einem gewissen Grad die Freiheit derjenigen, die der Macht der Regierungen unterworfen sind. Das heißt sie bekommen die Möglichkeit, in ihren eigenen Angelegenheiten selbst zu ent-

---

295 *Guntram Rahn*, a.a.O. (Fn. 226), S. 406.

scheiden, ohne einem Zwang ausgesetzt zu sein, und an Entscheidungen über gemeinsame Angelegenheiten mitzuwirken. Die europäische Entwicklung hat zugleich gezeigt, dass soziale Systeme, in denen es gelungen ist, durch geeignete institutionelle Vorkehrungen die Herrschaft zu zähmen, prinzipiell in der Lage sind, die Massenarmut zu beseitigen, die ein Merkmal des Normalzustandes in den Hochkulturen der Erde ist. Ob die Herrschaft des patriarchalischen Familiensystems zu bezähmt werden kann, ist die Schlüsselfrage, von der der Erfolg des übernommenen BGB in Taiwan abhängt. Die Gewährung von subjektiven Rechten und ihr Stellenwert im taiwanesischen BGB sind für das traditionelle chinesische Recht eher problematisch. Auch die Förderung von Gleichheit und Mobilität durch das moderne Zivil- und Handelsrecht passt nicht in die überlieferte konfuzianistische Rechtskultur. Daraus folgte nicht selten die übermäßige Rechtsfolgenberücksichtigungen durch die Gerichte in den vergangen 50 Jahren, mit dem Ziel das übernommene Zivilrecht an die traditionelle Rechtsrealität anzupassen. Das traditionelle chinesische Recht zielt auf die Kultivierung der Tugend im Rahmen des patriarchalischen Familiensystems. Die Sprache spielt dabei eher eine kleine Rolle und Argumentativität ist vielfach nicht erwünscht, weil China den statischen Zustand der (agrarwirtschaftlichen) Gesellschaft schätzt. Da sich das traditionelle chinesische Recht meist im familiären Umfeld entwickelt hat und die Lebensform in der Gesellschaft eher einheitlich ist, wird der Ritualismus dem formalistischen Denken vorgezogen und die Schriftform vernachlässigt. Der schriftliche Vertragsabschluss ist bis heute für die Bürger Taiwans immer noch etwas fremdartiges geblieben. Das Recht als sozialtechnologische Disziplin sollte für die Situation in Taiwan thematisiert werden, um die Rechtswirklichkeit des modernen positiven Zivilrechts zu überprüfen und Fehlentwicklungen zu korrigieren.

Auf der anderen Seite sollten die rechtskulturellen Probleme hinsichtlich des subjektiven Rechts und des Stellenwertes des BGB im taiwanesischen Vertragsrecht nicht überbewertet werden. Das moderne Zivil- und Handelsrecht ist das Ergebnis einer langen Geschichte von geschäftlichen Verhandlungen. China hat auf der anderen Seite eine lange Tradition des Handels in einem großen Wirtschaftssystem und Taiwan besitzt als ein wichtiges Exportland ebenfalls eine Tradition des Handels. Taiwan hat sich auf dem Boden dieser Tradition zu einem Land mit einem modernen Wirtschaftssystem entwickelt. Die zunehmende Bedeutung des Kapitalismus und die Abschaffung der autoritären Herrschaft haben dazu geführt, dass sich die Verflechtung zwischen der konfuzianischen Rechtskultur und dem Handelsrecht zu lockern beginnt. Die dynamische Entwicklung der internationalen Handelsschiedsgerichtsbarkeit in den vergangenen fünf Jahren beweist diese Tendenz. Inwieweit die soziale Geltung der Schriftform in Taiwan zugenommen hat, erfordert jedoch noch sozialwissenschaftliche Untersuchungen. Obwohl *pacta sunt serverda* im taiwanesischen Recht ohne Zweifel gültig ist, fragt man sich nicht selten, was „Vertrag ist Vertrag" im hermeneutischen Sinne eigentlich bedeutet, weil diese Begriffe in der chinesischen Sprache unscharf sind. Im taiwanesischen Vertragsrecht und – praxis tauchen oft Argumente auf, die die begleitenden Umstände des Vertragsabschlusses für ebenso wichtig wie den Vertrag selber halten. Das Angriffs-Verteidigungsmodell bleibt im chinesischen Kulturraum jedoch nach wie vor unerwünscht.

Mit der juristischen Begründungslehre könnte eine Brücke zwischen den beiden Rechtskulturen ermöglichen ohne dass das positive Recht übermäßig vernachlässigt wird. Die juristische Begründungslehre besagt, dass in allen Fällen Wertungen des Entscheiders erforderlich sind und „jenseits der Gesetzesbindung" ist eine rationale Wahl zwischen den Entscheidungsalternativen möglich ist[296]. Im Lichte dieser Methode lassen sich zwei bedenkliche Entwicklungen in Taiwan erkennen. Zum einen werden Wertungen häufig nicht rational begründet und offengelegt, und zum anderen wird aufgrund der übermäßigen Folgenberücksichtigung die Gesetzesbindung teilweise nur unzureichend beachtet. Das subjektive Recht zu verachten und den Stellenwert des Zivilrechts zu relativieren überschreitet nicht nur die Zulässigkeit erwogener Interpretation, sondern auch die der Verfassungskonformität, weil das Postulat der Gesetzesbindung Teil der Verfassung ist. Auf jeden Fall müssen die moralischen Bewertungen begründet werden, um die Gesetzesbindung einzuhalten. Taiwan ist eine junge Demokratie. In einer demokratischen Ordnung, die es mit der Souveränität des Volkes ernst meint, ist der Staat jedoch verpflichtet, ein Handeln gegenüber den Bürgern nachvollziehbar, vollständig und zutreffend zu rechtfertigen. Nichts spricht dafür, diesen Grundsatz für die Entscheidungsgründe der Gerichte in Zivilurteilen einzuschränken[297]. Das Demokratische Staatsverständnis gebietet die Methodenehrlichkeit, die Methodenehrlichkeit gebietet die Offenlegung der Interessenabwägung und des Werturteils als wahre Entscheidungsfindung.

II. Subjektivität der nationalen juristischen Methodik

Da die hermeneutische Methodik meist nur die formale Erschließensstruktur betrifft, ist sie für die wesentliche rechtliche Bewertung und ihre soziale Geltung nur von beschränkter Bedeutung. Im Folgenden wird die nationale Methodik in einem breiteren Umfeld betrachtet. Im Kern steht dabei die Frage über die überzogene Anwendung der Logik – wie die Begriffsjurisprudenz - auf die juristische Hermeneutik.

---

296 *Koch/Rüßmann*, a.a.O. (Fn. 192), S. 235-236.

297 *O. Hartwieg* u. *H. A. Hesse*, Die Entscheidung im Zivilprozess, 1981, S. 157; *U. Neumann*, a.a.O. (Fn. 206), S. 10.

A) Rückblick der juristischen Logik

Es fehlt in der chinesischen Kultur eine systematische Ausprägung der Sprachlogik, wie es in Europa der Fall ist, wo Aristotles sie vor mehr als zweitausend Jahren begründet hat. Dies bedeutet jedoch nicht dass sich in der chinesischen Geschichte keine Ansätze einer Sprachlogik entwickelt haben. Eine systematische Studie dieses Gebietes fehlt jedoch bis heute. Die In-Ming-Logik in der „Zeit der Streitenden Reiche" (Zhanguo-Zeit, 481-221 v.Chr.) beschäftigt sich meist mit der Manipulierbarkeit des Wortsinns[298]. Wegen der negativen Bewertung der Sprache durch die In-Ming-Logik sucht der Konfuzianismus nach der Tugend, um die soziale Ordnung zugunsten des Familiensystems zu wahren. Die deutsche juristische Methode, dass man durch die BGB-Systematik als logisches Handwerkzeug die Rationalität erhalten und die soziale Ordnung mit dem Entscheidungsakt bestimmen kann, steht im Gegensatz dazu. Diese deutsche juristische Logik wird hier kurz analysiert.

a) Kriteriumsphilosophie der Wahrheit, Logik und nationaler Methodenstil

Beim sog. „deutschen Rätsel"[299] ist gemeint, dass sich das deutsche Denken mit der Suche nach der Wahrheit im absoluten Sinne charakterisieren lässt. Seine Erscheinungsform ist die starke Bemühung, Unsicherheiten in der Gesellschaft zu vermeiden[300]. Dieses Phänomen ist auf internationaler Ebene eine Seltenheit. Die Hochachtung der Schriftform und die Wertschätzung der Hermeneutik im deutschen Recht ist für Taiwanesen befremdlich.

Diese deutsche Eigenart erklärt sich auf der einen Seite durch die Kriteriumsphilosophie[301] der Wahrheit. Die hermeneutische „Wahrheit" in der deutschen Jurisprudenz ist streng von Logik geprägt; d.h. der Wahrheitsbegriff unterscheidet sich nicht weit von dem mathematischen und physikalischen Wahrheitsbegriff. Dieser Fundamentalismus der Wahrheit[302] verbindet die deutsche juristische Wahrheit eng mit den Naturwissenschaften. Da die Suche nach dem Kriterium, einem sicheren Anzeichen der Wahrheit, bisher aber erfolglos war[303], ist die universale Hermeneutik in die Kritik geraten[304]. Die Logik gilt für ihre Kriti-

298 *Chia-lin Wu/Wen-Shung Lin*, a.a.O. (Fn. 290), S. 12.
299 *Von Geert Hofstede*, Lokales Denken, globales Handeln – Kulturen, Zusammenarbeit und Management, 1997, Beck-Wirtschaftsberater im dtv, S. 350.
300 *Von Geert Hofstede*, a.a.O. (Fn. 299), S. 151.
301 *Karl R. Popper*, a.a.O. (Fn. 195), S. 465.
302 *H. Albert*, a.a.O. (Fn. 194), S. 12.
303 *H. Albert*, a.a.O. (Fn. 194), S. 11.
304 *H. Albert*, a.a.O. (Fn. 194), S. 112 f.

ker als „*Termini propositions*" zur Konstruktion einer künstlichen Wahrheit[305]. Sie führe zur Fantasie der *ratio legis*, die gerade für Ausländer ein „deutsches Rätsel" in der Jurisprudenz darstellt. Im Extremfall könnte es sogar den „*metaphysical prejudice*" verursachen[306].

Auf der anderen Seite lässt es sich das „deutsche Rätsel" auch auf das Methodeverständnis zurückführen. Das deutsche Denken wird durch die Annahme beeinflusst, dass die rigorose Anwendung der richtigen intellektuellen Methoden zu Antworten führt, die auch alle objektiv und unbestreitbar richtig sind. Galtung charakterisiert den deutschen intellektuellen Stil als einen, der dazu neigt, komplexe „Pyramiden" von Theorien zu konstituieren, von denen man dann alles allgemeingültig ableiten kann:

> „Es kann von der Behauptung ausgegangen werden, dass die teutonische Theoriebildung vor allem rein deduktiver Natur ist. Sie lässt sich von der grundlegenden Idee der Gedankennotwendigkeit leisten: hat man erst einmal die Prämissen und gewisse Regeln des logischen Schließens akzeptiert, so ergibt sich eben die Schlussfolgerung. Ziel ist es, von einer kleinen Zahl von Prämissen zu einer großen Zahl von Schlussfolgerungen zu gelangen"[307].

Galtung vergleicht den deutschen Stil mit dem angelsächsischen, der sich dadurch auszeichnet, dass Theorien gewissermaßen provisorisch entwickelt werden, und die Erprobung, Anpassung und Entwicklung der Theorien und Ideen dann auf einer pragmatischen und induktiven Basis erfolgt. Die Struktur und Methodik des deutschen Universitätssystems mit einem über allem erhabenen Professor zeichnet sich durch Misstrauen gegenüber dem intellektuellen Pragmatismus aus, und die anscheinend schonungslosen intellektuellen Wortgefechte spiegeln diesen Stil wider.

b) Juristische Logik im vergleichenden Hinblick

aa) Jenseits der juristischen Logik im deutschen Recht

Die deutsche Rechtsontologie wird durch die Logik geprägt. Die methodologische Wahrheit wird zugleich im deutschen Recht höher geschätzt als die erkenntnistheoretische. Da die logische Korrektheit des juristischen Hauptsche-

---

305 *Elizabeth Anscombe*, ‚Making true', in: Roger Teichmann, Logic , Cause & Action. Essays in honour of Elizabeth Anscombe, Royal Institute of Philosophy Supplement: 46, Cambridge University Press 2000, S. 8.

306 *Elizabeth Anscombe*, a.a.O. (Fn. 305), S. 8.

307 *Johan Galtung*, Struktur, Kultur und intellektueller Stil, Leviathan, Heft 2, 1983, S. 314.

mas durch die Stützung der Daten nicht tangiert wird[308] und bei der Rechtsanwendung Bewertungen herrschen, ist diese methodische Wahrheit in der Praxis jedoch eher irrelevant. Um die deutsche juristische Logik von den Fixierungen zu befreien und im globalen Zusammenhang zu objektivieren, wurde der Ansatz „Logik des beweglichen Systems" vorgebracht. Von der Konzeption des „beweglichen Systems"[309] kann nachgewiesen werden, dass sie in der Lehre von den komparativen Sätzen auch eine solide logische Basis hat[310].

bb) Jenseits der juristischen Logik im abendländischen Sinne

Bereits im Rahmen der europäischen Rechtsvereinheitlichung ist es neben der Logik der Normen dringend auch die Logik der Präjudizien erforderlich. Die Grenzen, die der Logik in der abendländischen Kultur mehr als zweitausend Jahre lang durch den beherrschenden Einfluss ihres Begründers Aristotles gezogen waren, und die es ihr nahezu verwehrten, in Allgemeinbegriffen etwas anderes als Klassen, in allgemeinen Sätzen etwas anderes als klassifikatorische Gesetze, in Beweisführungen etwas anderes als Deduktionen und schließlich in der Rechtsanwendung etwas anderes als Subsumtion zu sehen, sollten gelockert werden. Neben der Logik sollte auch dem Erfahrungssatz Bedeutung beigemessen werden und die Realanalyse herangezogen werden. Die juristische Wahrheit muss im vergleichenden Hinblick als relativ betrachtet werden. Jenseits der juristischen Logik im abendländischen Sinne wurde die juristische Logik im islamischen Recht bereits untersucht[311]. Um das juristische Argumentieren in der internationalen Handelsschiedsgerichtsbarkeit zu klären, ist ein interdisziplinärer und transkultureller Überblick unerlässlich.

cc) Zwischenergebnis

Während die methodologische Wahrheit im deutschen Recht mehr wertgeschätzt als die Erkenntnistheoretische wird, betonen die Chinesen die Erfahrung und Intuition als Quelle der Erkenntnis. Die chinesische Wahrnehmung der Rechtssicherheit entwickelt sich meist im sozioökonomischen Zusammenhang. Die oft übermäßige Rechtfolgenberücksichtigung im taiwanesischen Recht ist eine

---

308 *Koch/Rüßmann*, a.a.O. (Fn. 192), S. 63.

309 Grundlegend *W. Wilburg*, Entwicklung eines beweglichen Systems im bürgerlichen Recht (1950); weiterführend die Beiträge in dem Sammelband "Das bewegliche System im geltenden und künftigen Recht", Hrsg von *F. Bydlinski* u.a. (1986); ferner *F. Bydlinski*, Juristische Methodenlehre und Rechtsbegriff, 2. Aufl. 1991, S. 529 ff.

310 *Gerhard Otte*, Komparative Sätze im Recht. Zur Logik eines beweglichen Systems, Jahrbuch für Rechtssoziologie und Rechtstheorie 2 (1972), S. 301 ff.; zugleich auch *ders.*, Ist die Begriffsjurisprudenz wirklich tot?, S. 446.

311 Dazu *John Makdisi*, Legal Logic and Equity in islamic Law, The American Journal of comparative Law, Vol. 33 1985, S. 63-93.

Folge der kulturell bedingten Distanz von Sprache, während sich in der ratio legis deutlich der deutsche Hang zur Logik zeigt. Beide wirken sich negativ auf die Rechtssicherheit im internationalen Handel aus[312]. Zur Verrechtlichung der internationalen Handelsschiedsgerichtsbarkeit sollte die nationale juristische Logik ausgeglichen werden, weil sie für die Rechtssicherheit weniger relevant als die Bewertung ist.

c) Logik für die Definition

aa) Logik als Verneinung: Definition als Ausgangspunkt

Die Verneinungsfunktion der Logik und ihre Erscheindungsform in der juristischen Hermeneutik lassen sich oft anhand der Analogie und folglich der Definition verdeutlichen. Aus der Verneinungsfunktion der Logik folgt die Unterscheidungskraft. Die Unterscheidungsstärke verschärft die juristischen Begriffe und ihre Systematik. Dadurch entsteht die juristische Bewertungsfeinheit und folglich auch die hermeneutische Vorsehbarkeit und die heuristische Tiefe und Weite. Diese Begriffsschärfe im deutschen Recht wird in Taiwan bewundert[313]. Analogien sind im taiwanesischen Recht bis heute noch nicht systematisch erklärt worden. Nach der Rechtsansicht des Obersten Gerichts kann „aufgrund des gleichen Rechtsgrundes" die Analogie stattfinden, weil die wesentlichen Interessenabwägungen bei beiden Regelungen gleich sind. Die Analogie im taiwanesischen Recht betrifft nur die moralische Bewertung[314]. Dies zeigt die Eigenschaft der chinesisch-taiwanesischen Rechtsauffassung, dass die Begriffsbildung nicht von kritischer Bedeutung ist, weil die durch Logik geprägte Unterscheidung durch Definition aufgrund des Harmoniepostulats nicht erwünscht ist.

bb) Subjektivität der Definition

Jedoch ist auch die Definition subjektiv[315]. Die Unterscheidungsorientierung und die Unterscheidungstiefe sind auch national-kulturell bedingt. Die deutsche Orientierung an der Logik und die deutsche Begriffsverschärfung tragen zu einer hohen juristischen Bewertungsfeinheit bei. Taiwan hat die BGB-Begriffssystematik übernommen und teilt mit Deutschland insofern eine juristische Gemeinsamkeit. Auf der anderen Seite ist die Neigung zum Kompromiss in Taiwan

312 *Koch/Rüßmann*, a.a.O. (Fn. 192), S. 211 f.

313 *Tze-chien Wang*, Entwicklungslinien und Reform des chinesischen-taiwanesischen Schuldrechts, AcP 186(1986), S. 267.

314 *Tze-chien Wang*, Schriftenreihe Studien der zivilrechtlichen Fälle (min-fa-shi-li-yen-shi-chung-shi), Bd. II: Allgemeiner Teil des Zivilrechts, S. 23.

315 Vgl. *Guy Oakes*, Grenzen kulturwissenschaftlicher Begriffsbildung, Heidelberger Max Weber-Vorlesungen 1982, Suhrkamp 1990; dazu auch *Elizabeth Anscombe*, a.a.O. (Fn. 305), S. 1-8.

immer noch sehr stark, weil wegen des traditionellen Harmoniepostulats eine Unterscheidung nicht erwünscht ist. Aus diesem Grund ist die deutsche juristische Feinheit für eine taiwanesische Gegenpartei häufig weder verständlich noch von ihr erwünscht.

d) Ergebnis

Das westliche Interesse an der Wahrheit wird durch ein in der westlichen Logik begründetes Axiom gestützt, wonach eine Aussage deren Gegenteil ausschließt: wenn „A" wahr ist, so muss „B" falsch sein, wenn es das Gegenteil von „A" ist. In der östlichen Logik gibt es kein derartiges Axiom. Wenn „A" wahr ist, so kann dessen Gegenteil „B" ebenfalls wahr sein; zusammen können die beiden zu einer über „A" und „B" stehenden Weisheit führen. Dies bezeichnet man auch als die gegenseitige Ergänzung von *yin* und *yang*, den beiden chinesischen Begriffen, die das weibliche und männliche Element ausdrücken, und welche in allen Aspekten der Realität zugegen sind. Bei diesem philosophischen Ansatz ist die menschliche Wahrheit immer nur ein Teilaspekt[316]. Das traditionelle chinesische Recht verdient Aufmerksamkeit, wenn es als eine Kultur angesehen wird. Ohne Logik wird es von der Negationsfunktion und folglich auch der totalitäre Gerechtigkeit verschont. Die chinesische Neigung zur Harmonie bzw. zum Kompromiss lässt sich hierdurch erklären.

Da im traditionellen chinesischen Recht die Wahrnehmung der Sicherheit sich meist im familiären und sozialen Umfeld entwickelt, wird die Logik eher gering geschätzt und die Hermeneutik nicht betont. Logisches Denken ist in der ost-asiatischen Geschichte fremd. Dadurch ist die aus westlicher Perspektive sprunghafte Denkart entstanden. Dies hat zur Folge, dass es im Recht häufig an Definition und Systematik fehlt, die für das hermeneutische Verstehen notwendig sind. Die geistig-ideelle Begründung der sog. Freirechtslehre hat zudem dazu geführt, dass juristische Entscheidungen von rein moralischen Bewertungen getroffen werden. Die Willkür dieser Entscheidungen ist nicht kontrollierbar, weil dem moralischen Subjektivismus keine logischen Fehler vorgeworfen werden können[317]. In dieser Hinsicht muss Taiwan die juristische Logik insbesondere hinsichtlich der Begriffsbestimmung verstärken. Die Begriffssystematik des übernommenen BGB ist deswegen für das taiwanesische Recht von besonderer Bedeutung, um die Bewertungsfeinheit und die dadurch erreichte relative Rechtssicherheit zu erzielen. Die Folgenberücksichtigung sollte die klassifikatorische Leistung der Rechtsbegriffe hinsichtlich der Einordnung zukünftiger Fälle

316 *Von Geert Hofstede*, a.a.O. (Fn. 299), S. 241.

317 *Philippa Foot*, Does moral subjectivism rest on a mistake?, in: Roger Teichmann, Logic , Cause & Action. Essays in honour of Elizabeth Anscombe, Royal Institute of Philosophy Supplement: 46, Cambridge University Press 2000, S. 123.

nicht beeinträchtigen[318]. Logik und moralische Bewertung sollten auch in Taiwan als komplementäre Bestandteile des Rechts anerkannt werden.

B) Humanisierung der juristischen Logik

Die hermeneutische „Wahrheit“ in der deutschen Jurisprudenz wird streng von methodischer Logik geprägt. Dagegen streben die Chinesen in ihrem Recht nach der Kultivierung der Tugend. Während der vor 200 Jahren im Westen einsetzenden Industriellen Revolution bedeutete die Beschäftigung mit der Wahrheit zunächst Fortschritt. Sie führte zur Entdeckung der Naturgesetze, die dann im Interesse des menschlichen Fortschritts genutzt werden konnten. Es ist erstaunlich, dass chinesische Gelehrten trotz ihres hohen Zivilisationsgrades nie die Newtonschen Gesetze entdeckten: sie suchten einfach nicht nach Gesetzen. Auch die chinesische Schrift zeigt dieses mangelnde Interesse an der Verallgemeinerung: sie benötigt 5000 verschiedene Zeichen, eins für jede Silbe; die westliche Sprachen dagegen kommen durch die Aufteilung der Silben in einzelne Buchstaben mit nur etwa 30 Zeichen aus. Die westliche Denkweise ist analytisch, die östliche synthetisch[319]. Die durch die Dynamik der Logik erreichte Begriffsschärfe findet ihre Anwendung im taiwanesischen Recht nur dann, wenn sie der Konsens mehrerer dogmatischer Auseinandersetzungen ist. Im Zentrum des taiwanesischen Rechtsdenkens steht der menschliche Konsens und nicht die dogmatischen Höhe. Die typische Darstellungsweise dogmatischer Entwicklungen im deutschen Recht in der taiwanesischen juristischen Literatur sieht normalerweise wie folgend aus: Theorie A verfolgt den Weg nach links; Theorie B nach rechts; der Verfasser ist für die Gemeinsamkeiten von Theorien A und B; die umstrittenen Punkten sind wegen ihrer Übermäßigkeit, nicht zu bejahen.

Der Logik geht es um die Gültigkeit von Schlüssen, nicht um die Wahrheit atomarer Sätze[320]. In dieser Beschränkung als Lehre von den formal gültigen Schlüssen ist die Logik auf den erfahrungswissenschaftlichen Zusammenhang begrenzt. Die juristischen Bewertungen bei der Rechtsanwendung sind hingegen meist auf dic sozialc Gcltung gerichtet. Auf der anderen Seite haben die in juristischen Begründungen vorkommenden erfahrungswissenschaftlichen Argumente trotzdem eine „logische“ Relation. Zur Durchleuchtung dieser humanistischen „Logik“ erfordert es vielfache wissenschaftlichen Untersuchungen. Das logische Denken über das Recht wird kulturell geprägt, genau wie die Ausführung von *John Dewey* in seinem Buch „Wie wir denken”:

---

318 *Koch/Rüßmann*, a.a.O. (Fn. 192), S. 235.
319 *Von Geert Hofstede*, a.a.O. (Fn. 299), S. 241-242.
320 *Koch/Rüßmann*, a.a.O. (Fn. 192), S. 59.

„Wer einmal die Technik des Denkens bewusst und mit Überlegung beherrscht, dem wird sie zur zweiten Natur, zur Gewohnheit.“

Logisches Denken ist die zweite Natur deutscher Juristen und kann folglich als eine nationale künstliche Intelligenz kategorisiert werden. Es muss aber betont werden, dass das Recht nur durch die soziale Geltung seine normative Vorgabe erfüllt. Das logische Denken über das Recht ist nur von formaler technischer Bedeutung. Sogar die juristische Systematisierung durch die Sprachlogik ist von Subjektivität bedingt. Ihre Allgemeingültigkeit erfordert die Überprüfung durch sozialwissenschaftliche Untersuchungen.

C) Beschränktheit der Hermeneutik im psychologischen Hinblick

Die nationale traditionale Methodik betrifft die philosophische Fragestellung des Wahrheitskriteriums. Zur Subjektivität der nationalen philosophischen Weltanschauung und der Rechtskultur ist der psychologische Blickpunkt durchaus relevant. Der Wechsel vom bewusstseinsphilosophischen zum linguistischen Paradigma in der westlichen Kultur ist für die Rechtswissenschaft nicht ohne Belang. Eine Folge hiervon war, dass erkenntnistheoretische Themen eine sprach- und kommunikationstheoretische Transformation erfuhren. Im Zuge der Transformation von Philosophie wurden Wissensbedingungen auf Verstehensbedingungen zurückgeführt. Das nicht mehr methodisch verstandene Verstehen rückte damit ins Zentrum der philosophischen Aufmerksamkeit. Die paradigmengerechte Auffassung des Verstehens hat dieses auf eine semantische (oder hermeneutische) Kategorie zurückgestutzt. Psychologische Überlegungen werden explizit ausgeklammert. Gerade vor dem Horizont des Psychologismus-Themas wird gefragt: Ist der semantisch-linguistische oder hermeneutisch-sprachtheoretische Zuschnitt des Verstehens nicht eine verlustreiche Reduktion eines komplexen Phänomens? Auf dem Weg einer psychologischen Aufklärung der Philosophie sind bis jetzt nur wenige Schritte unternommen worden. Jenseits des Psychologismus liegt das Ziel noch weit weg[321]. Da die menschlichen Tätigkeiten

321 *Nicole D. Schmidt*, Philosophie und Psychologie. Trennungsgeschichte, Dogmen und Perspektiven, Rowohlt Tatsachenbuch Verlag GmbH 1995, S. 179; hierzu von juristischer Belang vgl. *Helmut Rüßmann*, Indizien, Kausalität und Wahrscheinlichkeit, Vortrag gehalten im Rahmen einer Ringvorlesung an der Universität Bremen; Erstveröffentlichung in: Pasternack (Hrsg.), Erklären, Verstehen, Begründen, Schriftenreihe des Zentrums Philosophische Grundlagen der Wissenschaften, Bd. 1, 1985, S. 139 bis 146; abrufbar im Internet unter http://ruessmann.jura.uni-sb.de/publika.htm; *ders.*, Das Theorem von Bayes und die Theorie des Indizienbeweises. Anmerkung zu BGH, Urteil vom 28. März 1989 - VI ZR 232/88; Erstveröffentlichung in ZZP 103 (1990), 62 bis 76; abrufbar im Internet unter http://ruessmann.jura.uni-sb.de/publika.htm; *ders.*, Allgemeine Beweislehre und Denkgesetze; Erstveröffentlichung

zum großen Teil psychologisch bedingt sind, sollten der juristische Eigensinn und die nationale juristische Eigeninitiative gegenüber der Außenwelt intersubjektiviert werden.

D) Ergebnis

Da die Leistung der Logik für die Rechtssicherheit eher relativ ist, ist oft nur der Begründungsstil entscheidend, der wiederum durch nationale Erfahrungssätze geprägt ist. Mithilfe eines Paradigmenwechsels von der Logik zum Erfahrungssatz soll nunmehr die Humanisierung der Logik thematisiert werden. Für die Rechtssicherheit im kulturübergreifenden Rechtsverkehr ist die Rationalität der Erfahrungssätze von besonderer Bedeutung. Die nationale traditionelle Methode – wie die Begriffsjurisprudenz - ist nicht unbedingt schon tot[322]; sie ist aber oft zu komplex[323]. Es erfordert vielfache wissenschaftliche Untersuchungen, um ihr eine neue kulturelle Bedeutung zu gewähren. Die Humanisierung der Logik und der dadurch geprägte Begründungsstil verdienen nur dann Aufmerksamkeit, wenn ein einheitlicher Bewertungsmaßstab gefunden wird. Für die internationale Handelsschiedsgerichtsbarkeit soll dies die wirtschaftlich vernünftige Auslegung sein.

III. Hermeneutische Methodik als rechtskulturelle Identität

A) Inter-Subjektivität gegen Rechtskulturvielfalt

Es soll keine Rechtshegemonie[324] in der internationalen Handelsschiedsgerichtsbarkeit stattfinden, da den *users* als Kunden die Möglichkeit vorbehalten bleiben soll ihr Recht wie ein Produkt zu wählen. Der juristische Expansionismus kann nur im Rahmen der Wirtschaftsrationalität der Parteien legitimiert werden. Das entspricht den Bedürfnissen der *international business community* und nur dieser Ansatz ist realisierbar. Da die traditionelle Hermeneutik meist nur die formelle Erschließensstruktur betrifft, bleibt der juristische Entscheidungsakt auf einen logischen Formalismus beschränkt. Das befriedigt die deutsche Vorstellung des Dezisionismus[325] und gilt als unverwechselbare Charakterstärke der deutschen Rechtssicherheit. Das starke Systematisierungsbedürfnis der Jurisprudenz stammt aus der dynamischen Unterscheidungskraft der Logik, welche

---

in Recht und Politik 1982, 62 bis 69, abrufbar im Internet unter http://ruessmann.jura.uni-sb.de/publika.htm.

322 Vgl. *Gerhard Otte*, , a.a.O. (Fn. 310), S. 433-446.

323 Vgl. *Klaus Böhlhoff*, a.a.O. (Fn. 134), S. 153-162.

324 *Otto Sandrock*, Über das Ansehen des deutschen Zivilrechts in der Welt. Von der „Weltstellung“ des deutschen zur „Hegemonie“ des U.S.-amerikanischen Rechts, ZVglRWiss 100(2001), S. 3 f.

325 *Martin Greiffenhagen*, Kulturen des Kompromisses, Leske + Budrich 1999, S. 19.

ebenfalls nicht von der kulturellen Subjektivität verschont bleibt. Dieser Formalismus kann als nationaler Begründungsstil angesehen werden.

Da die Hermeneutik als klassische juristische Kompetenz kulturell geprägt ist[326], stößt die juristische Begriffsbildung in der internationalen Handelsschiedsgerichtsbarkeit, wo die Rechtskultur vielfältig und das Methodenverständnis unterschiedlich ist, oft an ihre Grenzen. Beim Umgang mit Taiwanesen müssen die deutschen Juristen im Bereich der internationalen Handelsschiedsgerichtsbarkeit diese deutsche hermeneutische Überzogenheit, weltanschauliche Rigorosität und rechtskulturelle Identität ins Bewusstsein rufen, um auch in dieser besonderen Situation überzeugen zu können. Die Inter-Subjektivität gegenüber dem kulturfremden Methodenverständnis führt zu einem pragmatischen Ansatz. Die juristische Hermeneutik soll daher überzeugend und nicht bestimmend sein. Andere Methoden, wie die ökonomische Analyse[327], sollen zur Anwendung des Einheitsrechts soweit wie möglich einbezogen werden, weil die von Logik geprägte Hermeneutik für die Ergründung des Sachverhalts nicht ausreicht.

Da der internationale Handel immer noch nicht sicher ist und das nationale Recht ziemlich von der Wirtschaftsrationalität und Internationalität relativiert wird, soll die Inter-Subjektivität im Bereich der internationalen Handelsschiedsgerichtsbarkeit mehr als anderswo betont werden, um der Rechtskulturvielfalt zu begegnen. Die Parteien kennen weder die hermeneutischen Systematik noch die Absichten der Anwälte und Richter. Die einzige demokratische Schnittstelle zwischen den Parteien und dem juristischen Professionalismus ist die Begründung. Die Demokratisierung der Justiz ist daher ein guter Grund für die Hinwendung der juristischen Semantik zur Pragmatik[328]. Das Übel der juristischen hermeneutischen Überzogenheit in einer demokratischen Gesellschaft liegt auf der Hand. Eine solche Hermeneutik ist das Gegenteil von „*User-friendly*". Das Beharren auf einer national methodischen Überlegenheit kann nur die einheitliche Rechtskultur verhindern. Um einen Ausgleich im Wettkampf der nationalen Methoden zu finden ist Fairness notwendig. Die Gerechtigkeitsprinzipien von John Rawls sollten daher bei der Verrechtlichung der internationalen Handelsschiedsgerichtsbarkeit eingehalten werden. Diese Gerechtigkeitsprinzipien sollen in Zukunft beim Prozess der Gestaltung eines neuen welteinheitlichen Begründungsstils als Maßstab der internationalen Gerechtigkeit gelten. Weiterhin sollte die methodische Überzogenheit durch die Wirtschaftsrationalität, von der die internationalen Kaufleute als *users* leben, ausgeglichen werden. In der Verrechtlichung der Weltinstitution Handelsschiedsgerichtsbarkeit spielt nicht nur

326 *Guy Oakes*, a.a.O. (Fn. 315).

327 Einführend *Hans-Bernd Schäfer/Claus Ott*, Lehrbuch der ökonomischen Analyse des Zivilrechts, dritte überarbeitete und erweiterte Auflage, Verlag Springer.

328 *Koch/Rüßmann*, a.a.O. (Fn. 192), S. 151.

die Wirtschaftsrationalität, sondern auch die Internationalität, eine große Rolle. Die nationale Justiz soll im Hinblick auf die *international buisness community* um eine dienende und lehrende Funktion erweitert werden. Andererseits ist der Humor[329] hierfür, insb. gegenüber kulturfremdem Recht, von besonderer Bedeutung.

B) Die Rolle der Rechtsvergleichung in der welteinheitlichen Verrechtlichung

Bisher wurde die Berücksichtigung internationaler Aspekte, die Ausweitung der Auslegung „über den nationalen Bereich hinaus", allerdings stets im Zusammenhang mit der rechtsvergleichenden Auslegung als „fünfte" oder „universale" Interpretationsmethode propagiert[330]. In ihren Zielen unterscheiden sich beide Ansätze nicht. Auch die rechtsvergleichende Auslegung kann Hilfsmittel für die Auslegung des nationalen Rechts liefern, wenn dieses für die Lösung von Rechtsstreitigkeiten, denen grenzüberschreitende Transaktionen zugrund liegen, herangezogen wird. Die Relevanz der Rechtsvergleichung für die internationale Handelsschiedsgerichtsbarkeit wird unten weiter erörtert.

a) Sachlage der Rechtsvergleichung

Die methodische Unsicherheit hinsichtlich der Rechtsvergleichung führt oft in die „Abenteuerlichkeit", die „undogmatische Nivellierung" und die „Soziologisierung" der richterlichen Entscheidungsfindung[331]. Diese Sachlage verdeutlicht auch die Wirklichkeit des internationalen Rechtsverkehrs und zeigt folglich die Notwendigkeit der Verrechtlichung der internationalen Handelsschiedsgerichtsbarkeit auf. Das Fehlen der Methode bedeutet aber zugleich, dass zu einer weltgemeinsamen Rechtsmethode noch ein langer Weg zu bewältigen ist. Dazu soll ein wissenschaftlich begründeter und interdisziplinärer Ansatz herausgearbeitet werden, um die Nationalität zu relativieren.

---

329 *Thomas Hoeren*, Vom praktischen Nutzen der Rechtswissenschaft, ZRP 1996, Heft 8, S. 286,287.

330 Vgl. *Zweigert*, RabelsZ 15(1949/50), S. 5, 9, S. 17 ff.; *Zweigert/Kötz*, Einführung in die Rechtsvergleichung, 3. Aufl. 1996, 2 III; *Coing*, Die juristischen Auslegungsmethoden und die Lehren der allgemeinen Hermeneutik, 1959, S. 22; *Aubin*, RabelsZ 34(1970), S. 458, 459; *Horn*, Das Recht der internationalen Anleihen, 1972, S. 500 f.; *Bydlinski*, Juristische Methodenlehre und Rechtsbegriff, 2. Aufl. 1991, S. 461f.; *Kriele*, Theorie der Rechtsgewinnung, 1976, S. 86; *Häberle*, JZ 1989, S. 913, 916ff.

331 *K. P. Berger*, a.a.O. (Fn. 187), S. 9.

b) Interdisziplinärer Ansatz zur Vereinheitlichung der Rechtskultur

Die Rechtsmethodik im neuen Zeitalter, wie z.B. die auf der Grundlage der Wissenschaftstheorie[332] und der analytischen Sprachphilosophie entstehende juristische Begründungslehre, erfordert eine Unterweisung in die Probleme der Gesetzesauslegung und –anwendung im Lichte moderner wissenschaftlicher Grundlage. Die juristische Begründungslehre ist der Versuch juristische Anwendungs- und Auslegungsprobleme soweit wie nötig interdisziplinär zu behandeln. So bemüht sich der juristische Begründungstheoretiker um:

- Logik für die Erörterung der Begründungsstrukturen juristischer Argumente;
- Sprachphilosophie und Logik für die Beschreibung der Probleme der Gesetzesauslegung und –anwendung, sowie der Rechtsfortbildung;
- Metaethik als Teilgebiet der analytischen Philosophie für die Erörterung der Begründbarkeit juristischer Wertungen;
- Wissenschaftstheorie und Statistik für die Durchleuchtung der in juristischen Begründungen vorkommenden erfahrungswissenschaftlichen Argumente[333].

Um diesen interdisziplinären Ansatz in der internationalen Handelsschiedsgerichtsbarkeit zu verwirklichen sind aufgrund der rechtskulturellen Vielfalt auch soziologische Materialien erforderlich, denn anders als im nationalen Umfeld sind in der *international buisness community* weder Sprachkonvention noch „*social code*" eindeutig und daher nur schwer entzifferbar. Die Ergebnisse der Rechtsvergleichung können hierbei hilfreich sein.

In der internationalen Handelsschiedsgerichtsbarkeit muss zudem jenseits der Hermeneutik und Diesseits der allerletzten Intentionsfeststellung ein größerer Spielraum für den Erhalt des Rechtsfriedens gewährt werden, denn nur der Rechtsfrieden erlaubt die Wahrung der Handelsbeziehungen. Das herkömmliche hermeneutische Angriff-Verteidigungsmodell erschwert die Bewahrung der Rechtsfrieden und den rechtskulturellen Dialog nur erschweren. Die Hermeneutik soll daher eher eine dienende als eine bestimmende Funktion entfalten, um die Rechtssicherheit als klassische juristische Kompetenz zu erreichen. Die juristische Begründung soll in der internationalen Handelsschiedsgerichtsbarkeit

332 Siehe die umfassende Darstellung von *W. Stegmüller*, Probleme und Postulate der Wissenschaftstheorie und analytischen Philosophie, Bd. I: Erklärung, Begründung, Kausalität, 2. Aufl. 1983.

333 *Koch/Rüßmann*, a.a.O. (Fn. 192), S. 2.

folglich als rechtskultureller Diskurs verstanden werden. Hierfür sind sogar psychologische, die philosophische, die anthropologische und sogar die evolutionsbiologische Ansätze erwünscht[334]. Die zunehmende Krisensymptomatik der fortgeschrittenen Industriegesellschaft hat im letzten Drittel des 20. Jahrhunderts einen ökologischen Diskurs in Gang gesetzt, der grundsätzliche Denkfiguren der Romantik wieder aufleben lässt[335]. Daher darf der ästhetische Ansatz dabei auch nicht außer acht gelassen werden. Dieser interdisziplinäre Ansatz sollte zuerst im Rahmen der Mediation bzw. auch des *ex aequo et bono* oder *amiable composition* verwirklicht werden. *Last but not least*, muss die Rechtsinformatik als Hilfsmittel zur Kompetenzerweiterung der Hermeneutik beitragen[336], die neuen Herausforderungen im multikulturellen globalen Dorf zu bewältigen.

c) Recht als sozialtechnologische Disziplin

Das Recht als sozialtechnologische Disziplin strebt kognitive – und damit wahrheitsfähige – Aussagen an, die in einer für die praktische Anwendung geeigneten Weise organisiert sind. Es wird versucht bestimmte soziale Wirkungszusammenhänge zu analysieren, und zwar solche, die mit der normativen Regulierung des sozialen Lebens zu tun haben. Sie befasst sich mit Regulierungen als sozialen Tatbeständen und ist aus diesem Grunde in der Lage, der Rechtspraxis Hilfestellung zu geben[337]. Die Effektivität des Rechts als sozialtechnologische Disziplin, beurteilt sich nach seinem sozialen Realitätsgehalt. Je höher die Hermeneutik gezogen wird, desto mehr Rechtsunsicherheit birgt sie in sich. So wenig man im Interesse des Parlamentarismus die Bindungskraft gesetzlicher Normen unterschätzen sollte, so wenig kann man durch den traditionellen Umgang mit der viel zitierten *ratio legis* den häufig erweckten Anschein strikter Gesetzesbindung für bare Münze nehmen[338]. Der überzogen juristischen Hermeneutik fehlt zugleich auch die wissenschaftliche Grundlage. Das Münchhausen-Trilemma zeigt auch die Grenze der Leistung der Logik für das Recht als Sozial- bzw. Geistwissenschaft.

Die im Kapitel I thematisierten Ansätze der internationalen Handelsschiedsgerichtsbarkeit als *users' law* und der *„right decision*", zielen darauf ab die kultu-

---

334 Vgl. einführend: *Thomas Hegemann/Ramazan Salman* (Hg.), Transkulturelle Psychiatrie. Konzepte für die Arbeit mit Menschen aus anderen Kulturen, 2001, Psychiatrie Verlag Bonn; *Mark Ridley, Evolution*. Probleme-Themen-Fragen, 2., verb. Aufl., 1992, Birkhäuser Verlag Basel; *John Maynard Smith*, Biologie. Probleme-Themen-Fragen, 2., verb. Aufl., 1992, Birkhäuser Verlag Basel.

335 Vgl. einführend *Silvio Vietta*, Die vollendete Spekulation führt zur Natur zurück. Natur und Ästhetik, Reclam Verlag Leipzig 1995.

336 *Thomas Hoeren*, a.a.O. (Fn. 329), S. 286.

337 *H. Albert*, a.a.O. (Fn. 194), S. 68-69.

338 *Koch/Rüßmann*, a.a.O. (Fn. 192), S. 226-227.

relle Subjektivität des Rechts zu mindern indem es als sozialtechnologische Disziplin verstanden wird. Rechtssicherheit bedeutet in dieser Hinsicht nicht nur eine Kontrolle der Willkür des Rechtsanwenders, sondern vielmehr auch, dass Recht als ein soziales Phänomen realwissenschaftlich beobachtet und analysiert werden muss. Die Rationalität soll sich auf die Sphäre der Erkenntnis, die damit zusammenhängt, beschränken[339]. Die Entscheidungsfindung sollte sich daher nicht auf die Deduktion beschränken, sondern auch realwissenschaftliche Analysen mit einbeziehen, um die soziale Geltung der zu treffenden Entscheidung zu messen. Dabei muss die Überzeugung der Parteien als Prüfstein für den sozialen Realitätsgehalt der Entscheidung gelten. Die Rechtsvergleichung zeigt, dass international gesehen eine sehr starke Tendenz zur „Soziologisierung" der richterlichen Entscheidungsfindung besteht[340]. Die Soziologisierung der richterlichen Entscheidungsfindung lässt sich auch in Taiwan feststellen. Diese Tendenz ist in dem Sinne zu bejahen, dass dadurch den Realanalysen soziale Tatbeständen und die soziale Wirkungszusammenhänge zur Verfügung gestellt werden sollen. Die ‚Erfahrung' und ‚Intuition' als Quelle der Erkenntnis[341] im traditionellen chinesischen Recht dienen ebenfalls diesem Zweck und sind im popularisierten Recht der internationalen Handelsschiedsgerichtsbarkeit von erheblichem Nutzen.

d) Rechtsvergleichung als Hilfe für eine interessegerechten Rechtsanwendung

Die in der Dogmatik verfestigten nationalen Elemente des Rechts versperren häufig den Weg zu einer interessegerechten, d.h. in erster Linie zu einer wirtschaftlich vernünftigen Lösung von Streitigkeiten. Der mit der rechtsvergleichenden Auslegung verbundene Ausblick auf die Lösung eines Rechtsproblems in anderen Rechtsordnungen und die damit möglicherweise verbundene Erkenntnis eines gemeinsamen Problemansatzes soll dazu dienen, einen bestimmten Begriff oder eine bestimmte Rechtsfigur von einem durch das nationale Recht geprägten Vorverständnis abzulösen, soweit dies sachlich geboten und hierfür eine möglichst einheitliche und zugleich allgemein annehmbare Interpretation zu finden. Mit diesem Ansatz werden anerkannte dogmatische Figuren und Konstruktionen nicht einfach über Bord geworfen. Vielmehr geht es darum die nationale Dogmatik im Hinblick auf die Probleme des internationalen Wirtschaftsverkehrs zu verbessern. Der Vergleich von Lösungen des eigenen Rechts mit denen anderer Rechtsordnungen, sollen zu einer verbesserten Erkenntnis und zu einer neoteleologischen Auslegungssystematik führen.

---

339 *H. Albert*, a.a.O. (Fn. 194), S. 6; I. Kapitel, S. 7 f.
340 *K. P. Berger*, a.a.O. (Fn. 186), S. 9.
341 *Karl R. Popper*, a.a.O. (Fn. 195), S. 483 f.

e) Zwischenergebnis

Obwohl der rechtsvergleichende Beitrag der deutschen (Instanz-)Gerichte bereits als „verschwindend gering“ einzustufen ist[342], gelten die Ergebnisse der Rechtsvergleichung als soziale Tatbestände als ein wichtiges Element der Verrechtlichung der internationalen Handelsschiedsgerichtsbarkeit. Die Ergebnisse der Rechtsvergleichung sind daher trotz der oft kritisierten methodischen Unsicherheit, der „Abenteuerlichkeit“, der „undogmatischen Nivellierung“ und der „Soziologisierung“ für die internationale Handelsschiedsgerichtsbarkeit ausgesprochen hilfreich. Trotz ihrer methodischen Umständlichkeit soll der Vergleich verschiedener Lösungsansätze zu einer verbesserten Erkenntnis und einer neoteleologischen Auslegungssystematik führen. Die Kenntnis ausländischen Rechts wird in der Zukunft wichtiges und unabdingbares Handwerkszeug für einen großen Teil der deutschen Juristen sein[343]. Die fruchtbaren Ergebnisse der Rechtsvergleichung, insb. in Deutschland, können auch als *soft skill* der Juristen bzw. der Schiedsrichter zu einem reibungslosen Funktionieren des internationalen Rechtsverkehrs beitragen. In der Mediation bzw. bei der Anwendung von *ex aequo et bono* oder *amiable compostion* stellt die Rechtvergleichung ebenfalls ein funktionstüchtiges Hilfsmittel dar, das geeignet ist den Rechtsfrieden zu stärken.

Auf der anderen Seite haben die deutschen Juristen und Philosophen auf die Strukturähnlichkeit des Gesetzesbegriffs der Rechtswissenschaften mit den klassischen Naturwissenschaften aufmerksam gemacht. Nach einem gemeinsamen Kausalitätsschema werden ähnlichen Ursachen ähnliche Wirkungen zugeordnet. Dabei sind Messfehler von Ursachen und Wirkungen berücksichtigt, die sich in der gleichen Größenordnung halten. Ebenso berücksichtigt der juristische Gesetzesbegriff Toleranzen von Auslegungen für die Anwendung auf konkrete Fälle und die Erfüllung von konkreten Tatbestandmerkmalen. Wenn allerdings geringfügige Abweichung der Ausgangssituation zu globalen Veränderungen von Endzuständen führen, sind Zivil- und Strafrecht herausgefordert, nichtlineares Denken in der Rechtssprechung zu realisieren. Erst dann ist das Rechtssystem den Ansprüchen einer komplexen Wissensgesellschaft gewachsen[344]. Die internationale Handelsschiedsgerichtsbarkeit als Extremfall der Popularisierung des Rechts birgt nicht nur die Notwendigkeit in sich die rein deduktive Entscheidungsfindung für andere Methoden zu öffnen, sondern ist auch das ideale Treibhaus für die Entwicklung einer neuen (Welt-)Jurisprudenz, die Elemente der verschiedenen Rechtskulturen verbindet. Das deutsche Recht soll seine

342 *Drobnig*, a.a.O. (Fn. 188), S. 610,612.

343 ZVglRWiss 100(2001), S. 1.

344 *Klaus Mainzer*, Computernetze und virtuelle Realität. Leben in der Wissensgesellschaft, Springer Verlag, 1999, S. 272.

Erfolgserfahrung mit der Hermeneutik auf die Dimension der Rechtsvergleichung erweitern, um einen Paradigmenwechsel zu realisieren. *Lord Goff of Chieverley* hat das so formuliert: "Comparative Law may have been a hobby of yesterday. But it is determined to become the science of tomorrow. We must welcome rather than fear its influence"[345].

C) Juristische Begründung als Schnittstelle des kulturelle Diskurses

Für die *users* ist der Rechtsfrieden oft von herausragender Bedeutung, weil er für die Wahrung von internationalen Handelsbeziehungen unabdingbare Voraussetzung ist. Tiefster Rechtsfrieden kommt aus sicherster Rechtssicherheit. Der Rechtsfrieden und die Rechtssicherheit sind jedoch keine Antagonisten, vielmehr sind sie komplementär und dienen den internationalen Juristen, um die Sicherheit i.w.S. ihres Mandanten zu schützen. Die angebliche Dichotomie zwischen Rechtssicherheit und Rechtsfrieden kann durch die „*right decision*" überwunden werden. Eine größere Bedeutung des Rechtsfriedens könnte vor allem die Verständigung zwischen Westen und Osten wesentlich verbessern. Die Schärfe des Angriff- und Verteidigungsmodells im modernen Prozessrecht, das in konfuzianischen Kulturkreisen nie Fuß fassen konnte, weil es dem überlieferten Harmoniepostulat widerspricht, könnte auf diese Weise abgemildert werden. Zur tiefgreifenden Rechtsintegration sollte der Rechtsfrieden jedoch nicht nur im Rahmen des Instituts von *ex aequo et bono* bzw. *amiable composition* und der Mediation verwirklicht werden, sondern auch und gerade im hermeneutischen Rahmen. Die juristische Begründung spielt hierbei eine große Rolle, obwohl auf dem langen Weg zur weltweiten Einheitsrechtskultur noch viele Rahmenbedingungen zu erfüllen sind und jenseits der Hermeneutik auch andere Handlungsansätze existieren, um die reale Sicherheit des internationalen Handels zu wahren.

Unter „*right decision*" versteht man eine gute und hinreichende Begründung. Diese ist besonders wichtig für die Demokratisierung in der internationalen Handelsschiedsgerichtsbarkeit, von der insbesondere die Klein- und Mittelunternehmen begünstigt würden. Fairness soll hierbei den Maßstab für die internationale Gerechtigkeit dienen und zum Ausgleich der nationalen Methodenunterschiede beitragen. Insbesondere ist es notwendig in der Zukunft mithilfe der *right decesion* die nationale hermeneutische Überzogenheit zu überwinden, da diese häufig den Weg zu Lösungen versperrt die der Interessenlage der Parteien gerecht werden. Das Rechtsinstitut „*ex aequo et bono*" oder „*amiable composition*" und die Mediation können hierbei als Lösungen gelten, die weniger „restitutiven" als „prospektiven" Charakter hat – von der (weniger einfallsrei-

345 *Lord Goff of Chieverley*, The Future of the Common Law, I.C.L.Q. 1997, S. 745,748.

chen) Möglichkeit einer Teilung des Schadens bis zur konstruktiven Entdeckung von Auswegen[346]. Insgesamt kann aber nur die juristische Begründung die Parteien aufklären und tief überzeugen.

Vor allem aber biete die *right decision* eine Möglichkeit die von der Kultur geprägten Unterschiede des hermeneutischen Methodenverständnis und der Funktionsdifferenzierung zu versöhnen, indem sie einen interdisziplinären Ansatz verfolgt und somit die Einbeziehung von sozialwissenschaftlichen Aspekten ermöglicht.

Die Stellungnahme des Bundesgerichtshofs, dass zur Anwendung ausländisches Rechts die Auslegung „*in a common sense manner*" als allgemein anerkannte Methode sanktioniert werden kann[347], ist hierbei von inspirierender Bedeutung. „*Common sense prevails.*" Nur durch die bürgernahe juristische Begründung können sich die juristischen Aktivitäten im sozialen Zusammenhang entfalten. Bei dieser Begründung muss auch die in der Gesellschaft verwurzelte Erfahrung und Intuition als Quelle der Erkenntnis gelten, denn auf diese Weise kann die soziale Geltung der normativen Vorgabe des Gesetzes gestärkt werden. Wenn die Wahrheit nur einseitig von dem Entscheidungsakt bestimmt wird, ist die Konventionstiefe nur auf die juristische Wahrheit beschränkt werden, es sei denn der Rechtsanwender gibt hinreichende Begründungen.

D) Ergebnis

Während die kritischen Rationalisten im deutschen Recht gegen die Herrschaft der Logik kämpfen, bemüht man sich im taiwanesischen Recht, den Zwang des patriarchalischen Familiensystems zu zähmen. Im Zeitalter der Neo-Strukturalismus wird die Frage nach philosophischer Wahrheit gestellt, womit gleichzeitig die Grammatologie[348], das Erforschen der Relationen sprachlicher Zeichen, zur Meta-Disziplin aller Wissenschaft wird. In diesem Sinne könnte das Rechtsverständnis traditionellen Chinas inhaltreich dekonstruiert werden und auf wissenschaftlicher Grundlage zur modernen welteinheitlichen Rechtsordnung rekonstruiert werden. Die juristische Begründung dient als Grundmaterial zur Rekonstruktion des nationalen Rechtsverständnisses. Für die Rekonstruktion der Jurisprudenz im globalen Rahmen ist die Rechtsinformatik[349] von großem Nutzen, da sie die Verbreitung der transnationalen juristischer Datenbanken erheb-

346 *Rudolf Bruns*, a.a.O. (Fn. 135), S. 18.
347 Siehe Fn. 199.
348 Grundlegend *Ferndinand de Saussure*, Grundfragen der allgemeinen Sprachwissenschaft, 2. Aufl. (1967).
349 *Thomas Hoeren*, a.a.O. (Fn. 329), S. 286,287.

lich erleichtert[350] und damit die Rechtsvergleichung und den transkulturellen Diskurs zu fördern vermag.

IV. Zusammenfassende Bemerkungen

Zur tiefgreifenden rechtskulturellen Verständigung ist die Rechtsvergleichung nicht ohne Belang. Insbesondere für die Gestaltung einer welteinheitlichen Rechtskultur als eine wichtige Aufgabe im 21. Jahrhundert, ist sie unabdingbare Voraussetzung. Eine optimale Methode muss für die Rechtsvergleichung im internationalen Umfeld noch gefunden werden.

Da die meisten juristischen Regelungen darauf zielen, Geltung im sozialen Umfeld zu gewinnen, muss das Recht als sozialtechnologische Disziplin angesehen werden. In Ländern mit konfuzianischer Kultur kann ein praktisches und nichtreligiöses System der Ethik zu einer tragenden Säule der Gesellschaft werden. Im Westen werden ethische Grundsätze tendenziell aus der Religion abgeleitet: Tugend aus Wahrheit[351]. Während bei westlicher Jurisprudenz nach Klugheit bzw. die Weisheit gefragt wird, strebt man im traditionellen chinesischen Recht nach der Kultivierung der Tugend. Die Definition der *„right decision"* kann in dieser Hinsicht variieren, denn Tugend und Wahrheit gaben eins gemeinsam: die soziale Geltung des Rechts. Das Recht als sozialtechnologische Disziplin findet im Osten ebenso gut wie im Westen Anwendung. Für die soziale Geltung des Rechts spielt die Begründung eine wichtige Rolle, da nur sie die Parteien von der Richtigkeit der Entscheidung überzeugen kann. Im Lichte der sozialen Geltung des Rechts erscheinen sowohl die übermäßige Folgenberücksichtigung im taiwanesischen Recht als auch die ratio legis im deutschen Recht als wenig förderlich. Die Folgenberücksichtigung des taiwanesischen Rechts, weil sie für die Parteien oft willkürlich ist und die ratio legis weil sie als überzogenes logisches Konstrukt für die Parteien zu sehr unverständlich bleibt.

Die Loslösung von einer rein deduktiven Denkweise könnte zudem neue Möglichkeiten und Lösungen eröffnen. Bezeichnend hierfür ist die Ausführung von *Nicolai Hartmann* in seinem Buch „Das Problem des geistigen Seins". Hier heißt es: „Es gibt im Denken, SOWEIT ES LOGISCH IST (Betonung des Verfassers), keine Freiheit. Gerade das Denken ist streng gesetzlich." Die westliche Erkenntnis ist eng mit der Logik verbunden. Nach dem Schock, zu erfahren,

---

350 Vgl. zum Plan eines weltumspannenden online-Datenkommunikationsnetzes zum transnationalen Wirtschaftsrecht, *P. K. Berger*, a.a.O. (Fn. 189); vgl. auch die Zusammenstellung von Internet-Adressen zum internationalen Wirtschaftsrecht („eye on international business") auf der Homepage des münsteraner Instituts für Internationales Wirtschaftsrecht, http://www.uni-muenster.de/Jura.iwr/english/berger/linkse/linkse.html.

351 *Von Geert Hofstede*, a.a.O. (Fn. 299), S. 241.

dass die logische Korrektheit des juristischen Syllogismus bei der Rechtsanwendung meist nicht tangiert wird, können sich die westlichen Juristen gelassen weiter erkundigen, wie sich die juristische Hermeneutik in anderen Kulturen auch ohne Logik hat entwickeln können. Das traditionelle chinesische Recht ist als Kultivierung der Tugend konzipiert, ohne jedoch die Hermeneutik zu gebrauchen. Die deutsche Begriffsjurisprudenz, die stark von der Logik geprägt wurde, funktioniert auf der Grundlage einer Begriffsverschärfung. Aber auch die Begriffsbildung ist national-kulturell beschränkt und von der subjektiven Wertvorstellung bedingt. Sie stößt im kulturübergreifenden Bereich oft auf ihre Grenzen und kann die Bedürfnisse der internationalen Handelsschiedsgerichtsbarkeit nicht erfüllen. Um mehr Rechtssicherheit im internationalen Handel zu erreichen, soll die Leistung der Logik jedoch Hilfsmittel dienen; gerade in der internationalen Handelsschiedsgerichtsbarkeit muss aber gefragt werden, wie die hermeneutische Anwendung der Logik im kulturübergreifenden Umfeld betrachtet und angewendet werden kann. Eine vergleichende Studie über die Anwendungsweise der Logik im Recht kann gleichzeitig einen Beitrag zur Aufklärung über die menschlichen Möglichkeiten leisten. Da die Anwendung von Logik im Recht kulturell geprägt und national beschränkt ist, soll die Humanisierung der Logik nunmehr thematisiert werden. In diesem Sinn ist der transkulturelle Dialog von besonderer Bedeutung. Wichtig ist hierbei ein sprachphilosophischer Ansatz, der es ermöglicht eine weltweit gültige juristische Rationalität herauszufinden. Dies wird zu den Zukunftsaufgaben der internationalen Handelsschiedsgerichtsbarkeit gehören.

Überzogene juristische Hermeneutik passt insbesondere nicht zu umfangreicher Integration. Besonders deutlich beschreibt Roscoe Pound an seinem gedanklichen Wendepunkt vom Interesse an der deutschen historischen Schule zu seiner eigenen „*sociological jurisprudence*“ diese Problematik: Bei „Urbanisierung und Industrialisierung, Konzentration wirtschaftlicher Macht und Verschärfung der Verteilungskämpfe sei es nicht mehr damit getan, aus der Geschichtlichkeit des Rechts und seinen Sinnzusammenhängen Begriffe, Systeme und logisch fundierte Regeln abzuleiten“[352]. Die internationale Handelsschiedsgerichtsbarkeit befindet sich in einer noch komplexeren Situation, als die von Ross beschriebene, denn eine einheitliche Geschichtlichkeit des Rechts existiert hier nicht. Wenn das Recht als sozialtechnologische Disziplin gilt, wird die Logik für die Rechtswissenschaft langsam an Bedeutung verlieren. Schwerpunkt der juristischen Tätigkeiten ist vielmehr die Übereinstimmung des Bewertungsmaßstabs. Versteht man Recht als sozialtechnologische Disziplin so ist die normative Vorgabe des Gesetzes nur dann erfüllt, wenn sie soziale Geltung erlangt. Soziologi-

---

352 So *Mathias Reimann*, Historische Schule und Common Law, Die deutsche Rechtswissenschaft des 19. Jahrhunderts im amerikanischen Rechtsdenken", Berlin 1993, S. 253.

sche Untersuchungen sind daher von großer Bedeutung Die Aufgabe des Rechtsanwenders soll daher darauf beschränkt sein, durch die bürgernahe juristische Begründung im Rahmen der normativen Vorgaben die Konventionstiefe des Rechts zu stärken indem er die Parteien überzeugt. Um die Rechtsicherheit zu wahren, sollte eine moralische Bewertung jenseits der Gesetzesbindung begründet sein. Die juristische Begründungslehre gilt für die internationale Handelsschiedsgerichtsbarkeit als das Optimale.

Kapitel IV Internationale korrekte Begründung als *ordre public international* zwischen Deutschland und Taiwan

"No man can have in his mind a conception of the future,
for the future is not yet.
But of our conception of the past,
we make a future."

Thomas Hobbes, Human nature

I. Rechtssicherheit und Hermeneutik der internationalen Handelsschiedsbarkeit

Die Sachlageuntersuchung der internationalen Handelsschiedsgerichtsbarkeit (Kapitel I) zeigt, dass bis heute immer noch viele unsichere Faktoren im internationalen Rechtsverkehr bestehen. Um spontane Kooperation im Niemandsland protektiver Staatstätigkeit zu ermöglichen und um die fehlende internationale Rechtssetzung zu kompensieren, betreibt die ICC die „*promotion of self-regulation in international trade*". Zahlreiche von ihr ausgearbeitete „*rules of contract*" und die branchenspezifische „*lex contractus*" haben in erster Linie die Aufgabe, klare Beurteilungskriterien für die Unterscheidung von kooperativem gegenüber nicht-kooperativem Verhalten bereitzustellen. So hat man auch den Sinn der Incoterms („Katalogisierung und Vereinheitlichung der im Außenhandel gebräuchlichsten Kaufbedingungen") zu verstehen: Sie dienen nicht nur der Vertragsrationalisierung, sondern auch der Vertragsklarheit[353]. Diese Praxis der internationalen Handelsschiedsgerichtsbarkeit beweist, dass die „*foreseeability*" des Schiedsspruchs weltweit hoch geschätzt wird. Der deutsche Ansatz, dass die Rechtssicherheit ontologisch angelegt werden soll, verdient daher besondere Aufmerksamkeit. Diese Sachlage und Entwicklungslinie erfordern zugleich eine solide materiellrechtliche Grundlage, um die *foreseeability* zu erreichen. Bei der Verrechtlichung muss die Rechtssicherheit daher als Leitfaden gelten. Der Ansatz des „*users' law*"[354], weist darauf hin, dass die Schiedsgerichtsbarkeit wie ein Produkt attraktiv gemacht werden soll. Dabei soll die *foreseeability* als wichtige Qualität der internationalen Handelsschiedsgerichtsbarkeit als Dienstleistung angesehen werden.

---

353 *Dieter Schmidtchen*, Territorialität des Rechts, Internationales Privatrecht und die privatautonome Regelung internationaler Sachverhalte – Grundlagen eines interdisziplinären Forschungsprogramms, RabelsZ 59(1995), S. 102.

354 *Fali S. Nariman*, a.a.O. (Fn. 200), S. 265.

Obwohl die UNIDROIT-Prinzipien bereits Realität sind, ist der Weg zu einer einheitlichen Rechtskultur noch weit. Denn einheitliche Rechtskultur bedeutet nicht formelle Rechtseinheit [...], sondern vielmehr einheitliche konzeptionelle Horizonte der „*interpretative community*"[355]. Im Kapitel III wurde festgestellt, dass das Methodenverständnis national-kulturell geprägt wird und die Überzogenheit der Methode im modernen Recht als sozialtechnologische Disziplin nicht mehr erwünscht ist. Da die Hermeneutik im kulturgreifenden Umfeld oft auf Grenzen stößt und die Gesetzesbindung des Einheitsrechts vielfach von der subjektiven Interpretation abhängt, soll hier ein Ansatz vorgebracht werden, der geeignet ist, die juristischen Bewertungen anzunähern und die *users* der internationalen Handelsschiedsgerichtsbarkeit aus aller Welt soweit wie möglich zu überzeugen. Herangezogen wird der analytische und wissenschaftliche Ansatz der juristischen Begründungslehre. Dieser Ansatz bezieht sich vor allem auf die semantische Interpretation der gesetzlichen Ausdrücke und die Zulässigkeit erwogener Interpretation.

A) Recht als semantische Interpretation der gesetzlichen Ausdrücke

Gesetzesauslegung und –anwendung bedürfen einer Methode. Die Methodenlehre wiederum benötigt aus einer Reihe von Gründen eine philosophische Fundierung. Dies gilt - erstens und herausragend - für den Umgang mit Gesetzestexten. Die Fragen, wie und in welchem Maße Bindung an Gesetzestexte möglich ist, dürfen nicht ohne sprachphilosophische (übrigens: auch linguistische) Theorien beantwortet werden. Weiterhin verlangt - zweitens - das aus dem Rechtsstaatsprinzip folgende und in der Rechtsordnung der Bundesrepublik Deutschland kodifizierte Begründungsgebot für Gerichts- und Verwaltungsentscheidungen Klarheit über die formale Struktur rationalen Begründens. Hier kommt man nicht ohne logische Betrachtungen aus. Solche Entscheidungsbegründungen müssen im Übrigen auch Tatsachenfeststellungen hinsichtlich des zur Entscheidung stehenden Falls enthalten. Diese müssen regelmäßig aus „Indizien" erschlossen werden, so dass – drittens - Modelle wissenschaftlicher Erklärungen und Begründungen relevant sind. Schließlich steht außer Frage, dass, wenn auch dem Umfange nach streitig, auch in Rechtsordnungen mit Kodifikaten Entscheidungen im Einzelfall auf außergesetzliche Normen gestützt werden müssen. Damit stellt sich – viertens - die metaethische Problematik der Normenbegründung[356]. Nach dieser These der juristischen Begründungslehre ist die *foreseeability* nur im relativen Sinn zu erreichen[357]. Jenseits der Gesetzesbin-

---

355 *Walter R. Schluep*, a.a.O. (Fn. 282), S. 732.

356 *Hans-Joachim Koch/Helmut Rüßmann*, Juristische Methodenlehre und analytische Philosophie, in: Rechts- und Sozialphilosophie in Deutschland heute: Beiträge zur Standortsbestimmung / hrsg. von *Rober Alexy*... - Stuttgart : Steiner, 1991, S. 186-200.

357 *Koch/Rüßmann*, a.a.O. (Fn. 192), S. 1; vgl. auch *U. Neumann*, a.a.O. (Fn. 206), S. 3 f.

dung sind noch viele Faktoren zu ergründen und zu berücksichtigen, um eine gute juristische Entscheidung zu treffen und daraus die tiefgreifende Annäherung des Gedankens zu erzielen[358].

a) Deduktion als formale Begründungsstruktur rationalen Begründens

Die Rechtssicherheit ist nur bei deduktiver Begründungsstruktur erreichbar[359]. Den Zusammenhang zwischen deduktivem Modell und Gleichbehandlungsgrundsatz spricht *Alexy* unter dem Sprichwort „Universalisierbarkeitsprinzip" an[360]. Nach der Analyse der juristischen Begründungslehre sind die wichtigsten Leistungen der deduktiven Begründungsstruktur folgende[361]:

- Nur eine präzise angebbare Beziehung zwischen den Prämissen einer juristischen Entscheidung und der Konklusion (= konkrete Rechtsfolgenanordnung) sichert der Diskussion um die Prämissen Relevanz.

- Die Beachtung des Deduktivitätspostulats ist *notwendige* Bedingung für die Gleichbehandlung.

- Die Beachtung des Postulats ist auch eine *notwendige* Bedingung für die Gewährleistung des *möglichen* Maßes an Rechtssicherheit.

- Die Einhaltung des Deduktivitätsgebots ist schließlich auch *notwendige* Bedingung für die Realisierung des *möglichen* Maßes an Gesetzesbindung.

Das demokratische Staatsverständnis gebietet die Methodenehrlichkeit und schließlich auch die Offenlegung der Interessenabwägung und des Werturteils als wahre Entscheidungsfindung[362]. Die juristische Begründungs- bzw. Argumentationstheoretiker führen die Notwendigkeit einer wahren Begründung auf

---

358 *Koch/Rüßmann*, a.a.O. (Fn. 192), S. 373 ff; vgl. auch *ders.*, Normative Begründungsmöglichkeiten jenseits der Gesetzesbindung, Vortrag zur Tagung der Deutschen Sektion der Internationalen Vereinigung für Rechts- und Sozialphilosophie am 1. Oktober 1992 in Hamburg; Erstveröffentlichung in: Koch/Köhler/Seelmann (Hrsg.), Theorien der Gerechtigkeit, ARSP Beiheft 56, 1994, S. 24 bis 40; abrufbar im Internet unter http://ruessmann.jura.uni-sb.de/publika.htm; *ders.*, Möglichkeit und Grenzen der Gesetzesbindung, Erstveröffentlichung in: Okko Behrends/Malte Dießelhorst/Ralf Dreier (Hrsg.), Rechtsdogmatik und praktische Vernunft, Symposion zum 80. Geburtstag von Franz Wieacker, 1990, S. 35 bis 56; abrufbar im Internet unter http://ruessmann.jura.uni-sb.de/publika.htm.

359 *Koch/Rüßmann*, a.a.O. (Fn. 192), S. 114; ferner v. Savigny, E., Juristische Dogmatik und Wissenschaftstheorie, 1976, S. 104.

360 *Alexy*, a.a.O. (Fn. 234), S. 274.

361 *Koch/Rüßmann*, a.a.O. (Fn. 192), S. 5-6.

362 *O. Hartwieg u. H. A. Hesse*, Die Entscheidung im Zivilprozess, 1981, S. 157, sprechen von der "Tugend der Offenheit".

den Leibnizschen Satz vom hinreichenden Grund (prinzipium reddendae rationis sufficientis) zurück, der als „prinzipium magnum, grande et nobilissimum" gilt[363]. Dadurch können auch Scheinbegründungen vermieden werden. Von einer Scheinbegründung spricht man, wenn eine nach außen kundgegebene Ableitung einer Entscheidung nicht mit derjenigen übereinstimmt, die in Wahrheit stattgefunden hat[364]. Eine hinreichende Begründung bietet zugleich auch hinreichendes Material zur zukünftigen Entwicklung des Rechts.

b) Semantische Konvention für die *foreseeability*

Die logische Korrektheit des juristischen Syllogismus wird durch die Stützung der Daten nicht tangiert. Die meisten juristischen Tätigkeiten betreffen eher die Bewertung. Der moralische Subjektivismus kann nicht logisch falsch sein[365]. Zur Gesetzesbindung bleibt die Frage: Wie kann die semantische Konvention durch Annäherung der subjektiven Bewertung gefördert werden? Dazu sollte die maßgebliche Wertvorstellung als normative Vorgabe des Gesetzes festgestellt bzw. festgelegt werden. Um die *users* der internationalen Handelsschiedsgerichtsbarkeit zu dienen und um das Einheitsrecht zu gestalten, sollten ihre Eigenschaften als Rechtstatsachen zuerst untersucht werden.

aa) Maßgeblichkeit des subjektiven Rechts und Stellenwert des Zivilrechts: UNIDROIT-Prinzipien als Ausgangspunkt

Das subjektive Recht und der Stellenwert des Zivilrechts sind das rechtliche Anliegen für den (ökonomischen) Utilitarismus. Diese politischen Grundlagen zur Festlegung der Wirtschaft als Institution gelten als der Baustein des Kapitalismus. Für die internationalen Handelsschiedsgerichtsbarkeit sind die UNIDROIT-Prinzipien von zentraler politischer Bedeutung.

bb) Heranziehung der ökonomischen Analyse

Die überzogene juristische Hermeneutik als nationaler Platonismus hält gegenüber dem Kapitalismus in der internationalen Handelsschiedsgerichtsbarkeit nicht stand. Die Wissenschaft kann zumindest im Rahmen der internationalen Handelsschiedsgerichtsbarkeit den Individuen ohnehin nicht die Entscheidung darüber abnehmen, in welcher Ordnung sie zu leben wünschen. Dass eine normative Wissenschaft das könnte, ist eine Illusion, die dem Wertplatonismus entstammt, der Auffassung, dass es spezifische Werteinsichten gibt, die Anspruch

363 *U. Neumann*, a.a.O. (Fn. 206), S. 5 f.; *J. Brüggmann*, Die richterliche Begründungspflicht, 1971, S. 23 f.

364 Vgl. *F. Brecher*, Scheinbegründung und Methodenehrlichkeit im Zivilrecht, in: Festschrift Nikisch, 1958, S. 231.

365 *Philippa Foot*, a.a.O. (Fn. 317), S. 107-124.

auf Geltung im Sinne der Wahrheit machen können[366]. Das Hauptinteresse der *user* in der internationalen Handelsschiedsgerichtsbarkeit gilt der Wirtschaftlichkeit des Handelns, daher muss die Schnittstelle zwischen Hermeneutik und ökonomischer Analyse herausgearbeitet werden. Allerdings darf die ökonomische Analyse nicht auf die Hermeneutik beschränkt bleiben, sondern muss vielmehr auch die gesetzgeberischen Konzepte erfassen.

c) Systematisierung

„Vernunftgeleitete Menschen ... bringen alle individuellen Betrachtungsweisen in ein System und kommen gemeinsam zu maßgebenden Grundsätzen, die jeder bejahen kann, indem er ihnen gemäß lebt“[367]. Dieser von John Rawls formulierte Hinweis findet in der Rechtswissenschaft seit langem Anwendung. Eine Rechtsordnung, die sich „von Fall zu Fall und von Einzelregelung zu Einzelregelung weitertastet", wächst „nach immanenten Prinzipien, die insgesamt ein System ergeben"[368]. Hieraus folgt die Orientierungsfunktion des Rechts und schließlich trägt die Systematisierung auch zur *foreseeability* bei[369], weil sonst die Begriffe und Systeme in der Rechtsordnung alle ihren eigentlichen Sinn und Wert verlieren würden. Die Antwort auf die oft beklagte Stofffülle der internationalen Handelsschiedsgerichtsbarkeit kann auch nur eine Ausbildung der Fähigkeit sein, jederzeit in neuen Sachbereichen und Rechtsgebieten in internationalen Handelsbeziehungen gut begründete Entscheidungen erarbeiten zu können. Notwendige Bedingung für die Erreichung dieses Ziels sind methodische Fähigkeiten und Kenntnisse[370]. Da die klassische Rechtsmethodik zu sehr von Logik geprägt wird und diese Hermeneutik oft von realen sozialen Zusammenwirkungen isoliert ist, sollten die Systematisierungsbestrebung i.S. der klassischen Rechtsmethodik eher gebremst werden. Angestrebt werden soll vielmehr eine Systematisierung durch Kategorisierung und Institutionalisierung als moderner Regelungstendenz. Daher ist ein Minimalismus bei der Rechtsanwendung hierfür angebracht, bevor weitere soziologische Untersuchungen, entweder quantitativ oder qualitativ, eingeführt werden, um die Regelungszweckmäßigkeit zu überprüfen.

---

366 *H. Albert*, a.a.O. (Fn. 194), S. 75-76.

367 *Karen Ilse Horn*, Moral und Wirtschaft, Tübingen : Mohr, 1996, S. 22.

368 *K. Engisch*, Sinn und Tragweite juristischer Systematik, Studium Generale, Band 10, 1957, S. 173 f.

369 Zur Orientierungsfunktion des dogmatischen Systems: *K. Larenz*, Methodenlehre der Rechtswissenschaft, 5. Aufl. 1983, S. 160; ferner auch *Luhmann*, Moderne Systemtheorie als Form gesellschaftlicher Analyse, in: J. ; *ders.*, Rechtssystem und Rechtsdogmatik, *Habermas & N. Luhmann*, Theorie der Gesellschaft oder Sozialtechnologie, Suhrkamp.

370 *Koch/Rüßmann*, a.a.O. (Fn. 192), S. 3.

Die eingehende Kategorisierung und Institutionalisierung erfordern logische Unterscheidungen, sowie eine eindeutige Terminologie und deren richtiger Gebrauch. Fachbegriffe mit sich eindeutigem Wortsinn dürfen nicht ohne weiteres zur Bezeichnung von Sachverhalten verwendet werden, auf die sie nicht zutreffen. In diesem Sinne funktioniert die BGB-Begriffssystematik zwischen Deutschland und Taiwan bereits unterstützend zur Anwendung der UNIDROIT-Prinzipien, während die Definition zu Gesetzgebungstechnik gehört. Die branchenspezifische Anwendung der Logik soll durch die Ermittlung der formalen Schlussstruktur und Erfahrungssätze der wichtigen Schiedsinstitutionen auf diesem Gebiet, herausgearbeitet werden. Auf der anderen Seite kann die sog. schleichende Kodifizierung durch Listenbildung der Rechtsprinzipien[371] die „internationalen korrekten Begründung“ (siehe unten) stärken.

d) Zwischenergebnis

Auch in Rechtsordnungen mit Kodifikaten müssen Entscheidungen im Einzelfall u.a. auf außergesetzliche Normen gestützt werden. Es bedarf daher einer Festlegung von Wertmaßstäben als Metaethik der Normenbegründung. Anhand dieser Maßstäbe kann dann die Zulässigkeit der erwogenen Interpretation beurteilt werden.

B) Zulässigkeit erwogener Internpretation: Korrekte Begründung als methodischer Ausgangspunkt

Die Anwendung der UNIDROIT-Prinzipien erfordert die Herausarbeitung von Wertungen anhand derer sich die Zulässigkeit erwogener Interpretation beurteilen lässt. Denn nur so kann eine tiefgehende Gesetzesbindung erreicht werden. Setzt man die UNIDROIT- Prinzipien als semantischen Fixpunkt fest, so werden schon hierdurch die Entscheidungsmöglichkeiten beschränkt. Dennoch verbleibt immer ein relativ großer Entscheidungsspielraum in dem die Semantik nicht weiterhilft, sei es bei der Wahl zu beachtender Folgen, sei es bei der Präzisierung der zu beachtenden Folgen oder bei der Optimierung konfligierender einschlägiger Folgen. In allen diesen Fällen sind Wertungen des Entscheiders erforderlich, die nicht mehr in Bindung an das Gesagte oder das Gewollte erfolgen können. In diesen Fällen aber bleibt die Frage, wie „jenseits der Gesetzesbindung“ eine rationale Wahl zwischen den verbliebenen Entscheidungsalternativen möglich ist[372].

---

371 Vgl. *P. K. Berger*, a.a.O. (Fn. 190).

372 *Koch/Rüßmann*, a.a.O. (Fn. 192), S. 235-236.

a) Wirtschaftsrationalität als Maßstab unter Entscheidungsalternativen

Die Suche nach dem Kriterium, einem sicheren Anzeichen der Wahrheit, war bisher erfolglos[373]; dies bedeutet, dass wir die Subjektivität des Verstehens anerkennen müssen. Die Wirtschaftsrationalität ist jedoch von universaler Geltung für die Menschheit. So wie die überzeugende Ausführung von Gary S. Becker: „The economic approach is a comprehensive one that is applicable to all human behavior“[374]. Seit langem wurde das Postulat „Wirtschaft als Leben“[375] plädiert, obwohl es in der philosophischen Diskussion um den Konsequentialismus und Utilitarismus auch recht verschieden Versionen der Folgenberücksichtigung gibt[376]. Im Zeitalter des „ökonomischen Imperialismus", wo „Wettbewerb solidarischer als Teilen ist“, ist das Beharren auf dem Sollen der Kantschen Philosophie[377], auf internationaler Ebene aufgrund der unterschiedlichen nationalen Rahmenbedingungen keine realistische Zukunftsperspektive. Da der moralische Subjektivismus die Vermittlung der Parteiintention (das Sein) oft außer Acht lässt, könnte die Kontrolle der Willkür des Rechtsanwenders hierdurch erschwert werden. Auch der Utilitarismus liefert gute Gründe für den Ansatz der „internationalen Handelsschiedsgerichtsbarkeit als *users' law*“. Um diesen Ansatz zu verwirklichen ist eine Untersuchung der Eigenschaften der *international business community* und der Wünsche ihrer Mitglieder von Nöten.

Die Präferenz der internationalen Wirtschaftspraxis für Kalkulierbarkeit und Vernunft im Rahmen der internationalen Handelsschiedsgerichtsbarkeit[378] führt dazu, dass die *foreseeability* vielfach von der *international business community* erwünscht wird. Unter dem Gesichtpunkt der Transaktionssicherheit bietet die Streitentscheidung durch Schiedsgerichte zwei entscheidende Vorteile gegenüber Prozessen vor staatlichen Gerichte: Schiedsgerichtliche Streitentscheidung ermöglicht in der Regel die Fortsetzung der vertraglichen Beziehung, weil ihr als *„soft jurisdiction"* ein deutlich geringeres Konfrontationspotential innewohnt. Selbstgewählte und fachkundige Schiedsrichter (häufig Nichtjuristen), die Vertraulichkeit sowie die Informalität des Verfahrens erlauben es den Par-

---

373 *H. Albert*, a.a.O. (Fn. 194), S. 11.

374 Vgl. *Karen Ilse Horn*, Moral und Wirtschaft, Tübingen : Mohr, 1996, S. 82.

375 Vgl. *Friedrich v. Gottl-Ottlilienfeld*, Wirtschaft als Leben, Verlag von Gustav Fischer Jena, 1925.

376 Vgl. etwa *Hoerster*, Utilitarische Ethik und Verallgemeinerung, 1971, S. 20 f.

377 *Funke*, Kants Stichwort für unsere Aufgabe: Disziplinieren, Kultivieren, Zivilisieren und Moralisieren, in: 3 Akten des 4. Internationalen Kant-Kongresses 1 (1975); vgl. auch *Brugger*, Grundlinien der Kantischen Rechtsphilosophie, JZ 1991, S. 893; vgl. auch *Sebastian Gardner*, Value and idealism, in: *Anthony O'Hear*, Philosophy, the Good, the True and the Beautiful, Royal Institute of Philosophy Supplement: 47, Cambridge University Press 2000, S. 1-18.

378 *Böckstiegel*, RIW 1984, S. 675.

teien, „ihr Gesicht zu wahren". Irrationale Prestigegründe gewinnen deshalb nicht so leicht die Oberhand über die ökonomische Rationalität wie bei öffentlich ausgetragenen Prozessen vor staatlichen Gerichten. Aus diesem Grunde – und das ist der zweite entscheidende Vorteil des schiedsgerichtlichen Verfahrens – werden Schiedssprüche zu einem ganz hohen Prozentsatz, der nahe bei 100% liegt, spontan erfüllt[379]. Das Problem der Anerkennung und Vollstreckung von Schiedssprüchen stellt sich daher nur in seltenen Ausnahmenfällen, aber auch dann sind Anerkennung und Vollstreckung durch universell geltende Übereinkommen sichergestellt[380]. Auch in der Rechtswissenschaft wird häufig betont, dass Zweckmäßigkeit und Wirtschaftsrationalität die kennzeichnenden Eigenschaften der *international business community* sind[381]. Die Wirtschaftsrationalität kann durch den englischen Spruch einfacher verdeutlicht werden: „*Honesty is the best policy*"[382]. Hieraus folgt die Maxim, dass die Wahrung der Parteieninteressen Nutzenmaximierung für die internationale Handelsschiedsgerichtsbarkeit bedeutet[383].

b) Begründung als konkrete Folgenberücksichtigung

Die Begründung darf den Rahmen des Gesetzestextes nicht sprengen, das heißt, sie muss die sprachlich-grammatikalische, systematisch, und historische Auslegung beachten. Die teleologische Auslegung und der mit ihr eng verbundene Begriff der *ratio legis* birgt hingegen für die mehr Gefahren als Nutzen. Die konkrete Folgenberücksichtigung soll daher für die internationale Handelsschiedsgerichtsbarkeit die teleologische Auslegung ersetzen. Entscheidend ist hierbei, dass die Rationalität dieser Folgenberücksichtigung gewahrt bleibt. Die hinreichende Begründung kann diese Rationalität absichern, wenn sie als primäre Aufgabe der Rechtsanwendung aufgefasst wird. Versteht man die Rechtswissenschaft als sozialtechnologische Disziplin, so sind bei der Folgenberücksichtigung auch sozialwissenschaftliche Methoden zu verwenden. ‚Erfahrung' und ‚Intuition' können daher ohne Bedenken als Quelle der Erkenntnis gelten. Wichtig ist dabei, dass wesentlichen Bewertungen offengelegt werden, so wie es bei den Bemühungen der juristischen Begründungslehrer der Fall ist.

---

379 *Ursula Stein*, Lex Mercatoria – Realität und Theorie, 1995, S. 34 m.zahlr.Nachw. in FN. 88.

380 *Ursula Stein*, Systembildung durch privatautonome Rechtssetzung und ihre Grenze, S. 679.

381 *Schlosser*, a.a.O. (Fn. 175), S. 73 f..

382 *Karen Ilse Horn*, Moral und Wirtschaft, Tübingen : Mohr, 1996, S. 126.

383 *Schlosser*, a.a.O. (Fn. 175), S. 73.

c) Rechtskulturvielfalt

Die Realität, dass der nationale Begründungsstil bis heute die maßgebliche Denkart der Juristen bleibt, darf jedoch nicht überspielt werden. Bevor die welteinheitliche Rechtskultur Gestalt annimmt, soll von den Juristen in der internationalen Handelsschiedsgerichtsbarkeit das Fairnesspostulats gegenüber anderen Rechtskulturen beachtet werden. Um den Subjektivismus zu reduzieren und um die vielfältigen kulturellen Wertvorstellungen zu kontrollieren, sollte ein dem § 138 entsprechender Mechanismus eingeführt werden. Der § 138 BGB gilt als Einfallstor der Grundrechte für ihre mittelbare Drittwirkung im Privatrecht[384]. Auf diese Weise könnte eine minimaler aber verbindlicher Wertekanon für die internationale Handelsschiedsgerichtsbarkeit geschaffen werden.

d) Zwischenergebnis

Im westlichen Recht gilt die Hermeneutik als die klassische juristische Kompetenz. Nach der Strukturierenden Rechtslehre[385] sind so gut wie alle Rechtswissenschaftler und Rechtspraktiker Positivisten[386]. Zur Rechtsanwendung bzw. juristischen Begründung im positiven Recht muss eine Methode sorgfältig ausgeformt werden, weil nur in methodisch nachweisbarer Bindung erlassene Entscheidungen mit der Justiz im positivistischen Sinne vereinbar sind. Diese Bindung missachtende Entscheidungen sind nicht nur nicht „legal", sondern auch nicht systematisch gerechtfertigt, nicht legitim. Der Richter hat bei einem methodologischen Konflikt um die weitere Verknüpfung dem normtextnäheren Argument den Vorrang einzuräumen. Mittels einer rechtsnormtheoretisch rückgebundenen Methodik lassen sich präziser kontrollierende Standards für die juristische Interpretationstätigkeit entwickeln[387]. Eine methodische Gemeinsamkeit zur Interpretation des Gesetzestextes wie oben erörtert muss im kulturübergreifenden Hinblick herausgearbeitet werden, um das Einheitsrecht zu realisieren.

C) Ergebnis

Der Stellungnahme des Bundesgerichtshofs, dass die (rechtsvergleichend oder wirtschaftlich) vernünftige Auslegung *„in a common sense manner"* zur

384 Siehe nur BGHZ 91, 1, 5 = BB 1991, § 1381; BGH, NJW 1972, 1414, 1415; 1986, 2944 = BB 1986, 2082; *Soergel/W. Hefermehl*, BGB, Bd. 1, 12. Aufl. 1987, § 138 BGB Rn. 10; *Canaris*, JuS 1989, 161, 164 f..

385 *Friedrich Müller-Ralph Christensen*, Rechtstext und Textarbeit in der Strukturierenden Rechtslehre, in: Text und Recht / Text and Law / Giuseppe Zaccaria (Hrsg./ed.), Münster : Verlag LIT, 1998.

386 *Friedrich Müller-Ralph Christensen*, a.a.O. (Fn. 385), S. 88.

387 *Friedrich Müller-Ralph Christensen*, a.a.O. (Fn. 385), S. 110.

Anwendung ausländisches Rechts als allgemein anerkannte Methode sanktioniert werden kann[388], ist im Hinblick auf die Auslegung des Einheitsrechts wie z.B. der UNIDROIT-Prinzipien zuzustimmen. Sie gilt zugleich als Maßstab für die „Vertretbarkeit“ der Rechtsanwendung im Schiedsspruch und folglich auch als Maßstab der verfassungsrechtlichen Minimalkontrolle im Aufhebungs- bzw. Anerkennungsverfahren.

II. Gestaltung der internationalen korrekten Begründung

Versteht man Politik als gesellschaftsbezogene Intervention in komplexe Systeme, dann ist Recht als Interventionsinstrument nur dann geeignet, wenn es – gemessen an den zu regelnden Problemlagen – adäquat komplex gebaut ist und einen Steuerungsmodus zulässt, der die horizontale Koordination selbstreferentiell geschlossener Teilsysteme leistet[389]. Die *international business community* als ein selbstreferentielles und eigendynamisches Teilsystem der hochkomplexen, funktional differenzierten Gesellschaften braucht das reflexive Recht[390], um die regulierte Autonomie zu erreichen. Das reflexive Recht hat die Aufgabe, integrative Mechanismen für Verfahren und Organisation innerhalb der Teilsysteme selbst bereitzustellen, ihnen einen Modus der Selbststeuerung zu ermöglichen, der ihre Eigendynamik respektiert[391]. Die Maxim der Privatautonomie in der Schiedsgerichtsbarkeit (Stichwort: internationale Handelsschiedsgerichtsbarkeit als *users' law*) bedeutet in diesem Sinn die Gestaltung eines selbstregulatorischen Instituts für den internationalen Rechtsverkehr.

Da die nationale Rechtskultur sehr ausdifferenziert ist, muss ein modulierter Ansatz vorgebracht werden, um die Verrechtlichung zu fördern und dabei mehr *foreseeability* versprechen zu können. Dazu sollen die integrativen Mechanismen, wie der Modus der Eigendynamik als ein werthinweisender Maßstab herausgearbeitet werden. Aufgrund der Rechtskulturvielfalt kann nur eine vereinfachte Methode in der internationalen Handelsschiedsgerichtsbarkeit Erfolg haben. Es soll daher thematisiert werden welche minimalen Anforderungen an eine Begründung zu stellen sind um *forseeability* zu erreichen. Die vom Bundesgerichtshof genannten Auslegungsmethoden können bei der Herausarbeitung dieser Minimalanforderungen wegweisend sein, nämlich die rechtsvergleichend vernünftige Auslegung, die wirtschaftlich vernünftige Auslegung und die Auslegung „*in a common sense manner*“. In dieser Richtung kann ein reduzierter Ansatz entstehen, nämlich eine wirtschaftsvernunftorientierte Auslegung der UNIDROIT-Prinzipien. Die Wirtschaftsvernunft reduziert die Komplexität der

---

388 Siehe Fn. 199.
389 *H. Willke & G. Teubner*, a.a.O. (Fn. 207), S. 10 f.
390 *H. Willke & G. Teubner*, a.a.O. (Fn. 207), S. 13 f.
391 *H. Willke & G. Teubner*, a.a.O. (Fn. 207), S. 19 f.

Absicht von kulturfremden Kaufleuten und spiegelt zugleich auch die Realität des internationalen Handels, wo Kapitalismus regiert und Utilitarismus herrscht. In diesem Sinn dient der reduzierte Ansatz der *foreseeability* und kann als die *„right decision“*[392] für die internationale Kaufleute gelten. Diese drei Elemente werden bei der Gestaltung der „internationalen korrekten Begründung“ unten weiter erörtert.

A) *Forseeability* durch Gestaltung der „internationalen korrekten Begründung“

Mithilfe des minimalistischen Ansatzes der „internationalen korrekten Begründung“ soll herausgefunden werden, was gute Gründe für eine Entscheidung auf dem Gebiet der internationalen Handelsschiedsgerichtsbarkeit sind. Die *foreseeability* soll durch die Korrektheit der juristischen Begründung erreicht werden. Dieser Ansatz verdient bei der Verrechtlichung besondere Aufmerksamkeit, weil er einen gangbaren Weg verspricht die *forseeability* in der internationalen Handelsschiedsgerichtsbarkeit zu verwirklichen. Da die *forseeability* eine wichtige Qualität des Schiedsspruchs betrifft, kann sie in diesem Sinne als „internationale Gerechtigkeit“ bezeichnet werden. Die Hauptanforderungen an die internationale korrekte Begründung sind die internationale, die ökonomische und die methodische Korrektheit. Die internationale korrekte Begründung zur *foreseeability* als klassische juristische Kompetenz spricht aber nicht für die Richtigkeit, sondern für die qualitativen Bedingungen des internationalen Schiedsspruchs. Die ergänzende und verbessernde Funktion der anderen Arten der juristischer Tätigkeit im internationalen Handel (Mediation, *ex aequo et bono* oder *amiable composition*) sollen nicht in Konkurrenz zu der international korrekten Begründung stehen, sondern vielmehr ebenfalls durch eine solche Begründung gerechtfertigt werden.

B) Definition der „internationalen korrekten Begründung“

Die „internationale korrekte Begründung“ ist gleichbedeutend mit einer wirtschaftlich rationalen Auslegungsregel für die UNIDROIT-Prinzipien. Selbst dort, wo der Rechtsanwender in erster Linie nicht ein gesetzesmäßiges, sondern ein sachgerechtes Ergebnis anstrebt, bleibt seine Entscheidung „an die normativen Vorgaben des Gesetzes gebunden”. Dies bedeutet jedoch nicht, dass eine Entscheidung bei der primär ein sachgerechtes Ergebnis angestrebt wurde automatisch mit der normativen Vorgabe des Gesetzes unvereinbar wäre. Vielmehr stimmt ein solches Ergebnis immer dann mit der normativen Vorgabe überein, wenn sich seine Begründung im Rahmen der Zulässigkeit erwogener Interpreta-

392 The 7th Geneva Arbitration Forum, Journal of International Arbitration 16(1): 55-114, 1999; 16(2): S. 109-137, 1999.

tion befindet. Daher ist es entscheidend einen universellen Maßstab für die Zulässigkeit der erwogenen Interpretation zu schaffen. Als Maßstab soll hierbei die wirtschaftlich rationalen Auslegung gelten, deren Hauptmerkmale sind: die internationale Korrektheit, die methodische Korrektheit und die ökonomische Korrektheit. Diese Merkmale sollen nun im Folgenden eingehend erörtert werden.

a) Internationale Korrektheit: Die UNIDROIT-Prinzipien als Semantischer Fixpunkt

Für die Legitimationsbasis der schiedsrechtlichen Parteiautonomie auf internationaler Ebene sind die UNIDROIT-Prinzipien ein guter Kandidat, weil sie ein durch das von einer weltweit anerkannten Institution produzierte, also das politisch gesetzte, positives Recht sind. Die UNIDROIT-Prinzipien als Kodifikation des internationalen Handelsvertragsrechts stellen einen Schritt in Richtung der Rechtsvereinheitlichung im Bereich des internationalen Handels dar. Die Funktionsfähigkeit des Regelwerks der UNIDROIT-Prinzipien gilt als der Arbeitsschwerpunkt zur Verrechtlichung der internationalen Handelsschiedsgerichtsbarkeit.

aa) Anwendung der UNIDROIT-Prinzipien als integrativer Mechanismus

Die direkte Anwendung der UNIDROIT-Prinzipien ist heute nicht nur möglich[393], sondern auch notwendig, um die *foreseeability* auf internationaler Ebene zu fördern. Der Gedanke einen minimalistischen Kanon für die Rechtsanwendung im internationalen Handelsvertragsrecht aufgrund der UNIDROIT-Prinzipien zu erarbeiten, bietet einen praktikablen und methodisch abgesicherten Ansatz[394].

i) UNIDROIT-Prinzipien als semantischer Fixpunkt

Die Kodifikation des internationalen Handelsrechts im Rahmen der UNIDROIT-Prinzipien bietet sowohl die *lingua franca* als auch einen semantischen Fix-

393 *K. Boele-Woelki*, Die Anwendung der UNIDROIT-Prinzipien auf internationale Handelsverträge, IPRax 1997, 161-171, S. 164 ff; J. *CH. Wichard*, Die Anwendung der UNIDROIT-Prinzipien für internationale Handelsverträge durch Schiedsgerichte und staatliche Gerichte, RabelsZ 60(1996) S. 276 ff.; ferner vgl. auch *Andreas Spickhoff*, Internationales Handelsrecht vor Schiedsgerichten und staatlichen Gerichten, RabelsZ 56(1992), S. 125 f.

394 Dazu vgl. auch *K. P. Berger*, Vom praktischen Nutzen der Rechtsvergleichung – Die "international brauchbare" Auslegungsregel nationalen Rechts, Festschrift für Otto Sandrock, Verlag Recht und Wirtschaft Heidelberg 2000, S. 49-64. Die "international brauchbare Auslegung" konzentriert sich auf den Aspekt der Anwendung des nationalen Rechts.

punkt. Wenn dieser semantische Fixpunkt für die *international business community* als Sprachkonvention dienen kann, lässt sich hierdurch sprachliche Extension beschränken. Die Intention der Parteien im internationalen Rechtsverkehr kann folglich einfacher festgestellt werden. Dieser semantische Fixpunkt ist eine mögliche Antwort auf die oft beklagte Stofffülle der internationalen Handelsschiedsgerichtsbarkeit.

ii) UNIDROIT-Prinzipien als Substrat der Rechtsvergleichung

Die UNIDROIT-Prinzipien liefern ein prägnantes Beispiel für die Funktion der Rechtsvergleichung als „Erkenntnisquelle" für das geltende Recht. Insofern erweist sich der Gedanken der Transnationalisierung des Rechts auch als ein Ansatzpunkt für die Fortentwicklung der Auslegungsmethodik. Die UNIDROIT-Prinzipien liefern das für diesen Auslegungsansatz notwendige rechtsvergleichende Substrat.

iii) UNIDROIT-Prinzipien und einheitliche Auslegungsregel

Erst wenn die UNIDROIT-Prinzipien auch als Grundlage für die Auslegung von nationalem Recht in das Bewusstsein der Rechtsanwender gedrungen sind, ist die Richtung vorbestimmt: von der Methode zum materiellen Recht. Die UNIDROIT-Prinzipien bieten als Referenzordnung den Vorteil, dass ihre Regelung speziell auf die Bedürfnisse des internationalen Handels abgestimmt ist. Die Orientierung der Auslegung nationalen Rechts an den UNIDROIT-Prinzipien vereint also den rechtsvergleichenden Ansatz mit dem Aspekt der internationalen Korrektheit der Referenzordnung. Bisher litt der Gedanken der rechtsvergleichenden Auslegung gerade daran, dass in den Rechtsvergleich nationale Rechtsordnungen einbezogen wurden, obwohl im Kontext des internationalen Wirtschaftsverkehrs deren eingeschränkte Korrektheit für die interessengerechte Lösung grenzüberschreitender Sachverhalt den Grund für die Internationalisierung der Auslegung bildet. Auch die UNIDROIT-Prinzipien selbst stehen ihrer Einbeziehung als Referenzordnung und Inspirationsquelle bei der Auslegung nationalen Rechts nicht entgegen.

bb) Praktische Vorteile der Anwendung der UNIDROIT-Prinzipien

Der Gedanke einer reduzierten Auslegungsregel aufgrund der UNIDROIT-Prinzipien , wie die „internationale korrekte Begründung" der Fall ist, zeigt einen Ausweg aus dem Dilemma der Rechtsvergleichung. Referenzordnung ist nicht mehr eine Vielzahl von nationalen Rechtsordnungen. Vielmehr bildet ein auf der Grundlage umfangreicher rechtsvergleichender Vorarbeiten zustande gekommenes Regelwerk den Fixpunkt für die Auslegungsarbeit. Der rechtsvergleichende Auslegungsansatz wird durch die UNIDROIT-Prinzipien und den darin enthaltenen rechtsvergleichenden Sachverstand der UNIDROIT Arbeitsgruppe mediatisiert. Die UNIDROIT-Prinzipien liefern das von Zweigert gefordert praktische „rechtsvergleichende System", mit dem die Rechtsvergleichung für die Auslegung des eigenen nationalen Rechts fruchtbar gemacht werden kann. Durch ihre Qualität als außerhalb einer nationalen Rechtsordnung und damit außerhalb einer bestimmten Rechtsfamilie stehende Referenzordnung wird die Auslegung zugleich objektiviert. Rabels Satz „Der Rechtsvergleicher denkt objektiver" erlangt eine neue Bedeutung.

b) Methodische Korrektheit

Bei der Beurteilung der methodischen Korrektheit einer Auslegung muss zum einen das Fairnesspostulat und zum anderen die Einhaltung des juristischen Syllogismus beachtet werden.

aa) Fairness zum Ausgleich der nationalen Methodenunterschiede

Da die nationale juristische Hermeneutik meist kulturell geprägt wurde und im Zeitalter der Globalisierung nicht mehr zeitgemäß ist, sollte der Ansatz der Fairness zum Ausgleich der nationalen Methodenunterschiede auf keinen großen Widerstand stoßen. Die weltweite Autorität der UNIDROIT liefern anderseits auch die Legitimation für diesen Ausgleich. Die Annäherung des nationalen Methodenverständnisses ist zwar in der Zukunft für eine tiefgreifende *foreseeability* unerlässlich, der Weg dorthin ist jedoch noch weit. In der Entwicklungsphase muss daher ein Ausgleich für die nationalen Methodenunterschiede gefunden werden. Ein solcher Ausgleich lässt sich jedoch nur erreichen wenn die Juristen gegenüber anderen Rechtskulturen das Fairnesspostulat walten lassen. Daher darf kein einzelnes Methodenverständnis sich als einzig richtiges auffassen, sondern es muss vielmehr ein gemeinsamer Minimalismus der methodischen Korrektheit gefunden werden.

bb) Einführung des juristischen Syllogismus zur Annäherung des Methodenverständnisses

Da die *international business community* als eng spezifizierter Handelskreis langsam Gestalt angenommen hat, entwickelt sie zugleich auch eine Sprachgemeinschaft; Dies zeigt sich z.B. in der weiten Verbreitung der *Incoterms*. Die UNIDROIT-Prinzipien als semantische Plattform weisen ebenfalls in diese Richtung. Die Positivierung der Regeln führt schließlich zum Deduktivitätspostulat und fördert die *foreseeability* des internationalen Handels. Der juristische Syllogismus garantiert hierbei die (relative) Gesetzesbindung. Da die UNIDROIT-Prinzipien bereits internationale Korrektheit bieten, soll daher der juristische Syllogismus zur Annäherung der nationalen Methodenverständnisse vorgebracht werden. Er gilt als ein gemeinsames Methodenverständnis und kann daher als methodische Korrektheit bezeichnet werden.

c) Ökonomische Korrektheit: Wirtschaftsrationalität als werthinweisender Maßstab und methodischer Ansatz

aa) Wirtschaftsrationalität statt dogmatischem Glasperlenspiel

Das nationale „dogmatische Glasperlenspiel"[395] funktioniert insbesondere auf internationaler Ebene oft nicht und ist auch nicht erwünscht. Die Verrechtlichung der internationalen Handelsschiedsgerichtsbarkeit soll auf ökonomischer Logik beruhen, weil die *users* der internationalen Handelsschiedsgerichtsbarkeit Kaufleute sind und die nationale juristische Logik meist von kulturellen Faktoren geprägt wird. Da auch die Ökonomie ihr Menschbild (Homo oeconomicus) hat[396], kann die Sprachkonvention in der internationalen Handelsschiedsgerichtsbarkeit in den „Zahlen" als Fachsprache der Kaufleute einfacher erreicht werden. Ein Kurs spricht für Tausend Wörter; die Hermeneutik soll in diesem Bereich auch die Metrologie abdecken. Die ökonomische Korrektheit entspricht zugleich auch dem Interesse der Parteien aus der *international business community*. Sie ist Bestandteil der internationalen korrekten Begründung und soll folglich als Maßstab der gerichtlichen Kontrolle gelten. Damit kann die Hermeneutik eine neue Dimension gewinnen. In diesem Sinn soll die ökonomische Logik in der Zukunft als juristische Logik für die internationale Handelsschiedsgerichtsbarkeit gelten. Die Wirtschaftsrationalität gilt hierfür nicht nur als der wertweisender Begriff, sondern auch als ein methodisch heuristischer Ansatz.

bb) Zur methodischen Bedeutung der Wirtschaftsrationalität für die „internationale korrekte Begründung"

Da die Gesetzesanwendung bzw. -auslegung von der Begründung abhängt, fragt es sich, nach welchem Maßstab bzw. nach welchem Kriterium die Begründung im internationalen Handelsschiedsspruch wertbezogen korrekt ist. Wenn sich die Parteien auf eine Streitschlichtung durch ein internationales Schiedsgericht geeinigt haben, so ist anzunehmen, dass sie eine den wirtschaftlichen Interessen und der besonderen Problematik des grenzüberschreitenden Sachverhalts angemessene Entscheidungsfindung durch das Schiedsgericht erwarten. Dort, wo die anwendbare Rechtsordnung „offen" ist und Wertungsmöglichkeiten zulässt, gibt sie dem Schiedsrichter die Befugnis, innerhalb der „Streubreite" des Gesetzes

395 *Koch/Rüßmann*, a.a.O. (Fn. 192), S. 271.

396 *Josef Drexl*, Die wirtschaftliche Selbstbestimmung des Verbrauchers. Eine Studie zum Privat- und Wirtschaftsrecht unter Berücksichtigung gemeinschaftsrechtlicher Bezüge, Verlag Mohr Siebeck 2000, S. 128 f.

eine der Situation angemessene Auslegungsmethodik anzuwenden[397]. Die französische Rechtssprechung zur Zulässigkeit von Goldklauseln in „internationalen Verträgen"[398] zeigt, dass dieser Freiraum grundsätzlich auch für die Anpassung nationalen Rechts an die Besonderheiten internationaler Wirtschaftsbeziehungen genutzt werden kann. Da die Wirtschaftsrationalität auch im methodischen Sinne genutzt werden kann, sollten die Ergebnisse der ökonomischen Analyse des Rechts als Kriterium für die Korrektheit der Entscheidung herangezogen werden. Dem entspricht die Betonung der Statistik in der juristischen Begründungslehre[399]. Die deduktive Begründungsstruktur gilt als die Schnittstelle zwischen traditioneller Hermeneutik und dieser neuen ökonomischen Methode. Ökonomische Logik bedeutet, dass die Wirtschaftsrationalität als normative Prämisse der Rechtsanwendung zugleich auch als Maßstab für die Zulässigkeit erwogener Interpretation gilt. Die ökonomische Analyse soll soweit wie möglich in die Begründung einbezogen werden, damit sich die internationale Handelsschiedsgerichtsbarkeit auch in der Handelspolitik bzw. im Wirtschaftsrecht entfalten kann.

C) Zwischenergebnis

In Zukunft soll die rationale und wirtschaftlich vernünftige Auslegung das universelle Kriterium für eine gute und hinreichende Begründung sein. Die UNIDROIT-Prinzipien sollen hierbei als semantischer Fixpunkt dieser Auslegung und gleichzeitig als Referenzordnung dienen. Die UNIDROIT-Prinzipien als Fördermittel zur gemeinschaftlichen Sprachenkonvention der *international business community* führen dazu, dass die sprachliche Extension unter Kontrolle gebracht und die Parteiintention einfacher festgestellt werden kann. Um die Leistung der Logik bezüglich der *forseeability* für die internationale Handelsschiedsgerichtsbarkeit nutzbar zu machen, soll der juristische Syllogismus als ein universalistischer Methodenmaßstab gelten und folgerichtig als *ordre public international* qualifiziert werden[400]. Zusätzlich soll die Wirtschaftsrationalität als Maßstab für die Zulässigkeit der erwogenen Interpretation gelten. Auf diese Weise kann die Komplexität der Auslegungsvielfalt reduziert werden. Die Wirtschaftsrationalität ist zum einen für die Feststellung des Parteiwillens bedeutend und kann zum anderen als Leitfaden bei der Auslegung nationaler zwingenden Normen und der rationalen Gestaltung des *ordre public international* dienen. Um zukünftig die Abstimmung von Regeln und Prinzipien, die Aufdeckung allgemeiner Rechtsgedanken, die Abwägungen und Wertentscheidungen oder die

---

397 *K. P. Berger*, J.Int'l.Arb., Nr. 4 1992, S. 5, 14; *ders.*, Am.J.Comp.L. 1998, S. 129, 141 f.; vgl. Allg., *Großfeld*, Macht und Ohnmacht der Rechtsvergleichung, 1984, S. 33.

398 Vgl. Allg. *Delaume*, Transnational Contracts, 1988, 4.08.

399 *Koch/Rüßmann*, a.a.O. (Fn. 192), S. 2.

400 *Schlosser*, a.a.O. (Fn. 175), § 1044 III, S. 426 f.

interessengerechte Ausrichtung von Auslegungsvorgängen zu ermöglichen, soll ein weltweit vereinigtes Methodenverständnis angestrebt werden. Dies gehört jedoch zu den Zukunftsaufgaben der „internationalen korrekten Begründung". Bis dahin gilt es die internationale, methodische und ökonomische Korrektheit schiedsrichterlicher Entscheidungen sicherzustellen. Betont wird die Feststellung in dieser Arbeit, dass die Hermeneutik ihre Grenze hat und die ökonomische Analyse für die internationale Handelsschiedsgerichtsbarkeit oftmals zweckmäßig ist.

III. Internationale korrekte Begründung als *ordre public international* zwischen Deutschland und Taiwan

A) Gestaltende Funktion des *ordre public international*

Die „internationale korrekte Begründung" als Qualifikation der guten Gründe im internationalen Schiedsspruch und als wichtige Bedingung der *foreseeability* kann zur Systematisierung des branchenspezifischen Rechts der *international business community* beitragen, denn sie schafft die grundsätzlichen Voraussetzungen für *foreseeability*, nämlich den semantischen Fixpunkt, die methodische Fairness und die Wirtschaftsrationalität. Die international korrekte Begründung soll daher als ein Ansatz und Leitfaden für die künftige Gestaltung des *ordre public international* dienen. Sie soll Kernstück der materiellrechtlichen Überprüfung des Schiedsspruches durch die nationalen Gerichte sein und zugleich soll die einheitliche Rechtskultur der internationalen Handelsschiedsgerichtsbarkeit in diesem Rahmen gestaltet werden.

Anders als die traditionelle Abwehrfunktion des *ordre public*-Vorbehalts sucht man beim Ansatz des *ordre public international* einen Minimalismus, um einen internationalen Konsens für die Gestaltung eines Welteinheitsrechts zu erhalten. Der *ordre public international* hat daher im Gegensatz zum nationalen *ordre public* eine gestaltende Funktion.

B) Internationale korrekte Begründung als *ordre public international* zwischen Deutschland und Taiwan

Im Folgenden soll untersucht werden inwieweit eine Anwendung der international korrekten Begründung als *ordre public international* im Verhältnis zwischen Deutschland und Taiwan realisierbar ist. Dies hängt vor allem davon ab inwieweit das Rechtsverständnis der beiden Länder sich angenähert hat und inwieweit es mit der international korrekten Begründung vereinbar ist. Die gemeinsame BGB-Begriffssystematik schafft bereits eine semantische Plattform, die einen gewissen Annäherungsgrad gewährleistet und als günstige Rahmenbedingung für die Rechtssicherheit in der internationalen Handelsschiedsgerichtsbarkeit gilt.

a) Annäherung von deutschem und taiwanesischem Recht

aa) Taiwans Weg zur zivilrechtlichen Modernisierung

Anders als die deutsche Rechtskultur sucht das traditionelle chinesische Recht nach der Harmonie. Das Harmoniepostulat bedeutet, dass statt Unterscheidung in erster Linie die Synthetisierung angestrebt wird. Hauptmerkmale der Synthetisierung sind der Eklektismus und Pragmatismus, die als taiwanesischer Simplicissmus bezeichnet werden können. Obwohl das syllogistische Begründungsschema im taiwanesischen Recht bereits verankert ist, schwankt der Maßstab der Zulässigkeit erwogener Interpretation immer noch stark. Die fortschreitende Kategorisierung und Institutionalisierung im Rahmen des BGB wurde in Taiwan weniger entwickelt als in Deutschland. Obwohl das BGB 1929 übernommen wurde und die deutsche Rechtsmethodenlehre weiterhin eingeführt wird, stößt die Begriffsverschärfung der deutschen Rechtsmethodik oft auf Grenzen, weil die Unterscheidungskraft in der chinesisch-taiwanesischen Kultur nicht erwünscht ist. Die Vorliebe für weite und grobe Begriffe verhindert eine größere Bewertungsfeinheit. Die oft auftauchende Zusammenstellung verschiedener, manchmal sogar auch konfligierender, Gesetzgebungszwecke verursacht nicht selten die Anatomie des Gesetzeszwecks. Das erschwert das logische Erschließen und schädigt die Effizienz der Rechtsanwendung. Recht als semantische Interpretation gesetzlicher Ausdrücke wird oftmals von außergesetzlichen Wertvorstellungen und Faktoren gestört. Die Korruption der Hermeneutik ist in Taiwan daher noch nicht überwunden worden. Eine so weitreichende Bewertungsfeinheit wie im deutschen Recht, die durch Unterscheidungstiefe und Begriffsschärfe erreicht wird, ist jedoch nicht unbedingt die beste Alternative, weil sie für den Bürger fremd und unfreundlich erschiene.

Das moderne Zivil- und Handelsrecht gewinnt jedoch als wirtschaftlich orientiertes Recht, das meist das Ergebnis geschäftlicher Verhandlungen ist, in Taiwan als einem wichtigen Exportland zunehmend an Bedeutung gegenüber dem traditionellen Rechtsbewusstsein. Die übernommene BGB-Begriffssystematik soll in der Zukunft die übermäßige Folgenberücksichtigung der taiwanesischen Gerichte einschränken.

Da die BGB-Begriffssystematik im taiwanesischen Recht bereits verankert ist, kann sie als gemeinsame Plattform zwischen Deutschland und Taiwan dienen. Die wörtliche, systematische und historische Auslegung ist somit ein realisierbares Kriterium der *right decesion* im Handelsverkehr zwischen den beiden Ländern. In der Handelsschiedsgerichtsbarkeit sollte die teleologischen Auslegung, deren sog. ratio legis einer wissenschaftlichen Grundlage entbehrt, durch die konkrete Folgenberücksichtigung i.S. der Wirtschaftsrationalität ersetzt werden. Dieser Maßstab kann zugleich auch als die „*right decision*“ für die juristische Entscheidung in der internationalen Handelsschiedsgerichtsbarkeit zwischen Deutschland und Taiwan gelten. Die Stellungnahme des Bundesgerichtshofs, dass die (rechtsvergleichend oder wirtschaftlich) vernünftige Auslegung „*in a common sense manner*“ zur Anwendung ausländischen Rechts als allgemein anerkannte Methode sanktioniert werden kann, passt zu diesem Simplicissmus. Soweit es die Methodik betrifft, ist das Institut des *ex aequo et bono* oder *amiable composition* nicht mehr notwendig, wenn der Schiedsspruch gut begründet wird. Aber bevor man zum Angriff-Verteidigungsmodell des modernen Zivilverfahrensrechts greift, das auch in Taiwan bereits Realität ist, sollte man zunächst versuchen die Streitigkeit i. S. des Harmoniepostulats in Verhandlungen oder im Mediationsverfahren beizulegen, denn das moderne Zivilverfahren ist in Taiwan wegen der scharfen Wortgefechte und Öffentlichkeit vielfach unerwünscht. Es wird dadurch das starke Gefühl erzeugt, man könne das Gesicht verlieren.

bb) Taiwanesische Zivilrechtsmethodik

Das von Deutschland übernommene gewaltige und sich durch systematischen Aufbau und Begriffsklarheit auszeichnende Gesetzeswerk ist nach sechzigjähriger Anwendung und mühsamer wissenschaftlicher Bearbeitung ein wesentlicher Teil des taiwanesischen Rechtslebens geworden[401]. Wegen der Übernahme der BGB-Begriffssystematik u.v.a. steht Taiwan die Begriffsschärfe des modernen deutschen Zivilrechts zur Verfügung. Nach der Übernahme des deutschen BGB 1929 ist der juristische Syllogismus für Taiwan als Land des kodifizierten Rechts eine Selbstverständlichkeit. Das Begründungsgebot ist in der Verfassung und im Zivilprozessrecht verankert. Auch die klassischen Auslegungsregeln sind von der taiwanesischen Justiz übernommen worden: Der objektive Sinn des zur Anwendung in Betracht kommenden Gesetzes soll durch die sprachlich-grammatikalische, systematische, historische, und teleologische Auslegung ermittelt werden[402]. Nach der in Ausbildung und Praxis maßgeblichen Methodik umfasst der Entscheidungsakt die Ermittlung des Rechtssatzes, die Subsumtion sowie die Festlegung der Rechtsfolgen[403]. Allerdings ist die teleologische Auslegung bis

401 *Tze-chien Wang*, Entwicklungslinien und Reform des chinesisch-taiwanesischen Schuldrechts, AcP 186(1986), S. 267; ferner auch Yü-po Cheng, Fünfzig Jahre chinesisch-taiwanesisches Zivilgesetzbuch (chinesisch), Juristische Zeitschrift (fa hsüeh ts'ung kan), Bd. 30, Nr. 1 (Januar, 1985), S. 1 f..

402 *Tze-chien Wang*, Schriftenreihe Studien der zivilrechtlichen Fälle (min-fa-shi-li-yen-shi-chung-shi), Bd. I: Grundlegende Theorien, S. 116.

403 Vgl. *Fickentscher*, a.a.O. (Fn. 150), S. 736.

heute nicht so ausgeprägt wie im deutschen Recht. Es wird jedoch aktiv daran gearbeitet die Hermeneutik im deutschen Sinne weiterzuentwickeln. So werden zahlreiche deutsche Werke zur Analogie, der Rechtsontologie oder der umfassenden Darstellung der Rechtsmethodenlehre in Deutschland übersetzt[404].

Diese Entwicklung der taiwanesischen Zivilrechtsmethodik zeigt, dass sich die taiwanesische juristische Hermeneutik und der Begründungsstil durch die BGB-Systematik an die deutsche angenähert hat. Die hieraus resultierende Rechtssicherheit kann der *international business community* beiderseits zur Verfügung gestellt werden. Auf der anderen Seite muss jedoch die traditionelle Rechtskultur auch berücksichtigt werden, weil die als Schiedsrichter bestellten Fachleute neben ihrem Fachwissen oft das traditionelle Rechtsdenken und die traditionelle Rechtsauffassung anwenden. Die Schlichtungsformel wie „eine Mark angesprochen, 50 Pfennig zugesprochen", die die psychologische Betreuung anstrebt, hat in Taiwan langsam an Bedeutung verloren, weil die Parteien die Gründe verlangen, um überzeugt zu werden[405]. Die Anwendung des positiven Rechts ist von den Parteien zunehmend erwünscht[406]. Dabei soll das Begründungsgebot betont werden, um das chinesische traditionelle Rechtsdenken und die chinesische traditionelle Rechtsauffassung ins moderne Rechtssystem zu integrieren. Die methodischen Gemeinsamkeiten werden unten weiter erörtert.

b) Die international korrekte Begründung und die Rechtskultur in Deutschland und Taiwan

Wie oben erörtert wurde sind die wichtigsten Kriterien der international korrekten Begründung das Deduktivitätspostulat und die wirtschaftlich vernünftige Auslegung. Inwieweit diese Maßstäbe in Deutschland und Taiwan realisierbar sind soll im Folgenden untersucht werden.

aa) Deduktivitätspostulat als Kernstück der *foreseeability*

Die *foreseeability* ist nur bei deduktiver Begründungsstruktur erreichbar. Dieser Garant der *foreseeability* soll der weiteren Systematisierung des Rechtssystems der internationalen Handelsschiedsgerichtsbarkeit beitragen. Als Garant der *foreseeability* soll der Deduktionsvorgang bei der juristischen Entscheidung gesondert behandelt und betrachtet werden[407]. Die Deduktion als formale Struktur rationalen Begründens soll als ein gesonderter Maßstab der Begründung gelten.

---

404 So wie *Arthur Kaufmann*, Analogie und Natur der Sache, 2. Aufl., 1982. Übersetzt von *Jüe-an Yen/Chung-cho Wu*, Verlag Shüe-lin, November 1999; *K. Larenz*, Methodenlehre der Rechtswissenschaft. Übersetzt von *Ai-erh Chen*, Verlag Wu-nan, 1997 Taipeh.

405 *Chun-yi Lin*, a.a.O. (Fn. 145), S. 16.

406 *Chun-yi Lin*, a.a.O. (Fn. 145), S. 16.

407 *Koch/Rüßmann*, a.a.O. (Fn. 192), S. 112 f.

Genau dieser Deduktionsvorgang soll dadurch auch der sog. Minimalkontrolle des Gerichts unterworfen werden.

Für Deutschland und Taiwan als Länder des positiven Rechts ist der juristische Syllogismus als Auslegungsregel eine Selbstverständlichkeit. Das Begründungsgebot ist auch beiderseits vorgeschrieben[408]. Die klassischen Auslegungsregeln (wörtliche, systematische und historische Auslegung) sind im taiwanesischen Recht seit langem festgelegt. Der methodische Vorgang der Rechtsfindung - Subsumtion, Wertung und Konstruktion – wird auch in der Entscheidungsbegründung im sog. Urteilsstil wiedergegeben. Die hermeneutischen Verfahren zur Rechtsfortbildung (Analogie, Umkehrschluss und teleologische Reduktion) werden im taiwanesischen Recht aber noch nicht systematisch gelehrt. Wegen der Korruption der Hermeneutik im chinesischen traditionellen Recht ist es dringend notwendig für Taiwan, die Logik als Hilfsmittel zu verstärken, um die Rationalität des Begründens zu fördern. Die Sprachkonvention kann dadurch auch einfacher erreicht werden.

Insgesamt wird jedoch betont, dass der hohe Methodenannäherungsgrad zwischen Deutschland und Taiwan die *foreseeability* bei der Anwendung der UNIDROIT-Prinzipien verspricht. Während die UNIDROIT-Prinzipien als internationaler semantischer Fixpunkt gelten, ist es betonenswert, dass die BGB-Begriffssystematik beiderseits unterstützend funktioniert. Taiwan als Mitglied der BGB-Rechtsfamilien kann dadurch die UNIDROIT-Prinzipien schärfer konkretisieren. Da die BGB-Systematik eine unterstützende Funktion hat, wird es bei der Anwendung der UNIDROIT-Prinzipien vorgeschlagen, die Juristen als Schiedsrichter zu bestellen, um die juristische Integrationsfunktion beiderseits zu entfalten.

bb) Ökonomische Korrektheit als werthinweisender Maßstab

Die ökonomische Rationalität der taiwanesischen Kaufleute lässt sich durch das chinesische Sprichwort „zai-shang-yen-shang" (Geschäft ist Geschäft) verdeutlichen. Die Universalität der Wirtschaftsrationalität liegt auf der Hand. Die Korrektheit der Begründung erfordert einerseits die technischen Voraussetzungen, wie die Methodenfestlegung und Begriffsschärfe, andererseits das gedankliche Gemeingut. Die Wirtschaftsrationalität ist insofern ein geeigneter gemeinsamer Bewertungsmaßstab. Da Taiwan und Deutschland bereits das BGB-Begriffssystem teilen, bleibt nur die Problematik der kulturellen Wertvorstellung. Die Wirtschaftsrationalität, die von der *international business community* bezweckt wird, beschränkt die freie Entfaltung der kulturellen Gedankenwelt. Sie kann daher ausgleichend zwischen den beiden Rechtskulturen wirken und störende

408 Für Taiwan: Art. 80 des Verfassungsgesetzes; § 226 des Zivilverfahrensgesetzes.

Faktoren wie die ratio legis und die übermäßige Folgenberücksichtigung eindämmen. Auch wenn die ökonomische Analyse in Deutschland noch nicht völlig anerkannt ist, so weist doch die Entscheidung des BGH, der die wirtschaftlich vernünftige Auslegung *„in a common sense manner*" (zur Anwendung ausländischen Rechts) sanktioniert in die richtige Richtung.

cc) Systemkonforme Methodengestaltung

Die systemkonforme Verrechtlichung hängt aber von der wissenschaftlichen Grundlage ab. Sie erfordert weiterhin eine beiderseitige Koordination. Die herkömmliche Zivilrechtsmethodik im Rahmen des BGB als Verfahren der Rechtserkenntnis und –entscheidung beiderseits nähern sich bereits einander an. Trotz der methodischen Gemeinsamkeit soll die Funktionsfähigkeit der juristischen Begründungslehre hier hervorgehoben werden. Andererseits soll die moderne Rechtsmethodik in der internationalen Handelsschiedsgerichtsbarkeit konkret, der Situation angepasst angewendet werden, um die als Schiedsrichter bestellten Fachleute zu überzeugen. Die dienende Funktion der Rechtswissenschaft soll dabei betont werden. Um die Systematisierung anzustreben, erfordert es eine weitergehende methodische Entwicklung. Die Abstimmung von Regeln und Prinzipien, die Aufdeckung allgemeiner Rechtsgedanken, die Abwägungen und Wertentscheidungen oder die interessengerechte Ausrichtung von Auslegungsvorgängen[409] gehören dazu. In dieser Hinsicht ist eine tiefere Einsicht in die nationale Hermeneutik notwendig. Dabei steht das Fairnesspostulat auf der einen Seite, die wissenschaftliche Untersuchung auf der anderen.

c) Zwischenergebnis

Wegen steigenden Rechtsannäherungsgrads, also sowohl des Bewusstseins des subjektiven Rechts und des Stellenwerts des BGB als auch des deduktiven Methodenverständnisses, soll die „internationale korrekte Begründung" für den konkreten Fall zwischen Deutschland und Taiwan als *ordre public internationa*l qualifiziert werden. Der Annäherungsgrad zwischen Deutschland und Taiwan soll die gegenseitige Anerkennung und Vollstreckung des Schiedsspruchs erleichtern. Diese klassische juristische Kompetenz dient als Basis für die *foreseeability* im internationalen Rechtsverkehr. Die gerichtliche Kontrolle hat deswegen für die *foreseeability* zwischen Deutschland und Taiwan große Bedeutung. Die „internationale korrekte Begründung" muss daher der gerichtlichen Kontrolle unterworfen werden.

---

409 *K. P. Berger*, a.a.O. (Fn. 187), S. 8.

C) Ergebnis

Obwohl die industrielle und Handelszusammenarbeit für die tiefgreifende gegenseitige Verständigung unerlässlich ist, kann die „internationale korrekte Begründung“ dabei aktiv zur engen Sprachkonvention und zur Förderung eines gemeinsamen Rechtsbewusstseins beitragen. Der hohe Rechtsannäherungsgrad zwischen Taiwan und Deutschland verringert das Problem der Rechtsunsicherheit erheblich. In der Zukunft sollte die aktive Anwendung der „internationalen korrekten Begründung“ im deutschen und taiwanesischen Recht der internationalen Handelsschiedsgerichtsbarkeit als eine wichtige Aufgabe wahrgenommen werden, so dass der beiderseitige Handel gefördert wird. Die Anforderung der „Vertretbarkeit“ der schiedsrichterlichen Rechtsfindung im deutschen Recht[410] und der Minimalstandard zur materiellrechtlichen Überprüfung des Gerichts im taiwanesischen Recht soll diese „internationale korrekte Begründung“ erfüllen. Sie soll auch der Kontrolle des vereinbarten zweiten Schiedsgerichts bzw. des vorgeschlagenen Weltspruchkörpers unterworfen werden. Die aktive Überprüfung fördert die schnelle Verwirklichung der *foreseeability* für die internationale Handelsschiedsgerichtsbarkeit. Zum Zweck der Sicherung und Überprüfung der „internationalen korrekten Begründung“ sollen auch die einschlägigen rechtlichen und institutionellen Rahmenbedingungen verstärkt werden. Dies wird im Folgenden weiter diskutiert.

IV. Rechtliche und institutionelle Rahmenbedingungen

Die juristische Begründung gilt als Nexus der Rechtsanwendung und der Verrechtlichung im Rahmen der „internationalen korrekten Begründung“ zwischen Deutschland und Taiwan, weil einerseits die hermeneutische Gemeinsamkeit bereits Realität ist und andererseits die Rechtsauffassungen immer noch sehr unterschiedlich sein könnten. Im Folgenden wird die Begründungspflicht des Schiedsgerichtes im positiven Recht untersucht. Als übergeordnete Grundlage wird die Untersuchung des NYÜ und das Model Law einbezogen, weil das Model Law weltweit einen großen Erfolg erreicht hat und sowohl Deutschland als auch Taiwan als *Model Law-countries* gelten. Untersucht wird weiter die Entwicklung der Begründungspflicht und der diesbezüglichen gerichtlichen Überprüfung im deutschen Recht, während das taiwanesische Schiedsrecht als Referenzordnung anschließend untersucht werden soll. Am Schluss der Untersuchung wird festgestellt werden, dass die Rahmenbedingungen für die Rechtsvereinheitlichung bzw. –gestaltung im geltenden Schiedsrecht beiderseits noch nicht ausreichend sind, und es werden einige eigene Vorschläge dazu vorgebracht.

---

410 *Jörg Jochen Fournier*, a.a.O. (Fn. 157), S. 104,105.

A) Rechtliche Rahmenbedingungen

a) Regelungen bezüglich der Begründungspflicht der Schiedsrichter

aa) Geschichtliche Betrachtung: NYÜ als Ausgangspunkt

Der NYÜ setzte die Schiedsfähigkeit als Eingangskontrolle und den *ordre public* als Ausgangskontrolle fest[411]. Die (materielle) Verrechtlichung wurde nicht berührt. Da die formelle Kontrolle des Schiedsspruchs hervorgehoben wurde, ist zu vermuten, dass die materiellrechtliche Begründungspflicht nicht für den Verfasser von Interesse ist.

bb) Art. 31 Model Law: Begründungspflicht der Schiedsrichter

Nach § 31, Abs. 2 Model Law soll der Schiedsspruch eine Begründung beinhalten, es sei denn, die Parteien haben anderes vereinbart, oder es handelt sich um einen Schiedsspruch mit vereinbartem Wortlaut im Sinne des § 30, in dem es um einen Vergleich geht. Übrigens hat sich das Model Law eher gegen eine Begründungspflicht und für mehr Vertraulichkeit ausgesprochen.

> Both the Working Group, and the Secretariat in its final commentary on the final draft of the Law, emphasized that the parties' waiver did not have to be explicit, but could be inferred from the fact that the type of arbitration envisioned does not usually result in an award with reasons[412].
>
> The Secretariat noted that the same could be said of a submission to arbitration that contemplated that the statement of reasons would be contained in a separate, confidential document[413].

Dies verdeutlicht dass der Verrechtlichung sowie der Rechtsfortbildung durch Schiedsgerichte ein großes praktisches Hindernis entgegensteht: die Vertraulichkeit der Verfahren. Wo Schiedssprüche nur gelegentlich veröffentlicht werden, hat es die Rechtsfortbildung schwer[414]. Dieser „Hemmschuh der Vertraulichkeit"[415] verhindert die gerichtliche sachliche Kontrolle im Rahmen der internationalen korrekten Begründung.

411 *Rudolf Bruns*, a.a.O. (Fn. 135), S. 22.

412 *Howard M. Holtzmann/Joseph E. Neuhaus*, a.a.O. (Fn. 1), Art. 31, S. 838.

413 Siehe "Seventh Secretariat Note, A/CN.9/264, Art. 31, para. 3, p. 856 infra".

414 *Otto Sandrock*, Die Fortbildung des materiellen Rechts durch die Internationale Schiedsgerichtsbarkeit, DIS-Schriftenreihe, Bd. 8, S. 28.

415 *Otto Sandrock*, a.a.O. (Fn. 414), S. 28.

cc) DeutschesRecht

Nach § 1054, Abs. 2 ZPO soll der Schiedsspruch die Begründung beinhalten; es sei denn, die Parteien haben vereinbart, dass keine Begründung gegeben werden muss, oder es handelt sich um einen Schiedsspruch mit vereinbartem Wortlaut im Sinne des § 1053, in dem es um einen Vergleich geht.

dd) Taiwanesisches Recht

Nach § 33, Abs. 2 Satz 5 SchVG sollen die Tatsachen und die Begründung im Schiedsspruch angegeben werden, sofern die Parteien nichts anderes vereinbart haben. Nach § 38, Abs. 1 Satz 2 SchVG erfordert die Anerkennung oder Vollstreckbarerklärung des Schiedsspruchs die Begründung. Sonst wird der Antrag der Anerkennung und Vollstreckung abgelehnt. Das Schiedsgericht kann dies aber nachholen.

ee) Zwischenergebnis

Die Begründungspflicht, die beim Model Law festgelegt ist, wird zugleich relativiert, weil die Parteien das Schiedsgericht hiervon befreien können. Die Zunahme der materiellrechtlichen Regelungen wie z.B. der UNIDROIT-Prinzipien verdeutlicht die Bestrebungen die internationale Handelsschiedsgerichtsbarkeit zu verrechtlichen. Im taiwanesischen und deutschen Schiedsrecht muss der Schiedsspruch im Prinzip begründet werden, obwohl die Parteien von der Begründungspflicht befreien können. Da die materiellrechtliche Relevanz der internationalen Handelsschiedsgerichtsbarkeit tendenziell zunimmt soll das Begründungsgebot nun auch auf internationaler Ebene im Rahmen des Model Law und des NYÜ thematisiert werden.

Wenn die Parteien das Schiedsgericht von der Begründungspflicht befreien, verlieren sie dadurch auch die Überprüfungsmöglichkeit durch ein Rechtsmittel. Da auch beim materiellrechtlichen Ansatz nur relative Sicherheit erreicht werden kann, sollten die Parteien darüber aufgeklärt werden. Zwischen Vertraulichkeit und Rechtssicherheit müssen die Parteien jedoch weiterhin wählen können.

b) Regelungen bezüglich des Überprüfungsmaßes des Gerichts: Deutschland und Taiwan

Da die Begründung bei der juristischen Hermeneutik eine zentrale Rolle spielt, wird untersucht ob die diesbezüglichen Regelungen im taiwanesischen Recht und im deutschen Recht ausreichen, um die Gestaltung des Einheitsrechts im Rahmen der „internationalen korrekten Begründung“ zu unterstützen.

aa) Art. 34 bzw. Art. 36 Model Law

Über die Gründe für das Versagen der Anerkennung und Vollstreckung hat das Model Law keinen konkreten Maßstab bezüglich der materiellrechtlichen Anwendung herausgearbeitet. Die Ausgestaltung des *ordre public*-Vorbehalts steht dem nationalen Recht zu. Die Zielsetzung der Rechtssicherheit von Art. 28 wird auch im Aufhebungsverfahren bzw. im Anerkennungsverfahren nicht entsprechend berücksichtigt.

bb) Deutsches Recht: § 1059 bzw. § 1061 ZPO

Im deutschen Recht beschränkt sich die sachliche Überprüfung des Gerichts auf die verfassungsrechtliche „Minimalkontrolle"[416]. Es ist bis heute aber noch unklar, welcher Maßstab konkret anwendbar ist. Auf der anderen Seite ist ersichtlich, dass § 1051 ZPO die *foreseeability* als Hauptzweck verfolgt. In der Aufhebungsklage nach § 1059 ZPO bzw. zum Anerkennungsantrag nach § 1061 ZPO sollen die Begründungen im Schiedsrecht die internationale ökonomische Korrektheit erfüllen und dann als „vertretbar"[417] gelten.

cc) Taiwanesisches Recht: § 40 bzw. § 50 SchVG

Obwohl die Begründungspflicht im taiwanesischen Schiedsrecht bereits geregelt ist, ist es bis heute noch sehr umstritten, ob das positive Zivilgesetzbuch anzuwenden ist, wenn die Parteien darauf nicht ausdrücklich hingewiesen haben[418]. Beim taiwanesischen Gericht gilt zugleich auch ein Minimalstandard der Bindungswirkung des Schiedsspruchs. So begründet z.B. die Angemessenheit des Ergebnisses der schiedsrichterlichen Entscheidung oder die Richtigkeit der Rechtsanwendung keinen Anspruch auf Aufhebungsklage[419]. Auch die materiellrechtliche Angemessenheit des Schiedsspruchs begründet keinen Anspruch auf Aufhebungsklage[420] bzw. Anerkennungsversagung.

c) Zwischenergebnis

Nach dem Untersuchungsergebnis ist aber unklar, in welchem Maße die Begründung der *ordre public*-Kontrolle unterworfen wird. In der internationalen Handelsschiedsgerichtsbarkeit soll beiderseits die „internationale korrekte Begründung" eingeführt und als *ordre public international* angewandt werden, weil dieser Ansatz die *foreseeability* aktiv fördert und zugleich die Gegenseite überzeugen kann.

---

416 *Jörg Jochen Fournier*, a.a.O. (Fn. 157), S. 102.
417 *Jörg Jochen Fournier*, a.a.O. (Fn. 157), S. 102.
418 Vgl. Fn. 145.
419 Urteil des Obersten Gerichts, tai-shang-ji 2722, 1996.
420 Urteil des Obersten Gerichts, tai-shang-ji 2695, 1999.

B) Institutionelle Rahmenbedingungen

Zwischen Deutschland und Taiwan besteht das BGB als positive Rechtsgrundlage, wobei das Deduktivitätspostulat schon beiderseits tief verankert ist. Nunmehr soll das gemeinsame deduktive Begründungsmodell zum rationalen Entscheiden auf die aktive Anwendung der UNIDROIT-Prinzipien im Rahmen der internationalen Handelsschiedsgerichtsbarkeit übertragen werden. Dabei spielen einige institutionelle Rahmenbedingungen eine wichtige Rolle.

a) Veröffentlichung der Schiedssprüche

Es wird seit langem – und zu Recht – gefordert, man solle auf die Parteien eines Schiedsverfahrens einwirken, die Zustimmung zur Publikation zu erteilen[421]. Für die akademische Studie, Rechtsaufklärung und Verrechtlichung aufgrund der internationalen korrekten Begründung wäre die Veröffentlichung der Schiedssprüche von großem Nutzen.

b) Zur Marketingstrategie der Schiedsinstitution[422]

Seminare, Veröffentlichung der Schiedssprüche, Herausgebung der relevanten Materialien sind wichtige Elemente zur Verbesserung der „arbitral services", denn sie erhöhen die Vorhersehbarkeit des Schiedsverfahrens. Da zwischen DIS und TIS bereits ein Abkommen über die beiderseitige Zusammenarbeit besteht, ist es wünschenswert, dass in Zukunft ein intensivierter Informationsaustausch zu einer qualitativ besseren Dienstleistung im grenzüberschreitenden Handelsverkehr beiträgt. Dies ist für den beiderseitigen Rechtsverkehr und Handel von großer Bedeutung. Neben Sachkunde, Vertraulichkeit, Schnelligkeit und Preisgünstigkeit sollte auch die *foreseeability* als Qualitätsmerkmal des Schiedsspruches gelten.

c) Zur sog. zweiten Schiedsgerichtsbarkeit bzw. zu einem Weltspruchkörper

Die Errichtung eines Weltspruchkörpers als Rechtsmittel dient nicht nur der sachlichen Kontrolle des Schiedsspruchs, folglich der Qualitätserhöhung der Schiedsgerichtsbarkeit, sondern auch der Systematisierung in der einheitlichen

---

421 Vgl. u.a. *J. Trappe*, The Law and Institutions of Arbitration in the Federal Republic of Germany and their Relevance for English-German Business Relations, in: *K.-H. Böckstiegel* (Hrsg.), Handelsschiedsgerichtsbarkeit in England und in der Bundesrepublik Deutschland, Köln u.a. 1987, S. 77 ff. (91); *J. Lew*, The case for the publication of arbitration awards, in: *J. C. Schultsz / A. van den Berg* (Hrsg.), The Art of Arbitration, Liber Amicorum Pieter Sanders, Deventer 1982, S. 223 f.

422 *Luke Nottage*, The Vicissitudes of Transnational Commercial Arbitration, Arbitration International, Vol. 16, No. 1, S. 67 f.

Rechtskultur. Die Errichtung einer zweiten Schiedsgerichtsbarkeit ist in diesem Sinn zu bejahen.

C) Zur Praxis des Rechtsverkehrs

Für den praktischen Rechtsverkehr zwischen Deutschland und Taiwan ist folgendes zu empfehlen:

a) Stellenwert des BGB und Vertragsgestaltung

Die Übernahme des BGB bietet für den Rechtsverkehr zwischen Deutschland und Taiwan ein gewisses Maß an Rechtssicherheit. Das syllogistische Begründungsschema ist auch im taiwanesischen Recht bereits verankert, obwohl der Maßstab der Zulässigkeit erwogener Interpretation immer noch schwankt. Außerdem funktionieren die Kategorisierung und Institutionalisierung des BGB unterstützend bei der Anwendung der UNIDROIT-Prinzipien, wenn diese als anwendbares Recht vereinbart werden. Um einen feinen rechtlichen Bewertungsmaßstab herauszuarbeiten und die *foreseeability* zu erreichen, ist es ratsam bei der Begriffsbestimmung im einzelnen Vertrag trotzdem stets Vorsicht walten zu lassen. Das Geschick der Vertragsgestaltung ist nach wie vor für die Rechtssicherheit ein entscheidender Faktor.

b) Anwendbarkeit der Rechtsvergleichung

Das Ergebnis der Rechtsvergleichung zwischen Deutschland und Taiwan soll als *soft skill* der Juristen bzw. der Schiedsrichter zu einem reibungslosen internationalen Rechtsverkehr beitragen. Für die Mediation oder sogar für *ex aequo et bono* oder *amiable compostion* kann die Rechtsvergleichung, wenn sie das Verständnis für die andere Rechtskultur fördert ebenfalls nutzbar gemacht werden.. Für alltägliche Rechtskonflikte wird vorgeschlagen, zuerst zu versuchen in Verhandlungen einen Kompromiss zu erreichen. Dies wird in Taiwan meist als ein Zeichen der Freundlichkeit angesehen. Für die konfuzianische Rechtskultur sollten die westlichen Juristen mehr Verständnis zeigen. Es kann nicht genug betont werden, dass man sich im Umgang mit Taiwanesen vorrangig um das Vertrauen kümmern sollte. Über die direkte Anwendung der Rechtsvergleichung auf das Schiedsverfahren sollte wegen der rechtskulturellen Unterschiede mehr nachgedacht werden.

V. Zusammenfassende Bemerkungen

Die Globalisierung erfordert ohne Zweifel auch eine neue Ordnung im Recht. “The key issue would then no longer be whether the *lex mercatoria* is an autonomous legal system but under what conditions this global commercial legal order may be conceived as such"[423]. Ein künftiges transnationales Privatrecht sollte den Geist der materiellrechtlichen Privatautonomie und der kollisionsrechtlichen Parteiautonomie atmen. Ohne diesen Geist könnte es kaum Segen stiften[424]. Dies kann durch die Wirtschaftsrationalität der „internationalen korrekten Begründung" sichergestellt werden.

Die *foreseeability* ist zweifellos die Grundvoraussetzung jeder neuen Rechtsordnung. Zur aktiven Anwendung der UNIDROIT-Prinzipien wird in dieser Arbeit zumindest für Deutschland und Taiwan vorgeschlagen, dass die „internationale korrekte Begründung" als Kernstück der Verrechtlichung und schließlich als *ordre public international* qualifiziert werden sollte. Diese Reduktion sichert die grundlegende Plattform des Rechtsverkehrs ab. Zur umfangreicheren Globalisierung ist es dringend notwendig, die Undurchsichtigkeit und Ineffizienz der sog. F-connection zu relativieren und die konstruktive Funktion des Wettbewerbs zu stärken. Auf dem Weg zu einer tiefgreifenden Sicherheit und einer vielversprechenden Verrechtlichung ist mit dem Ansatz der „internationalen korrekten Begründung" nur ein kleiner Schritt gegangen worden. Jenseits dieses Ansatzes liegt das Ziel noch weit vor uns.

Zusammenfassende Bemerkung über den Ersten und Zweiten Teil

a) Die Entwicklung der Schiedsgerichtsbarkeit in Taiwan

Die Entwicklung der Schiedsgerichtsbarkeit in Taiwan entspricht weitestgehend der Entwicklung in den westlichen Ländern. Auf dem Gebiet der internationalen Handelsschiedsgerichtsbarkeit entspricht das taiwanesische Schiedsrecht dem internationalen Niveau, obwohl Taiwan von keiner internationalen Verpflichtung gebunden wird. Der freie Welthandel hat in der Entwicklung sowohl der (Handels-) Schiedsgerichtsbarkeit als auch des modernen Zivilrechts in Taiwan eine wichtige Rolle gespielt. Dies verdeutlicht wiederum, dass das moderne Zivilrecht meist das Ergebnis geschäftlicher Verhandlungen ist. Nunmehr hängt die Attraktivität der internationalen Handelsschiedsgerichtsbarkeit Taiwans von den infrastrukturellen Rahmenbedingungen ab, als von dem Gesetzestext. Die Bestandsaufnahme der aktuellen Entwicklung der Schiedsgerichtsbarkeit in Taiwan kann in den folgenden drei Aspekte zusammengefasst werden: international, dynamisch und juristisch.

International bedeutet, dass Taiwan durch das SchVG das UNCITRAL-Model Law von 1985 strukturell übernommen hat. Obwohl Taiwan wegen seines völ-

---

423 *Filip De Ly*, Emerging New Perspectives Regarding Lex Mercatoria, in: Festschrift für Otto Sandrock, Verlag Recht und Wirtschaft, 2000, S. 203.

424 *Otto Sandrock*, Das Privatrecht am Ausgang des 20. Jahrhunderts: Deutschland – Europa – und die Welt, JZ 1/1996, S. 9.

kerrechtlichen Status kein Unterzeichnerstaat des New Yorker Übereinkommens von 1958 sein darf, wurde auf diese Weise eine Rechtsgrundlage für die Anerkennung und Vollstreckbarerklärung ausländischer Schiedssprüche, die in ihrem Umfang dem NYÜ entspricht, geschaffen.

Dynamisch bedeutet, dass Taiwan als ein wichtiges Exportland seit langem die Schiedsklausel im Vertrag mit internationalem Element konfrontiert. § 26 des taiwanesischen Außenhandelsgesetzes[425] bezeugt nicht nur den Staatswillen zur Förderung der Handelsschiedsgerichtsbarkeit, sondern auch die politische Dringlichkeit und behördliche Unterstützung, insbesondere nach dem Eintritt der WTO am 01.01.2002. Die seit kurzem völlig privatisierte TIS hat sogar trotz ihrem scheinbar offiziellen Namen einen Unternehmer zum Vorstandsvorsitzenden.

Juristisch bedeutet, dass Taiwan durch die Übernahme des Model Law im SchVG einen Entwicklungsraum für die Entscheidung nach *ex aequo et bono* oder *amiable composition* eröffnet hat. Die Schiedsgerichtsbarkeit, die gegenüber dem ordentlichen Gerichtssystem als Quasi-Justiz steht, könnte dadurch das traditionelle Rechtsverständnis wieder beleben. Gegen die möglichen Widersprüche zwischen dem aus dem Westen stammenden modernen Zivilrecht und der überlieferten chinesischen traditionellen Rechtskultur hat der taiwanesische Gesetzgeber vielerorts versucht, die Schiedsgerichtsbarkeit zu verrechtlichen.

b) Die Mobilität und die sogenannte Nationalität des Schiedsspruches

Nicht unerwähnt bleiben sollte, dass die Errichtung der sog. Cyber-Schiedsgerichtsbarkeit die Mobilität der internationalen Handelsschiedsgerichtsbarkeit drastisch erhöhen würde und das politisch motivierte Territorialitätsprinzip als Kriterium für die Nationalität des Schiedsspruchs dieser Mobilität nicht mehr standhalten könnte. Angesichts dieser Herausforderung müssen Rechtsharmonisierung und –vereinheitlichung beschleunigt werden. Durch die Cyber-Schiedsgerichtsbarkeit könnte der Dualisierungsansatz noch sehr viel einfacher zur Rechtsumgehung genutzt werden. Materiellrechtlich sollte daher die aktive Anwendung des Welteinheitsrechts wie z.B. die UNIDROIT-Prinzipien als *modus vivendi* in einem hoch mobilen System der internationalen Handelsschiedsgerichtsbarkeit den Vorzug erhalten. Dazu wird der Ansatz der „internationalen korrekten Begründung" im Zweiten Teil dieser Schrift vorgebracht, um die Anwendung der UNIDROIT-Prinzipien hermeneutisch zu unterstützen.

425 Siehe Anhang 5, (B) 1.

c) Die internationale Handelsschiedsgerichtsbarkeit im Zwiespalt zwischen Prozeduralisierung und Verrechtlichung

Auf jeden Fall gefährdet die Akzeptanz der ADR den materiellrechtlichen Ansatz sowohl in der internen Rechtsordnung als auch in der internationalen Handelsschiedsgerichtsbarkeit. Die Äquivalenz zwischen der Rechtsanwendung und den verschiedenen Ansätzen der ADR in der Schiedsgerichtsbarkeit kann aber nur nach einer tiefen Untersuchung der akademischen und rechtskulturellen Grundlage beantwortet werden.

Der Prozeduralisierungs-Ansatz sollte dennoch zur Unterstützung der Weiterentwicklung der ADR bejaht werden, insbesondere wenn Nicht-Juristen als Schiedsrichter bzw. Mediator arbeiten. Dies ist insbesondere deshalb geboten, weil die internationalen Rechtskulturen sich bis heute noch sehr wenig angenähert haben und das moderne Zivilrecht im globalen Rahmen noch nicht stark entwickelt wurde. Das nationalstaatliche Recht sollte sich gegenüber den ADR nicht mehr passiv und *watch dog*-orientiert verhalten. Der dienenden Funktion des Rechts sollte angesichts des Postulats der Autonomie der sog. *international business community* mehr Bedeutung zugemessen werden. Insbesondere das durch die *new economy* beschleunigt, globalisierte Wirtschaftsleben benötigt zumindest in einer Übergangsphase die ADR als Mittel der Streitbeilegung.

d) Taiwan als Schnittpunkt der Rechtskulturen

Momentan steht Taiwan bei der Entwicklung der Schiedsgerichtsbarkeit vor allem eines im Weg: Die materiellrechtlichen Orientierungsschwierigkeiten. Seit dem Ende des Zweiten Weltkrieges befindet sich in dem Dilemma eine Rechtskultur aus drei grundverschiedenen Wurzeln zu besitzen: dem traditionellen Rechtsverständnis, dem juristischen Erbe des deutschen Rechtssystems und dem amerikanischen Einfluss durch die wirtschaftliche Verflechtung mit den USA. Nunmehr muss sich Taiwan, genau wie jedes anderes Land, das ein modernes Schiedsverfahrensrecht zur Verfügung hat, im Rahmen der Anerkennung und Vollstreckung ausländischen Schiedsspruchs das Rechtsverständnis aus aller Welt unmittelbar konfrontieren.

e) Rechtssicherheit als Zukunftsaufgabe der Verrechtlichung

Die Rechtsvereinheitlichung als Kernstück der internationalen Handelsschiedsgerichtsbarkeit erfordert neben der Koordinierung der Verfahrensgrundsätze auch die materiellrechtliche Harmonisierung. Die Rechtsvergleichung mit der deutschen Entwicklung ist von besonderem Interesse, weil der als eine unverwechselbare Charakteristik des deutschen Rechts geltende Ansatz der Rechtssicherheit weltweit anerkannt wird und für die derzeitige Entwicklung der internationalen Handelsschiedsgerichtsbarkeit sehr wichtig ist. Die praktische Erfahrung zeigt auch, dass die Chance des Prozessgewinnes für die Beteiligten häufig sehr wichtig ist, obwohl vielfache Nebenwünsche oft zugleich zum Ausdruck gebracht werden; das sind u.a. Wirtschaftlichkeit, Vertraulichkeit, Schnelligkeit und Sachkunde. Um Chance des Prozessgewinnes vorhersagen zu können, spielt die Rechtssicherheit zweifellos eine zentrale Rolle. Sollte ein Jurist als Schiedsrichter gewählt werden, wird seine Fachkunde an der Rechtssicherheit gemessen. Diese Fachkunde ist im deutschen Recht von der materiellrechtlichen Dogmatik ausgeprägt worden, die von Sprachlogik sichergestellt wird. Der deutsche Ansatz der Rechtssicherheit wird in diesem Zusammenhang positiv bewertet und auch für die internationale Handelsschiedsgerichtsbarkeit empfohlen. Die sog. (materielle) Verrechtlichung der internationalen Handelsschiedsgerichtsbarkeit in Taiwan sollte in diesem Sinne gefördert werden.

f) Rechtsangleichung und Rechtsvergleichung als Hauptaufgabe des taiwanesischen Rechts

Der materiellrechtliche methodische Ansatz für die internationale Handelsschiedsgerichtsbarkeit ist in Taiwan genau wie in Deutschland internationalprivatrechtlich orientiert. Taiwan hat bereits den ersten Schritt in diese Richtung getan, obwohl die Skepsis gegenüber Außenwelt im taiwanesischen IPR tief verankert ist. Der deutsche IPR-Ansatz für die internationale Handelsschiedsgerichtsbarkeit soll Taiwan dennoch als Vorbild dienen, weil es als der dem deutschen IPR-Ansatz immanente Gedanke gilt, dass der Kern der internationalen Handelsschiedsgerichtsbarkeit die weltweite (materiellrechtliche) Harmonisierung sein sollte. Dies ist in dieser Phase besonders bedeutsam, weil das Model Law bereits großen Erfolg hat und die Konturen eines Welteinheitsrechts sich bereits abzeichnen. In dieser Hinsicht soll Taiwan als Nächstes eine Rechtsangleichung auf dem Gebiet des Zivil- und Wirtschaftsrecht anstreben und zu diesem Zweck die Rechtsvergleichung stärker entwickeln.

g) Fairness als Postulat für das Miteinander der Rechtskulturen

Die internationale Handelsschiedsgerichtsbarkeit als ein zu gestaltendes welteinheitliches Rechtsinstitut ist in diesem Sinne zugleich auch eine wichtige Treibkraft für die Rechtsvereinheitlichung. In dieser Schrift wird deswegen betont, dass die im Bereich der internationalen Handelsschiedsgerichtsbarkeit berufstätigen Juristen, die fremde Rechtskultur integrierend ansehen sollen, denn

„Les lois ... de chaque nation ... doivent être tellement propres au peuple pour lequel elles sont faites, que c'est un grand hasard si celles d'une nation peuvent convenir à une autre."

Montesquieu

„There are more things in heaven and earth, Horatio, than are dreamt of in our philosophy."

Thakespeare, Hamlet

Auf dem Weg nach dem Welteinheitsrecht darf man nie vergessen:

„The universe is not only queerer than we suppose, but queerer than we can suppose."

Haldane

Literaturverzeichnis

Joel D. Aberbach, David Dollar, Kenneth L. Sokoloff, The Role of the State in Taiwan's development, An East Asia Book, M. E. Sharpe, Inc., 1994;

M. Aden, Die Anwendung materiellen Rechts durch den Schiedsrichter, RIW 1984, S. 934, 937;

ders., Gewährung rechtlichen Gehörs im Schiedsgerichtsverfahren, NJW 1993, S. 1964 ff..

Alexy, Theorie der juristischen Argumentation, Frankfurt 1978;

Hans Albert, Kritischer Rationalismus (vier Kapitel zur Kritik illusionären Denkens), Mohr Siebeck Tübingen 2000;

ders., Traktat über kritische Vernunft, 5. Aufl., Tübingen 1991;

A. M. Andrew, Self-organizing Systems, Gordon and Breach Science Publishers 1989;

Elizabeth Anscombe, ‚Making true', in: Roger Teichmann, Logic , Cause & Action. Essays in honour of Elizabeth Anscombe, Royal Institute of Philosophy Supplement: 46, Cambridge University Press 2000, S. 8 ff.;

B. Aubin, Die rechtsvergleichende Interpretation autonom-internen Rechts in der deutschen Rechtsprechung, RabelsZ 34(1970), S. 458, 459;

L. O. Baptista, The UNIDROIT-Principles for International Commercial Law Project: Aspects of International Private Law, Tulane Law Review 1995, S. 1209-1224;

Gesa Baron, Do the UNIDROIT Principles of International Commercial Contracts Form a New Lex Mercatoria? Arbitration International, Vol. 15, No. 2, S. 115-130;

Y. Ben-Porath, The F-connection: Families, Friends and Firms and the Organization of Exchange: Population and Development Rev. 6 (1980), S. 1-30;

K. P. Berger, Vom praktischen Nutzen der Rechtsvergleichung – Die "international brauchbare" Auslegungsregel nationalen Rechts, Festschrift für Otto Sandrock, Verlag Recht und Wirtschaft Heidelberg 2000, S. 49-64;

ders., Die UNIDROIT-Prinzipien für Internationale Handelsverträge, Indiz für ein autonomes Weltwirtschaftsrecht?, ZvglRWiss 1995, 217-236;

ders., Auf dem Weg zu einem europäischen Gemeinrecht der Methode, ZEuP 2001, S. 9 ff.;

ders., Formalisierte oder ‚schleichende' Kodifizierung des transnationalen Wirtschaftsrechts, Berlin, New York 1996; Es ist Anfang 1997 im Verlag Kluwer

Law International auch in englischer Sprache erschienen ist ("The Creeping Codification of the Lex Mercatoria");

ders., (Hrsg.), Das neue Recht der Schiedsgerichtsbarkeit, 1998;

ders., The International Arbitrators' Application of Precedents, J.Int'l.Arb., Nr. 4 1992, S. 5-22;

ders., The International Arbitral Practice and the UNIDROIT Principles of International Contracts, Am.J.Comp.L., 1998, S. 129 ff.;

ders., Formalisierte oder „schleichende" Kodifizierung des transnationalen Wirtschaftsrechts. Zu den methodischen und praktischen Grundlagen der lex mercatoria (Berlin/New York 1996); vgl. auch die Zusammenstellung von Internet-Adressen zum internationalen Wirtschaftsrecht („eye on international business") auf der Homepage des münsteraner Instituts für Internationales Wirtschaftsrecht, http://www.uni-muenster.de/Jura.iwr/english/berger/linkse/linkse.html;

ders., „Sitz des Schiedsgerichts" oder „Sitz des Schiedsverfahrens"?, RIW 1993 Heft 1, S. 8 ff.;

ders., Internationale Wirtschaftsschiedsgerichtsbarkeit, 1992;

Harold J. Berman, Law and Revolution The Formation of the Western Legal Tradition, Cambridge, Mass./London 1983;

L. von Bertalanffy, General System Theory, Penguin Press, Harmondsworth London 1971;

K.-H. Böckstiegel, Vertragsklausel über nicht zu vertretende Risiken im internationalen Wirtschaftsverkehr, RIW 1984, S. 1-9;

ders., Das UNCITRAL-Modell-Gesetz für die internationale Wirtschafts-Schiedsgerichtsbarkeit, RIW 1984, S. 670-678;

Klaus Böhlhoff, International Practice of Law. Globalisation – Regionalisation. Too Big – Too Small. Ethics, in: Festschrift für Rolf Schütze, S. 153-162;

Marcus C. Boeglin, in: The 7th Geneva Arbitration Forum, Journal of International Arbitration 16(1), 1999, S. 66 ff.;

K. Boele-Woelki, Die Anwendung der UNIDROIT-Prinzipien auf internationale Handelsverträge, IPRax 1997, S. 161-171;

dies., Principles and International Private Law, The UNIDROIT-Principles of International Commercial Contracts and the Principles of European Contract Law. How to Apply Them to International Contracts, ULR 1996, S. 652-679;

Martin Boodman, The Myth Of Harmonization of Laws, American Journal of Comparative Law 39(1991), S. 699 ff.;

Michael Joachim Bonell, International Uniform Law in Practice – Or Where the Real Trouble Begins, The American Journal of Comparative Law, Vol. 38 1990, S. 873 ff.;

ders, An International Restatement of Contract Law, 2. Aufl. 1998, S. 19 ff.;

ders., The UNIDROIT-Principles of International Commercial Contracts; Toward a New Lex Mercatoria?, International Business Law Journal 1997, 142-163;

ders.,Das UNIDROIT-Projekt für die Ausarbeitung von Regeln für internationale Handelsverträge, RabelsZ 56(1992), 174-189;

ders, Die UNIDROIT-Principles der internationalen Handlesverträge: Eine neue Lex Mercatoria? ZfRV 1996, 152-157;

ders, The UNIDROIT-Principles in Practice: The Experiences of the First Two Years, ULR 1997, 34-45;

ders, The UNIDROIT-Principles of International Commercial Contracts and the Principle of European Contract Law: Similar Rules for the Same Purpose?, ULR 1996, 26-39;

ders, The UNIDROIT-Principles of International Commercial Contracts: Why? What? How? Tulane Law Review 1995, S. 1121-1147;

F. Brecher, Scheinbegründung und Methodenehrlichkeit im Zivilrecht, in: Festschrift Nikisch, Tübingen 1958, S. 231 ff;

Rosser H. Brockman, Commercial Contract Law in Late Nineteenth-Century Taiwan, in: Jerome Alan Cohen, R. Randle Edwards and Fumei Chang Chen, eds., Essays on China's Legal Tradition, Princeton, N.J.: Princeton University Press, 1980, S. 76, 136;

Brugger, Grundlinien der Kantischen Rechtsphilosophie, JZ 1991, S. 893 ff.;

Detlev von Breitenstein, Rechtsordnung und "Lex Mercatoria", in: Festschrift für *Otto Sandrock*, Verlag Recht und Wirtschaft, 2000, S.135 ff.;

J. Brüggmann, Die richterliche Begründungspflicht, Berlin 1971, S. 23 ff.;

Rudolf Bruns, Zur Reform der Vollstreckung internationaler Schiedssprüche (Genfer Abkommen von 1927), ZZP 70. Band, S. 18 ff.;

R. Bubner (Hrsg.), Geschichte der Philosophie in Text und Darstellung, Bd. 7: 19. Jahrhundert, hrsg. von M. Riedel, 1981, S. 9 ff.;

Karl Bünger, Das neue chinesische BGB. Seine Entstehungsgeschichte und Systematik, in: Blätter für internationales Recht 1931, S. 257.

Franz Bydlinski, Juristische Methodenlehre und Rechtsbegriff, 2. Aufl., Wien New York 1991;

ders., u.a (Hrsg.), "Das bewegliche System im geltenden und künftigen Recht", 1986;

Canaris, Systemdenken und Systembegriff in der Jurisprudenz: entwickelt am Beispiel des deutschen Privatrechts, Dunker & Humbold 1969;

ders., Grundrechtswirkung und Verhältnismäßigkeit in der richterlichen Anwendung und Fortbildung des Privatrechts, JuS 1989, S. 161-172;

Wen-yu Chai, Studie über die Schlichtung – im Hinblick der ADR, Magisterarbeit von National Taiwan University, 1994, S. 21 ff.;

George G.C. Chen, Die Durchführbarkeit der Online-Schiedsgerichtsbarkeit im Hinblick der Rechtsstreitigkeiten im Internet, in: Sammlung der Aufsätze über Handelsschiedsgerichts-barkeit (shang-wu-jon-tsai-lun-xu-hui-ben), Bd. IV, TIS 1998, S. 245 ff.;

Huan-Wen Chen (*John H. Chen*), Kommentar über das SchVG (jon-tsai-fa-tsu-tiao-shi-yi), 1. Aufl., 1999, S. 23 ff.;

ders., Aufsätze über das Recht der internationalen Schiedsgerichtsbarkeit (guo-ji-jon-tsai-fa-juang-lun), 1. Aufl., Wu-Nan Verlag 1994, Vorwort S. 1 ff.;

ders., Über die Wirkung der Schiedsvereinbarung, shi-fa-jou-kan, 816. Ausgabe, 03 05 1996, S. 2 ff.;

ders., Über die Befugnis des Schiedsgerichts, Journal of Arbitration (chinesisch) 50, TIS, S. 46 ff.;

ders., Das Verfahren zur Bestellung des Schiedsrichters, Journal of Arbitration (chinesisch) 58, TIS, S. 37 ff.;

Zue-tan Chen, Forschung über die Modernisierung des chinesischen Rechts bei Übergangszeit von Zin-Dynastie zu der Republikszeit; Kapitel für das Schiedsrecht, 07. 1973, S. 4 ff.;

Yü-po Cheng, Fünfzig Jahre chinesisch-taiwanesisches Zivilgesetzbuch (chinesisch), Juristische Zeitschrift (fa hsüeh ts'ung kan), Bd. 30, Nr. 1 (Januar, 1985), S. 1 ff.;

Lien-gon Chiu, Die prozesshinderrnde Wirkung der Schiedsvereinbarung, tai-da-fa-shue-lung-chong, 22. Band 1. Ausgabe, S. 317 ff.;

Friedrich Müller-Ralph Christensen, Rechtstext und Textarbeit in der Strukturierenden Rechtslehre, in: Text und Recht / Text and Law / Giuseppe Zaccaria (Hrsg./ed.), Münster: Verlag LIT, 1998;

H. Coing, Juristische Methodenlehre, 1972;

ders., in: Coing/Ellwood/Fouchard/Waehler/Vondracek/Koschucharoff/Lando/Migliazza, S. 20 ff.;

ders., Die juristischen Auslegungsmethoden und die Lehren der allgemeinen Hermeneutik, 1959;

John Franklin Copper, The Taiwan political miracle: essays on political development, elections and foreigen relations, University Press of America®, Inc., Maryland Oxford, 1997;

D. Currie, Kay, Conflict of Laws, 3. Aufl. 1981, S. 383 ff.;

Filip De Ly, Emerging New Perspectives Regarding Lex Mercatoria, in: Festschrift für Otto Sandrock, Verlag Recht und Wirtschaft, 2000, S. 203 ff.;

G. R. Delaume, Transnational Contracts, applicable law and settlement of disputes, Oceana Publ., 1988;

Y. Dezalay und B. Garth, Dealing in Virtue: International Commercial Arbitration and the Constitution of a Transnational Legal Order, University of Chicago Press 1996, Chicago/London, S. 317 ff.;

A.S. Diamond, Primitive Law, London, 1935;

Andreas Doll, Von der vis maior zur höheren Gewalt. Geschichte und Dogmatik eines haftungsentlassenden Begriffs, Frankfurt am Main; Bern; New York; Paris: Lang 1989; zugl.: Köln, Univ., Diss., 1989;

Josef Drexl, Die wirtschaftliche Selbstbestimmung des Verbrauchers. Eine Studie zum Privat- und Wirtschaftsrecht unter Berücksichtigung gemeinschaftsrechtlicher Bezüge, Verlag Mohr Siebeck 2000, S. 128 ff.;

Drobnig, Rechtsvergleichung in der deutschen Rechtssprechung, RabelsZ 50(1986), S. 610, 612;

K. Engisch, Sinn und Tragweite juristischer Systematik, Studium Generale, Band 10, 1957, S. 173 ff.;

E. A. Farnsworth, Closing Remarks, American Journal of Comparative Law 40(1992), S. 699-702;

F. Ferrari, Defining the Sphere of 1994 "UNIDROIT-Principles of International Commercial Contracts", Tulane Law Review 1995, 373, S. 1225-1237;

Wolfgang Fikentscher, Methoden des Rechts in vergleichender Darstellung, 5 Bde., J.C.B. Mohr (Paul Siebeck) Tübingen, 1975-77;

ders., Vertrag und wirtschaftliche Macht, FS Hefermehl, 1971, S. 41 ff.;

Philippa Foot, Does moral subjectivism rest on a mistake?, in: Roger Teichmann, Logic , Cause & Action. Essays in honour of Elizabeth

Anscombe, Royal Institute of Philosophy Supplement: 46, Cambridge University Press 2000, S. 123 ff;

Jörg Jochen Fournier, Bindungswirkung schiedsrichterlicher Rechtsansichten und Tatsachenfeststellungen im Aufhebungsverfahren nach § 1059 Abs. 2 Nr. 2 b ZPO, Uni Diss. Giessen 1999;

Thomas Fuhrmann, Wahlstation am Deutschen Wirtschaftsbüro Taipei auf Taiwan, in: Auslandsstudienführer Recht, Schwintowski (Hrsg.), Verlag Luchterhand, 1995, S. 531, 534;

Funke, Kants Stichwort für unsere Aufgabe: Disziplinieren, Kultivieren, Zivilisieren und Moralisieren, in: 3 Akten des 4. Internationalen Kant-Kongresses 1 (1975);

Hans-Georg Gadamer, Hermeneutik II, Tübingen 1986;

ders., Wahrheit und Methode, Verlag Mohr, Tübingen 1972;

Johan Galtung, Struktur, Kultur und intellektueller Stil, Leviathan, Heft 2, 1983;

Sebastian Gardner, Value and idealism, in: *Anthony O'Hear*, Philosophy, the Good, the True and the Beautiful, Royal Institute of Philosophy Supplement: 47, Cambridge University Press 2000, S. 1-18;

Andrea Gattini, Zufall und force majeure im System der Staatenverantwortlichkeit anhand der ILC-Kodifikationsarbeit, Berlin: Drucker und Humblot, 1991; zugl. München, Univ., Diss., 1989;

Von Geert Hofstede, Lokales Denken, globales Handeln – Kulturen, Zusammenarbeit und Management, 1997, Beck-Wirtschaftsberater im dtv;

Peter Glotz, Die beschleunigte Gesellschaft – Kulturkämpfe im digitalen Kapitalismus, Rowohlt Taschenbuch Verlag, Hamburg, April 2001;

Lord Goff of Chieverley, The Future of the Common Law, I.C.L.Q. 1997, S. 745-760;

Oliver Goldsmith, Letters from a Chinese Philosopher Residing in London to his Friends in the East, in: The Citizen of the World, London 1762;

R. Goode, International Restatement and Contract and English Contract Law, ULR 1997, S. 231-248;

Friedrich v. Gottl-Ottlilienfeld, Wirtschaft als Leben, Verlag von Gustav Fischer Jena, 1925;

Martin Greiffenhagen, Kulturen des Kompromisses, Leske + Budrich 1999;

Großfeld, Macht und Ohnmacht der Rechtsvergleichung, Verlag Mohr, Tübingen 1984;

William S. Haas, Östliches und westliches Denken. Eine Kulturmorphologie, Rowohlt Taschenbuch Verlag GmbH, 1967;

Häberle, Grundrechtsgeltung und Grundrechtsinterpretation im Verfassungsstaat – Zugleich zur Rechtsvergleichung als „fünfter" Auslegungsmethode -, JZ 1989, S. 913, 916 ff.;

Jürgen Habermas, Theorie des kommunikativen Handels, Frankfurt/Main 1981;

ders., Der philosophische Diskurs der Moderne, Zwölf Vorlesungen, Frankfurt/Main 1985;

ders. & N. Luhmann, Theorie der Gesellschaft oder Sozialtechnologie, Suhrkamp;

Walther J. Habscheid, Nationale oder supranationale Schiedssprüche. Zur Reform des Genfer Abkommens über die Vollstreckung ausländischer Schiedssprüche vom 26. 9. 1927, ZZP 70. Band Heft 1/2 1957, S. 53 ff.;

O. Hartwieg u. *H. A. Hesse*, Die Entscheidung im Zivilprozess, Verlag Athenäum, Königstein 1981;

Thomas Hegemann/Ramazan Salman (Hg.), Transkulturelle Psychiatrie. Konzepte für die Arbeit mit Menschen aus anderen Kulturen, 2001, Psychiatrie Verlag Bonn;

Ph. Heck, Gesetzesauslegung und Interessenjurisprudenz, AcP Bd. 112 (1914), S. 19 f.;

Martin Heidegger, Was ist Metaphysik? (1929), 5. Aufl., Frankfurt 1949;

Robert Heuser, Recht und Rechtstheorie in der Volksrepublik China, JuS 1973, S. 537 ff.;

Hörster, Utilitarische Ethik und Verallgemeinerung, Verlag Alber, Freiburg 1971;

Howard M. Holtzmann/Joseph E. Neuhaus, A guide to the UNCITRAL Model Law on International Arbitration: legislative history and commentary, Kluwer Law and Taxation Publishers, 1989;

Thomas Hören, Vom praktischen Nutzen der Rechtswissenschaft, ZRP 1996, Heft 8, S. 286, 287;

von Höffe, in: *ders.* (Hrsg.), Über John Rawls' Theorie der Gerechtigkeit, 1977, S. 11 ff.;

Bernd v. Hoffmann, Internationale Handelsschiedsgerichtsbarkeit – Die Bestimmung des maßgeblichen Rechts, Alfred Metzner Verlag 1970;
ders., IPR, 6. Aufl. 2000, § 2 Rz. 56 (S. 59);

Günther Hönn, Der Schutz des Schwächeren in der Krise, Erstveröffentlichung: Festschrift für Alfons Kraft zum 70. Geburtstag, 1998, abrufbar im Internet unter http://www.jura.uni-sb.de/projekte/Bibliothek/texte/Hoenn.html, abgerufen am 20.07.2001;

Karen Ilse Horn, Moral und Wirtschaft, Mohr Siebeck Tübingen, 1996;

Nobert Horn, Das Recht der internationalen Anleihen, Verlag Athenäum, Frankfurt/M. 1972;

H. van Houtte, The UNIDROIT-Principles of International Commercial Contracts, Arbitration International 1995, S. 373-380;

Shi-ji Hu, Herr Cha-bu-do, in: Essay von Shi-ji Hu (chinesisch).

Chin-yun Huang, e-Country (chinesisch), Tien-Sia Verlag, Taipeh 2000;

Jing-jong Huang, Schiedsvereinbarung, in: TIS (Hrsg.), Über das neue Schiedsrecht (jon-tsai-fa-shing-lun), TIS 1999, S. 53 ff.;

Yu Huang, Über die Rechtsanwendung in der internationalen Handelschiedsgerichtsbarkeit, Uni-Magisterarbeit, National Taiwan University 1986;

Hülsen, Sinn und Methode der Rechtsvergleichung, insbesondere bei der Ermittlung übernationalen Zivilrechts, JZ 1967, S. 629, 632 f.;

Knut Ipsen, Rule of Law in den internationalen Wirtschaftsbeziehungen: Die Welthandelsorganisation (im Kontext des Völkerrechts), RIW 1994 Heft 9, S. 717-723;

Erik Jaime, Betrachtungen zur "dépeçage" im internationalen Privatrecht, S. 267 ff.;

Martin Jänicke, Vom Staatsversagen zur politischen Modernisierung? Ein System aus Verlegenheitslösungen sucht seine Form, in: Böhret, C./WEWER, G. (Hrsg.): Regieren im 21. Jahrhundert – zwischen Globalisierung und Regionalisierung, Festgabe für Hans-Hermann Hartwich zum 65. Geburtstag, Opladen, S. 63-78;

F. Juenger, Listening to Law Talk About Good Faith: Some Afterthoughts, Tulane Law Review 1995, S. 1253-1257;

Abbo Junker, Deutsche Schiedsgerichte und Internationales Privatrecht (§ 1051 ZPO), FS für Otto Sandrock, Verlag Recht und Wirtschaft GmbH, Heidelberg 2000, S. 445 ff.;

Arthur Kaufmann, Analogie und Natur der Sache, 2. Aufl., 1982. Chinesische Übersetzung von *Jüe-an Yen/Chung-cho Wu*, Verlag Shüe-lin, November 1999;

S. E. Keer/R. W. Naimark, Arbitrators Do Not "Split the Baby". Empirical Evidence from International Business Arbitrations, Journal of International Arbitration 18(5), 2001, S. 573-578;

Kegel, Der Kinderreiche aus Ghana oder zum Statut des vorzeitigen Erbausgleichs, IPRax 1986, S. 230 ff.;

ders., Internationales Privatrecht, 5. Aufl. 1985;

Tser-dong Ker, Über das neue Seehandelsrecht, Yuan-Jao Verlag, 1. Aufl. 2000, S. 120 ff.;

ders., Über die Regelung des auf dem Vertrag anwendbaren Rechts für den Rechtsverkehr zwischen Taiwan und China – im Hinblick der Methode des IPR, in: Rechtsforum von National Taiwan University, am 29. 12. 1993.

ders., Die Rechtsstellung der Schiedsklausel im Konnossement, in: Das Seehandelsrecht, Tser-dong Keh (Hrsg.), 1. Aufl. 1988, S. 49 ff.;

A.S. Komarov, UNIDROIT-Principles of International Commercial Contracts: a Russian View, ULR 1996, S. 247-254;

Kronstein, Arbitration is Power: N. Y. Univ. L. Rev. 38, 1963, S. 661 ff.;

Kurt Siehr, Dsa taiwanesische IPR, (Hrsg.) Jan Kropholler, Hilmar Krüger, Wolfgang Riering, Jürgen Samtleben, Kurt Siehr; Hamburg/Würzburg, Außereuropäische IPR-Gesetze, 1999, S. 782-803;

Koch/Rüßmann, Juristische Begründungslehre, Verlag C.H. Beck München 1982;

Kriele, Theorie der Rechtsgewinnung, 2. Aufl. 1976, Berlin;

Ying-fan Lan, Ein Vergleich zwischen neuem deutschen und neuem taiwanesischen Schiedsrecht, Journal of Arbitration (chinesisch) 51, TIS, S. 10 ff.;

ders., Die Anwendung des Zivilrpozessrechts auf dem Schiedsvrfahren, Journal of Arbitration (chinesisch) 61, TIS, S. 33 ff.;

K. Larenz, Methodenlehre der Rechtswissenschaft, 5. Aufl. 1983. Übersetzt von *Ai-erh Chen*, Verlag Wu-nan, 1997 Taipeh;

Hyeong-Kyu Lee, Die Rezeption des europäischen Zivilrechts in Ostasien, ZvglRWiss 86(1987), S. 159, 170;

Leflar, The New Conflicts-Limitation Act, Mercer L.Rev. Bd. 35(1984), S. 459 ff.;

Stefan Leible, Außenhandel und Rechtssicherheit, ZvglRWiss 97(1998), S. 286-319;

J. Lew, The case for the publication of arbitration awards, in: *J. C. Schultsz / A. van den Berg* (Hrsg.), The Art of Arbitration, Liber Amicorum Pieter Sanders, Deventer 1982, S. 223 ff.;

Catherine Li, The New Arbitration Law of Taiwan – Up to an International Level?, Journal of international Arbitration16(3), 1999 Verlag Kluwer Law International, S. 127-138;

dies., Evaluating the Various Non-Litigation Processes for Resolving Disputes: The Cost-Effectiveness Approach, Journal of international Arbitration, 18(4) S. 435-447 2001, Verlag Kluwer Law International.

Jing-je Li, Über die Grundfunktionen des IPR, fa-lü-ping-lung 63. Bd. 10-12 Ausgabe, S. 26 ff.;

Wei-ming Liao, Über die „*ex aequo et bono*" oder „*amiable composition*"-Klausel in der internationalen Handelschiedsgerichtsbarkeit, Journal of Arbitration (chinesisch) 61, TIS, S. 69-91;

Yih-nan Liaw, Wirtschaftliche Betätigung der öffentlichen Hand. Länderbericht Taiwan, in: Stober, Rolf (Hrsg.), Wirtschaftliche Betätigung der öffentlichen Hand - Staat und Kommunen als Konkurre nt der Privatwirtschaft, Heymann 2000, S. 268 ff.;

Jung-yi Lin, Über die internationale Handelsschiedsgerichtsbarkeit (guo-ji-shang-wu-jong-tsai-chuen-shi), Yon-Jan Verlag 1994, S. 151, 152;

ders., Einführung der internationalen Handelsschiedsgerichtsbarkeit, Yun-Jan Verlag, 1994, S. 42 ff.;

ders., Das Untersuchungsergebnis der Anerkennung und Vollstreckung des taiwanesischen Schiedsspruchs im Ausland, bei "Dem Protokoll der Seminare des Justizministeriums über die Handelsschiedsgerichtsbarkeit", 06. 1994; veröffentlicht vom Justizministerium; S. 132-142;

ders., Forschung über die gegenseitige Anerkennung des ausländischen Schiedsspruchs, Journal of Arbitration (chinesisch) 61, S. 42 ff.;

ders., Die Rechtsanwendung im Schiedsverfahren, Arbitration Journal (chinesisch) 58, S. 1-27;

ders., Dei Rolle des Gerichts im Schiedsverfahren (fa-yuen-jai-shang-wu-jon-tsai-ji-jiao-she), Yun-Jan Verlag 1996;

Duan Lin, Der rechtskulturelle Konflikt zwischen Osten und Westen – Die taiwanesische Justiz im Übernahmeprozess (I), Juristische Zeitschrift (fa hsüeh ts'ung kan), Bd. 38, Nr. 2 (Vol. 150), S. 65 ff.;

Lionnet, Parteiherrschaft im Schiedsgerichtsprozess bei der Beweisaufnahme, FS O. Glossner, Verlag Recht u. Wirtschaft, Heidelberg 1994, S. 209 ff.;

Shin-shang Liu, Die internationale Handelsschiedsgerichtsbarkeit und das IPR, in: Sammlung der Aufsätze über Handelsschiedsgerichtsbarkeit (shang-wu-jon-tsai-lun-xu-hui-ben), Bd. I, TIS 1988, S. 319 ff.;

Tie-jeng Liu/Jong-chuang Chen, Das IPR (guo-ji-shi-fa-lung), San-Min Verlag, 1. Aufl. 1996;

Chang-fa Lo, Rechtliche Interaktion zwischen Handel und Wettbewerb (mao-yi-yu-jing-jeng-de-fa-lue-hu-dong), Wu-Nan Verlag Taipeh, 1998;

Lorenz, Kartellrechtliche Probleme der nationalen und internationalen Schiedsgerichtsbarkeit, Diss. Münster 1985;

Niklas Luhmann, Rechtssoziologie, 2. Bde., Reinbek bei Hamburg 1972;

ders., Rechtssystem und Rechtsdogmatik, Verlag Kohlhammer, Stuttgart 1974;

ders., Die Paradox der Form, in: D. Baecker (Hsrg.), Kalkül der Form, Suhrkamp 1993b;

ders., Legal Argumentation: An Analysis of its Form, The Modern Law Review, Vol.58, No.3 1995a;

ders., (Hrsg.), Theorie der Gesellschaft oder Sozialtechnologie, Suhrkamp 1971;

ders., Moderne Systemtheorie als Form gesellschaftlicher Analyse, in J. Habermas & N. Luhmann (Hsrg.), Theorie der Gesellschaft oder Sozialtechnologie, Suhrkamp;

ders., Closure and Openness: On reality in the World of Law, in: *G. Teubner* (Hrsg.), Autopoietic Law: A New Approach to Law And Society, Walter de Gruyter 1987;

S. Macaulay, The Use and Non-use of contracts in the Manufacturing Industry, in: *I. R. MacNeil*, Cases and Materials on Contracts: Exchange, Transactions and Relationship (1971);

Klaus Mainzer, Computernetze und virtuelle Realität. Leben in der Wissensgesellschaft, Springer Verlag, 1999;

John Makdisi, Legal Logic and Equity in islamic Law, The American Journal of comparative Law, Vol. 33 1985, S. 63-93;

H. Maturana & F. Varela, The Tree of Knowledge: The Biological Roots of human Understanding, Shambhala 1987;

McCarthy, Thomas, Kritik der Verständigungsverhältnisse: zur Theorie von Jürgen Habermas, übersetzt von *Max Looser*, 1. Aufl., Suhrkamp 1989;

Ralf Michaels, Privatautonomie und Privatkodifikation, RabelsZ Bd. 62 (1998), S. 580-626;

F. Müller, Juristische Methodik, 2. Aufl. 1976;

Nahamowitz, Autopoiesis oder Ökonomischer Staatsinterventionismus, Zeitschrift für Rechtssoziologie, 9(1988), S. 36-73;

Fali S. Nariman, The Spirit of Arbitration. The Tenth Annual Goff Lecture, Arbitration International, Vol. 16, No. 3, S. 266 ff.;

P. H. Neuhaus, Die Grundbegriffe des internationalen Privatrechts, Verlag Mohr, Tübingen 1976;

U. Neumann, Juristische Argumentationslehre, Damstadt 1986;

Luke Nottage, The Vicissitudes of Transnational Commercial Arbitration, Arbitration International, Vol. 16, No. 1, S. 67 ff.;

ders., Trade law harmonization in the Asia-Pacific Region: A Realist's View from New Zealand - and a Way Forward?, in: New Zealand Law Journal 1995, S. 295 ff.;

Guy Oakes, Grenzen kulturwissenschaftlicher Begriffsbildung, Heidelberger Max Weber-Vorlesungen 1982, Suhrkamp 1990;

P. van Ommeslaghe, Les clausese de force majeure et d'imprévision (hardship) dans des contrats internationaux, Révue de Droit international et de Droit Comparé, Volume 57,(1980), S. 7-59;

Gerhard Otte, Komparative Sätze im Recht. Zur Logik eines beweglichen Systems, Jahrbuch für Rechtssoziologie und Rechtstheorie 2 (1972), Bd. II, S. 301 ff.;

ders., Ist die Begriffsjurisprudenz wirklich tot?, S. 433-446;

G. Parra-Arranguren, Conflichts of Laws Aspect of the UNIDROIT-Principles of International Commercial Contracts, Tulane Law Review 1995, S. 1239-1252;

Hans Martin Pawlowski, Methodenlehre für Juristen, 2. Aufl., 1991;

ders., Methodenlehre und Rechtsbegriff, 1982;

Ch. Perelmann, Juristische Logik als Argumentationslehre, Freiburg München 1979;

W. Peter, Arbitration and Renegotiation Clauses, Journal of international Arbitration, Book 3, (1986), Nr. 2, S 29-46;

Karl R. Popper, Die offene Gesellschaft und ihre Feinde, Bd. I, II, 7. Aufl., Verl. Mohr Tübingen 1992;

Michael Pryles (ed.), Dispute Resolution in Asia, Kluwer Law International, 1997;

A. H. Puelinckx, Frustration, Hardship, Force Majeure, Imprévision, Wegfall der Geschäftsgrundlage, Unmöglichkeit, Changed Circumstances, Journal of international Arbitration, Volume 3, (1986), Nr. 2, S. 47-66;

Guntram Rahn, Rechtsdenken und Rechtsauffassung in Japan. Dargestellt an der Entwicklung der modernen japanischen Zivilrechtsmethodik, Verlag C. H. Beck, München 1990;

W. Reich, Markt und Recht, 1977;

Mathias Reimann, Historische Schule und Common Law, Die deutsche Rechtswissenschaft des 19. Jahrhunderts im amerikanischen Rechtsdenken", Berlin 1993, S. 253 ff.;

Mark Ridley, Evolution. Probleme-Themen-Fragen, 2., verb. Aufl., 1992, Birkhäuser Verlag Basel;

Heinz Rötz, Konfuzius, 2. Aufl. 1998, Verlag C. H. Becker;

A. Rosett, Unification, Harmonization, Restatement, Codification, and Reform in International Commercial Law, American Journal of Comparative Law 40, 1992, S. 683-697;

Alf Ross, On Law and Justice, London 1958;

Hans H. Ruete, Der Einfluss des abendländischen Rechts auf die Rechtsgestaltung in Japan und China, Bonn 1940;

Hans-Joachim Koch/Helmut Rüßmann, Juristische Methodenlehre und analytische Philosophie, in: Rechts- und Sozialphilosophie in Deutschland heute: Beiträge zur Standortsbestimmung, hrsg. von *Robert Alexy*... - Stuttgart Steiner, 1991, S. 186-200;

Helmut Rüßmann, Indizien, Kausalität und Wahrscheinlichkeit, Vortrag gehalten im Rahmen einer Ringvorlesung an der Universität Bremen; Erstveröffentlichung in: Pasternack (Hrsg.), Erklären, Verstehen, Begründen, Schriftenreihe des Zentrums Philosophische Grundlagen der Wissenschaften, Bd. 1, 1985, S. 139 bis 146; abrufbar im Internet unter http://ruessmann.jura.uni-sb.de/publika.htm;

ders., Das Theorem von Bayes und die Theorie des Indizienbeweises. Anmerkung zu BGH, Urteil vom 28. März 1989 - VI ZR 232/88; Erstveröffentlichung in ZZP 103 (1990), 62 bis 76; abrufbar im Internet unter http://ruessmann.jura.uni-sb.de/publika.htm;

ders., Allgemeine Beweislehre und Denkgesetze; Erstveröffentlichung in Recht und Politik 1982, 62 bis 69, abrufbar im Internet unter http://ruessmann.jura.uni-sb.de/publika.htm;

Koch/Rüßmann, Normative Begründungsmöglichkeiten jenseits der Gesetzesbindung, Vortrag zur Tagung der Deutschen Sektion der Internationalen Vereinigung für Rechts- und Sozialphilosophie am 1. Oktober 1992 in Hamburg; Erstveröffentlichung in: Koch/Köhler/Seelmann (Hrsg.), Theorien der Gerechtigkeit, ARSP Beiheft 56, 1994, S. 24 bis 40; abrufbar im Internet unter http://ruessmann.jura.uni-sb.de/publika.htm;

ders., Möglichkeit und Grenzen der Gesetzesbindung, Erstveröffentlichung in: Okko Behrends/Malte Dießelhorst/Ralf Dreier (Hrsg.), Rechtsdogmatik und praktische Vernunft, Symposion zum 80. Geburtstag von Franz Wieacker, 1990, S. 35 bis 56; abrufbar im Internet unter http://ruessmann.jura.uni-sb.de/publika.htm.

Pieter Sanders, Unity and Diversity in the Adoption of the Model Law, Arbitration International (1995) 11(1), S. 1 ff.;

Otto Sandrock, Über das Ansehen des deutschen Zivilrechts in der Welt. Von der „Weltstellung" des deutschen zur „Hegemonie" des U.S.-amerikanischen Rechts, ZVglRWiss 100(2001), S. 3 ff.;

ders., Neue Herausforderung an das Internationale Wirtschaftsrecht, ZvglRWiss 98(1999), S. 227-259;

ders., Das Privatrecht am Ausgang des 20. Jahrhunderts: Deutschland – Europa – und die Welt, JZ1/1996, S. 9 ff.;

ders., "*ex aequo et bono*"- und "*amiable composition*"-Vereinbarungen: ihre Qualifikation, Anknüpfung und Wirkungen, Jahrbuch für die Praxis der Schiedsgerichtsbarkeit, Band 2 (1998), Verlag Recht und Wirtschaft GmbH Heidelberg, S. 120 ff.;

ders., Zügigkeit und Leichtigkeit versus Gründlichkeit, JZ 8/1986, S. 370-378;

ders., Internationales Wirtschaftsrecht in Theorie und Praxis 1995, S. 441 ff.;

ders., Die Fortbildung des materiellen Rechts durch die Internationale Schiedsgerichtsbarkeit, in: Rechtsfortbildung durch Internationale Schiedsgerichtsbarkeit, Schriftenreihe der DIS, Bd. 8, Verlag Carl Heymanns 1989, S. 28 ff.;

ders., Neue Herausforderungen an das Internationale Wirtschaftsrecht – durch Digitalisierung, Europäisierung, Globalisierung, Erschöpfung der öffentlichen Finanzen, Streben nach Kosteneffizienz und Spezialisierung, ZvglRWiss 98 (1999), S. 227-259;

Ferndinand de Saussure, Grundfragen der allgemeinen Sprachwissenschaft, 2. Aufl. (1967);

U. Neuamnn, J. Rahlf, E. v. Savigny, Juristische Dogmatik und Wissenschaftstheorie, Verlag Beck, München 1976;

Hans-Bernd Schäfer/Claus Ott, Lehrbuch der ökonomischen Analyse des Zivilrechts, dritte überarbeitete und erweiterte Auflage, Verlag Springer;

Jiandong Shao, Die Rezeption des deutschen Zivilrechts im alten China, JZ 2/1999, S. 80,86;

Walter R. Schluep (Hrsg.), Recht, Staat und Politik am Ende des zweiten Jahrtausends, 1993;

K. Jan Schiffer, Normen ausländischen "öffentlichen" Rechts in internationalen Handelsschiedsverfahren, Carl Heymanns Verlag, 1990;

Peter Schlosser, Das Recht der internationalen privaten Schiedsgerichtsbarkeit, 2. Aufl., J.C.B.(Paul Siebeck), Tübingen 1989;

Nicole D. Schmidt, Philosophie und Psychologie. Trennungsgeschichte, Dogmen und Perspektiven, Rowohlt Tatsachenbuch Verlag GmbH 1995;

Rolf A. Schütze, Schiedsgericht und Schiedsverfahren, Verlag C. H. Beck 1998, 2. Aufl.;

H.-J. Schmidt-Trenz, Außenhandel und Territorialität des Rechts, Verlag Nomos 1990;

Dieter Schmidtchen, Territorialität des Rechts, Internationales Privatrecht und die privatautonome Regelung internationaler Sachverhalte – Grundlagen eines interdisziplinären Forschungsprogramms, RabelsZ 59(1995), S. 102 ff.;

Schmitthoff, The Law of International Trade, its Growth, Formulation and Operation, in: Source, S. 35 ff.;

ders., Das neue Recht des Welthandels, RabelsZ 28, 1964, S. 47-77;

W. L. Schneide, Objektives Verstehen: Rekonstruktion eines Paradigmas - Gadamer, Popper, Toulmin, Luhmann, Westdeutscher Verlag 1991;

Egon Schneider, Logik für Juristen, 5. Aufl., Verlag Vahlen München 1999;

Schneider, Justizspiegel, 2. Aufl. 1999;

Schwab/Walter, Schiedsgerichtsbarkeit, Kommentar, 6. Aufl., Verlag C.H.Beck, München 2000;

Matthew Secomb, Shade of Delocation. Diversity in the Adoption of the UNCITRAL Model Law in Australia, Hong Kong and Singapore, Journal of International Arbitration, 2000 Kluwer Law International, S. 123 ff.;

John Maynard Smith, Biologie. Probleme-Themen-Fragen, 2., verb. Aufl., 1992, Birkhäuser Verlag Basel;

Slaughter/Ratner, The Method is the Message, Am.J.Int'l.L. 1999, S. 410 ff.;

D. Solomon, Das vom Schiedsgericht in der Sache anzuwendende Recht nach dem Entwurf eines Gesetzes zur Neuregelung des Schiedsverfahrensrechts, RIW, Dezember 1997, S. 989 ff.;

Jürgen Sonnenberger, Das internationale Privatrecht im dritten Jahrtausend – Rückblick und Ausblick, ZVglRWiss 100(2001), S. 124 ff.;

Soergel/W. Hefermehl, BGB, Bd. 1, 12. Aufl. 1987, § 138 BGB Rn. 10;

Andreas Spickhoff, Internationales Handelsrecht vor Schiedsgerichten und staatlichen Gerichten, RabelsZ 56(1992), S. 116-141;

Christopher Staughton, Commercial Law in the Next Millenium, (1999) 15 Arbitration International 3, S. 315-318;

W. Stegmüller, Probleme und Postulate der Wissenschaftstheorie und analytischen Philosophie, Bd. I: Erklärung, Begründung, Kausalität, 2. Aufl. 1983;

Ursula Stein, Lex Mercatoria – Realität und Theorie, 1995;

dies., Systembildung durch privatautonome Rechtssetzung und ihre Grenze, S. 666-667;

Gunther Teubner, Breaking Frame: The Global Interplay of Legal and Social Systems, American Journal of Comparative Law 45(1997), S. 150 ff.;

G. *Teubner, A. Bankowska & R. Adler* (Übers.), Law as an Autopoietic System, Blackwell 1993;

Thomas/Putzo, ZPO, Verlag C. H. Beck 2002, 24. Aufl.;

J. Trappe, The Law and Institutions of Arbitration in the Federal Republic of Germany and their Relevance for English-German Business Relations, in: *K.-H. Böckstiegel* (Hrsg.), Handelsschiedsgerichtsbarkeit in England und in der Bundesrepublik Deutschland, Köln u.a. 1987, S. 77 ff.;

Arsene Verny, Schiedsgerichtsbarkeit in der Tschechischen Republik, 1998, Schriften zur Schiedsgerichtsbarkeit, Herausgegeben von Prof. Dr. Dr. *Dieter Pfaff*;

H. Veytia, The Requirements of Justice and Equity in Contracts, Tulane Law Review 1995, S. 1190-1207;

Silvio Vietta, Die vollendete Spekulation führt zur Natur zurück. Natur und Ästhetik, Reclam Verlag Leipzig 1995;

Woflgang Voit, Privatisierung der Gerichtsbarkeit, JZ 3/1997, S. 120-125;

Ling-Lin Wang, Die Schiedsgerichtsbarkeit Taiwans auf dem Sprung (fei-yue-jon-de-wo-guo-jon-tsai-ji-du), Li-Bar Verlag 1995;

Tze-jian Wang, Studie der Billigkeitsschiedsgerichtsbarkeit im deutschen Recht, Schriftreihe von National Commission for Scientific Research, 1974;

ders., Entwicklungslinien und Reform des chinesisch-taiwanesischen Schuldrechts, AcP 86(1986), S. 246 ff.;

ders., Die Aufnahme des deutschen Rechts in China, in: AcP 166(1966), S. 345 ff.;

ders., Entwicklungslinien und Reform des chinesisch-taiwanesischen Schuldrechts, AcP 86(1986), S. 236, 267;

ders., Schriftenreihe Studien der zivilrechtlichen Fälle (min-fa-shi-li-yen-shi-chung-shi), Bd. I: Grundlegende Theorien; Bd. II: Allgemeiner Teil des Zivilrechts;

J. W. N. Watkins, Hobbes's System of Ideas. A Study in the Political Significance of Philosophical Ideas, sec. Ed., London 1973;

Oskar Weggel, Taiwan Hongkong, 1. Aufl. 1992, Verlag C. H. Becker;

ders., China im Aufbruch. Konfuzianismus und politische Zukunft, 1. Aufl. 1997, Verlag C. H. Becker;

J. CH. Wichard, Die Anwendung der UNIDROIT-Prinzipien für internationale Handelsverträge durch Schiedsgerichte und staatliche Gerichte, RabelsZ 60(1996), S. 269-302;

F. Wieacker, Privatrechtsgeschichte der Neuzeit, Göttingen 2. Aufl. 1967;

W. Wilburg, Entwicklung eines beweglichen Systems im bürgerlichen Recht (1950); weiterführend die Beiträge in dem Sammelband "Das bewegliche System im geltenden und künftigen Recht", Hrsg von *F. Bydlinski* u.a. (1986);

H. Willke, Ironie des Staates: Grundlinien einer Staatstheorie polyzentrischer Gesellschaft, Suhrkamp 1992;

H. Willke & G. Teubner, Kontext und Autonomie: Gesellschaftliche Steuerung durch reflexives Recht, Zeitschrift für Rechtssoziologie, 5(1984), S. 4-35;

Christian Wolf, Zwischen Schiedsverfahrensfreiheit und notwendiger staatlicher Kontrolle, RabelsZ 57 (1993),S. 643-663;

M. Wolf, Rechtsgeschäftliche Entscheidungsfreiheit und vertraglicher Interessenausgleich, Verlag Mohr, Tübingen 1970;

Chia-lin Wu/Wen-Shung Lin, Die juristische Logik (fa-lü-lo-gi-shüe), 1. Aufl. 1993, Verlag Wu-Nan Taipeh;

Chung-sen Yang, Der Schiedsort in der Hinsicht der Sports- und Cyberschiedsgerichtsbarkeit, Journal of Arbitration (chinesisch) 52, TIS, S. 28 ff.;

ders., Theorie und Praxis der Handelsschiedsgerichtsbarkeit (shang-wu-jon-tsai-ji-li-lung-yu-shi-ji), Verlag Chung-Yang-Wen-Wu, Taipeh, 1984, S. 149, 150;

Shi-An Yang, Der öffentliche Bauvertrag und die Schiedsgerichtsbarkeit, Journal of Arbitration (chinesisch) 42, TIS, S. 5 ff.;

Hong-lin Yu, The Taiwanese Arbitration Act 1998, Journal of international Arbitration, Verlag Kluwer Law International, 15(4) S. 107-125 1998;

Igor Zehrfasel, Hermeneutik als „Logik des Handelns". Dölle und das Problem des Verstehns, in: *H. Albert*, Kritischer Rationalismus (vier Kapitel zur Kritik illusionären Denkens), Mohr Siebeck Tübingen 2000; S. 220 ff.;

Zimmer, Zulässigkeit und Grenzen schiedsrichterlicher Entscheidungen von Kartellrechtsstreitigkeiten, 1991;

R. Zippelius, Juristische Methodenlehre, 4. Aufl., München 1985;

Grzegorz Zmij, Währungsrechtliche Probleme des vertraglichen Schadenersatzes unter besonderer Berücksichtigung der UNIDROIT-Grundregeln der Internationalen Handelsverträge, ZfRV 1998, s. 21-34;

Zöller/Vollkommer, Zivilprozessordnung, Kommentar, 22. Aufl., Verlag Dr. O. Schmidt, 2001, Einleitung, Rdnr. 98;

K. Zweigert, Rechtsvergleichung als universale Interpretationsmethode, RabelsZ 15(1949/50), S. 5-21;

Zweigert/Kötz, Einführung in die Rechtsvergleichung, 3. Aufl. 1996;

Ausgewählte Schiedsfälle (jon-tsai-ang-li-xuen-ji), Bd. I-IV, TIS, 1997;

Ausgewählte gerichtliche Urteile bezüglich der Schiedsfälle (jon-tsai-ang-jien-fa-yuan-tsai-pan-xuen-ji), Bd. I-VI, TIS, 1997;

Urteilssammlung bezüglich der Handelsschiedsfälle (shang-wu-jon-tsai-tsai-pang-hui-ben), Judicial Yuan, 1997;

Sammlung der Aufsätze über Handelsschiedsgerichtsbarkeit (shang-wu-jon-tsai-lun-xu-hui-ben), Bd. I-IV, TIS 1988, 1998;

Protokoll der Reformdiskussion über die Verordnung der Handelsschiedsgerichtsbarkeit (shang-wu-jon-tsai-tiao-li-yeng-jio-shiou-jen-shi-lu), Justizministerium 1997;

Ausgewählte gerichtliche Urteile bezüglich der Schiedsfälle (jon-tsai-ang-jien-fa-yuan-tsai-pan-xuen-ji), Bde. I-VI, TIS 1997 ;

Urteilssammlung bezüglich der Handelsschiedsfälle (shang-wu-jon-tsai-tsai-pang-hui-ben), Judicial Yuan, 1997;

Protokoll des Seminars des Justizministeriums über die Handelsschiedsgerichtsbarkeit, Bd. II, Justizministerium 1995;

Datenquelle Statistics Department des Wirtschaftsministeriums von Taiwan unter http://www.moea.gov.tw/~meco/stat/;

Webseite von National Database for Laws and Regulations (Tsuen-guo-fa-gue-ji-liao-ku) des taiwanesischen Justizministeriums unter http://law.moj.gov.tw/;

Webseite von fa-yuan unter http://www.lawbank.com.tw;

Webseite von http://www.matra.com/gb/index.php3;

Webseite von http://www.dorts.gov.tw/welcome/welcome.htm;

Materialien der Veranstaltung der TIS "Konferenz über die Schiedsgerichtsbarkeit in verbraucherschutzrechtlichen Streitigkeiten", abgedruckt in: Journal of Arbitration (chinesisch) 45, TIS, S. 1, 37;

Materialien der Veranstaltung der TIS "1993 International Conference on Arbitration: Enhancing Mutual Understanding and Cooperation in Taipei", abgedruckt in: Journal of Arbitration (chinesisch) 35, TIS, S. 1, 71;

TIS (Hrsg.), Über das neue Schiedsrecht (jon-tsai-fa-shing-lun), TIS 1999;

TIS (Herg.), Recht des geistigen Eigentums (I), Schriftenreihe Ausgewählte Schiedsfälle (jon-tsai-ang-li-xuen-ji), Bd. IV, TIS 1999;

Urteil des Obersten Gerichts, tai-shang-ji 2695, 1999;

Urteil des Obersten Gerichts, tai-shang-ji 2722, 1996;

Urteil des Obersten Gerichts, tai-shang-ji 2196, 1992;

Urteil des Obersten Gerichts, tai-kan-ji Nr. 239, 1975;

Urteil des Obersten Gerichts, tai-shan-ji Nr. 2107, 1972;

Beschluss des 4. Zivilsenats des Obersten Gerichts, 25. 04. 1978;

Urteil in Zivilsachen des Bezirkgerichts Taipeh, jong-shu-ji Nr. 01, 1991;

Urteil des Oberen Gerichts in Zivilsachen, jong-shan-ji Nr. 145, 1995;

Ansicht des Oberen Gerichts über die Rechtsproblematik des Schiedsverfahrens, Nr. 16 1999;

Bescheid des Bezirksgerichts Taipeh von 1987, jong-ji Nr. 9, 12.03.1988;

Europäische IPR-Vorlesungswoche an der Universität Trier, ZEuP 1999, S. 380 ff.;

Begründung BTDrucks. 13/5274, S. 71 ff.;

BT-Drucks. 13/5274, Zu § 1040;

Anhang 1

Das taiwanesische Schiedsverfahrensgesetz von 1998

(Geändert am 10. Juli 2002)

(Unoffizielle Übersetzung von Wei-mingLiao)

Kapitel I Schiedsvereinbarung

§ 1

Für die bestehenden oder zukünftigen Streitigkeiten steht es den Parteien frei, mittels einer Schiedsvereinbarung einen Einzelschiedsrichter oder ein Schiedsgericht zu bestellen, um die Entscheidung dem Schiedsgericht zu unterwerfen.

Eine Schiedsvereinbarung hat insoweit rechtliche Wirkung, als die Parteien berechtigt sind, über den Gegenstand des Streites einen Vergleich zu schließen.

Die Schiedsvereinbarung bedarf der Schriftform.

Die Schriftform ist erfüllt, wenn die Schiedsvereinbarung in den zwischen den Parteien gewechselten Dokumenten, Akten, Schreiben, Fernkopien, Telegramme oder anderen Formen der Nachrichtenübermittlungen, die einen Nachweis der Vereinbarung sicherstellen, enthalten ist.

§ 2

Die Schiedsvereinbarung ist ungültig, wenn es sich nicht auf ein bestimmtes Rechtsverhältnis und die daraus entstehenden Streitigkeiten bezieht.

§ 3

Die Schiedsklausel ist bezüglich ihres Bestehens oder ihrer Gültigkeit als eine von den übrigen Bestimmungen des Vertrages unabhängige Vereinbarung zu behandeln; die Gültigkeit der Schiedsklausel wird nicht dadurch berührt, dass der Vertrag nicht zustande gekommen beziehungsweise unwirksam ist oder angefochten, widerrufen beziehungsweise beendet wurde.

§ 4

Wird vor Gericht entgegen einer der Schiedsvereinbarung Klage erhoben, so hat das Gericht auf Antrag der Partei das schiedsrichterliche Verfahren einzustellen und den Kläger aufzufordern, innerhalb einer bestimmten Frist an das schiedsrichterliche Verfahren zu beantragen; es sei denn, der Beklagte hat sich auf die Klage bereits rügelos eingelassen.

Kapitel II Bildung des Schiedsgerichts

§ 5

Der Schiedsrichter ist eine natürliche Person.

Wird eine juristische Person oder ein Verband, der keine Schiedsinstitution ist, als Schiedsrichter vereinbart, so ist dies nicht als gültige Bestellung eines Schiedsrichters anzusehen.

§ 6

Um Schiedsrichter zu sein, muss eine Person juristische oder andere Fachkenntnisse oder Erfahrungen besitzen und zugleich den Ruf haben integer und unabhängig zu sein und zudem die eine der folgenden Qualifikationen erfüllen:

(1) Einzelpersonen, die als inländische oder ausländische Richter, Rechtsanwälte oder Staatsanwälte gearbeitet haben; oder

(2) Rechtsanwälte, Buchhalter, Architekten, Ingenieure oder andere handelsrelevante Berufstätige, die mehr als fünf Jahre Erfahrung haben; oder

(3) Einzelpersonen, die Erfahrungen als Schiedsrichter im In- oder Ausland haben; oder

(4) Professoren, die in den vom Bildungsministerium anerkannten akademischen Anstalten mehr als fünf Jahre gearbeitet haben; oder

(5) andere Fachleute, die Sonderkenntnisse besitzen und in diesem Fachbereich mehr als fünf Jahre gearbeitet haben.

§ 7

Folgende Einzelpersonen können nicht als Schiedsrichter bestellt werden:

(1) Personen, die wegen Korruption als strafrechtlich verantwortlich verurteilt worden sind; oder

(2) Personen, die eine andere als die in Satz (1) geregelte Straftat begangen haben und zu mehr als einem Jahr Gefängnis verurteilt worden sind; oder

(3) Personen, deren Bürgerrecht entzogen worden ist; oder

(4) Personen, die wegen Konkursanmeldung als beschränkt geschäftsfähig erklärt und noch nicht rehabilitiert worden sind; oder

(5) Personen, die vermögensrechtlich als geschäftsunfähig erklärt worden sind; oder

(6) Minderjährige.

§ 8

Personen, die die Qualifikationen als Schiedsrichter gemäss diesem Gesetz besitzen, müssen durch Seminare oder Praktika ausgebildet wurden, bevor sie in der Schiedsrichterliste einer Schiedsinstitution eingetragen werden; es sei denn eine der folgenden Voraussetzungen vorliegt:

(1) Einzelpersonen, die als Richter oder Staatsanwälte gearbeitet haben; oder

(2) Rechtsanwälte, die mehr als drei Jahre Erfahrung haben; oder

(3) Professoren, die in den vom Bildungsministerium anerkannten in- oder ausländischen akademischen Anstalten als Professoren für mehr als zwei Jahre, als Assistent-Professoren für mehr als drei Jahre sowie die rechtlichen Hauptgebiete gelehrt haben; oder

(4) Einzelpersonen, die vor Änderung dieses Gesetzes bei einer Schiedsinstitution als Schiedsrichter eingetragen wurden und praktische Erfahrungen als Schiedsrichter haben.

Die Berechnung der Länge der Belehrung und der Umfang der rechtlichen Hauptgebiete, die in Abs. 2 Nr. 3 geregelt werden, werden durch das Justizministerium mit Beratung der relevanten Behörden bestimmt.

Für die Schiedsrichter, die nicht gemäss Abs. 1 bei einer Schiedsinstitution als Schiedsrichter eingetragen wurden, finden die Regelungen dieses Gesetzes bezüglich der Ausbildung Anwendung.

Die Schiedsrichter, die bereits bei einer Schiedsinstitution als Schiedsrichter eingetragen wurden, müssen an den jährlich zeitgemäß veranstalteten Seminaren teilnehmen; den Schiedsrichtern, die nicht zeitgemäß teilgenommen haben, soll ihre Registrierung widerrufen werden.

Die Regelungen für solche Seminare und Praktika werden durch die Exekutive Yuan zusammen mit der Justiz Yuan erlassen.

§ 9

Es steht den Parteien frei, sich über das Verfahren der Bestellung oder die Bestellung eines Schiedsrichters einig zu werden. Fehlt eine solche Vereinbarung, so bestellt jede Partei einen Schiedsrichter; und die zwei Schiedsrichter bestellen dann einen Dritten als Vorsitzenden. Das Schiedsgericht hat die Parteien schriftlich über die Bestellung benachrichtigen.

Können sich die zwei Schiedsrichter binnen 30 Tagen nicht über die Bestellung des Dritten einigen, bestellt das Gericht auf Antrag den Schiedsrichter.

Soll das schiedsrichterliche Verfahren von einem Einzelschiedsrichter durchgeführt werden und sind die Parteien binnen 30 Tagen nach der schriftlichen Anfrage einer der Parteien nicht imstande, sich über die Bestellung zu einigen, bestellt das Gericht auf Antrag einer der Parteien den Schiedsrichter.

Wird eine Schiedsinstitution vereinbart, so bestellt diese in den Fällen der in den Absätzen 2 und 3 den Schiedsrichter.

Besteht eine Partei aus mehr als zwei Personen gibt und können diese sich über den Schiedsrichter nicht einig werden, wird die Bestellung nach der Stimmenmehrheit entschieden; Kann keine Stimmenmehrheit erreicht werden, erfolgt die Bestellung durch Losziehung.

§ 10

Wenn eine Partei ihre Wahl über den Schiedsrichter getroffen hat, teilt sie dies der anderen Partei sowie dem bestellten Schiedsrichter schriftlich mit. Wenn der Schiedsrichter von einer Schiedsinstitution bestellt wird, benachrichtigt diese die beiden Parteien sowie den bestellten Schiedsrichter schriftlich.

Wenn die Mitteilung zugestellt worden ist, kann sie nicht mehr widerrufen oder verändert werden, es sei denn, beide Parteien stimmen zu.

§ 11

Die Partei, die bereits ihren Schiedsrichter bestellt hat, kann die andere Partei auffordern, binnen 14 Tagen ihren eigenen Schiedsrichter zu bestellen. Die Frist beginnt mit dem Empfang der Aufforderung zu laufen.

Wenn ein Schiedsrichter von einer Schiedsinstitution bestellt wird, kann jede Partei verlangen, dass die Schiedsinstitution binnen der in Absatz 1 bestimmten Frist den Schiedsrichter bestellt.

§ 12

Wenn die Partei, die die in § 11 Absatz 1 geregelte Aufforderung empfangen hat, ihren Schiedsrichter nicht fristgemäß bestellt, kann die auffordernde Partei eine kompetente Schiedsinstitution oder das Gericht ersuchen, den Schiedsrichter zu bestellen.

Wenn die Schiedsinstitution, die die in § 11 Absatz 2 geregelte Aufforderung empfangen hat, den Schiedsrichter nicht fristgemäß bestellt, kann jede Partei das Gericht ersuchen, den Schiedsrichter zu bestellen.

§ 13

Wenn dem durch die Schiedsvereinbarung bestellten Schiedsrichter die Aufgabenerfüllung infolge von Tod oder aus anderen Gründen unmöglich ist oder er die Aufgabenaufnahme ablehnt oder versäumt, ist ein Ersatzschiedsrichter zu bestellen. Kann zwischen den Parteien keine Einigung über einen Ersatzschiedsrichter erzielt werden, kann jede Partei eine zugelassene Schiedsinstitution oder das Gericht ersuchen, den Schiedsrichter zu bestellen.

Wenn einem Schiedsrichter, der direkt durch eine der Parteien bestellt wurde, die Aufgabenerfüllung aufgrund der in Abs.1 genannten Umstände unmöglich ist oder er die Aufgabenerfüllung ablehnt, kann jede Partei die andere auffordern, binnen 14 Tagen vom Eingangsdatum der Aufforderung an eine Ersatzschiedsrichter zu bestellen. Die in § 9 Absatz 1 geregelte Bestellung des Vorsitzenden Schiedsrichters bleibt davon unberührt, wenn dieser bereits bestellt worden ist.

Bestellt die Partei, die die Aufforderung empfangen binnen der in Absatz 2 bestimmten Frist keinen Ersatzschiedsrichter, kann die auffordernde Partei eine zugelassene Schiedsinstitution oder das Gericht ersuchen, einen Ersatzschiedsrichter zu bestellen.

Tritt bei einem Schiedsrichter, der durch eine Schiedsinstitution oder das Gericht bestellt wurde, eine der in Absatz 1 geregelten Situationen auf, kann die Schiedsinstitution oder das Gericht auf Antrag oder von Amts wegen einen Ersatzschiedsrichter bestellen.

Das Gericht kann auf Antrag oder von Amts wegen einen Ersatzschiedsrichter bestellen, wenn bei dem vorsitzenden Schiedsrichter eine der in Absatz 1 geregelten Situationen auftritt.

§ 14

Den durch die Schiedsinstitution oder das Gericht bestellten Schiedsrichter können die Parteien nicht ablehnen, außer wenn nach diesem Gesetz die Ablehnung des Schiedsrichters zulässig ist.

§ 15

Der Schiedsrichter ist verpflichtet unabhängig und unparteiisch zu sein. Er hat das Vertraulichkeitsprinzip einzuhalten.

Wenn bei dem Schiedsrichter einer der folgenden Umstände auftritt, hat er dies den Parteien sofort offen zulegen:

(1) wenn jene in § 32 des Zivilprozessgesetzes angegebene Situation aufgetreten ist, durch die, die Ablehnung des Richters begründet ist; oder

(2) wenn zwischen dem Schiedsrichter und den Parteien früher Agentur- oder Beschäftigungsverhältnisse existierten oder solche zur Zeit bestehen; oder

(3) wenn zwischen dem Schiedsrichter und dem Vertreter der Partei früher Agentur- oder Beschäftigungsverhältnisse existierten oder solche zur Zeit bestehen; oder

(4) alle anderen Umstände, bei denen berechtigte Zweifel hinsichtlich seiner Unparteilichkeit oder Unabhängigkeit entstehen können.

§ 16

Die Partei kann die Ablehnung des Schiedsrichters beantragen, wenn

(1) der Schiedsrichter die von den Parteien vereinbarten Qualifikationen nicht besitzt; oder

(2) irgendeine der in § 15 Absatz 2 geregelten Situationen besteht.

Die Partei kann den von ihr selbst bestellten Schiedsrichter nicht ablehnen, es sei denn, dass der Grund der Ablehnung nach der Bestellung aufgetreten ist oder der Partei erst nach der Vereinbarung bekannt geworden ist.

§ 17

Die Partei, die um Ablehnung eines Schiedsrichters ersucht, hat binnen 14 Tagen nachdem sie von dem Ablehnungsgrund Kenntnis erhalten hat, dem Schiedsgericht einen schriftlichen Antrag auf Ablehnung übersenden. Das Schiedsgericht entscheidet über den Antrag innerhalb von 10 Tagen, soweit die Parteien nichts anderes vereinbart haben.

Wird der in Absatz 1 geregelte Antrag vor der Zusammensetzung des Schiedsgerichts erhoben wird, beginnt die 14-tägige Frist mit dem Zeitpunkt der Zusammensetzung des Schiedsgerichts.

Wenn der Ablehnungsantrag einer Partei nicht erfolgreich ist, kann diese binnen 14 Tagen nach Empfang der Entscheidung das Gericht anrufen, über die Ablehnung zu entscheiden.

Gegen die in Absatz 3 geregelte Entscheidung können keine Einwände gemacht werden.

Der Schiedsrichter tritt von seinem Amt sofort zurück, wenn beide Parteien es beantragen.

Die Ablehnung des Einzelschiedsrichters ist vor Gericht zu beantragen.

Kapitel III Das schiedsrichterliche Verfahren

§ 18

Die Partei, die das schiedsrichterliche Verfahren beantragt, teilt dies der anderen Partei schriftlich mit.

Sofern von den Parteien nichts anderes vereinbart wurde, beginnt das schiedsrichterliche Verfahren mit dem Datum, an dem die gegnerische Partei die Mitteilung empfängt. Ist mehr als eine Person bei der gegnerischen Partei beteiligt ist, beginnt das schiedsrichterliche Verfahren mit dem Datum, an dem alle teilnehmenden Personen die Mitteilung empfangen haben.

§ 19

Sofern die Parteien keine Verfahrensregeln für das schiedsrichterliche Verfahren vereinbart haben, wird das Verfahren durch dieses Gesetz geregelt. Sofern es in diesem Gesetz nicht geregelt wird, kann das Schiedsgericht das Zivilprozessgesetz oder andere als einschlägig erachteten Verfahrensregelungen anwenden.

§ 20

Den Parteien steht es frei, sich über den Ort des schiedsrichterlichen Verfahrens zu einigen. Fehlt eine solche Vereinbarung, wird der Ort des schiedsrichterlichen Verfahrens durch das Schiedsgericht festgelegt.

§ 21

Wenn kein schiedsrichterliches Verfahren durch die Parteien vereinbart wurde, entscheidet das Schiedsgericht binnen 10 Tagen nach Empfang der Mitteilung über die Bestellung des Schiedsrichters den Ort des schiedsrichterlichen Verfahrens und das Datum des Verhandlungstags und informiert die Parteien. Der Schiedsspruch soll innerhalb von 6 Monaten erlassen; die Frist kann um 3 Monate verlängert werden, sofern besondere dies erfordern.

Im Fall der Schiedsvereinbarung für die zukünftigen Streitigkeiten beginnt die in Absatz 1 geregelte 10-tägige Frist mit dem Datum, an welchem das Schiedsgericht die Mitteilung über das Bestehen solcher Streitigkeit empfängt.

Außer im Fall der Zwangsschiedsgerichtsbarkeit können die Parteien, wenn das Schiedsgericht den Schiedsspruch nicht innerhalb der in Abs.1 bestimmten Frist erlässt, den Streit dem Gericht unterbreiten oder eine bereits anhängige Klage fortsetzen. Das schiedsrichterliche Verfahren gilt dann als beendet.

Wenn die Parteien gem. Abs.3 den Streit dem Gericht unterbreiten, findet § 133 des Zivilgesetzbuches keine Anwendung.

§ 22

Das Schiedsgericht entscheidet über Einwände der Parteien gegen seine Befugnis hat. Nach der Klagebeantwortung können jedoch keine Einwände mehr geltend gemacht werden.

§ 23

Jeder Partei wird Gelegenheit zur vollständigen Darstellung ihres Falles eingeräumt. Das Schiedsgericht untersucht die Behauptungen der Parteien sachgerecht.

Das schiedsrichterliche Verfahren ist nicht zu veröffentlichen, es sei denn, die Parteien stimmen dem zu.

§ 24

Jede Partei kann mittels einer schriftlichen Ermächtigung einen Vertreter benennen, der an dem schiedsrichterlichen Verfahren teilnimmt.

§ 25

Bei schiedsrichterlichen Verfahren mit Auslandsbezug können die Parteien die im schiedsrichterlichen Verfahren zu verwendende Sprache vereinbaren. Das Schiedsgericht oder eine der Parteien können jedoch verlangen, dass alle für das Schiedsverfahren relevanten Dokumente mit einer Übersetzung in eine bestimmte Sprache versehen werden soll.

Ist eine der Parteien oder das Schiedsgericht der chinesischen Sprache nicht mächtig, so ist ein Dolmetscher hinzuzuziehen.

§ 26

Das Schiedsgericht kann Zeugen oder Sachverständige anweisen, sie aber nicht zwingen, einen Eid zu leisten.

Wenn ein Zeuge vor dem Schiedsgericht ohne berechtigten Grund nicht erscheint hat, kann das Schiedsgericht auf Antrag einer der Parteien das Gericht ersuchen, den Zeugen anzuweisen, dem schiedsrichterlichen Verfahren zur Verfügung zu stehen.

§ 27

Für die Zustellung der Schriftstücke während des schiedsrichterlichen Verfahrens finden die Regelungen des Zivilprozessgesetzes Anwendung.

§ 28

Zur Durchführung des schiedsrichterlichen Verfahrens kann das Schiedsgericht die Unterstützung des Gerichts oder anderer zuständiger Behörde ersuchen.

Das unterstützende Gericht führt die Beweisaufnahme entsprechend den für das gerichtliche Verfahren geltenden Vorschriften durch.

§ 29

Die Partei, die trotz Kenntnis von einer Zuwiderhandlung gegen die Bestimmungen dieses Gesetzes oder die Schiedsvereinbarung das schiedsrichterliche Verfahren fortsetzt, verliert ihr Rügerecht.

Das Schiedsgericht entscheidet über die Rüge. Die Entscheidung ist für die Parteien bindend.

Die Rüge verhindert nicht die Fortsetzung des schiedsrichterlichen Verfahrens.

§ 30

Das Schiedsgericht setzt das schiedsrichterliche Verfahren fort und erlässt den Schiedsspruch, sofern die folgenden Behauptungen der Parteien als unbegründet erachtet werden: wenn

(1) die Schiedsvereinbarung nicht zustandegekommen ist; oder

(2) die schiedsrichterlichen Verfahren gesetzwidrig sind; oder

(3) das schiedsrichterliche Verfahren schiedsvereinbarungswidrig verlaufen ist; oder

(4) die Schiedsvereinbarung mit dem Streitgegenstand nicht übereinstimmt; oder

(5) dem Schiedsrichter die Ermächtigung fehlt; oder

(6) alle anderen Gründe, aus denen die die Parteien eine Aufhebungsklage gegen den Schiedsspruch erheben können.

§ 31

Das Schiedsgericht entscheidet ex aequo et bono oder als amiable compositeur, wenn die Parteien es ausdrücklich dazu ermächtigt haben.

§ 32

Der Schiedsspruch ist nicht zu veröffentlichen.

Das Schiedsgericht, das aus mehr als einem Schiedsrichter besteht, entscheidet mit der Stimmenmehrheit aller Mitglieder.

Wenn unter den Schiedsrichtern keine Stimmenmehrheit in Bezug auf eine Zahlsumme erreicht, so wird die Stimme für die größte Summe den Stimmen für die folgende Summe hinzugefügt, und so weiter, bis eine Mehrheit erhalten wird.

Wird in Bezug auf einen anderen Streitgegenstand keine Stimmenmehrheit erreicht, gilt das schiedsrichterliche Verfahren als beendet, sofern die Partien nichts anderes vereinbart haben.

§ 133 des Zivilgesetzbuches ist auf die in Absatz 3 beschriebene Situation nicht anwendbar, außer wenn keine Parteien binnen eines Monats nach Empfang der Mitteilung Klage vor Gericht erhebt.

§ 33

Sobald eine Entscheidung bereits sachgerecht getroffen werden kann, beendet das Schiedsgericht das Verfahren und entscheidet über die von den Parteien behaupteten Gegenstände.

Der Schiedsspruch gibt folgendes an:

(1) den vollen Namen der Partei und ihren Wohnsitz oder Aufenthaltsort; wenn eine Partei eine juristische Person oder irgendeine andere Körperschaft ist, ihren Namen und den Ort ihren Verwaltungssitz oder Hauptniederlassung

(2) den vollen Namen, den Wohnsitz oder der Aufenthaltsort des gesetzlichen Vertreters und gegebenenfalls des vor dem Schiedsgericht stehenden Vertreters;

(3) gegebenenfalls den vollen Namen, die Nationalität, den Ort des Wohnsitzes oder des Aufenthalts des Dolmetschers;

(4) den Hauptteil des Urteils;

(5) die Tatsachen und die Gründe, sofern die Parteien nichts anderes vereinbart haben,; und

(6) Ort und Datum, an dem der Schiedsspruch erlassen wird.

Die Urschrift des Schiedsspruches wird von den teilnehmenden Schiedsrichtern unterschrieben. Wenn irgendeiner der Schiedsrichter die Unterschrift verweigert, oder diese aus irgendeinem Grund verhindert wurde, gibt der unterschreibende Schiedsrichter den Grund dafür an.

§ 34

Das Schiedsgericht stellt den Parteien die Urschrift des Schiedsspruches zu.

Die in Absatz 1 geregelte Urschrift des Schiedsspruches ist zusammen mit Zustellungsurkunden bei dem zuständigen Gericht zu Überprüfungszwecken zu archivieren.

§ 35

Das Schiedsgericht kann von Amts wegen oder auf Antrag der Partei die im Schiedsspruch bestehenden Rechen-, Schreib- oder Druckfehler oder anderen Fehler ähnlicher Art beheben. Das Schiedsgericht unterrichtet die Parteien und das Gericht schriftlich über solche Korrekturen. Das gleiche gilt auch, wenn ein Unterschied zwischen der beglaubigten Abschrift und dem Schiedsspruch besteht.

§ 36

Wenn über den Gegenstand der im Zivilprozessgesetz angeordneten vereinfachten Verfahren ein Schiedsverfahren durch die Parteien vereinbart wird, so bestellt die Schiedsinstitution einen Einzelschiedsrichter, der nach dem vereinfachten Schiedsverfahren der Schiedsinstitution das Schiedsverfahren durchführt.

Für die andere als die in Absatz 1 geregelten Fälle findet das vereinfachte Schiedsverfahren der Schiedsinstitution Anwendung, wenn die Parteien es so vereinbart haben.

Kapitel IV Vollstreckung des Schiedsspruchs

§ 37

Der Schiedsspruch ist entsprechend einem endgültigen Urteil für die Parteien bindend.

Der Schiedsspruch kann nur vollstreckt werden, nachdem das Gericht auf Antrag einer der Parteien das Exequatur ausgestellt hat. Der Schiedsspruch kann ohne die Ausstellung des Exequaturs vollstreckt werden, wenn die Parteien dem schriftlich zugestimmt haben und der Schiedsspruch einen der folgenden Gegenstände zum Inhalt hat:

(1) Geld, vertretbare Sachen oder Wertpapiere in einer bestimmten Höhe; oder

(2) die Verschaffung von beweglichem Eigentum oder Besitz

Die in Absatz 2 geregelte Vollstreckung gilt nur für die Parteien und die folgenden Einzelpersonen:

(1) Personen, die nach Beginn des schiedsrichterlichen Verfahrens die Gesamtrechtsnachfolge einer der Parteien antreten und Personen, die für die Parteien oder ihre Rechtsnachfolger den streitbefangenen Gegenstand besitzen; oder

(2) eine dritte Person, die für die Partei der schiedsrichterlichen Verfahren steht, und Personen, die Erben der dritten Person werden, nachdem die schiedsrichterlichen Verfahren begonnen haben, und Personen, die für die dritte Person oder ihre Erben den Gegenstand besitzen.

§ 38

Die Vollstreckbarerklärung kann abgelehnt werden, wenn

(1) der Schiedsspruch mit den in der Schiedsvereinbarung geregelten Streitigkeiten nicht übereinstimmt; die übereinstimmenden Teile bleiben unberührt, sofern die Streitigkeiten behoben werden können; oder

(2) keine Begründung im Schiedsspruch angegeben wird, wenn diese angefordert wurde; es sei denn, das Schiedsgericht hat dies nachgeholt; oder

(3) der Schiedsspruch eine Partei auffordert, gesetzeswidrig zu handeln.

§ 39

Die Parteien können nach dem Zivilprozessgesetz einstweilige gerichtliche Maßnahmen beantragen. Werden die einstweiligen Maßnahmen vor Beginn des schiedsrichterlichen Verfahrens beantragt, kann das zuständige Gericht die Partei, die um die Anordnung der einstweiligen Maßnahmen ersucht hat, auf Antrag der gegnerischen Partei, auffordern binnen einer bestimmten Frist das schiedsrichterliche Verfahren zu beantragen. Wenn die beantragende Partei nach dem Gesetz Klage erheben kann, kann das Gericht anordnen, dass die betroffenen Parteien das Gerichtsverfahren fortsetzen.

Wenn die Partei, die die einstweiligen gerichtlichen Maßnahmen beantragt hat, nicht fristgemäß schiedsrichterliche Verfahren einleitet oder vor Gericht Klage erhebt, kann das Gericht auf Antrag der anderen Partei die einstweiligen gerichtlichen Maßnahmen aufheben.

Kapitel V Aufhebungsklage gegen den Schiedsspruch

§ 40

Gegen den Schiedsspruch kann vor Gericht Aufhebungsklage erhoben werden, wenn:

(1) einer der in § 38 genannten Umstände vorliegt; oder

(2) die besagte Schiedsvereinbarung nicht zustande gekommen oder unwirksam ist, oder vor der Beendigung des schiedsrichterlichen Verfahrens noch nicht wirksam oder schon ungültig war; oder

(3) vor der Beendigung der schiedsrichterlichen Verhandlungsverfahren das Schiedsgericht der Partei keine gleichen Gelegenheiten gegeben hat, ihren Fall darzustellen, oder die Parteien während des Verfahrens nicht gesetzlich vertreten wurden; oder

(4) die Zusammensetzung des Schiedsgerichts oder der Ablauf des schiedsrichterlichen Verfahrens schiedsvereinbarungs- oder gesetzeswidrig war; oder

(5) der Schiedsrichter gegen die Mitteilungspflicht gem. § 15 Absatz 2 verstoßen und befangen ist oder trotz seiner Ablehnung im schiedsrichterlichen Verfahren mitgewirkt hat, es sei denn, die Anfrage der Rücknahme ist nach diesem Gesetz abgewiesen worden; oder

(6) der Schiedsrichter eine kriminelle Tat bei der Aufgabenerfüllung beging; oder

(7) die Parteien oder ihre Vertreter eine kriminelle Tat bezüglich des schiedsrichterlichen Verfahrens begingen; oder

(8) die als Entscheidungsgrundlage geltenden Beweismittel oder Übersetzungen verfälscht wurden oder wahrheitswidrig sind; oder

(9) das als Entscheidungsgrundlage geltende Straf- oder Zivilurteil oder ein anderer Verwaltungsakt durch ein nachträgliches Urteil oder einen nachträglichen Verwaltungsakt aufgehoben oder geändert worden ist.

Die in den Sätze 6-8 des Absatzes 1 genannten Umstände sind nur dann ein Aufhebungsgrund, wenn bereits ein endgültiges Urteil ergangen ist oder das Strafverfahren aus anderen Gründen als einer unzureichenden Beweislage noch nicht begonnen oder unterbrochen wurde.

Der in Absatz 1, Satz 4 geregelten Verstoßes gegen die Schiedsvereinbarung sowie die in den Sätzen 5, 6, 7, 8, 9 geregelten Umstände, berechtigen nur zur Aufhebungsklage, wenn sie geeignet waren den Schiedsspruch zu beeinflussen.

§ 41

Für die Aufhebungsklage ist das Gericht zuständig, in dessen Bezirk das schiedsrichterliche Verfahren stattgefunden hat.

Die Aufhebungsklage muss innerhalb von 30 Tagen nach dem Erlass des Schiedsspruches erhoben werden. Weder die Frist noch der Fristbeginn können durch Parteivereinbarung geändert werden.

Die 30-tägige Frist beginnt jedoch zu dem Zeitpunkt, an dem die Partei von der Ursache der Unwirksamkeit in Kenntnis nimmt, wenn einer der in den Absätzen 6, 7, 8 und 9 des § 40 Absatz 1 genannten Umstände vorliegt und die Frist schuldlos versäumt wurde.

Fünf Jahre nach Erlass des Schiedsspruches kann die Aufhebungsklage nicht mehr erhoben werden.

§ 42

Wird Aufhebungsklage erhoben, kann das Gericht auf Parteiantrag gegen Sicherheitsleistung anordnen, dass die Vollstreckung eingestellt wird.

Wenn der Schiedsspruch durch das Gericht aufgehoben worden ist, wird das Exequatur von Amts wegen für ungültig erklärt, sofern ein solches besteht.

§ 43

Nachdem der Schiedsspruch durch ein zuständiges Gericht aufgehoben worden ist, können die Parteien vor Gericht Klage erheben, sofern keine andere Schiedsvereinbarung besteht.

Kapitel VI Vergleich und Mediation

§ 44

Während des schiedsrichterlichen Verfahrens können die Parteien sich vergleichen. Der Schiedsrichter stellt ein Vergleichsprotokoll aus, sofern der Vergleich erreicht wird.

Der in Absatz 1 geregelte Vergleich ist entsprechend dem Schiedsspruch bindend. Zur Vollstreckung bedarf eines gerichtlichen Vollstreckungsbeschlusses.

§ 45

Eine Schiedsinstitution kann, auch ohne eine nach diesem Gesetz zustande gekommene Schiedsvereinbarung, auf Antrag einer Partei und mit der Zustimmung der anderen Partei einen Schiedsrichter bestellen, um ein Mediationsverfahren durchzuführen. Der Schiedsrichter stellt ein Mediationsprotokoll aus, sofern die Mediation erfolgreich war.

Die in Absatz 1 geregelte Mediation ist entsprechend dem Vergleich im schiedsrichterlichen Verfahren bindend. Zur Vollstreckung bedarf eines gerichtlichen Vollstreckungsbeschlusses.

§ 46

§§ 38, 40, 41, 42 und 43 dieses Gesetzes finden auch für Vergleich und Mediation im schiedsrichterlichen Verfahren Anwendung.

Kapitel VII Ausländische Schiedssprüche

§ 47

Ein ausländischer Schiedsspruch ist ein Schiedsspruch, der außerhalb des Territoriums der Republik China auf Taiwan erlassen wird oder ein Schiedsspruch, der innerhalb dieses Territoriums nach einem durch die Parteien vereinbarten ausländischen Gesetz erlassen wird.

Ein ausländischer Schiedsspruch ist vollstreckbar, nachdem er auf Antrag der Parteien durch den Beschluss des Gerichts anerkannt worden ist.

§ 48

Dem Antrag auf Anerkennung sind folgende Dokumente beizufügen:

(1) Originaldokument des Schiedsspruches oder eine ordnungsgemäß beglaubigte Abschrift;

(2) Originaldokument der Schiedsvereinbarung oder eine ordnungsgemäß beglaubigte Abschrift; und

(3) den vollen Text des ausländischen Schiedsgesetzes, der Schiedsverordnung der ausländischen Schiedsinstitution oder der Schiedsverordnung der internationalen Organisation, wenn der Schiedsspruch nach einem ausländischen Schiedsgesetz erlassen wurde.

Sind die Dokumente in Fremdsprache abgefasst, so hat die Partei eine ordnungsgemäß zugelassene Übersetzung in Chinesisch vorzulegen.

Die ordnungsgemäße Beglaubigung, die in Absatz 1 und in Absatz 1, Satz 2 angeordnet wird, ist bei den Botschaften, den Konsulaten oder dem Repräsentanten der Republik China auf Taiwan oder bei einer von den Behörden anerkannten Institution anzufertigen.

Von dem in Abs. 1 angeordneten Antrag sind nach der Anzahl der Gegenparteien Abschriften herzustellen und durch das Gericht zuzustellen.

§ 49

Der Anerkennungsantrag des ausländischen Schiedsspruches wird vom Gericht durch Beschluss abgewiesen, wenn

(1) die Anerkennung oder Vollstreckung gegen den ordre public der Republik China auf Taiwan verstößt; oder

(2) der Gegenstand der Streitigkeit nach dem Gesetz der Republik China auf Taiwan schiedsunfähig ist. Das Gericht kann auf Beschluss die Anfrage zurückweisen, wenn das Land, in dem das Schiedsverfahren stattfand, oder das Herkunftsland des vereinbarten anwendbaren Gesetzes den taiwanesischen Schiedsspruch nicht anerkennt.

§ 50

Auf Anfrage der generischen Partei, innerhalb von 20 Tagen nach der Zustellung der Abschrift des Antrags, weist das Gericht den Anerkennungsantrag des ausländischen Schiedsspruches ab, wenn

(1) die Schiedsvereinbarung unwirksam ist, weil die Parteien nach dem anwendbaren Gesetz geschäftsunfähig sind; oder

(2) die Schiedsvereinbarung nach dem vereinbarten Recht oder nach dem Recht des Schiedsortes, wenn kein anwendbares Recht vereinbart wurde, unwirksam ist; oder

(3) eine der Parteien keine sachgerechte Mitteilung über die Bestellung des Schiedsrichters oder bezüglich anderer erforderlicher Angaben über das Verfahren oder über jede andere Situation, die den rechtmäßigen Ablauf des Verfahrens gefährden könnte, erhalten hat.

(4) der Schiedsspruch eine Streitigkeit betrifft, die von der Schiedsvereinbarung nicht oder nur teilweise erfasst ist. Ist die entschiedene Streitigkeit nur teilweise von der Schiedsvereinbarung erfasst, und kann der Teil der von der Schiedsvereinbarung erfasst ist von dem nicht erfassten Teil getrennt werden, so kann der dem schiedsrichterlichen Verfahren unterworfene Teil anerkannt und vollstreckt werden.

(5) die Bildung des Schiedsgerichts oder der Ablauf des schiedsrichterlichen Verfahrens nicht mit der Schiedsvereinbarung übereinstimmt, oder wenn eine solche Vereinbarung fehlt, nicht mit dem Gesetz des Landes übereinstimmt, in dem das Schiedsverfahren stattfand; oder

(6) der Schiedsspruch für die Parteien noch nicht bindend ist oder dieser bereits durch die zuständige Obrigkeit aufgehoben oder eingestellt wurde.

§ 51

Beantragt eine der Parteien eines schiedsrichterlichen Verfahrens die Aufhebung der Anerkennung oder der Vollstreckbarkeit eines ausländischen Schiedsspruches, kann das Gericht auf Parteiantrag gegen Sicherheitsleistung vorläufig das Anerkennungsverfahren oder die Vollstreckung einstellen.

Wird ein ausländischer Schiedsspruch durch das zuständige Gericht aufgehoben, sind die Anerkennung oder Vollstreckbarerklärung dieses Schiedsspruches abzulehnen.

Kapitel VIII Sonstiges

§ 52

Das Gericht entscheidet im Falle von Streitigkeiten bezüglich des schiedsrichterlichen Verfahrens in Übereinstimmung mit den Verfahrensregeln des Gesetzes der freiwilligen Gerichtsbarkeit, sofern es in diesem Gesetz nicht etwas Abweichendes vorsieht. Enthält das Gesetz der freiwilligen Gerichtsbarkeit keine einschlägige Regelung, ist das Zivilprozessgesetz für das Verfahren entsprechend anwendbar.

§ 53

Für die in einem anderen Gesetz angeordnete Zwangsschiedsgerichtsbarkeit findet dieses Gesetz Anwendung; es sei denn, es wird in jenem Gesetz anders geregelt.

§ 54

Handelskammern und Industrieverbände auf unterschiedlichen Stufen können Schiedsinstitutionen allein oder gemeinsam errichten, um die Registrierung der Schiedsrichter und die Ausübung der schiedsrichterlichen Aufgaben zu organisieren.

Die Organisationsstrukturen, die Errichtung und die Auflösung der Schiedsinstitution, die Registrierung und die Wiederrufung der Registrierung der Schiedsrichter, die Schiedsgebühren sowie die Prozedur und Gebühren der Mediation werden von der Exekutive Yuan mit der Judicial Yuan gemeinsam bestimmt.

§ 55

Um die Schiedsgerichtsbarkeit zu fördern und die Belastung der ordentlichen Gerichte zu verringern, kann die Regierung die Schiedsinstitutionen subventionieren.

§ 56

Dieses Gesetz tritt in Kraft nach der Bekanntgabe (10. Juli 2002) außer den Regelungen, die am 24. Juni 1998 bekannt gemacht und sechs Monate später am 24. Dezember 1998 wirksam wurden.

Anhang 2

Verordnung zur Regelung der Organisation der Schiedsinstitution, der Schlichtungsverfahren und ihrer Kosten

Gemeinsam verkündet am 03. 03 1999
durch die Executive Yuan (Tai-88-Fa-Tze-Di-08006-Hau) und
die Judicial Yuan ((88)-Yuan-Tai-Tin-Min-San-Tze-Di-02096-Hau)

(Unoffizielle Übersetzung von Wei-ming Liao)

Kapitel I Allgemeine Bestimmungen

§ 1

Diese Verordnung zur Regelung der Organisation von Schiedsinstitution, des Schlichtungsverfahrens und ihrer Kosten (nachfolgendes bezieht sich auf diese Verordnung) wird aufgrund von § 54 Absatz 2 des Schiedsgerichtsbarkeitsgesetzes erlassen.

§ 2

Die Organisation der Schiedsinstitution, die Registrierung der Schiedsrichter und die Kosten des Schieds- und Schlichtungsverfahrens werden in Übereinstimmung mit den Bestimmungen dieser Verordnung gehandhabt.

§ 3

Die Schiedsinstitution im Sinne dieser Verordnung ist ein Verein, der im öffentlichen Interesse tätig wird. Die Schiedsinstitution muss von der zuständigen Behörde für die Schiedsinstitution und der zuständigen Behörde für den jeweiligen Handels- und Industriezweig genehmigt werden und ist in Übereinstimmung mit diesem Gesetz zu registrieren. Sie wird branchenspezifisch oder branchenübergreifende von Organisationen verschiedener Industrie- und Handelszweige gegründet. Sie ist für die Registrierung der Schiedsrichter, deren Aus- und Weiterbildung zuständig und für die Verwaltung der Angelegenheiten die das Schiedsverfahren betreffen.

Die Schiedsinstitution darf nur in Fällen aus dem wirtschaftlichen Sektor tätig werden, dem die Organisationen angehören, die sie gegründet haben.

Kapitel II Organisation der Schiedsinstitution

§ 4

Die Genehmigung zur Gründung einer Schiedsinstitution wird, im makro-wirtschaftlichen und öffentlichen Interesse erteilt, wenn folgende Voraussetzungen vorliegen:

(1) die Anzahl der Mitglieder beträgt mindestens dreißig,

(2) die Anzahl der eingestellten Arbeitskräfte, die eine öffentliche bzw. gleichwertige private Fachhochschule oder eine vom Bildungsministerium anerkannte ausländische Fachhochschule abgeschlossen haben oder das relevante juristische Staatsexamen bestanden haben, beträgt mindestens drei,

(3) die zum Zweck des Geschäftsbetriebs erforderliche Bürofläche beträgt über 227 Quadratmeter; wenn die Bürobenutzung aufgrund eines einem Mietverhältnis erfolgt, muss die Dauer des Mietvertrages mindestens zwei Jahre betragen und notariell beglaubigt werden,

(4) die Finanzierung der Gründung und des Geschäftsbetriebs gesichert ist,

(5) die Buchhaltung und das Aufsichtssystem unabhängig sind,

(6) das Reservekapital mehr als 10 Million NT-Dollar beträgt.

§ 5

Die Bürofläche gemäß § 4 Absatz 3, die Finanzierung gemäß § 4 Absatz 4 und das Reservekapital gemäß § 4 Absatz 6 werden innerhalb von 3 Monaten nach der Registrierung als Schiedsinstitution im eigenen Namen eingetragen bzw. auf ein Konto eingezahlt und sowohl dem Innenministerium als auch dem Justizministerium zur Prüfung vorgelegt.

Über die Vermögensgüter im Sinne des Absatzes 1 darf ohne Genehmigung der Direktion der Schiedsinstitution und des Innenministeriums und des Justizministeriums nicht verfügt werden.

§ 6

Die Schiedsinstitution soll ihre Niederlassung in der Region haben in der die zuständige Behörde ihren Sitz hat; es sei denn, die zuständige Behörde lässt eine Ausnahme zu.

Die Schiedsinstitution kann eine Filiale errichten, wenn die zuständige Behörde dies zugelassen hat.

§ 7

Die Kompetenz einer Schiedsinstitution, die von Organisationen eines bestimmten Industrie- oder Handelszweiges gegründet wird, beschränkt sich auf Gegenstände die diesen Industrie- oder Handelszweig betreffen. Die Kompetenz der Schiedsinstitution, die von Organisationen verschiedener Handels- und Industriezweige gegründet wird beschränkt sich auf Schiedsverfahren deren Gegenstand die Tätigkeit dieser Organisationen betrifft.

§ 8

Zuständige Behörde für eine Schiedsinstitution im Sinne dieser Verordnung ist das Innenministerium. Die zuständige Behörde für den einschlägigen Tätigkeitsbereich ist das Justizministerium und die für den entsprechenden Handels- oder Industriezweig zuständige Behörde.

§ 9

Zur Gründung einer Schiedsinstitution durch eine oder mehrere Organisationen, ist beim Innenministerium einen Antrag, nebst Registrierungsformular, einem Nachweis der Registrierung der Antragssteller, eine Liste der zukünftigen Mitglieder der Schiedsinstitution, Satzungsentwurf der Schiedsinstitution, eine Namensliste der Initiatoren, Verhaltenskodex der Schiedsrichter und der in § 4 geregelten einschlägigen Dokumente zu stellen. Das Innenministerium stellt die Genehmigung nach Zustimmung des Justizministeriums und der für den jeweiligen Handels- oder Industriezweig zuständigen Behörde aus.

§ 10

In der Satzung jeder Schiedsinstitution müssen folgenden Angaben enthalten sein:

(1) Name

(2) Gründungszweck,

(3) zuständiger Bezirk,

(4) Adresse der Institution,

(5) Organisation,

(6) Umfang der Schiedsangelegenheiten,

(7) Qualifikationen zur Mitgliedschaft und Prozess zum Beitritt und Austritt,

(8) Rechte und Verpflichtungen der Mitglieder,

(9) Aufnahmegebühr, jährliche Gebühren und Rang der Mitgliedschaftsgebühren,

(10) Anzahl der Repräsentanten der Mitglieder und das angeforderte Kriterium für die Repräsentation,

(11) Anzahl, Aufgaben, Amtsdauer, Bestellung und Entlassung der Direktion und des Aufsichtsrats,

(12) Sitzungen,

(13) Kapital und Buchhaltung,

(14) Voraussetzungen und Verfahren zur Entlassung der Schiedsrichter,

(15) Verfahren für die Erlass und Änderung der Satzung,

(16) Datum der Erlass und Änderung der Satzung,

Das Verfahren zur Änderung der Satzung, das in Absatz 1 erwähnt wird, soll dem in § 9 geregelten Antrag beigefügt werden.

§ 11

Die Organisationen und deren Mitglieder, die branchenspezifisch oder branchenübergreifend eine Schiedsinstitution gründen, können Mitglieder der Schiedsinstitution werden.

Die im Absatz 1 angesprochenen Mitglieder beschränken sich auf Unternehmen, Organisationen und Körperschaften, die im öffentlichen und privaten Interesse im industriellen, kommerzielle, landwirtschaftliche, forstwirtschaftliche oder einem ähnliche Sektor tätig sind.

Jedes Mitglied der Schiedsinstitution zahlt Mitgliedschaftsgebühren in Übereinstimmung mit dem Rang, die es freiwillig gewählt hat.

Das Mitglied, das im Absatz 3 genannt wird, kann bis zu fünf Repräsentanten ernennen; deren Zahl wird in Übereinstimmung mit der Stufe der Mitgliedschaftsgebühren, die gewählt wurde, festgesetzt. Jeder Repräsentant der Mitglieder hat das gleiche Stimmenrecht, zu wählen oder gewählt zu werden.

§ 12

Jede Schiedsinstitution hat zwischen 9 und 31 Mitglieder in der Direktion und zwischen 3 und 9 Mitglieder im Aufsichtsrat; diese werden unter den Repräsentanten bei der Generalversammlung der Mitglieder gewählt. Die Anzahl der Ersatzdirektoren und der Ersatzaufsichtsratmitglieder darf maximal ein Drittel der Gesamtzahl der Direktion bzw. des Aufsichtsrats betragen.

Die im Absatz 1 angesprochenen Mitglieder der Direktion und des Aufsichtsrats wählen die geschäftsführenden Direktoren bzw. Aufsichtsratsmitglieder aus den eigenen Reihen; deren Anzahl darf jedoch ein Drittel der Gesamtzahl der Direktion bzw. des Aufsichtsrats nicht übersteigen. Die Direktion wählt einen Direktor als Vorsitzenden; dieser ist für die Generalversammlung der Mitglieder und die Sitzung der Direktion zuständig. Wenn es drei oder mehr Aufsichtsratsmitglieder gibt, wählen sie einen der ihren als Vorsitzenden der Aufsichtsratssitzung aus.

Die Schiedsinstitution legt innerhalb von 15 Tagen nach der Wahl das Ergebnis beim Innenministerium und Justizministerium vor.

§ 13

Das Amt der Direktion und des Aufsichtsrates jeder Schiedsinstitution ist unentgeltlich. Die Amtsdauer beträgt höchstens vier Jahre. Die Mitglieder können wiedergewählt werden. Der Vorstandsvorsitzende der Direktion kann nur ein einziges Mal wiedergewählt werden.

§ 14

Die Generalversammlung der Schiedsinstitution findet einmal jährlich statt. Die Sitzung der Direktion und des Aufsichtsrats finden separat oder gemeinsam alle drei Monate statt. Wenn nötig, kann eine Sondersitzung der Mitglieder, der Direktion oder des Aufsichtsrats berufen werden

§ 15

Die Abstimmung der Generalversammlung ist nur gültig, wenn mehr als die Hälfte der Repräsentanten der Mitglieder bei einer Sitzung anwesend ist und mehr als die Hälfte der Anwesenden zugestimmt haben. Wenn jedoch die Entlassung eines Direktors oder von Aufsichtsratsmitgliedern oder die Verfügung über wesentliche Teile des Institutionsvermögens beschlossen wird, ist eine Abstimmung nur gültig, wenn mehr als die Hälfte der Repräsentanten der Mitglieder bei einer Sitzung anwesend ist und mehr als zwei Drittel der anwesenden Repräsentanten zugestimmt haben. Für die Änderung der Institutionssatzung gelten die Bestimmungen des Zivilgesetzbuchs über das Verfahren der Satzungsänderung eines Vereins.

Die Abstimmung der Direktion oder des Aufsichtsrats kann nur erfolgen, wenn mehr als die Hälfte der Direktoren bzw. der Aufsichtsratsmitglieder bei der Sitzung anwesend sind und mehr als die Hälfte der Anwesenden zugestimmt haben.

§ 16

Kommt es bei einer Schiedsinstitution zu einer der im folgenden genannten Situationen, kann die zuständige Behörde oder die zuständige Behörde für den jeweiligen Industrie- oder Handelszweig diese Institution anmahnen und fristgebunden zur Nachbesserung auffordern; Kommt die Institution dieser Aufforderung nicht fristgemäß nach, kann die zuständige Behörde nach dem Zivilgesetzbuch und dem Vereinsgesetz die Genehmigung entziehen und dies dem zuständigen Gericht mitteilen.

(1) Sachverhalte, die gegen die einschlägigen Gesetze, die eigene Satzung oder die Voraussetzungen zur Gründungsgenehmigung verstoßen;

(2) Geschäftsrichtlinien, Management oder Betriebsverläufe, die gegen den Gründungszweck verstoßen;

(3) Unvollständige Buchhaltung oder gesetzlich nicht beglaubigte Buchhaltung;

(4) Veruntreuung von Institutionsvermögen;

(5) Manipulation der Geschäfts- oder Finanzlage;

(6) Kein kontinuierlicher Geschäftsbetrieb der Schiedsinstitution oder Aussetzen des Geschäftsbetriebs für mehr als zwei Jahre;

(7) Verstoß gegen die anderen Bestimmungen dieser Verordnung.

§ 17

Nach Auflösung der Schiedsinstitution wird über Verteilung des verbleibenden Vermögens gemäß der Satzung oder des Beschlusses der Mitgliederversammlung entschieden. Es ist verboten, das Vermögen einer natürliche Personen oder einer profitorientierten Gesellschaft zuzuteilen.

Wenn die Verteilung des Vermögens nach der Auflösung der Schiedsinstitution weder in der Satzung geregelt ist noch in der Mitgliederversammlung beschlossen wurde, steht das Vermögen der in ihrem Bezirk ansässigen Körperschaft der regionalen Autonomie zu.

Kapitel III Schiedsrichter

§ 18

Die Schiedsinstitution hält für die Registrierung der Schiedsrichter ein Register bereit, in dem eine Fotographie des Schiedsrichters enthalten ist, die diese in Vorderansicht und ohne Hut abbildet und deren Größe 2 Zoll beträgt. Folgenden Einzelheiten sind einzutragen:

(1) Name, Geschlecht, Geburtsdatum, Nummer des Personalausweises, Wohnsitz und Korrespondenzadresse(wenn ein Schiedsrichter kein Bürger der Republik China auf Taiwan ist, auch seine Nationalität).

(2) Ausbildung und Erfahrung.

(3) Beruf und derzeitige Position.

(4) Spezialisierung.

(5) Eintragungstag und Registrierungsnummer.

§ 19

Personen, die nach der Regelung zur Bildung und Ausbildung von Schiedsrichtern an einschlägigen Seminaren teilgenommen und das Qualifikationsdokument erhalten haben, können sich um die Registrierung als eingetragener Schiedsrichter bei der Schiedsinstitution bewerben. Personen, die nach § 11 der im Satz 1 angesprochenen Regelung qualifiziert sind, können sich von den Seminarverpflichtungen freistellen lassen.

Die Direktion der Schiedsinstitution überprüft die Qualifikationen derer, die sich um eine Registrierung als eingetragene Schiedsrichter beworben haben, registriert und benachrichtigt diese.

Die Schiedsinstitution erkundigt sich alle drei Jahre schriftlich bei jedem eingetragenen Schiedsrichter, ob er bereit ist, seine Registrierung fortzusetzen. Seine Antwort muss innerhalb von 20 Tagen nach der Anfrage eingegangen sein.

§ 20

Die Schiedsinstitution soll innerhalb eines Jahres nach ihrer Errichtung mindestens zwanzig Schiedsrichter zur Verfügung haben.

§ 21

Der Schiedsrichter kann meistens bei bis zu 4 Schiedsinstitutionen gleichzeitig als kompetenter Schiedsrichter eingetragen werden.

§ 22

Die Schiedsinstitution arbeitet einen Verhaltenskodex aus. Der Verhaltenskodex ist der Generalversammlung zur Abstimmung vorzulegen und der zuständigen Behörde zur Überprüfung vorgelegt werden.

Der im Absatz 1 angesprochene Verhaltenskodex soll folgende Einzelheiten enthalten:

(1) Ein Schiedsrichter behält im Schiedsverfahren eine unparteiische und verantwortliche Haltung und behandelt alle Informationen, die ihm vorgetragen werden, vertraulich.

(2) Ein Schiedsrichter soll den Verdacht vermeiden, dass er im Interesse einer bestimmten Partei entscheidet.

(3) Ein Schiedsrichter nimmt keine privaten Anträge oder Vollmachten einer Partei an und empfängt keinen ungerechtfertigten Vorteile.

(4) Ein Schiedsrichter erfüllt seine Aufgabe selbst und bevollmächtigt keinen anderen.

(5) Ein Schiedsrichter ist neutral im Schiedsverfahren und unterhält privaten Beziehungen zu einer Partei, dem Bevollmächtigen einer Partei, einem Zeugen, den Sachverständigen oder anderen Beteiligten.

(6) Ein Schiedsrichter kann nicht vom Amt zurücktreten, nachdem er seine Aufgabe als Schiedsrichter im Schiedsverfahren angenommen hatte; es sei denn, es besteht ein besonderer Grund.

(7) Andere wesentliche Regelungen, die in Übereinstimmung mit den Prinzipien der Selbstdisziplin und Selbstregulierung der Schiedsrichter sind.

§ 23

Die Schiedsinstitution kann die Registrierung eines Schiedsrichters widerrufen, wenn folgende Voraussetzungen erfüllt sind:

(1) Verstoß gegen § 22, Absatz 2, Satz 1, 3 oder 5.

(2) Andere Umstände, in denen die Schiedsinstitution begründet vermuten kann, dass die Glaubwürdigkeit der Schiedsgerichtsbarkeit bereits gefährdet wurde.

Wenn der Schiedsrichter gegen § 22, Absatz 2, Satz 2, 4 oder 6 nicht schwerwiegend verstoßt, kann die Schiedsinstitution ihn mahnen; die Schiedsinstitution kann die Mahnungsregelung selbst bestimmen.

§ 24

Die Schiedsinstitution soll der zuständigen Behörde jede Änderung des Registers innerhalb von 15 Tagen mitteilen.

Kapitel IV Schiedsverfahrenskosten

§ 25

Für das vermögensrechtliche Schiedsverfahren bezahlt die Partei eine Summe von 600 NT-Dollar für die Kosten der Antragsformulare und der Materialien zu der Zeit des Antrags; sie bezahlt ferner die Schiedskosten auf Grundlage des Streitwerts kumulativ nach folgender Skala:

(1) Schiedskosten von 2.000 NT-Dollar für den Streitwert bis zu 60.000 NT-Dollar.

(2) Für den Streitwert von 60.000 bis 600.000 NT-Dollar, 4% des Differenzbetrags über 60.000 NT-Dollar.

(3) Für den Streitwert von 600.000 bis 1.200.000 NT-Dollar, 3% des Differenzbetrags über 600.000 NT-Dollar.

(4) Für den Streitwert von 1.200.000 bis 2.400.000 NT-Dollar, 2% des Differenzbetrags über 2.400.000 NT-Dollar.

(5) Für den Streitwert von 2.400.000 bis 4.800.000 NT-Dollar, 1.5% des Differenzbetrags über 4.800.000 NT-Dollar.

(6) Für den Streitwert von 4.800.000 bis 9.600.000 NT-Dollar, 1% des Differenzbetrags über 1.600.000 NT-Dollar.

(7) Für den Streitwert über 9.600.000 NT-Dollar, 0.5% des Differenzbetrags über 9.600.000 NT-Dollar.

Wenn der Streitwert in einer ausländischen Währung berechnet wird, werden die Schiedskosten in Übereinstimmung mit den Verbrauchssteuern am Devisenmarkt am Tag des Antrags errechnet.

Wenn der Streitwert in Gold oder Silber gerechnet wird, werden die Schiedskosten in Übereinstimmung mit dem Marktpreis von Gold oder Silber am Tag des Antrags errechnet.

Wenn eine Partei die Schiedskosten für das Schiedsverfahren nach Absatz 1 nicht im Voraus bezahlt, kann die Schiedsinstitution mahnen; wenn diese die Zahlung nicht fristgemäß nachholt, kann die Institution den Antrag absagen.

§ 26

Für ein nicht-vermögensrechtliches Schiedsverfahren werden die Schiedskosten in Höhe von 6.000 NT-Dollar erhoben.

Für ein nicht-vermögensrechtliches Schiedsverfahren mit vermögensrechtlichem Anspruch werden die Schiedskosten getrennt berechnet.

§ 27

Der Streitwert des Schiedsverfahrens wird durch das Schiedsgericht festgelegt.

§§ 4 bis 7 des Gesetzes zur Regelung von Zivilverfahrenskosten findet für die Berechnung des Streitwertes von Schiedsverfahren Anwendung.

Wenn der Streitwert des Schiedsverfahrens nicht festgestellt werden kann, wird diese auf 60.000 NT-Dollar festgelegt.

§ 28

Nach dem Ende des Schiedsverfahrens soll die Schiedsinstitution dem Schiedsrichter eine Entlohnung auf Grundlage des Streitwertes zahlen:

(1) 60% für einen Streitwert bis zu 20.000.000 NT-Dollar.

(2) Für einen Streitwert von 20.000.000 bis 300.000.000 NT-Dollar, 50% des Differenzbetrags über 20.000.000 NT-Dollar.

(3) Für einen Streitwert über 300.000.000 NT-Dollar, 40% des Differenzbetrags über 300.000.000 NT-Dollar.

Wenn der Schiedsrichter ohne gerechtfertigten Grund den Schiedsspruch nicht unterschreibt, kann die Partei verlangen, die im Absatz 1 angesprochenen Erhebung der Schiedskosten auszusetzen.

Den im Absatz 1 angesprochenen Anteil der Schiedskosten der Schiedsinstitution kann letztere nicht als Bonus ausgeben oder profitorientiert darüber verfügen.

§ 29

Übertragungskosten, Übersetzungsgebühren, Porto- und Telegrammkosten, Transport- und Anlieferungskosten, Zeitungsannoncenkosten und andere anfallende Kosten werden entsprechend den tatsächlich verbrauchten Mengen berechnet.

§ 30

Die Anwesenheitsgebühr für jedes Erscheinen eines Zeuges beträgt nicht weniger als 600 und nicht mehr als 1.200 NT-Dollar; die Anwesenheitsgebühr für jedes Erscheinen eines Sachverständigen oder Dolmetschers ist nicht weniger als 900 und nicht mehr als 1.800 NT-Dollar; diese Gebühren werden durch das Schiedsgericht festgelegt.

§ 31

Wenn ein Zeuge, Sachverständiger oder Dolmetscher einen weiteren Arbeitstag versäumt, wird für ihn eine zusätzliche Anwesenheitsgebühr bzw. ein Entgelt für

Säumnis von nicht weniger als 1.200 und nicht mehr als 1.800 NT-Dollar festgesetzt; diese Gebühren werden durch das Schiedsgericht festgelegt.

§ 32

Reise-, Übernachtungs- und Unterkunftskosten, die dem Schiedsrichter bei der Untersuchung des Falls anfallen, und Reise-, Übernachtungs- und Unterkunftskosten, die den Zeugen, Sachverständigen oder Dolmetscher Abwesenheit vom Arbeitsplatz anfallen, werden entsprechend den Kriterien berechnet, die von der jeweiligen Schiedsinstitution bestimmt wurden.

§ 33

Die Gutachtensgebühr eines Sachverständigen wird vom Schiedsgericht nach dem Grad der Komplexität des Sachverhaltes bestimmt.

§ 34

Die Schiedskosten oder die Vergleichs- bzw. Schlichtungskosten, die jede Partei trägt, werden in den Text des Schiedsspruchs oder in das Vergleichs- bzw. Schlichtungsdokument eingetragen.

Wenn kein bestimmter Kostensatz, der im Absatz 1 angesprochenen wird, im Schiedsspruch oder im Vergleichs- bzw. Schlichtungsdokument eingetragen wird, kann die Partei das Schiedsgericht um dessen Feststellung bitten.

§ 35

Die Partei, die den Antrag auf ein Schiedsverfahren widerruft, trägt die Schiedskosten.

Wenn die Partei nach der Wahl des Schiedsrichters und vor Beantwortung der Klage den Antrag widerruft, kann sie darum bitten, dass 50% des nach § 28 für den Schiedsrichter bestimmten Anteils zurückgenommen wird. Wenn die Partei vor der Wahl des Schiedsrichters den Antrag widerruft, kann sie darum bitten, dass 100% des für den Schiedsrichter bestimmten Anteils zurückgenommen wird.

§ 36

Die in §§ 24 bis 26 angesprochenen Schiedskosten werden vom Antragsteller zu der Zeit des Antrags der Schiedsinstitution im Voraus gezahlt.

§ 37

Die Schiedsinstitution kann die Partei anweisen, die in §§ 29 bis 33 angesprochenen Kosten im Voraus zu bezahlen.

§ 38

Für Schiedsverfahren, die nicht von der Schiedsinstitution geregelt werden, finden die relevanten Bestimmungen dieser Verordnung bezüglich der Schiedskosten nach Vereinbarung der Parteien Anwendung.

Kapitel V Schlichtungsverfahren und Kosten

§ 39

Der Antrag für das Schlichtungsverfahren wird durch die Partei schriftlich bei der Schiedsinstitution gestellt; dabei muss die Anzahl der Antragsexemplare der Anzahl der Personen der anderen Partei entsprechen.

Der in Absatz 1 angesprochene Antrag gibt das Thema der Schlichtung und die Umstände, welche die Streitigkeit verursachen, an; die Fotokopien der relevanten Beweisstücke werden hinzugefügt.

§ 40

Die Schiedsinstitution soll sofort nach der Aufnahme des Antrags das Exemplar oder die Exemplare des Antrags an die andere Partei übersenden und diese davon in Kenntnis setzen, dass die schriftliche Zustimmung zum Schlichtungsverfahren innerhalb von 7 Tagen nach Empfang der Mitteilung abzugeben ist.

Wenn die andere Partei die schriftliche Zustimmung zum Schlichtungsverfahren nicht fristgemäß abgibt, gilt dies als Ablehnung des Schlichtungsverfahrens.

Nachdem die andere Partei dem Schlichtungsverfahren zugestimmt hat, muss die Schiedsinstitution sofort die beantragende Partei benachrichtigen, innerhalb von 7 Tagen nach Empfang der Mitteilung den oder die Schiedsrichter zu wählen, um das Schlichtungsverfahren einzuleiten.

Die Tabelle des Gerichts für die Berechnung der Reisetage findet für die im Absatz 1 und 2 angesprochene Frist auch Anwendung, um die Reisezeit der Parteien zu berechnen.

§ 41

Die Parteien wählen entweder gemeinsam einen Schiedsrichter oder jede wählt jeweils einen Schiedsrichter, um das Schlichtungsverfahren zu leiten.

Die Parteien können darüber verhandeln, dass die Schiedsinstitution in ihrem Namen einen oder zwei Schiedsrichter benennt, um das Schlichtungsverfahren zu leiten.

Wenn die Parteien keine Vereinbarung i.S.v. Abs.2 getroffen haben und sich nicht fristgemäß auf einen Schiedsrichter einigen, können sie die Schiedsinstitution bitten, einen Schiedsrichter als Schlichter zu benennen.

§ 42

Jede Partei kann einen anderen schriftlich bevollmächtigen, sie im Schlichtungsverfahren zu vertreten.

Bevor das Schlichtungsverfahren anfängt, legt der Vertreter der Partei seinen Vollmachtsbrief der Schiedsinstitution oder dem Schlichter vor.

Wurde der im Absatz 2 angesprochene Vollmachtsbrief im Ausland ausgestellt wurde, muss dieser von der Botschaft, dem Konsulat oder einer ähnlichen offiziellen Stelle der Republik China auf Taiwan beglaubigt werden. Existiert keine der oben erwähnenden Stellen, muss dieser von einem lokalen Gericht oder einer anderen notariellen Stelle beglaubigt werden.

§ 43

Der Schlichter soll unverzüglich ein Datum für das Schlichtungsverfahren bestimmen und dies den Parteien mitteilen; wenn eine Partei einen Vertreter bestimmt hat, ist auch dieser zu benachrichtigen.

§ 44

Wenn eine oder beide der Parteien am Tag des Schlichtungsverfahrens ohne berechtigten Grund nicht anwesend sind, gilt dies als das Ende des Schlichtungsverfahrens. Wenn jedoch der Schlichter Hoffnung für den Erfolg sieht, kann er ein anderes Datum für das Schlichtungsverfahren bestimmen.

§ 45

Das Schlichtungsverfahren wird in den Räumlichkeiten der Schiedsinstitution oder an einem anderen zwecksgemäßen Ort geführt und ist vertaulich.

Der Schlichter und jede Person, die Schlichtungsangelegenheiten bearbeitet, hat die Vertraulichkeit zu wahren, es sei denn, die Sachverhalte sind bereits veröffentlicht worden.

§ 46

Ein Schlichter erkundigt sich über die Tatsachen des Falles und den Schwerpunkt der Streitigkeit; wenn notwendig, kann er eine Untersuchung einleiten.

Die Schiedsinstitution kann im Schlichtungsverfahren eine nach dieser Verordnung zuständige Behörde um Unterstützung bitten.

§ 47

Wenn das Schlichtungsverfahren erfolgt, stellt der Schlichter ein Schlichtungsdokument aus, das die Unterschrift oder die Siegel der Parteien oder ihrer Vertreter und des Schlichters oder der Schlichter trägt und die im folgenden genannten Angaben enthält:

(1) Name, Aufenthaltsort oder Wohnsitz der Parteien; wenn die Partei eine juristische Person oder andere Organisation oder Obrigkeit ist, sein Name und Geschäftsstelle.

(2) Wenn es einen gesetzlichen Vertreter oder Vergleichsvertreter gibt, dessen Name, Aufenthaltsort oder Wohnsitz.

(3) Name, Aufenthaltsort oder Wohnsitz des Schlichters oder der Schlichter, die bei der Schlichtung anwesend sind.

(4) Thema der Schlichtung.

(5) Inhalt der Schlichtung.

(6) Ort der Schlichtung.

(7)Tag, Monat und Jahr der Schlichtung.

Das Schlichtungsdokument, das im Absatz 1 angesprochen wird, soll der Schlichter der Schiedsinstitution innerhalb von 5 Tagen, nachdem das Schlichtungsverfahren erfolgte, übersenden.

§ 48

Wenn irgendeine der folgenden Situationen eintritt, wird das Schlichtungsverfahren beendet:

(1) Das Schlichtungsverfahren ist erfolgreich.

(2) Das Schlichtungsverfahren fällt aus.

(3) Eine Partei beantragt den Wiederruf des Schlichtungsverfahrens und die andere Partei stimmt dem zu.

Wenn eine Partei seinen Antrag oder seine Zustimmung zum Schlichtungsverfahren wiederruft, ist dies als Ende des Schlichtungsverfahrens anzusehen.

§ 49

Kann das Schiedsverfahren nicht erfolgreich beendet werden, kann jede Partei die Schiedsinstitution schriftlich um die Ausstellung einer Bescheinigung darüber bitten.

Die Schiedsinstitution stellt die im Absatz 1 angesprochene Bescheinigung innerhalb von 7 Tagen nach Empfang des Antrags aus.

§ 50

Für die vermögensrechtlichen Schlichtungsverfahren werden die Schlichtungskosten auf Grundlage des Streitwerts der Schlichtung in Übereinstimmung mit den folgenden Skalen erhoben:

(1) Eine Schlichtungsgebühr von 3.000 NT-Dollar für den Streitwert bis zu 600.000 NT-Dollar.

(2) Für den Streitwert über 600.000 NT-Dollar, 1/2% des Differenzbetrags über 600.000 NT-Dollar.

Wenn der Streitwert der Schlichtung in einer ausländischen Währung gerechnet wird, werden die Schlichtungskosten in Übereinstimmung mit dem Währungskurs am Devisenmarkt am Tag des Antrags errechnet.

Wenn der Streitwert der Schlichtung in Gold oder Silber berechnet wird, werden die Schlichtungskosten in Übereinstimmung mit dem Marktpreis des Goldes oder des Silbers am Tag des Antrags errechnet.

§ 51

Für Schlichtungsverfahren, die nicht vermögensrechtlich sind, werden 1.000 NT-Dollar als Schlichtungskosten erhoben.

Für Schlichtungsverfahren, die nicht vermögensrechtlich sind aber auch vermögensrechtliche Ansprüche zum Gegenstand haben, werden die Schlichtungskosten separat davon errechnet.

§ 52

Der Streitwert der Schlichtung wird durch den Schlichter festgestellt.

§§ 4 bis 7 des Gesetzes der Zivilprozesskosten finden auf die Berechnung des Streitwertes der Schlichtung Anwendung.

Wenn der Streitwert der Schlichtung nicht festgestellt werden kann, wird dieser auf 60.000 NT-Dollar festgesetzt.

§ 53

Nach dem Ende des Schlichtungsverfahrens soll die Schiedsinstitution dem Schlichter einen Betrag auf Grundlage des Streitwertes der Schlichtung zahlen:

(4) 60% für den Streitwert bis zu 20.000.000 NT-Dollar.

(5) Für den Streitwert von 20.000.000 bis 300.000.000 NT-Dollar, 50% des Differenzbetrags über 20.000.000 NT-Dollar.

(6) Für den Streitwert über 300.000.000 NT-Dollar, 40% des Differenzbetrags über 300.000.000 NT-Dollar.

§ 54

Die Partei, die das Schlichtungsverfahren beantragt, zahlt der Schiedsinstitution im Voraus die Hälfte der Schlichtungskosten. Die andere Partei trägt die andere Hälfte, wenn sie dem Schlichtungsverfahren zustimmt.

§ 55

Die Bestimmungen der §§ 29 bis 33 und § 37 dieser Verordnung finden auf die Kosten bezüglich des Schlichtungsverfahrens Anwendung.

§ 56

Die Schlichtungskosten werden gleichmäßig durch die Parteien getragen, es sei denn die Parteien haben anderes vereinbart.

Die Partei, die den Antrag oder die Zustimmung zum Schlichtungsverfahren widerruft, trägt die ganzen Schlichtungskosten.

Ergänzende Bestimmung

§ 57

Diese Verordnung tritt am Tag der Bekanntgabe in Kraft. (03. 03 1999)

Anhang 3

Richtlinie über Training und Unterricht der Schiedsrichter

Gemeinsam verkündet durch
Verordnungen von (88)Fa-08006 der Exekutive Yuan und
(88)Yuan Tai Ting Ming 3-02096 der Judicial Yuan
am 03. März 1999

(Unoffizielle Übersetzung von Wei-ming Liao)

Da die TIS bereits Ausländer in ihre Empfehlungsliste der Schiedsrichter eintragen lässt, ist nunmehr die Richtlinie über Training und Unterricht der Schiedsrichter für ausländische Juristen auch von Interesse, wenn sie in Taiwan bei einer Schiedsinstitution als Schiedsrichter bestellt werden wollen. Dazu wird diese Richtlinie für deutsche Juristen und Kaufleute ins Deutsche übersetzt, um den Rechtsverkehr und Handelsbeziehungen zwischen Deutschland und Taiwan zu fördern.

§ 1

Diese Richtlinie wird in Übereinstimmung mit § 8, Absatz 2 des Schiedsgerichtsbarkeitsgesetzes von 1998 (im folgenden bezeichnet als „dieses Gesetz") verkündet.

§ 2

Die Zielsetzung von Training und Unterricht der Schiedsrichter (im folgenden gekennzeichnet als „Training") liegt darin, das Wissen, die Qualität und die praktischen Erfahrungen der Schiedsrichter zu verbessern und die Qualität, die Leistungsfähigkeit und die Glaubwürdigkeit der Schiedsgerichtsbarkeit zu fördern.

§ 3

Eine Person, die nach diesem Gesetz als Schiedsrichter qualifiziert ist, kann mit einschlägigen Qualifikationsnachweisen beim Justizministerium beantragen, am Training teilnehmen zu dürfen.

Der Teilnehmer an dem Training wird als „auszubildender Schiedsrichter" bezeichnet.

§ 4

Der Trainingskurs wird in das grundlegende Training und das praktische Training eingeteilt.

Das grundlegende Training wird vom Justizministerium oder von einer Schiedsinstitution bzw. einer akademischen Anstalt durchgeführt, die im Auftrag des Justizministeriums arbeitet. Das praktische Training wird von einer Schiedsinstitution durchgeführt, die im Auftrag des Justizministeriums arbeitet.

§ 5

Die Dauer des Trainings beträgt maximal einen Monat. Das Training wird in zwei aufeinanderfolgende Stadien geteilt:

(1) das grundlegende Training, mindestens zwölf Stunden; und

(2) das praktische Training, mindestens zwölf Stunden.

Die Stundenzahl für das in Absatz 1 angesprochene grundlegende Training und das praktische Training werden von der Trainingsanstalt nach Tatbedürfnissen für die verschiedenen Schiedsrichtergruppen festgelegt, die in § 6 dieses Gesetzes geregelt werden.

§ 6

Nachdem sich der auszubildende Schiedsrichter zum Training angemeldet hat, legt die Trainingsanstalt sodann die Liste der auszubildenden Schiedsrichter beim Justizministerium vor. Das gleiche gilt auch, wenn der auszubildende Schiedsrichter das Training abgebrochen hat oder davon entlassen wurde.

§ 7

Während des Trainings hält der auszubildende Schiedsrichter die Regelungen der Trainingsanstalt ein.

§ 8

Das Justizministerium kann Personal senden, um das Training zu überprüfen.

Die in Absatz 1 geregelte Überprüfung kann in Begleitung von Personal der Schiedsinstitution durchgeführt werden.

§ 9

Nachdem ein auszubildender Schiedsrichter das praktische Training mit Erfolg absolviert hat, bewertet die Schiedsinstitution das Ergebnis des praktischen Trainings und berichtet dem Justizministerium darüber.

Das Justizministerium stellt dem auszubildenden Schiedsrichter, der das grundlegende und das praktische Training bestanden hat, einen Qualifikationsnachweis aus und teilt dies der Judicial Yuan und der Schiedsinstitution mit.

§ 10

Der auszubildende Schiedsrichter, der das Training abgebrochen hat oder entlassen wurde, kann beim Justizministerium einen neuen Unterricht beantragen.

§ 11

Eine Person, die eine der folgenden Qualifikationen hat, kann von dem in dieser Richtlinie vorgeschriebenen Training befreit werden:

(1) Eine Person, die als Richter oder Staatsanwalt gearbeitet hat;

(2) Eine Person, die als Rechtsanwalt mit praktischen Erfahrungen mehr als fünf Jahre gearbeitet hat;

(3) Eine Person, die bei der Jura-Fakultät oder in ihrem Vertiefungsstudium an einer vom Bildungsministerium anerkannten inländischen oder ausländischen Universität bzw. Hochschule als ein vollzeitiger Professor für länger als zwei Jahre oder als vollzeitiger Vize-Professor für länger als drei Jahre gearbeitet hat und inzwischen eine der Hauptgebiete des Rechts für länger als drei Jahre unterrichtet hat; und

(4) Eine Person, die vor dem Erlass dieser Richtlinie bereits als Schiedsrichter bei einer Schiedsinstitution registriert wurde und inzwischen in einem Schiedsfall als Schiedsrichter tätig war.

§ 12

Zur Durchführung des Trainings stellt das Justizministerium den benötigten Etat zur Verfügung.

§ 13

Die Schiedsinstitution stellt den Schiedsrichtern pro Jahr regelmäßig Vorträge zur Verfügung und teilt dem Justizministerium die Pläne und das Ergebnis solcher Vorträge mit.

Die in Absatz 1 angesprochenen Vorträge werden von der Schiedsinstitution finanziert.

§ 14

Ein Schiedsrichter muss an den in § 13 angesprochenen Vorträgen mindestens zweimal alle drei Jahre teilnehmen. Die Dauer jedes Vortrags muss mindestens drei Stunden und darf maximal zwölf Stunden betragen.

Ein Schiedsrichter kann jedem Vortrag teilnehmen der von einer Schiedsinstitution organisiert wird; die Wahl beschränkt sich nicht auf Vorträge der Schiedsinstitution, bei der er registriert ist.

§ 15

Wenn eine Schiedsinstitution gegen § 13 Absatz 1 verstößt, kann das Justizministerium dies schriftlich der Behörde mitteilen, die für die Einrichtung der Schiedsinstitution zuständig ist; die letztere ergreift entsprechende Maßnahmen gemäß den einschlägigen Regelungen des Zivilgesetzbuchs und des Vereinsgesetzes.

§ 16

Wenn ein Schiedsrichter nicht mindestens zweimal in drei Jahren an Vorträgen teilnimmt, kann die Schiedsinstitution in Übereinstimmung mit ihrer Satzung seine Registrierung widerrufen. Jedoch kann der Schiedsrichter, der im gleichen Zeitraum am Training gemäß dieser Richtlinie teilgenommen hat, von der oben erwähnten Anforderung befreit werden.

Die Teilnahme eines Schiedsrichters an den Seminaren oder Vorträgen über die Schiedsgerichtsbarkeit, die von einer internationalen Organisation oder von einer ausländischen Schiedsinstitution durchgeführt werden, kann angerechnet werden.

§ 17

Die Regelungen der Richtlinie über Training oder Unterricht gelten auch für jede Person, die nach diesem Gesetz als Schiedsrichter qualifiziert wird, aber nicht als solcher bei einer Schiedsinstitution registriert wurde.

§ 18

Diese Richtlinie tritt am Tag der Bekanntgabe in Kraft.

Anhang 4

She-Wai-Min-Shi-Fa-Lü-Shi-Yung-Fa

(Gesetz über die Rechtsanwendung in Zivilrechtsfällen mit Auslandsbezug; das taiwanesische Internationale Privatrecht)

(Unoffizielle Übersetzung von Wei-ming Liao)

Um die juristische Weltanschauung Taiwans gegenüber dem internationalen Rechtsverkehr zu verdeutlichen, wird auch das taiwanesische Internationale Privatrecht ins Deutsche übersetzt. Das ist besonders bedeutsam für die internationale Handelsschiedsgerichtsbarkeit in Taiwan, weil der Begriff der „Schiedsgerichtsbarkeit mit Auslandsbezug" in der Rechtssprechung bereits verankert hat.

Eine englische Übersetzung von Professor Herbert Han-Bao Ma und die auf deren Grundlage ins Deutsch übersetzte Version, korrigiert von Kurt Siehr, kann man bei „Außereuropäische IPR-Gesetze"[1] finden.

§ 1 Anwendbares Recht für Geschäftsfähigkeit

Für die Geschäftsfähigkeit einer Person ist das Recht ihres Heimatlandes maßgeblich.

Wenn ein Ausländer nach seinem Heimatrecht geschäftsunfähig oder nur beschränkt geschäftsfähig ist aber nach dem Recht der Republik China voll geschäftsfähig ist, so wird er für seine Rechtsgeschäfte in der Republik China als geschäftsfähig angesehen.

Absatz 2 findet auf familienrechtliche oder erbrechtliche Rechtsgeschäfte oder auf die Rechtsgeschäfte, die in Bezug auf das im Ausland befindliche unbewegliche Vermögen vorgenommen werden, keine Anwendung.

§ 2 Anwendbares Recht für die anerkannte ausländische juristische Person

Für die von der Republik China anerkannte ausländische juristische Person wird das Recht ihres Sitzes als Recht ihres Heimatlandes angesehen.

§ 3 Unfähigerklärung zur Vermögensverfügung des Ausländers

Die Ausländer, die in der Republik China ihren Wohnsitz oder Aufenthaltsort haben, können für geschäftsunfähig erklärt werden, wenn sowohl nach dem

1 Außereuropäische IPR-Gesetze"; S. 782-803; Textausgabe von Jan Kropholler, Hilmar Krüger, Wolfgang Riering, Jürgen Samtleben, Kurt Siehr; Hamburg/Würzburg 1999.

Recht ihres Heimatlandes als auch dem Recht der Republik China ein Grund dafür vorliegt.

Die Wirkungen der Geschäftsunfähigerklärung unterliegen dem Recht der Republik China.

§ 4 Todeserklärung des Ausländers

Sind die Ausländer mit Wohnsitz oder Aufenthaltsort in der Republik China verschollen, so können sie nach dem Recht der Republik China für tot erklärt werden, wenn ihr dort angelegten Vermögen oder ihre nach dem Recht der Republik China zu bestimmenden Rechtsbeziehungen betroffen sind.

Wenn der/die Ehegatte/in der im Absatz 1 angesprochenen verschollenen Ausländer der Republik China angehört und in der Republik China seinen Wohnsitz oder Aufenthaltsort hat, so können die verschollenen Ausländer auf Antrag nach dem Recht der Republik China für tot erklärt werden, ohne von Absatz 1 gebunden zu werden.

§ 5 Anwendbares Recht für Form von Rechtsgeschäften

Die Rechtsgeschäfte sind formgültig, wenn sie die Formerfordernisse des anzuwendenen Rechts oder des Rechts des Abschlussortes erfüllen.

Die Form von dinglichen Rechtsgeschäften unterliegt dem Recht des Ortes, an dem sich die Sache befindet.

Die Form von Rechtsgeschäften, die zur Ausübung oder Sicherung von Rechten aus dem Wechseln oder Schecks vorgenommen werden, unterliegt dem Recht des Geschäftsortes.

§ 6 Anwendbares Recht für vertragliche Schuldverhältnisse

Die Voraussetzungen für das Zustandekommen und die Wirkungen von Schuldverhältnissen, die aus Rechtsgeschäften entstehen, unterliegen dem Recht, das die Parteien vereinbart haben.

Wenn der Parteiwille ungewiss ist, unterliegen die Voraussetzungen für das Zustandekommen und die Wirkungen von Schuldverhältnissen dem Recht des Staates, dem beide Parteien zugleich angehören. Wenn die Parteien verschiedenen Staaten angehören, unterliegen die Voraussetzungen für das Zustandekommen und die Wirkungen von Schuldverhältnissen dem Recht des Abschlussortes; wenn es auf verschiedenen Orte abgeschlossen wird, so gilt der Ort, an dem das Angebot abgegeben wird, als Abschlussort; wenn die Gegenpartei während der Annahme den Ort der Angebotsabgabe nicht kennt, so ist das Recht des Ortes, an dem der Anbietende seinen Wohnsitz hat, maßgeblich.

Wenn der im Absatz 1 angesprochene Abschlussort im mehr als einem Land liegt oder in keinem Land liegt, so ist das Recht des Erfüllungsortes maßgeblich.

§ 7 Anwendbares Recht für Abtretung des schuldrechtlichen Anspruchs

Bei der Abtretung eines schuldrechtlichen Anspruchs ist für die Wirkung gegen Dritte das Recht maßgebend, dem das Zustandekommen und die Wirkung dieses ursprünglichen schuldrechtlichen Anspruchs unterliegen.

§ 8 Anwendbares Recht für die gesetzlichen Schuldverhältnisse

Die Schuldverhältnisse, die aufgrund der Geschäftsführung ohne Auftrag, der ungerechtfertigten Bereicherung oder aufgrund anderer Rechtstatsachen entstanden sind, unterliegen dem Recht des Ortes, an dem die Handlung vorgekommen ist.

§ 9 Anwendbares Recht für unerlaubte Handlungen

Die Schuldverhältnisse, die aufgrund einer unerlaubten Handlung entstehen, unterliegen dem Recht des Ortes, an dem sie begangen worden ist. Das maßgebliche Recht findet keine Anwendung, wenn es gemäß dem Recht der Republik China nicht als unerlaubte Handlung angesehen wird.

Beim Schadenersatz und anderen Maßnahmen, die aus der unerlaubten Handlung entstehen, beschränken sich die Ansprüche auf das, was nach dem Recht der Republik China anerkannt wird.

§ 10 Anwendbares Recht für Sachen

Für das dingliche Recht ist das Recht des Ortes maßgeblich, an dem sich die Sache befindet.

Für das dingliche Recht, das ein Recht zum Gegenstand hat, ist das Recht des Ortes maßgeblich, an dem dieses Recht begründet ist.

Ändert sich der Ort, an dem sich die Sache befindet, so ist das Recht des Ortes, an dem sich die Sache zur Zeit der Vollendung der Tatsachen befindet, für den Erwerb oder Verlust des dinglichen Rechts maßgeblich.

Das dingliche Recht an einem Schiff unterliegt dem Recht der Flagge. Das dingliche Recht an einem Flugfahrzeug unterliegt dem Recht des Registrierungslandes.

§ 11 Anwendbares Recht für Zustandekommen der Ehe

Die Voraussetzungen für das Zustandekommen der Ehe unterliegen dem Recht des Heimatlandes jeden Teiles; die Form der Eheschließung ist auch gültig, wenn sie das Recht des Heimatlandes einer Seite oder das Recht des Ortes erfüllt, an dem sie geschlossen worden ist.

Wenn ein Ehegatte Staatsangehöriger der Republik China ist und die Ehe in der Republik China geschlossen wird, so ist das Recht der Republik China für die Form der Eheschließung anzuwenden.

§ 12 Anwendbares Recht für Wirkungen der Ehe

Die Wirkungen der Ehe unterliegen dem Heimatrecht des Ehemannes; wenn die Ehefrau eines Ausländers die Staatsangehörigkeit der Republik China noch nicht verloren hat und in der Republik China ihren Wohnsitz oder ihren Aufenthaltsort hat oder wenn ein Ausländer der Juifu (Ehemann mit der Rechtsstellung einer Ehefrau) einer Staatsangehörigen der Republik China wird, so ist das Recht der Republik China für die Wirkungen der Ehe anzuwenden.

§ 13 Anwendbares Recht für Güterstand der Ehegatten

Der Güterstand der Ehegatten unterliegt dem Recht des Landes, dem der Ehemann zur Zeit der Eheschließung angehört; der Güterstand ist ebenfalls wirksam, wenn der Güterstand nach dem Recht der Republik China begründet wird.

Wenn ein Ausländer der Juifu (vgl. § 12) einer Staatsangehörigen der Republik China wird, so ist das Recht der Republik China für den Güterstand der Ehegatten anzuwenden.

Die im Absatz 1 und 2 angesprochenen Bestimmungen werden nicht angewandt auf unbewegliches Vermögen der Ehegatten, wenn dieses nach dem Recht des Ortes, an dem es sich befindet, besonders geregelt wird.

§ 14 Anwendbares Recht für Scheidung

Die Scheidung darf ausgesprochen werden, wenn die Tatsache sowohl nach dem Heimatrecht des Ehemannes zur Zeit der Klageerhebung als auch nach dem Recht der Republik China als Scheidungsgrund anerkannt wird; wenn einer der Ehegatten Staatsangehöriger der Republik China ist, ist das Recht der Republik China anzuwenden.

§ 15 Anwendbares Recht für Wirkungen der Scheidung

Die Wirkungen der Scheidung unterliegen dem Heimatrecht des Ehemannes.

Wenn die Ehefrau eines Ausländers die Staatsangehörigkeit der Republik China noch nicht verloren hat oder wenn ein Ausländer der Juifu (vgl. § 12) einer

Staatsangehörigen der Republik China wird, so ist das Recht der Republik China für die Wirkungen der Scheidung anzuwenden.

§ 16 Anwendbares Recht für Rechtsstellung des Kindes

Die persönliche Rechtsstellung eines ehelichen Kindes unterliegt dem Heimatrecht des Ehemannes der Mutter zur Zeit seiner Geburt. Wenn die Ehe vor der Geburt des Kindes aufgelöst worden ist, unterliegt sie dem Heimatrecht des Ehemannes seiner Mutter zur Zeit der Auflösung der Ehe.

Wenn der Ehemann ein Juifu (vgl. § 12) ist, ist das Heimatrecht der Kindesmutter anzuwenden.

§ 17 Anwendbares Recht für Anerkennung des nichtehelichen Kindes

Die Voraussetzungen für Anerkennung eines nichtehelichen Kindes unterliegen dem Recht des Heimatlandes des Anerkennenden und des Anerkannten zur Zeit der Anerkennung.

Die Wirkungen der Anerkennung unterliegen dem Heimatrecht des Anerkennenden.

§ 18 Anwendbares Recht für Adoption

Das Zustandekommen und die Beendigung einer Adoption unterliegen dem Heimatrecht des Adoptierenden und des Adoptierten.

Die Wirkungen der Adoption unterliegen dem Heimatrecht des Adoptierenden.

§ 19 Anwendbares Recht für Rechtsbeziehungen zwischen Eltern und Kindern

Die Rechtsbeziehungen zwischen Eltern und Kindern unterliegen dem Heimatrecht des Vaters. Wenn kein Vater da ist oder der Vater ein Juifu (vgl. § 12) ist, unterliegen sie dem Heimatrecht der Mutter; wenn aber der Vater die Staatsangehörigkeit der Republik China verloren hat und die Mutter und die Kinder Staatsangehörige der Republik China sind, so ist das Recht der Republik China für die Rechtsbeziehungen anzuwenden.

§ 20 Anwendbares Recht für Vormundschaft

Die Vormundschaft unterliegt dem Heimatrecht des Mündels; wenn ein Ausländer seinen Wohnsitz oder Aufenthalt in der Republik China hat und einer der folgenden Umstände vorliegt, so ist das Recht der Republik China für die Vormundschaft über ihn anzuwenden:

sofern nach dem Heimatrecht des Mündels ein Grund vorliegt, aus dem ein Vormund eingesetzt werden muss, aber niemand vorhanden ist, der die Aufgaben des Vormundes wahrnehmen würde;

sofern das Mündel in der Republik China für geschäftsunfähig erklärt worden ist.

§ 21 Anwendbares Recht für Unterhaltspflichten

Unterhaltspflichten unterliegen dem Heimatrecht des Unterhaltspflichtigen.

§ 22 Anwendbares Recht für Beerbung

Die Beerbung unterliegt dem Heimatrecht des Erblassers zur Zeit seines Todes; wenn jedoch nach dem Recht der Republik China ein Staatsangehöriger der Republik China Erbe ist, kann er das in der Republik China befindliche Nachlassvermögen erben.

§ 23 Erbenloses Vermögen des Ausländers

Wenn ein Ausländer zur Zeit seines Todes Vermögen in der Republik China hinterlässt, das nach seinem Heimatrecht erbenloses Vermögen ist, so ist darüber das Recht der Republik China anzuwenden.

§ 24 Anwendbares Recht für Testament

Die Voraussetzungen für das Zustandekommen und die Wirkungen eines Testamentes unterliegen dem Heimatrecht des Testators (Erblasser) zur Zeit der Errichtung.

Die Aufhebung eines Testaments unterliegt dem Heimatrecht des Testators zur Zeit der Aufhebung.

§ 25 Öffentliche Ordnung (ordre public)

Wenn nach diesem Gesetz das ausländische Recht anwendbar ist und dessen Bestimmungen gegen die öffentliche Ordnung oder die guten Sitten der Republik China verstoßen, so gilt es als nicht angewandt.

§ 26 Personalstatut (positiver Konflikt)

Wenn nach diesem Gesetz das Heimatrecht einer Person anwendbar ist, die mehrere Staatsangehörigkeiten hat, die sie nacheinander erworben hat, so wird ihr Heimatrecht nach der zuletzt erworbenen Staatsangehörigkeit bestimmt; wenn die Person mehrere Staatsangehörigkeiten gleichzeitig erworben hat, so ist das Recht des Staates anzuwenden, mit dem sie die engste Verbindung hat; ist die Person nach dem Staatsangehörigkeitsrecht der Republik China als ein

Staatsangehöriger der Republik China anzusehen, so ist das Recht der Republik China anzuwenden.

§ 27 Personalstatut (negativer Konflikt)

Wenn nach diesem Gesetz das Heimatrecht einer Person anwendbar ist, die keine Staatsangehörigkeit hat, so ist das Recht ihres Wohnortes anzuwenden. Ist der Wohnort nicht bekannt, so ist das Recht ihres Aufenthaltsortes anzuwenden.

Wenn die Person mehrere Wohnorte hat, so ist das Recht des Wohnortes anzuwenden, mit dem sie die engste Verbindung hat; hat die Person einen Wohnort in der Republik China, so ist das Recht der Republik China anzuwenden.

Wenn die Person mehrere Aufenthaltsorte hat, so ist Absatz 2 analog anzuwenden. Wenn der Aufenthaltsort nicht bekannt ist, so gilt das Recht des Ortes, an dem sie sich gerade befindet.

§ 28 Rechtsspaltung

Wenn nach diesem Gesetz das Heimatrecht einer Person anwendbar ist und es in ihrem Heimatland aber mehrere Rechtsordnungen gibt, so ist das Recht ihres Wohnortes in ihrem Heimatland anzuwenden; ist ihr Wohnort in ihrem Heimatland aber nicht bekannt, so ist das Recht der Hauptstadt anzuwenden.

§ 29 Rück- und Weiterverweisung

Ist nach diesem Gesetz das Heimatrecht einer Person anwendbar und nach diesem Heimatrecht die betreffende Rechtsbeziehung nach einem anderen Recht zu bestimmen, so ist dieses andere Recht anzuwenden. Dasselbe gilt auch für weitere Verweisungen. Wird auf das Recht der Republik China verwiesen, so ist das Recht der Republik China anzuwenden.

§ 30 Ergänzende Bestimmung

Zivilsachen mit Auslandsbezug werden nach einem anderen Gesetz behandelt, wenn es in diesem Gesetz nicht geregelt wird; wenn es keine anderen Gesetze gibt, wird es nach den allgemeinen Rechtsgrundsätzen behandelt.

§ 31 Inkrafttreten

Dieses Gesetz tritt mit dem Tag seiner Bekanntgabe in Kraft. (06. 06. 1953)

Anhang 5

Rechtsquelle für die Schiedsgerichtsbarkeit im taiwanesischen Recht

Da die Schiedsgerichtsbarkeit für Taiwan ein rein importiertes Rechtsinstitut ist, spielt die Rechtspolitik der Regierung eine große Rolle. In der taiwanesischen Rechtspolitik bedeutet die Rechtsquelle, dass die zuständige Behörde die Schiedsgerichtsbarkeit offiziell und ohne Hemmungen fördern darf und soll. Folgendes sind die bisherigen Rechtsquellen für die Schiedsgerichtsbarkeit in Taiwan. Diese gelten auch als ein Indiz für die Reichweite der Schiedsfähigkeit.

(A) Rechtsquelle der Zwangsschiedsgerichtsbarkeit

1. Wertpapierhandelsgesetz

§ 166

Für alle Streitigkeiten, die aus Rechtsbeziehungen der Wertpapiergeschäfte entstehen, können die beteiligten Parteien das Schiedsverfahren vereinbaren. Streitigkeiten zwischen Aktienagenturen und dem Aktiengeschäftszentrum (Zen-Jiuan-Jiau-Yi-So) oder unten den Aktienagenturen können nur im Schiedsverfahren beigelegt werden, unabhängig davon, ob eine Schiedsvereinbarung besteht oder nicht.

Das im Absatz 1 angesprochene Schiedsverfahren wird nach dem Schiedsgerichtsbarkeitsgesetz geregelt, es sei denn es wird in diesem Gesetz anderes bestimmt.

§ 167

Wenn eine Partei gegen § 166 verstößt und aufgrund der Streitigkeiten eine Klage vor Gericht anstrebt, kann die Gegenpartei vor Gericht um Klageerwiderung bitten.

§ 168

Wenn die von den Parteien bestellten Schiedsrichter den dritten Schiedsrichter nicht wählen können, so wird dieser auf Antrag einer Partei oder von Amts wegen von der zuständigen Behörde benannt.

§ 169

Wenn die Aktienagentur den Schiedsspruch oder den nach § 44 Schiedsgerichtsbarkeitsgesetz erfolgten Vergleich nicht fristgemäß erfüllt, verfügt die zuständige Behörde mit einem Verwaltungsakt die Einstellung des Geschäftsbetriebs, es sei denn die im § 40 Schiedsgerichtsbarkeitsgesetz angesprochenen Umständen traten ein und eine Aufhebungsklage wurde erhoben.

§ 170

Der Verband der Aktienagenturen und das Aktiengeschäftszentrum regelt in seiner Satzung bzw. Verordnung die schiedsverfahrenbezogenen Angelegenheiten. Dessen Regelungen sollen nicht gegen dieses Gesetz und das Schiedsgerichtsbarkeitsgesetz verstoßen.

2. Gesetz zur Regelung der Terminwarengeschäfte

§ 109

Wenn aus den Rechtsbeziehungen der Terminwarengeschäfte eine Streitigkeit entspringt und die Parteien dafür das Schiedsverfahren vereinbart haben, so ist der Schiedsort in der Republik China.

Das im Absatz 1 angesprochene Schiedsverfahren wird nach dem Schiedsgerichtsbarkeitsgesetz geregelt, es sei denn es wird in diesem Gesetz anderes bestimmt.

§ 110

Wenn die von den Parteien bestellten Schiedsrichter den dritten Schiedsrichter nicht wählen können, so wird dieser auf Antrag einer Partei oder von Amts wegen von der zuständigen Behörde benannt.

§ 111

Wenn die Aktienagentur den Schiedsspruch oder den nach § 44 Schiedsgerichtsbarkeitsgesetz erfolgten Vergleich nicht fristgemäß erfüllt, verfügt die zuständige Behörde mit einem Verwaltungsakt die Einstellung des Geschäftsbetriebs, es sei denn die im § 40 Schiedsgerichtsbarkeitsgesetz angesprochenen Umständen traten ein und eine Aufhebungsklage wurde erhoben.

3.Verordnung zur Regelung des Technologientransfers

§ 24

Wenn aus dem Technologientransfer eine Streitigkeit entspringt, so ist das Schiedsverfahren anzuwenden, das die Parteien dafür vereinbart haben.

4. Gesetz zur Beilegung von Streitigkeiten über Arbeitsverhältnisse

Kapitel 3 Schiedsverfahren (§§ 24 bis 36; hier wird nur §24 dargestellt, da die anderen Paragraphen nur von technischer Natur sind.)

§ 24

Wenn das Schlichtungsverfahren keinen Erfolg hat, werden die Streitigkeiten über dispositive Regelungen des Arbeitsverhältnisses auf Antrag beider Parteien bei der Schiedsstelle im Schiedsverfahren beigelegt.

Wenn nötig, kann die zuständige Behörde von Amts wegen das Schiedsverfahren einleiten und dies den Parteien mitteilen.

Für Streitigkeiten über dispositive Regelungen des Arbeitsverhältnisses können die Parteien das Schiedsverfahren vereinbaren, ohne vorher das Schlichtungsverfahren zu durchlaufen.

(B) Rechtsquelle zur Förderung der Schiedsgerichtsbarkeit

1. Außenhandelsgesetz

§ 26

Alle Exporteure und Importeure sollen nach Treue und Glauben das Schieds-, Schlichtungs- oder Vergleichsverfahren verwenden, um aktiv Handelsstreitigkeiten beizulegen.

Die zuständige Behörde soll die Schiedsinstitution fördern, die zur Beilegung der internationalen Handelsstreitigkeiten eingerichtet wird.

2. Patentgesetz

§ 10

Wenn zwischen Arbeitgeber oder Arbeitnehmer über den Erwerb des Patentrechts nach § 7 oder § 8 dieses Gesetzes eine Streitigkeit besteht und später eine Einigung erreicht wird, kann die Partei bei der zuständigen Behörde durch Beweisstücke eine Namensänderung des Berechtigten im Patentregister beantragen. Wenn nötig kann die zuständige Behörde die Partei zur Vorlegung des Dokuments auffordern, das diese bereits nach anderem Gesetz durch ein Schlichtungs-, Schieds- oder Gerichtsverfahren erworben hat.

3. Seehandelsgesetz

§ 78

Sofern der Lade- bzw. Entladehafen in der Republik China liegt, so ist das dortige Gericht bzw. ein anderes von Gesetzes wegen dafür kompetentes Gericht zuständig, wenn aus dem Konnossement eine Streitigkeit entsprint.

Wenn das im Absatz 1 angesprochene Konnossement eine Schiedsvereinbarung enthält, so ist das Schiedsgericht in der Republik China gemäß Vereinbarung der Parteien zuständig, wodurch die früher im Konnossement bestimmten Schiedsort und Schiedsregelung nicht mehr bindend sind.

Absatz 2 gilt als Teil der Schiedsvereinbarung, es sei denn die Parteien haben nach Auftreten der Streitigkeit schriftlich anderes vereinbart.

§ 145

Die Belohnung für eine Hilfsleistung in Seenot wird gemäß Vereinbarung der Parteien festgelegt. Wenn keine derartige Vereinbarung besteht, kann die Belohnung durch das Schiedsgericht oder das ordentliche Gericht festgelegt werden.

§ 161

Der Höhe der Quoten zum Schadenersatz wegen Zusammenstosses von Schiffen wird gemäß Vereinbarung aller Betroffenen festgelegt. Wenn keine derartige Vereinbarung besteht, kann die Höhe der Quoten durch das Schiedsgericht oder das ordentliche Gericht festgelegt werden.

4. Gesetz der Regierungsvergabe (verkündet am 27. 05. 1998)

(Bemerkung: Da Taiwan nach 01. 01. 2002 der offizielle Mitglied der WTO ist, befindet sich ein Deregulierungsplan für die unten erwähnte § 74 z.Z. in Diskussion mit der US-Regierung.)

§ 74

Für die Streitigkeiten zwischen der Behörde und dem Unternehmen bezüglich der öffentlichen Vergabenausschreibung (die Beteiligung, die Überprüfung, die Entscheidung, die Vertragserfüllung und die Abnahme) können ein Einspruch bzw. eine Beschwerde vor der zuständigen Behörde nach den Bestimmungen dieses Gesetzes erhoben werden. Für die privatrechtlichen Streitigkeiten zwischen der Behörde und dem Unternehmen, die bereits bei einem Schieds-, Mediations- oder Gerichtsverfahren anhängig sind, gelten die Bestimmungen dieses Gesetzes nicht.

Anhang 6

TIS-Schiedsgerichtsordnung

(gültig ab 16. 10. 2001)

(Unoffizielle Übersetzung von Wei-ming Liao)

Kapitel I Allgemeines

§ 1

Diese Schiedsgerichtsordnung wird gemäß § 5 Abs. 2 der Satzung der Taiwanesischen Institution für Schiedsgerichtsbarkeit e.V. (TIS) erlassen.

§ 2

Wenn die TIS für das Schiedsverfahren zuständig ist, findet diese Schiedsgerichtsordnung Anwendung, soweit die Parteien nichts anderes vereinbart haben oder es in einem anderen Gesetz anders geregelt wird.

§ 3

Das Schiedsverfahren bei der TIS kann auch im Ausland stattfinden, wenn die Parteien es vereinbart haben oder wenn der Schiedsrichter angesichts der Umstände des Falles und der Interessen der Parteien das Verfahren im Ausland für angebracht hält.

§ 4

Wenn die TIS für das Schiedsverfahren zuständig ist, kann sie bezüglich des Verlaufs des Schiedsverfahrens den Parteien Vorschläge machen.

§ 5

Jeder Schiedsrichter muss unabhängig und unparteilich sein.

§ 6

Die TIS und der Schiedsrichter haben über die Durchführung eines schiedsrichterlichen Verfahrens Schweigepflicht gegenüber jedermann zu bewahren, es sei denn, die Parteien haben etwas anderes vereinbart oder es wird gesetzlich anders geregelt.

§ 7

Der Schiedsrichter ist gemäß dem Schiedsgesetz zur Benachrichtigung verpflichtet.

Kapitel II Klageerhebung und Klagebeantwortung

§ 8

Der Kläger hat bei Klageerhebung die Kosten für das Schiedsverfahren vorläufig zu zahlen. Er muss zugleich die folgenden Unterlagen einreichen:

1) das Original der Klageschrift und Abschriften für die Schiedsrichter und die gegnerische Partei;

2) den Schiedsvertrag oder den Vertrag, der die Schiedsklausel beinhaltet;

3) gegebenenfalls den Ermächtigungsbrief;

4) gegebenenfalls den Bestellungsbrief für den Schiedsrichter, der den Namen des Schiedsrichters, seine Anschrift bzw. seinen Aufenthaltsort und die benachrichtigungspflichtigen Angelegenheiten beinhaltet.

§ 9

Die Klageschrift muss die folgenden Angaben enthalten:

(1) den Namen der Partei, ihre gewöhnliche Wohnung oder ihren Aufenthaltsort; den Titel, den Ort des Verwaltungssitzes oder des Geschäftsbetriebes der juristischen Person oder des Vereins, wenn die Partei eine juristische Person oder ein Verein ist;

(2) den Namen, den Wohnsitz oder der Aufenthaltsort des Vertreters, wenn die Partei einen Vertreter hat;

(3) den Streitgegenstand und den Streitwert;

(4) die Bestimmung der zu beurteilenden Angelegenheiten und die Tatsache sowie deren Begründungen;

(5) die zuständige Schiedsinstitution;

(6) das Datum.

Der Klageschrift und ihren Kopien müssen die relevanten Beweisstücke und Daten hinzugefügt werden.

§ 10

Nachdem die Klageschrift eingereicht wurde, muss die TIS die gegnerische Partei über den Erhalt der Klageschrift sowie der Kopien der Unterlagen benachrichtigen und diese zur Klagebeantwortung auffordern sowie zur Bestellung bzw. zur Zustimmung der Bestellung des Schiedsrichters, es sei denn, es wird gegen § 9 verstoßen und eine fristgebundene Nachholung der Klage ist erforderlich.

§ 11

Die gegnerische Partei muss binnen 10 Tagen nach Empfang der in § 10 erwähnten Benachrichtigung der TIS die folgenden Dokumente vorlegen:

1) die Klagebeantwortung und Abschriften derselben in der Anzahl der Schiedsrichter und der beteiligten Personen auf Seiten der gegnerischen Partei ;

2) gegebenenfalls die Ermächtigung des Vertreters;

3) falls der Schiedsrichter bereits bestellt wurde, den Bestellungsbrief, der den vollen Name des Schiedsrichters, seinen Wohnsitz oder Aufenthaltsort und die erklärungspflichtigen Angaben enthält;

Hat der Kläger, den Schiedsrichter bereits bestellt und fordert gegnerische Partei zur Bestellung auf, muss die gegnerische Partei dieser Aufforderung binnen 14 Tagen nachkommen und dies dem Kläger, dem Schiedsrichter und der TIS schriftlich mitteilen.

§ 12

Die Klagebeantwortung muss die folgenden Angaben enthalten:

(1) den vollen Namen der Partei und ihren Wohnsitz oder Aufenthaltsort; wenn eine Partei eine juristische Person oder irgendeine andere Körperschaft ist, ihren Namen und den Ort ihres Verwaltungssitzes oder Geschäftsbetriebs;

(2) den vollen Namen, den Wohnsitz oder der Aufenthaltsort des gesetzlichen Vertreters und gegebenenfalls des vor dem Schiedsgericht stehenden Vertreters;

(3) die zu beurteilenden Angelegenheiten und die diesbezüglichen Tatsachen und Gründe;

(4) die zuständige Schiedsinstitution;

(5) das Datum.

Der Klagebeantwortung und den Abschriften derselben müssen die relevanten Beweisstücke und Daten beigefügt werden.

Nach Empfang der Klagebeantwortung und der beigefügten Dokumente muss die TIS diese dem Kläger sofort übersenden.

§ 13

Die Schriftsätze können nach den Regelungen der TIS per Fax oder anderen technischen Mitteln an die TIS übersenden, sofern die generische Partei oder das Schiedsgericht zugestimmt hat; die elektronische Datenvermittlung hat die gleiche Gültigkeit wie die schriftliche Form.

§ 14

Eine Klageänderung oder ein Parteiwechsel ist zulässig, wenn die gegnerische Partei dem zugestimmt hat oder es die Verteidigung des Klagegegners und die Beendigung des Schiedsverfahrens nicht wesentlich erschwert.

Abs. 1 gilt nicht, bevor die Klageschrift der gegnerischen Partei zugestellt wurde.

Wenn der Parteiwechsel oder die Klageänderung den Umfang der Schiedsvereinbarung überschreitet, darf das Schiedsgericht diese nicht ohne Zustimmung des Klagegegners zulassen.

Bezüglich der entstandenen Gebührendifferenz zwischen der ursprünglichen Klage und der geänderten bzw. nachgeholten Klage hat die Partei an die TIS Vorauszahlung leisten.

§ 15

Erhebt die gegnerische Partei Widerklage gilt § 8 sinngemäß. Das Schiedsgericht kann die Widerklage und die Klage konsolidieren.

Die Widerklage darf den Umfang der Schiedsvereinbarung nicht überschreiten, es sei denn, der Kläger stimmt dem zu.

Das Schiedsgericht kann die Widerklage als unzulässig ablehnen, wenn die Partei dadurch auf die Störung des Schiedsverfahrens abzielt.

Kapitel III Bestellung des Schiedsrichters

§ 16

Wenn die beiden Parteien die Bestellung des Schiedsrichters bereits vereinbart haben, gilt diese Vereinbarung. Fehlt eine solche Vereinbarung, so bestellt jede Partei einen Schiedsrichter; die zwei Schiedsrichter bestellen dann einen Dritten als Vorsitzenden. Über die Bestellung muss die TIS die Parteien schriftlich benachrichtigen.

§ 17

Haben die Parteien die TIS als Schiedsinstitution i.S.v. § 9 IV des Schiedsgesetzes vereinbart, kann die TIS in folgenden Situationen den Schiedsrichter bestellen.

1) wenn die Schiedsrichter, die von den Parteien bestellt wurden, nicht imstande sind sich binnen 30 Tagen nach der schriftlichen Anfrage der TIS über die Bestellung des Vorsitzenden zu einigen;

2) wenn die Parteien im Fall der Bestellung eines Einzelschiedsrichters nicht imstande sind sich binnen 30 Tagen nach der schriftlichen Anfrage einer der Parteien, über die Bestellung zu einigen.

§ 18

Die Parteien können die TIS ermächtigen, das Schiedsgericht zu bestellen.

Im Fall der Bestellung durch die TIS muss diese der Aufforderung binnen 14 Tagen nach Empfang der Aufforderung nachkommen und die beiden Parteien und das Schiedsgericht über die Bestellung in Kenntnis setzen.

§ 19

Hat eine Partei den Schiedsrichter bereits bestellt, kann sie die gegnerische Partei schriftlich auffordern, binnen 14 Tagen nach Empfang der Aufforderung den Schiedsrichter zu bestellen. Erfolgt die Bestellung durch die gegnerische Partei nicht fristgemäß, so ist der Schiedsrichter auf Antrag der anderen Partei durch die TIS oder das Gericht zu bestellen.

Ist die TIS für die Bestellung zuständig, kann die Partei die TIS auffordern, den Schiedsrichter binnen 14 Tagen zu bestellen. Erfolgt die Bestellung durch die TIS nicht fristgemäß, so ist der Schiedsrichter auf Antrag der Partei durch das Gericht zu bestellen.

§ 20

Jede Partei statt des in der Schiedsvereinbarung bestellten Schiedsrichter einen Ersatzschiedsrichter bestellen, wenn dem vorher von ihnen vereinbarte Schiedsrichter infolge von Tod oder anderen Gründen die Aufgabenerfüllung unmöglich ist, oder er die Aufgabenaufnahme ablehnt oder versäumt. Können sich die Parteien nicht über einen Ersatzschiedsrichter einigen, kann jede Partei bei der TIS oder bei Gericht beantragen den Schiedsrichter zu bestellen.

Wenn bei dem Schiedsrichter, der direkt durch die Parteien bestellt wurde, eine der in Absatz 1 geregelten Situationen auftritt, kann jede Partei die andere auffordern, den Schiedsrichter binnen 14 Tagen vom Eingangsdatum Aufforderung an neu zu bestellen. Die in § 15 Absatz 1 und Abs. 2 Satz 1 geregelte Bestellung des vorsitzenden Schiedsrichters bleibt davon unberührt, wenn dieser bereits bestellt worden ist.

Bestellt die Partei, die die Aufforderung empfangen binnen der in Absatz 2 bestimmten Frist keinen Ersatzschiedsrichter, kann die auffordernde Partei eine kompetente Schiedsinstitution oder das Gericht ersuchen, den Ersatzschiedsrichter zu bestellen.

Tritt bei einem Schiedsrichter, der durch eine Schiedsinstitution oder das Gericht bestellt wurde, eine der in Absatz 1 geregelten Situationen auf, kann die Schiedsinstitution oder das Gericht auf Antrag oder von Amts wegen einen Ersatzschiedsrichter bestellen.

Das Gericht kann auf Antrag oder von Amts wegen einen Ersatzschiedsrichter bestellen, wenn bei dem vorsitzenden Schiedsrichter eine der in Absatz 1 geregelten Situationen auftritt.

Kapitel IV Mündliche Verhandlung

§ 21

Die TIS muss die beiden Parteien über den Schiedsort und das Verhandlungsdatum, welche das Schiedsgericht nach § 21 des Schiedsgesetzes bestimmt, informieren.

Das Schiedsgericht kann von Amts wegen oder auf Antrag einer Partei das Verhandlungsdatum ändern oder verschieben.

§ 22

Das Schiedsgericht entscheidet schnellst möglich über Einrede der Unzuständigkeit.

§ 23

Den Parteien wird Gelegenheit zur vollständigen Darstellung ihres Falles eingeräumt. Das Schiedsgericht untersucht die Behauptungen der Partei sachgerecht.

Das schiedsrichterliche Verfahren ist nicht zu veröffentlichen, es sei denn, die Parteien haben der Veröffentlichung zugestimmt.

§ 24

Bezüglich der behaupteten Ansprüche müssen die Parteien sich vollständig über Tatsachen und Rechtslage erklären und dabei die relevanten Beweisstücke vorlegen.

Jede Partei muss sich über die vom Gegner behaupteten Tatsachen erklären.

§ 25

Sind Tatsachen strittig, muss das Schiedsgericht die Parteien auffordern sich hierüber zu erklären und die Erklärung protokollieren. Es sei denn, dass das Schiedsgericht dies als nicht notwendig erachtet.

Bezüglich des Ergebnisses der in Absatz 1 angesprochenen Untersuchung muss das Schiedsgericht die Erklärung der Parteien fordern und dabei protokollieren.

§ 26

Nimmt eine Partei, die nach gesetzlichem Verfahren benachrichtigt wurde, ohne berechtigte Gründe nicht rechtzeitig an der Verhandlung oder Untersuchung teil, hindert dies das Schiedsverfahren nicht.

§ 27

Das Schiedsgericht kann auf Antrag der Parteien oder von Amts wegen Zeugen oder Sachverständigen anweisen eine Erklärung abzugeben.

§ 28

Die Partei kann mittels einer schriftlichen Ermächtigung einen Vertreter benennen, der an ihrer Stelle an dem schiedsrichterlichen Verfahren teilnimmt. Wurde die schriftliche Ermächtigung im Ausland angefertigt wird, muss sie durch die dort ansässige Behörde der Republik China beurkundet werden; wenn die Beurkundung nicht rechtzeitig erfolgen kann, darf das Schiedsgericht eine fristgebundene Nachholung zulassen.

§ 29

Hält das Schiedsgericht die Bestellung eines Dolmetschers für notwendig, so muss es dies der TIS im Voraus mitteilen.

§ 30

Für die Zustellung der Schriftsätze während des schiedsrichterlichen Verfahrens bei der TIS finden die Regelungen des Zivilprozessgesetzes entsprechend Anwendung.

§ 31

Die TIS muss die Verhandlung auf Tonband aufnehmen und aufgrund dieses Tonbandes ein Protokoll anfertigen.

Die Parteien können mit Zustimmung der TIS an einem bestimmten Datum und Ort das im Absatz 1 angesprochene Tonband abhören; gegen Entgeld kann das Tonband kopiert werden.

Das in Absatz 1 angesprochene Tonband muss für 10 Jahre nach der Abgabe oder Zustellung des Schiedsspruchs an die Parteien aufbewahrt werden.

§ 32

Das Verhandlungsprotokoll muss die folgenden Angaben beinhalten:

(1) Ort und Datum an dem die Verhandlung stattfindet;

(2) den vollen Namen des Schiedsrichters, des Protokollführers und des Dolmetschers;

(3) den Schiedsspruch;

(4) gegebenenfalls den vollen Namen der anwesenden Partei bzw. ihres Vertreters;

(5) den Verlauf des Verfahrens.

Das Protokoll muss von dem Protokollführer angefertigt und untergeschrieben werden.

Das Protokoll darf nicht schriftlich geändert werden; im Fall der Änderung es unterschrieben oder gestempelt werden und die Anzahl der geänderten Wörter müssen angegeben werden; im Fall der Streichung von einzelnen Wörter muss der Orginaltext identifizierbar bleiben.

Das Protokoll muss entsprechend Anzahl der Schiedsrichter und der beiden Parteien kopiert und zugestellt werden.

Die Parteien können die TIS auffordern, das Protokoll einzusehen, nachzuschreiben oder zu kopieren.

Das Protokoll muss für zehn Jahre aufbewahrt werden. Die Frist beginnt mit der Zustellung an die Parteien

§ 33

Falls Dokumente, Beweisstücke oder sonstige Daten, die von einer der Parteien vorgebracht wurden, in einer Fremdsprache abgefasst sind, kann das Schiedsgericht von dieser Partei eine chinesische Übersetzung verlangen.

§ 34

Hält das Schiedsgericht im Verlauf des Verfahrens die Sache für entscheidungsreif, beendigt es die Verhandlung.

Zwischen der Beendigung der Verhandlung und dem Erlass des Schiedsspruchs kann das Schiedsgericht gegebenenfalls die Parteien benachrichtigen um die Verhandlung wieder aufzunehmen.

§ 35

Das Schiedsgericht kann vor dem Erlass des Schiedsspruchs den Parteien raten sich zu vergleichen. Der Schiedsrichter stellt eine Vergleichsurkunde aus, sofern ein Vergleich erreicht wird. Die Vergleichurkunde muss die folgenden Angaben beinhalten und von beiden Parteien oder ihren gesetzlichen Vertretern und den Schiedsrichtern unterschrieben werden:

(1) den vollen Namen der Partei und ihren Wohnsitz oder Aufenthaltsort; wenn eine Partei eine juristische Person oder irgendeine andere Körperschaft ist, ihren Namen und den Ort ihres Verwaltungssitzes oder der Hauptniederlassung;

(2) den vollen Namen, den Wohnsitz oder den Aufenthaltsort des gesetzlichen Vertreters und gegebenenfalls des vor dem Schiedsgericht stehenden Vertreters;

(3) den vollen Namen und Ort des Wohnsitzes oder des Aufenthalts des teilnehmenden Schiedsrichters;

(4) den Hauptteil der Vergleichsurkunde;

(5) den Inhalt des Vergleichs;

(6) den Ort, an dem der Vergleich erreicht wurde; und

(7) das Datum, an dem der Vergleich erreicht wurde.

Die in Absatz 1 angesprochene Vergleichsurkunde muss binnen 5 Tagen nach dem Abschluss des Vergleichs an die TIS übermittelt werden. Die Urschrift muss für 20 Jahre aufbewahrt werden.

§ 36

Wenn die streitbefangene Sache empfindlich oder dringend zu bewahren ist, kann jede Partei das Schiedsgericht bitten, ihn mit Zustimmung beider Parteien zu verkaufen oder durch eine Dritte aufbewahren zu lassen oder eine andere Schutzmassnahme vorzunehmen.

Für die in Absatz 1 geregelte Situation kann das Schiedsgericht nach § 44 des Schiedsgesetzes versuchen einen Vergleich zu erzielen, wenn zwischen den Parteien eine Schiedsvereinbarung besteht; das Schiedsgericht kann anordnen, dass der Kläger die Kosten der Verwahrung im Voraus zahlt.

Kapitel V Schiedsspruch

§ 37

Das Schiedsgericht entscheidet ex aequo et bono oder als amiable compositeur, wenn die Parteien es ausdrücklich dazu ermächtigt haben. Die in Abs. 1 angesprochene Ermächtigung kann bis zum Ende der Verhandlung vorgebracht werden; hinsichtlich der Ermächtigung besteht kein Schriftformerfordernis

§ 38

Besteht das Schiedsgericht, aus mehr als einem Schiedsrichter, müssen diese nach Ende der Verhandlung über den Schiedsspruch diskutieren. Die Diskussion muss schriftlich dokumentiert und von den teilnehmenden Schiedsrichtern unterschrieben werden. Die Meinung der Minderheit kann in dem Dokument niedergeschrieben werden.

Besteht das Schiedsgericht, aus mehr als einem Schiedsrichter, entscheidet es nach der Stimmenmehrheit.

Wenn über eine Geldsumme keine Mehrheitsmeinung erreicht werden kann, wird die Stimme für die größte Summe den Stimmen für die folgende Summe hinzugefügt, und so weiter, bis eine Mehrheit erhalten wird.

Wenn beim Schiedsgericht, das aus mehr als einem Schiedsrichter besteht, die über 50-prozentige Mehrheit nicht erreicht worden ist, gilt das schiedsrichterliche Verfahren als beendigt, sofern die Parteien nichts anderes vereinbart haben. Die Parteien müssen diesbezüglich benachrichtigt werden.

§ 39

Die Diskussion über den zu erlassenden Schiedsspruch ist nicht zu veröffentlichen.

§ 40

Das Schiedsgericht kann einen Teilschiedsspruch bzw. den Zwischenschiedsspruch erlassen.

§ 41

Der Schiedsspruch muss binnen 10 Tagen nach dem Ende der Verhandlung erlassen werden.

Wenn das Schiedsgericht zwar die nach § 21 des Schiedsgesetzes bestimmte Frist nicht überschritten hat, aber über einen Monat nach dem Ende der Verhandlung den Schiedsspruch nicht eingereicht hat, muss die TIS dies schriftlich anmahnen; wenn das Schiedsgericht mehr als drei Monate nach dem Ende der Verhandlung den Schiedsspruch nicht eingereicht hat, kann die TIS den Namen des Schiedsrichters in der Zeitschrift der TIS veröffentlichen. Wenn das Schiedsgericht die nach § 21 des Schiedsgesetzes bestimmte gesetzliche oder vereinbarte Frist überschritten hat, kann die TIS den Namen des Schiedsrichters in der Zeitschrift der TIS veröffentlichen.

§ 42

Der Schiedsspruch gibt folgendes an:

(1) den vollen Namen der Partei und ihren Wohnsitz oder Aufenthaltsort; wenn eine Partei eine juristische Person oder irgendeine andere Körperschaft ist, ihren Namen und den Ort ihres Verwaltungssitzes oder der Hauptniederlassung

(2) den vollen Namen, den Wohnsitz oder der Aufenthaltsort des gesetzlichen Vertreters und gegebenenfalls des vor dem Schiedsgericht stehenden Vertreters;

(3) gegebenenfalls den vollen Namen, die Nationalität, den Ort des Wohnsitzes oder des Aufenthalts des Dolmetschers;

(4) den Tenor des Schiedsspruchs;

(5) die Tatsachen und die Gründe, sofern die Parteien nichts anderes vereinbart haben; und

(6) Ort und Datum, an dem der Schiedsspruch erlassen wird.

Die Urschrift des Schiedsspruchs wird von den teilnehmenden Schiedsrichtern unterschrieben. Wenn irgendeiner der Schiedsrichter die Unterzeichnung verweigert, oder diese aus irgendeinem Grund verhindert wurde, gibt der unterzeichnende Schiedsrichter den Grund dafür an.

Die Urschrift des Schiedsspruchs muss für 20 Jahre nach dem Erlass aufbewahrt werden.

§ 43

Der Schiedsspruch muss in chinesischer Sprache abgefasst werden, soweit die Parteien nicht etwas anderes vereinbart haben.

Die Parteien können binnen 30 Tagen nach Empfang des Schiedsspruchs die Ermäßigung der Kosten verlangen, wenn der Schiedsrichter ohne gerechtfertigte Gründe nicht an der Diskussion teilgenommen hat oder die Unterzeichnung des Schiedsspruchs abgelehnt.

Kapitel VI Vereinfachtes Schiedsverfahren

§ 44

Im vereinfachten Schiedsverfahren nach § 36 des Schiedsgesetzes muss die TIS binnen 7 Tagen nach Empfang der Klageschrift einen Einzelschiedsrichter bestellen.

Das vereinfachte Schiedsverfahren muss schnellstens bearbeitet werden. Die Einzelverhandlung gilt dabei als Prinzip.

§ 45

Die TIS kann nach den Umständen des Falls und des Streitwerts den Parteien raten, das vereinfachte Schiedsverfahren zu vereinbaren.

§ 46

Nachdem das Schiedsgericht Ort und Termin der Verhandlung bestimmt hat, muss die TIS die Parteien unverzüglich auffordern an der Verhandlung rechtzeitig mit den relevanten Dokumenten, Beweisstücke und Zeugen teilzunehmen.

§ 47

Die gegnerische Partei soll binnen 7 Tagen, nachdem sie die Klageschrift erhalten hat, bei der TIS die Klagebeantwortung einreichen; die TIS übermittelt diese an den Kläger.

§ 48

Nimmt eine Partei ohne berechtigten Grund nicht an der Verhandlung teil, kann das Schiedsgericht auf Antrag der gegnerischen Partei die Verhandlung fortsetzen und den Schiedsspruch erlassen; Schriftstücke, Darstellungen und die Beweisstücke der abwesenden Partei müssen dabei berücksichtigt werden.

§ 49

Die Parteien können vereinbaren, dass der Schiedsspruch nur auf der Grundlage der vorgelegten Dokumente erlassen wird.

§ 50

Das Schiedsgericht soll den Schiedsspruch grundsätzlich binnen 3 Monaten erlassen.

§ 51

Der Schiedsspruch der im vereinfachten Schiedsverfahren ergangen ist kann nur die Leitsätze, sowie eine gekürzte Darstellung der Tatsachen beinhalten. Wenn die Parteien es vereinbaren, kann der Schiedsspruch auch ohne Begründung und Tatsachendarstellung ausgefertigt werden.

Kapitel VII Sonstiges

§ 52

Die Schiedsordnung der TIS tritt nach der Zustimmung des Vorstandes in Kraft. Für die Änderung gilt das gleiche Verfahren.

Anhang 7

Verhaltenscode des Schiedsrichters der TIS

(Unoffizielle Übersetzung von Wei-ming Liao)

§ 1

Um die Unparteilichkeit, Objektivität und Unabhängigkeit des Schiedsrichters zu sichern und die Glaubwürdigkeit der Schiedsgerichtsbarkeit zu wahren, verabschiedet die TIS diesen Verhaltenscode.

§ 2

Alle Schiedsrichter, die entweder als Schiedsrichter bei der TIS registriert sind oder in einem Schiedsfall bei der TIS tätig waren, müssen diesen Verhaltenscode und die relevanten Regelungen einhalten.

§ 3

Der Schiedsrichter darf sich nicht auf unanständige Weise um einen Schiedsfall bewerben.

§ 4

Der Schiedsrichter muss den Schiedsfall unparteilich, objektiv, unabhängig und verantwortlich bearbeiten.

§ 5

Der Schiedsrichter muss im Schiedsverfahren die relevanten Regelungen einhalten und nach Fachkenntnissen den Fall bearbeiten.

§ 6

Der Schiedsrichter muss die Glaubwürdigkeit der Schiedsgerichtsbarkeit bestmöglich wahren, er darf nicht auf das private Ersuchen der Parteien oder das ungerechte Interesse hin handeln und muss das Gesetzwidrige und Unanständige ausschließen, sowie den Verdacht der Benachteiligung einer Partei vermeiden.

§ 7

Der Schiedsrichter, der entweder von den Parteien bestellt wurde oder auf andere Weise ernannt wurde, darf nicht in Verdacht geraten, dass er als Vertreter und im Interesse einer Seite der Parteien handelt.

§ 8

Der Schiedsrichter ist nach § 15 Absatz 2 SchVG den Parteien gegenüber erklärungspflichtig.

§ 9

Die familiären, gesellschaftlichen oder anderen Beziehungen des Schiedsrichters dürfen nicht seine Unparteilichkeit, Objektivität und Unabhängigkeit beeinflussen.

§ 10

Der Schiedsrichter muss neutral sein und darf keine unverhältnismäßigen Gemeinschaften mit den Parteien, Vertretern der Parteien, Zeugen, Sachverständigen oder allen anderen relevanten Personen eingehen.

§ 11

Der Schiedsrichter muss die Regelungen des SchVG bezüglich seiner Ablehnung als Schiedsrichter anerkennen.

Wenn eine Tatsache, die als ein gesetzlicher Ablehnungsgrund qualifiziert werden kann oder die Unparteilichkeit des Schiedsrichters verhältnismäßig angezweifelt werden kann, besteht, muss der Schiedsrichter die Bestellung vor oder nach dem Amtsantritt ablehnen.

§ 12

Der Schiedsrichter muss im Schiedsfall persönlich urteilen und darf keinen Vertreter dazu ermächtigen.

§ 13

Der Schiedsrichter darf seine Aufgabe nach Amtsantritt nicht abbrechen, es sei denn, dass ein Ablehnungsgrund nachträglich auftaucht oder ein gerechtfertigter Grund besteht.

§ 14

Der Schiedsrichter muss das Verfahren aktiv betreiben und den Schiedsspruch gemäss gesetzlicher Frist erlassen.

§ 15

Der Schiedsrichter muss bezüglich des Schiedsverfahrens eine private Diskussion mit einer Seite der Parteien, ihren Vertretern oder den anderen relevanten Personen vermeiden. Wenn es unvermeidlich ist, muss es der anderen Partei und den anderen Schiedsrichtern sofort mitgeteilt werden.

§ 16

Der Schiedsrichter muss bezüglich des Schiedsfalles die Schweigepflicht wahren.

§ 17

Die Kommission für Schiedsrichterethik der TIS ist für die Durchsetzung dieses Verhaltenscodes zuständig und steht der TIS für diesbezügliche Angelegenheiten zur Beratung zur Verfügung.

§ 18

Die Kommission für Schiedsrichterethik besteht aus 7 Mitgliedern. Diese werden vom Vorstand der TIS aus namhaften Personen ausgewählt, die sich bezüglich der Schiedsgerichtsbarkeit gut auskennen.

Die Mitglieder wählen unter sich einen Vorsitzenden aus für die Amtszeit von drei Jahren. Der Dienst kann einmal verlängert werden, wenn der amtsinhabende Vorsitzende wiedergewählt wird.

§ 19

Der Kommissionsbeauftragte für Schiedsrichterethik muss sich in einem Verfahren spontan zur Aufgabeablehnung verpflichten, wenn er sie als angebracht erachtet. Das Ersuchen, dass ein Kommissionsbeauftragter für Schiedsrichterethik abgelehnt werden soll, wird von der Kommission für Schiedsrichterethik entschieden und gegen den Entscheid darf kein Einspruch erhoben werden.

§ 20

Die Parteien oder ihre Vertreter dürfen bei der Kommission für Schiedsrichterethik eine schriftliche Beschwerde einreichen, wenn ihres Erachtens der Schiedsrichter gegen die Regelungen dieses Verhaltenscodes verstoßen haben. Die TIS darf auch für solche Fälle die Kommission für Schiedsrichterethik ad hoc um ein Verfahren bitten.

§ 21

Die Kommission für Schiedsrichterethik muss im Beschwerdeverfahren die unangemessene Verletzung der Ehre und der Berücksichtigung des Interesses desjenigen, gegen den eine Beschwerde vorliegt, oder der relevanten Personen vermeiden.

§ 22

Das Verfahren bei der Kommission für Schiedsrichterethik ist nicht öffentlich.

§ 23

Die Kommission für Schiedsrichterethik setzt das Beschwerdeverfahren mit mindestens der Anwesenheit der Hälfte der Kommissionsbeauftragten durch und stimmt mit einfacher Mehrheit zu.

§ 24

Die Kommission für Schiedsrichterethik muss im Beschwerdeverfahren den beiden Parteien Gelegenheit zur vollständigen Darstellung des Falles einräumen; wenn nötig, muss sie die Beweise untersuchen und eine mündliche Verhandlung gegebenenfalls mit Zeugenbefragung durchführen, um die Wahrheit festzustellen und den Entscheid zu erreichen.

§ 25

Der Kläger und derjenige, gegen den eine Beschwerde vorliegt, dürfen von ihren Vertretern begleitet werden oder einen Vertreter ermächtigen, an dem Schiedsverfahren teilzunehmen. Wenn die Kommission für Schiedsrichterethik es für nötig erachtet, müssen die Parteien jedoch persönlich anwesend sein.

§ 26

Die Kommission für Schiedsrichterethik muss für das Beschwerdeverfahren einen Entscheid erlassen; der Entscheid muss von den teilnehmenden Kommissionsbeauftragten unterzeichnet sowie den Parteien zugestellt werden und die folgenden Punkte beinhalten:

(1) den vollen Namen des Schiedsrichters, gegen den eine Beschwerde vorliegt, sowie sein Wohnsitz oder Aufenthaltsort,

(2) den Urteilstext,

(3) die diesbezüglichen Tatsachen und die Begründung,

(4) das Datum zum Erlass des Entscheids.

§ 27

Wenn der Kommission für Schiedsrichterethik die Zuwiderhandlung gegen diesen Verhaltenscode seitens des Schiedsrichters, gegen den eine Beschwerde vorliegt, bekannt wird, darf sie die folgenden Maßnahmen treffen:

(1) ihm eine Mahnung stellen, oder

(2) ihn von der Aufgabe als Schiedsrichter bei der TIS für die Dauer von sechs Monaten bis drei Jahre suspendieren, oder

(3) ihm die Aufgabe als Schiedsrichter bei der TIS für die nachfolgenden fünf Jahre untersagen und seine Registrierung aufheben.

Der in Absatz 1 geregelte Entscheid hat keinen Einfluss auf ein bei der TIS laufendes Schiedsverfahren; wenn allerdings der Kläger eine Partei in diesem Schiedsverfahren ist, so entscheidet die Kommission für Schiedsrichterethik, ob der Schiedsrichter, gegen den eine Beschwerde vorliegt, diesen Schiedsfall weiter bearbeiten darf.

§ 28

Die Kommission für Schiedsrichterethik muss den in § 27 geregelten Entscheid bei der TIS veröffentlichen.

§ 29

Dieser Verhaltenscode tritt nach der Zustimmung der Vollversammlung der TIS-Mitglieder und nach der Niederlegung bei der zuständigen Behörde in Kraft. Für die Änderung gilt das gleiche Verfahren.

Anhang 8

Organisation der TIS

Vollversammlung der Mitglieder

↓

Vorstand	Aufsichtsrat

↓ (Vorstand)

Sekretariat (Generalsekretär/Stellvertretender Sekretär)

↓

Branchenspezifische Schiedskommissionen und Kommissionen	Verein der Schiedsrichter und Aufnahmekomitee der Schiedsrichter	Filiale Tai-Jung und Filiale Kao-hsiung	Abteilung der Geschäftsführung

↓ (Branchenspezifische Schiedskommissionen und Kommissionen)

Kommission zur Erforschung der Schiedsverfahren in der Bauindustrie
Kommission zur Erforschung der Schiedsverfahren im internationalen Handel
Kommission zur Erforschung der Schiedsverfahren im Seehandel
Kommission zur Erforschung der Schiedsverfahren bezüglich des gewerblichen Rechtsschutzes
Kommission zur Erforschung der Schiedsverfahren in der Informations- und Elektronikindustrie
Kommission zur Erforschung der Schiedsverfahren in der Aktien-, Finanz- und Versicherungsindustrie
Kommission zur Erforschung der Schiedsverfahren für Vermögensstreitigkeiten
Kommission zur Erforschung der Entwicklung und Geschäftsführung
Kommission für Angelegenheiten mit dem Festland China
Kommission zur Erforschung der Schiedsverfahren und der Schiedsregelungen
Kommission zur Schiedsrichteraufnahme
Kommission für Schiedsrichterethik
Kommission zur Ausbildung und Weiterbildung der Schiedsrichter
Kommission zur Veröffentlichung
Kommission zur englischen Veröffentlichung

Anhang 9

Kostentabelle für das Schiedsverfahren bei der TIS

(im Vergleich mit dem Ordentlichen Gericht von Taiwan)

Währung: NT-Dollar

Streitwert	Schiedskosten bei der TIS	Kosten beim Ordentlichen Gericht			
		1. Instanz	2. Instanz	3. Instanz	Gesamtkosten
1 Mil.	36,600	10,000	15,000	15,000	40,000
2 Mil.	58,600	20,000	30,000	30,000	80,000
3 Mil.	75,600	30,000	45,000	45,000	120,000
4 Mil.	90,600	40,000	60,000	60,000	160,000
5 Mil.	104,600	50,000	75,000	75,000	200,000
6 Mil.	114,600	60,000	90,000	90,000	240,000
7 Mil.	124,600	70,000	105,000	105,000	280,000
8 Mil.	134,600	80,000	120,000	120,000	320,000
9 Mil.	144,600	90,000	135,000	135,000	360,000
10 Mil.	152,600	100,000	150,000	150,000	400,000
15 Mil.	177,600	150,000	225,000	225,000	600,000
20 Mil.	202,600	200,000	300,000	300,000	800,000
25 Mil.	227,600	250,000	375,000	375,000	1,000,000
30 Mil.	252,600	300,000	450,000	450,000	1,200,000
50 Mil.	352,600	500,000	750,000	750,000	2,000,000
100 Mil.	602,600	1,000,000	1,500,000	1,500,000	4,000,000
200 Mil.	1,102,600	2,000,000	3,000,000	3,000,000	8,000,000
300 Mil.	1,602,600	3,000,000	4,500,000	4,500,000	12,000,000
500 Mil.	2,602,600	5,000,000	7,500,000	7,500,000	20,000,000
1000 Mil.	5,102,600	10,000,000	15,000,000	15,000,000	40,000,000

Quelle: Broschüre der TIS

Anhang 10

Verlauf des Schiedsverfahrens bei der TIS

Hiermit wird das Schiedsverfahren bei der TIS nach der TIS-SchGO i.V.m. SchVG skizziert, um den komplizierten Verlauf im SchVG bzw. in der TIS-SchGO zu veranschaulichen. Der Verlauf wird ergänzt durch eine "Checkliste" zur Vollstreckung ausländischer Schiedssprüche vor dem taiwanesischen Gericht, damit er weiter im Interesse der ausländischen Parteien sein kann.

Vereinbarung eines Schiedsverfahrens (§ 8 Nr. 1 TIS-SchGO i.V.m. §§ 1, 2 SchVG)

↓

Antragsstellung mit Klageschrift bei der TIS (§§ 8, 9 TIS-SchGO)

↓

Entrichtung eines Vorschusses gemäß § 8 Nr. 1 TIS-SchGO

↓

Schiedsrichterbestellung durch die Parteien oder durch das ordentliche Gericht bzw. durch die TIS (§§ 5-17 SchVG; §§ 16-20 TIS-SchGO)

↓

Beginn des Schiedsverfahrens
1) am Tag, wenn der Beklagte die schriftliche Mitteilung bekommt. (§ 18 SchVG).
2) Selbstbestimmung des Schiedsortes durch die Parteien; andernfalls Bestimmung durch das Schiedsgericht innerhalb von 10 Tagen nach der Mitteilung, als Schiedsrichter bestellt zu werden (§§ 20, 21 SchVG).
3) Selbstbestimmung der Verfahrensregel; andernfalls
   a) Bestimmung gemäß dem SchVG;
   b) sofern im SchVG nichts darüber geregelt wird, analoge Anwendung der taiwanesischen ZPO bzw. nach Bestimmung des Schiedsgerichts.

Schiedsspruchcerlass innerhalb von 6 Monaten nach Beginn des Schiedsverfahrens (§ 18 SchVG); wenn nötig, 3-monatige Verlängerung (§ 21 SchVG).

Aufhebungsklage vor dem Gericht innerhalb von 30 Tagen nach der Zustellung des Schiedsspruchs (§ 41 SchVG)

Zugriff des Vergleichs- bzw. Mediationsverfahrens nach §§ 44, 46 SchVG;
Anfertigung des Vergleichs- bzw. Mediationsprotokolls durch das Schiedsgericht.
(Das Vergleichs- bzw. Mediationsprotokoll ist in Taiwan gleich wie ein Schiedsspruch rechtskräftig; wie ihre Gültigkeitsreichweite im Ausland ist, bleibt jedoch unklar.)

Antragsstellung der Exequatur vor ordentlichem Gericht gemäß § 37 SchVG;
für ausländische Schiedssprüche gemäß § 47 SchVG

Antragsstellung zur Vollstreckung des Schieds-spruchs gemäß § 6 Abs. 1, Nr. 6 i.V.m. § 4 Abs. 1, Nr. 6 Zwangsvollstreckungsgesetz;
erforderliche Schriftssätze zur Vollstreckung ausländischen Schiedsspruchs siehe Checkliste (siehe Anhang 11)

Anhang 11

Checkliste zum Antrag der Vollstreckung ausländischer Schiedssprüche vor taiwanesischem Gericht

Beim Antrag der Vollstreckung eines ausländischen Schiedsspruchs vor dem taiwanesischen Gericht werden normalerweise die folgenden Angelegenheiten überprüft[1]. Diese Auflistung soll zugleich auch als eine Checkliste für den Antragsteller gelten.

(1) Ob der Vollstreckungsantrag in dem richtigen juristischen Formular angefertigt wurde;

(2) ob das konsultierte Gericht dafür zuständig ist;

(3) ob die relevanten Beweisdokumente beigefügt wurden; wenn nicht, wie sie besorgt werden können;

(4) ob der Namenträger im Schiedsspruch identisch ist mit dem auf dem Antragsformular;

(5) ob die eventuellen Geschäftsbedingungen des Schiedsspruchs bereits erfüllt werden;

(6) ob die Erfüllungsfrist des Schiedsspruchs bereits fällig ist;

(7) ob die eventuelle Gegenleistung des Schiedsspruchs bereits erfüllt wurde;

(8) ob die Sicherheitsstellung des Schiedsspruchs bereits vorhanden ist, wenn es der Schiedsspruch so vorschreibt;

(9) ob der Gegenstand der Vollstreckung gesetzlich durchführbar ist;

(10) ob die Ermächtigung des Vertreters einwandfrei ist;

(11) ob der Antragssteller den Antragsformular richtig unterschrieben bzw. einen Stempel aufdruckt hat;

(12) ob der Vorschuss zur Vollstreckung bereits entrichtet wurde.

---

1 *Jung-yi Ling*, Über die internationale Handelsschiedsgerichtsbarkeit (guo-ji-shang-wu-jong-tsai-chuen-shi), Yon-Jan Verlag 1994, S. 151, 152.

Anhang 12

Anerkennung und Vollstreckung eines taiwanesischen Schiedsspruchs im Ausland

Da Taiwan kein Unterzeichnungsland des New Yorker Übereinkommens von 1958 ist, kann die Anerkennung und Vollstreckung des taiwanesischen Schiedsspruchs im Ausland bzw. des ausländischen Schiedsspruchs in Taiwan nur im Rahmen der Gegenseitigkeit realisiert werden. Inzwischen hat das Justizministerium in Zusammenarbeit mit dem Außenministerium in 1993 eine praktische Untersuchung durchgeführt, um die wirkliche internationale Reichweite der Geltung des taiwanesischen Schiedsspruchs zu bestimmen[2]. Der Untersuchungsgegenstand erstreckt sich auf nur 35 Rechtsordnungen. Untersuchungsträger sind die taiwanesischen Außenbeziehungseinheiten, die im jeweiligen Land ansässig sind. Unter "Antwort" (s.u.) ist das Ergebnis der Befragung über den Zustand der Anerkennung und Vollstreckung des taiwanesischen Schiedsspruchs in jeweiliger Rechtsordnung aufgeführt. Da der untersuchte Gegenstand nicht unbedingt die zuständige Behörde ist und die Antwort auch nicht unbedingt offiziell ist, sollen die hier ausgeführten Untersuchungsergebnisse nur von theoretischer Natur sein bzw. als Wahrscheinlichkeit gelten. Betont wird weiter die Tatsache, dass bis November 1993 kein einziger Fall wirklich eingetreten ist[3]. Trotzdem bestehen jetzt bis zum Jahr 2000 bereits einige Rechtsordnungen, die zur Anerkennung und Vollstreckung des taiwanesischen Schiedsspruchs in jeweiliger Rechtsordnung offiziell festgestellt wurden. Die bestehenden Untersuchungsergebnisse werden unten gesondert (mit Ja*) vermerkt.

Nr.	Länder	Antwort	Grund	Datenquelle
1	Argentinien	Ja	ohne besondere Begründung	Befragter: Prof. Dr. Roberto Romeo Ullmann
2	Australien	Ja*	aufgrund eines bilateralen Abkommens zur Anerkennung und Vollstreckung	
3	Belgien	Ja	aber nur wenn der taiwanesische Schiedsspruch verfahrensrechtlich und materiellrechtlich gemäß internationalem Übereinkommen und diesbezüglichen belgischen Regelungen gefällt werden	
4	Belize	Ja*	aber nur unter den gesetzlichen Voraussetzungen von Belize	Befragter: Vize-Staatsanwalt-General

2 *Jung-Yi Ling*, Das Untersuchungsergebnis der Anerkennung und Vollstreckung des taiwanesischen Schiedsspruchs im Ausland, bei "Dem Protokoll der Seminare des Justizministeriums über die Handelsschiedsgerichtsbarkeit", 06. 1994; veröffentlicht vom Justizministerium; S. 132-142.

3 *Jung-Yi Ling*, a.a.O. (Fn. 3), S. 127.

5	Bolivien	Nein	nur im Rahmen des NY-Übereinkommens	Befragter: Geschäfts-führender des Büros zur Handelspolitik des Export-ministeriums
6	Kanada	?		
7	Chile	?	Prinzip: nur im Rahmen des NY-Übereinkommens	Befragter: Rechtsanwalt Julio Tapia
8	Ekuador	Nein	nur im Rahmen eines bilateralen Übereinkommens	Befragter: Außen-ministerium
9	Finnland	Nein	nur im Rahmen des NY-Übereinkommens	Befragter: Außen-ministerium
10	Deutschland	Nein	nur im Rahmen des NY-Übereinkommens; aber nicht unbedingt Gegenseitigkeit	
11	Griechenland	Ja	aber nur gemäß Art. 903 ff. griechisches Zivilgesetzbuches	
12	Haiti	Ja	aufgrund eines bilateralen Freundschaftsübereinkommens	
13	Ungarn	Nein	nur im Rahmen des NY-Übereinkommens	
14	Hongkong	Ja	festgestellt	
15	Irland	Nein	nur im Rahmen des NY-Übereinkommens	
16	Italien	Ja	nur im Rahmen des NY-Übereinkommens; aber Ad hoc-Anerkennung ist möglich	
17	Jordanien	Ja	nur aufgrund der Gegenseitigkeit	Befragter: Justiz-ministerium
18	Japan	Nein	nur im Rahmen des NY-Übereinkommens	
19	Süd-Korea	Ja*	festgestellter Grund: ein bilaterales Übereinkommen der Handelsschieds-gerichtsbarkeit existiert bereits	
20	Lettland	Nein	nur im Rahmen des NY-Übereinkommens	
21	Luxemburg	Ja	nur wenn in Übereinstimmung mit dem Prinzip der Parteiautonomie	
22	Malaysia	Nein	nur im Rahmen des NY-Übereinkommens	Befragter: Rechtsanwalt Jen-yi Zao
23	Norwegen	Nein	nur im Rahmen des NY-Übereinkommens	Befragter: Rechtsberater des dortigen taiwanesischen Handelsbüros
24	Panama	Ja	nur aufgrund der Gegenseitigkeit	Regelung des Justiz-ministeriums
25	Philippin	Nein	nur im Rahmen des NY-Übereinkommens	
26	Süd-Afrika	?		
27	Spanien	?	Prinzip: nur im Rahmen der internationalen Übereinkommen	
28	Die Schweiz	Nein	nur im Rahmen des NY-Übereinkommens	
29	Thailand	Nein	nur im Rahmen des NY-Übereinkommens	

30	Türkei	Ja	nur aufgrund der Gegenseitigkeit	Befragter: Vize-Sekretär der Handelskammer
31	U.S.A.	?	aufgrund des bilateralen Übereinkommens; d.h. nicht unbedingt im Rahmen des NY-Übereinkommens	Befragter: American Arbitration Association
32	Saudi Arabien	Nein	keine bilateralen Übereinkommen	
33	Vatikan	Nein	Handelsschiedsgerichtsbarkeit ist kein Thema für den Vatikan	
34	Venezuela	Ja	nur wenn in Übereinstimmung mit dem Prinzip der Parteiautonomie	
35	Tonga	Ja*	wegen bilateraler Freundschaft	

Anhang 13

Anerkennung und Vollstreckung eines ausländischen Schiedsspruchs in Taiwan

Obwohl Taiwan kein Unterzeichnungsland des New Yorker Übereinkommens von 1958 ist und die Anerkennung und Vollstreckung der ausländischen Schiedssprüche in Taiwan nur im Rahmen der Gegenseitigkeit realisiert werden kann, ist das taiwanesische Gericht aufgrund eines Beschlusses des Obersten Gerichts (tai-kan-ji Nr. 335 in 1986) demgegenüber liberaler geworden[4]. Nach diesem Beschluss soll das Prinzip der Gegenseitigkeit zwar berücksichtigt werden, aber die ausländische Anerkennung und Vollstreckung des taiwanesischen Schiedsspruchs gilt nicht als die unabdingbare Voraussetzung. Taiwan will sich nicht nur zum New Yorker Abkommen spontan verpflichten, sondern auch das Prinzip der *international comity* verfolgen und aktiv die ausländischen Schiedssprüche zuerst anerkennen und vollstrecken.

Bis Ende April 2001 sind insgesamt 40 ausländische Schiedssprüche vor das taiwanesische Gericht gekommen[5], um die Anerkennung und Vollstreckung zu beantragen. Das Ergebnis wird unten aufgelistet.

Nr.	Nationalität des Schiedsspruchs	Gesamtzahl	anerkannt	widerrufen	abgelehnt	anhängig
1	USA	12	8	1	3	0
2	Großbritannien	11	9	1	1 (Unterlagen fehlen)	0
3	Hongkong	10	5	0	2	3
4	ICC	2	2	0	0	0
5	Süd-Korea	1	1	0	0	0
6	Frankreich	1	1	0	0	0
7	Schweiz	1	1	0	0	0
8	Süd-Afrika	1	0	0	1 (Unterlagen fehlen)	0
9	Malaysia	1	0	0	1 (keine gegenseitigen Übereinkommen)	0

4 *Jung-yi Ling*, a.a.O. (Fn. 2), S. 130

5 *Jung-yi Ling*, Forschung über die gegenseitige Anerkennung des ausländischen Schiedsspruchs, Journal of Arbitration (chinesisch) 61, S. 42.

Anhang 14

Kooperationsabkommen zwischen DIS und TIS[6]

AREEMENT OF COOPERATION
BETWEEN
THE COMMERCIAL ARBITRATION ASSOCIATION
OF THE REPUBLIC OF CHINA (CAA)
AND
DEUTSCHE INSTITUTION FÜR
SCHIEDSGERICHTSBARKEIT e.V. (DIS)

Being convincing that the use of commercial arbitration through fair and expeditious procedures lends confidence and stability to international trade, DIS and CAA agree as follows:

(1) The above organizations will cooperate in popularizing arbitration as a means of settling disputes arising out of international commercial transactions.

(2) The organizations will promote wider use of arbitration under their auspices by lectures, conferences, seminars and other means.

(3) The organizations shall provide each other, upon request facilities or administrative services for the taking of any step in the arbitration proceedings. Expenses incurred shall be reimbursed by the institution requesting the facilities.

(4) The organizations shall exchange information and whenever possible, lectures and publications of mutual interests in the field of commercial arbitration.

(5) The organizations shall promote the visite to the other's offices.

(6) The agreement shall become effective on November, 1993.

In witness thereof, the authorized representatives of the above organizations have appended their signatures to this agreement.

(signature)	(signature)
Deutsche Institution für Schiedsgerichtsbarkeit e.V. Bonn	The Commercial Arbitration Association of Republic of China Taipei
Jens Bredow Secretary General	Gary Ling-Lin Wang Chairman

Anhang 15

6 *Ling-Lin Wang*, Die Schiedsgerichtsbarkeit Taiwans auf dem Sprung (fei-yue-jon-de-wo-guo-jon-tsai-ji-du), Li-Bar Verlag 1995, S. 294.

Entsprechende Regelung zwischen dem Model Law, dem taiwanesischen SG und dem Zehnten Buch der (deutschen) ZPO

Da Deutschland und Taiwan zugleich als sog. Model Law-countries bezeichnet werden können, ist die Gegenüberstellung der entsprechenden Regelung im jeweiligen Reglement für die Rechtsvergleichung nicht ganz ohne Interesse, wenn sie auch (noch) nicht völlig identisch sind und es gegen die Schwankungen weitere Harmonisierung erfordert.

(taiwanesisches) SchVG	UNCITRAL-ML	(deutsche) ZPO
N*	§ 1	§§ 1025, 1030
N	§ 2	N
§ 27	§ 3	§ 1028
§§ 22, 29	§ 4	§ 1027
N	§ 5	§ 1026
§ 28	§ 6	§ 1062
§§ 1, 2	§ 7	§§ 1029, 1031
§ 4	§ 8	§ 1032
§ 39	§ 9	§ 1033
§ 9	§ 10	§ 1034
§§ 10, 11, 12	§ 11	§ 1035
§ 14, 16	§ 12	§ 1036
§ 17	§ 13	§ 1037
§ 13	§ 14	§ 1038
§ 13	§ 15	§ 1039
§§ 3, 22, 29	§ 16	§ 1040
§ 39	§ 17	§ 1041
§ 23	§ 18	§ 1042
§ 19	§ 19	§ 1043
§ 20	§ 20	§ 1043
§ 18	§ 21	§ 1044
§ 25	§ 22	§ 1045
N	§ 23	§ 1046
§ 26	§ 24	§ 1047
N	§ 25	§ 1048
§ 26	§ 26	§ 1049
§ 28	§ 27	§ 1050
§ 31	§ 28	§ 1051
§ 32	§ 29	§ 1052
§ 44	§ 30	§ 1053
§ 33	§ 31	§ 1054
§ 33	§ 32	§ 1056
§ 35	§ 33	§ 1058
§§ 40, 49	§ 34	§ 1059
§ 48	§ 35	§ 1060
§ 50	§ 36	§ 1061

N: nicht geregelt

Anhang 16

Wichtige Adressen für Wirtschaftsangelegenheiten zwischen Deutschland und Taiwan

I. Deutschlands Wirtschaftsbüro in Taiwan

German Trade Office, Empire Building, 15th Floor, No. 87, Sung-Chiang Road, Taipei, 10428 Taiwan, R.O.C.

II. Taiwans Wirtschaftsbüros in Deutschland

(Informationen abrufbar im Internet unter http://www.trade.gov.tw/overseas/europe.htm)

1) Economic Division, Taipei Representative Office in the Federal Republic of Germany, Büro Berlin

Markgrafenstrasse 35, 10117 Berlin, Germany
Direktor: Yang, Tien-Ci
Fax : 49-30-20361-303
Tel.: 49-30-20361-300; 49-30-20361-301; 49-30-20361-302, 307, 309
E-Mail-Adresse: eco@taipeh-vertretung.de; Economic-division@taipeh-vertretung.de

2) Handelsabteilung, Taipeh Vertretung in der Bundesrepublik Deutschland, Büro Hamburg

Direktor Yin, Yan-hsing
Mittelweg 144,20148 Hamburg, Germany
FAX: 45038056
Tel.: 49-40-45038045; 45038055
E-Mail-Adresse: TaipeiTrade.Hamburg@t-online.de

3) Taipeh Vertretung in der Bundesrepublik Deutschland, Büro München, Handelsabteilung Frankfurt/M

Direktor: Chiu, Yi-cheh
Rheinstrasse 29, 60325 Frankfurt/M, Germany
Fax: 49-69-745751
Tel.: 49-69-745720/ 22/ 26
E-Mail-Adresse: tto.frankfurt@t-online.de

Anhang 17

Linksammlungen für die relevanten juristischen Internetressourcen in Taiwan

Obwohl sich das Gesetz zur Veröffentlichung der Regierungsinformationen noch in der Diskussion bei der Legislative Yuan befindet, sind im Internet bereits umfangreiche Rechtsinformationen für Taiwan erhältlich. An englischen bzw. anderssprachigen Angeboten gibt es aber noch nicht sehr viel. Die meisten Rechtsinformationen bei der zuständigen Behörde werden kostenfrei angeboten.

1. National Database for Laws and Regulations (Tsuen-guo-fa-gue-ji-liao-ku) (http://law.moj.gov.tw/)
Dieses unter Federführung des Justizministeriums angebotene Rechtsinformationssystem ist gleichwertig mit dem Projekt „Gesetze im Internet“ (unter http://jurcom5.juris.de/bundesrecht/index.html) in Deutschland. Das kostfreie Angebot umfasst alle aktuellen Gesetzestexte und Rechtsprechung, Nachrichten und alle diesbezüglichen öffentlichen bzw. privaten Dienstleistungen.

2. Government Service Network (http://www.gov.tw/uw/uw_disp.exe/rdec2/main/index.html)
Als ein einheitlicher Zugangspunkt zu allen Serviceleistungen der Regierung wurde die Homepage konzipiert, wie es bei dem Projekt „bund.de“ (unter http://www.bund.de/) in Deutschland der Fall ist. Alle mit der Regierung relevanten Einheiten und Dienstleistungen können dadurch erreicht werden. Per E-Mail können die Bürger ihren Wunsch durch dieses sog. „Einheitliche Fenster“ direkt an die richtige Stelle übersenden.

3. Büro des Staatspräsidenten (http://www.oop.gov.tw/)
Nach dem Verfassungsgesetz (Art. 37) muss jedes Gesetz vor seinem Inkrafttreten von dem Staatspräsidenten unterzeichnet und danach veröffentlicht werden. Damit ist die Homepage des Büros des Staatspräsidenten für die Juristen von besonderer Bedeutung. Die Gazettenveröffentlichung unter http://www.oop.gov.tw/2_report/index.html wurde seit 07. 1997 mittwochs aktualisiert.

4. Legislative Yuan (http://www.ly.gov.tw/)
Die Legislative Yuan ist für die Gesetzgebung zuständig. Bei seiner Gesetzesdatenbank unter

http://www.ly.gov.tw/reader/?MIval=cw_usr_view_Folder&ID=14 sind die Gesetzestexte einschließlich ihrer historischen Entwicklung erhältlich. Bei den Kommissionen unter http://www.ly.gov.tw/reader/?MIval=cw_usr_view_Folder&ID=12 ist die Liste der kompetenten Abgeordneten zugänglich. Bei den Diskussionen unter http://www.ly.gov.tw/reader/?MIval=cw_usr_view_Folder&ID=5738 können die Leser die Protokolle einsehen.

5. Judicial Yuan (http://www.judicial.gov.tw/)
Die Judicial Yuan ist für die einheitliche und endgültige Auslegung der Verfassung und aller Gesetze zuständig. Auf seiner Webseite gibt es zahlreiche Informationsangebote. Beim „System zur Volltextsuche der juristischen Informationen" unter http://wjirs.judicial.gov.tw/jirs/bin/yas/jirs.asp sind alle Gesetzestexte mit einschlägigen Rechtssprechungen und Auslegungen zugänglich. Erhältlich sind daneben die neuesten Auslegungen unter http://www.judicial.gov.tw/new-new.htm, die Urteile in Erster und Zweiter Instanz unter http://wjirs.judicial.gov.tw/jud12/bin/yas/jud12.asp und die juristische Statistik unter http://www.judicial.gov.tw/juds/ u.v.a..

6. Justizministerium (http://www.moj.gov.tw/)
Unter dem Link des Justizministeriums sind hauptsächlich Angebote über die Staatsanwaltschaft zu finden. Die juristische Statistik unter http://www.moj.gov.tw/f7_frame.htm ist zur Information über die Rechtswirklichkeit der Kriminalität in Taiwan von praktischer Bedeutung. Die Abteilung für juristische Angelegenheiten, zu finden unter http://www.moj.gov.tw/d2_1.asp ist für mehrfache juristischen Informationen von Interesse. Deren Dritte Einheit ist für die Schiedsgerichtsbarkeit zuständig.

7. Das Oberste Gericht (http://www.judicial.gov.tw/JTPS/default.asp)
Da die Rechtssprechung und die Beschlüsse des Obersten Gerichts rechtmäßig verbindlich sind, so ist das Rechtsinformationsangebot hier unter http://www.judicial.gov.tw/JTPS/nsca.htm (die Rechtssprechung) und http://www.judicial.gov.tw/JTPS/nscb.htm (die Beschlüsse) für die Juristen besonders wichtig.

8. Exekutive Yuan (http://www.ey.gov.tw/)
Obwohl dem Gesetz zur Veröffentlichung der Regierungsinformationen noch nicht seitens der Legislative Yuan zugestimmt wurde, haben die meisten Verwaltungsorgane gemäß der „Verordnung von Exekutive Yuan zur Veröffentlichung der Verwaltungsinformationen" auf ihrer Homepage relevante Rechtsinformationen zur Verfügung gestellt. (Die Internetadresse des gezielten Verwal-

tungsorgans kann man auf der Webseite der Exekutive Yuan oder Fa-Yuan finden.) Auf der Webseite der Exekutive Yuan gibt es auch eine Übersicht unter http://www.ey.gov.tw/law/rule.htm für alle Rechtsinformationen, die das jeweilige Verwaltungsorgan anbietet. Die Gazetten unter http://www.gazettes.com.tw/AB bzw. bei Government Information Office unter http://www.gazettes.com.tw/AT/index.htm sollten auch schon von juristischem Interesse sein.

9. Wirtschaftsministerium (http://www.moea.gov.tw/)
Die Wirtschaftsrechtlichen Regelungen sind auf der Webseite des Wirtschaftsministeriums unter http://www.moea.gov.tw/law/index.html abrufbar.

10. Büro des Internationalen Handels des Wirtschaftsministeriums (http://www.trade.gov.tw/)
Handelsbezogene Regelungen sind hier unter http://www.trade.gov.tw/law/law_index.htm erhältlich. Darunter gibt es auch einige englische Übersetzungen sowie Informationen über wirtschaftsverwaltungsrechtliche Regelungen und deren zuständige Behörden. Als eine der wichtigsten zuständigen Behörden für die internationalen Handelsschiedsgerichtsbarkeit sollten die ausländischen Juristen in Taiwan einen Blick auf diese Webseite, insb. ihre Fünfte Einheit, werfen.

11. International Trade Commission des Wirtschaftsministeriums (http://www.moeaitc.gov.tw/)
Bei dem Ermittlungsausschuss für internationalen Handel des Wirtschaftsministeriums unter http://moeaitc.tier.org.tw/ITC/law.nsf/law2-0?Openview sind handelsbezogene Regelungen inländischer, ausländischer und völkerrechtlicher Quellen erhältlich. Eine Datenbank der Regelungen und Rechtsprechung für Handelssanktionen steht auch hier unter http://moeaitc.tier.org.tw/Itc/NewDoc.nsf/?Open zur Verfügung.

12. Fair Trade Commission von Exekutive Yuan (http://www.ftc.gov.tw/)
Die Fair Trade Commission ist das Wettbewerbs- und Kartellamt Taiwans. Um die Marktordnung zu regulieren, hat die Fair Trade Commission viel mit den Wirtschaftsrechtlern zu tun. Ihre Gazetten sind unter http://210.69.106.166/cgi-bin/ftc zu suchen.

13. Finanzministerium (http://www.mof.gov.tw/)
Zahlreiche finanzrechtliche Regelungen sind hier unter http://www.mof.gov.tw/info/law.asp bereits erhältlich.

14. Government Information Office
(http://www.gio.gov.tw/info/ngio/index_c.html)
Da das Government Information Office alle wichtigen und aktuellen Informationen der Regierung bietet, kann man die aktuelle Entwicklung der Diskussion der Legislative Yuan mit Betonung der Regierungsstellungnahme bzw. des Gesetzgebungsplans der Exekutive Yuan finden. Darunter gibt es auch ein deutschsprachiges Angebot unter
http://www.gio.gov.tw/taiwan-website/abroad/de/index.html.

15. Fa-Yuan (http://www.lawbank.com.tw)
Fa-Yuan bedeutet auf Chinesisch "Rechtsquelle" und ist das wichtigste juristische Internetportal in Taiwan. Das Angebot auf dieser Webseite umfasst fast alle Rechtsinformationen für Taiwan, obwohl die rechtzeitige Aktualisierung nicht garantiert wird. Die fast tagtäglich aktualisierten juristischen Nachrichten sind bemerkenswert. Alle Gesetzestexte (mit Rechtsprechung, behördlichen Auslegungen, Rechtsgeschichte und einschlägigen Aufsätzen) kann man bei der Datenbank unter
http://db.lawbank.com.tw/ finden. Sie sind allerdings ab Mai 2001 kostenpflichtig. Die Linksammlung unter
http://www.lawbank.com.tw/relation.asp ist besonders empfehlenswert. Sie beinhaltet eine Gesamtübersicht für fast alle für die Justiz relevanten Webseiten in Taiwan. Von hier aus kann man die meisten juristischen Ressourcen im Internet finden. Einige Formulare und Vertragsmuster sind auch vorhanden. Die Rechtsberatung für die Bürger und der Meinungsaustausch zwischen den Juristen sind auch möglich.

16. Taipei Bar Association (http://www.tba.org.tw/)
Da die meisten außenhandelbezogenen juristischen Tätigkeiten in Taipeh erledigt werden sollen, ist das Potenzial der Taipei Bar Association nicht wegzuschauen. Auf dieser Webseite gibt es auch eine Übersicht unter
http://www.tba.org.tw/Page10098/page100984.htm für die web-basierten Datenbanken für taiwanesisches Recht.

17. Judicial Reform Foundation (http://www.jrf.org.tw/)
Da die Glaubwürdigkeit der Justiz in Taiwan teilweise fraglich ist, soll hiermit auch die entsprechend andere Seite dargestellt werden.

18. Taiwan Law Society (http://www.law.ntu.edu.tw/TaiwanLawSociety/)
Taiwan Law Society ist ein eingetragener Verein für die juristischen akademischen Tätigkeiten. Sie ist von taiwanesischen juristischen Intellektuellen gegründet worden.

19. Branchenspezifisches Angebot für Wertpapierrecht (http://www.selaw.com.tw/)
Das von der Aufsichtsbehörde für den Börsenmarkt des Finanzministeriums (Securities and Futures Commission, Ministry of Finance unter http://www.sfc.gov.tw/) vertriebene „Law Source Retrieving System“ beinhaltet zahlreiche englische Übersetzungen für die diesbezüglichen Regelungen.

20. Branchenspezifisches Angebot für Internet-Recht: elitelaw (http://www.elitelaw.com.tw/index.asp)
Aktuelle Nachrichten bezüglich des Industriezweigs Informations- und Kommunikationstechnologien in Taiwan sind auf dieser Webseite zu finden. Sie wird von einer Anwaltskanzlei betrieben und die Angebote sind registrierungs- und kostenpflichtig.

21. Branchenspezifisches Angebot für Internet-Recht: Science and Technology Law Center (http://stlc.iii.org.tw/)
Zahlreiche Links zu den diesbezüglichen Projekten und Webseiten sind hier erhältlich. Die Informationsangebote sind meistens kostenfrei.

22. Branchenspezifisches Angebot für Markenrecht: Seed Net Online Service für Markensuche (http://www.online.seed.net.tw/gu/tm/tmark_head.htm)
Das Informationsangebot auf dieser Webseite ist kostenpflichtig.

Saarbrücker Studien zum Privat- und Wirtschaftsrecht

Herausgeber:
Johann Paul Bauer, Michael Martinek und Helmut Rüßmann

Band 1 Susanne Jaschinski: Die Haftung von Schwestergesellschaften im GmbH-Unterordnungskonzern. Ein Beitrag zum Konzernverfassungsrecht. 1997.

Band 2 Roman Sascha Ahnert: Die *actio individualis*. Ein Beitrag zur verfassungsrechtlichen Fundierung der Aktionärsklage bei sogenannten Aktien-Interessenverbänden. 1997.

Band 3 Torsten Peters: Der Cateringvertrag. Rechtstatsachen, Rechtsnatur und Rechtsprobleme eines modernen Dienstleistungsvertrags. 1998.

Band 4 Michael Meissner: Persönlichkeitsschutz juristischer Personen im deutschen und US-amerikanischen Recht. Eine rechtsvergleichende Untersuchung des allgemeinen Persönlichkeitsrechts juristischer Personen. 1998.

Band 5 Thomas Tegen: Joint Venture-Vertrag und Projektträgergesellschaft im amerikanischen und deutschen Recht. 1998.

Band 6 Gerhard Wolter: Treuhandrecht im Umbruch? Ein Blick nach Frankreich, Luxemburg, in die Schweiz und in den Libanon sowie auf das Haager Trust-Übereinkommen. 1999.

Band 7 Thomas Dehlfing: Das Recht der irreführenden Werbung in Deutschland, Großbritannien und Frankreich. 1999.

Band 8 Hanno Dornseifer: Börsentermingeschäfte und Börsentermingeschäftsfähigkeit. Zur börsengesetzlichen Behandlung von finanzwirtschaftlichen Festgeschäften, Options- und Optionsscheingeschäften. 1999.

Band 9 Patrick Lenz: Absatzförderung durch *zinssubventionierte* Darlehen. Eine wettbewerbs- und kartellrechtliche Studie zur Zulässigkeit von Niedrigzins-Kreditangeboten unter besonderer Berücksichtigung des Automobilmarktes. 1999.

Band 10 Mansur Pour Rafsendjani: Der Goodwill-Ausgleichsanspruch des Franchisenehmers. Ein Vergleich des deutschen, französischen und US-amerikanischen Franchiserechts. 1999.

Band 11 Jörg Hartmann: Juristische und ökonomische Regelungsprobleme des Insiderhandels. Eine rechtsvergleichende Darstellung USA – Deutschland. 1999.

Band 12 David Altmeier: Rückstellungsbilanzierung in Deutschland und Frankreich. Eine vergleichende Untersuchung der französischen Rückstellungsbilanzierung aus der Perspektive des deutschen Bilanzrechts. 1999.

Band 13 Barbara Günther: Aktivische Bilanzierungshilfen im deutschen und französischen Bilanzrecht. 1999.

Band 14 Bernhard Glasow: Vertikale Preisbindung, Wettbewerbstheorie und Wettbewerbsrecht in den USA, Deutschland und Europa. Bestandsaufnahmen, Kritik und Zukunftsperspektiven. 2000.

Band 15 Dorota Nowak-James: Der Börsenzugang für Anleger in Deutschland und Polen. Eine rechtsvergleichende Untersuchung zum deutschen Finanzkommissionsgeschäft und zum polnischen Brokerauftragsvertrag. 2000.

Band 16 Mathias Queck: Der Nießbrauch am Anteil einer offenen Handelsgesellschaft. Eine Form der (un-)mittelbaren Unternehmensbeteiligung. 2000.

Band 17 Ina Roth: Umweltbezogene Unternehmenskommunikation im deutschen und europäischen Wettbewerbsrecht. 2000.

Band 18 Jörg Preiss: Die Anwendung des markenrechtlichen Erschöpfungsgrundsatzes auf Dienstleistungsmarken. 2000.

Band 19 Kevin M. McDonald: Der Begriff der Dienstleistung im europäischen Binnemarkt und WTO-System (GATS). 2001.

Band 20 Carolin Opgenhoff: Die europäische Fusionskontrolle zwischen Wettbewerbsrecht und Industriepolitik. 2001.

Band 21 Susanne Schäfer: Die Deliktsfähigkeit juristischer Personen. Eine rechtsvergleichende Untersuchung zur Übertragbarkeit des englischen Modells. 2001.

Band 22 Kay Diedrich: Die Interventionswirkung – Ausprägung eines einheitlichen Konzepts zivilprozessualer Bindungswirkung. 2001.

Band 23 Michael Fröhlich: Zentrale Institutionen des deutschen Urheberrechts und des französischen Droit d'auteur auf dem Prüfstand der elektronischen Netzwerke. 2001.

Band 24 Joël Benjamin Münch: Abtretungsverbote im deutschen und französischen Recht. Rechtsvergleichende Untersuchung der Übertragungshindernisse im deutschen und französischen Forderungsverkehr als Beitrag zu einer weiteren Schuldrechtsvereinheitlichung in Europa. 2001.

Band 25 Monika Prieß: Der Begriff des Sachmangels im deutschen und englischen Kaufrecht. Reformbedarf aufgrund der Verbrauchsgüterkauf-Richtlinie 1999/44/EG. 2001.

Band 26 Katharina Siegel: Produkthaftung im polnischen, tschechischen und slowenischen Recht. 2001.

Band 27 Carolin Kühne: Die gesetzliche Form der Rechtsgeschäfte im deutschen und italienischen Recht. Eine rechtsvergleichende Untersuchung. 2002.

Band 28 Nina Scherf: Die Nachschußpflicht im Gesellschaftsrecht. Eine rechtsformübergreifende Bestandsaufnahme, Analyse und Kritik. 2002.

Band 29 Marc Laukemann: Fernsehwerbung im Programm. Die zunehmende Kommerzialisierung des Fernsehprogramms im Zeitalter einer Ökonomisierung der Aufmerksamkeit als verfassungs-, wettbewerbs- und rundfunkrechtliches Problem. 2002.

Band 30 Michael Bo Jaspers: Nachträgliche Rechtswahl im internationalen Schuldvertragsrecht. Unter besonderer Berücksichtigung der Rechtspraxis in England, Frankreich, Dänemark und Deutschland. 2002.

Band 31 Christina Pernice: Die Insolvenzverschleppung durch das Geschäftsführungsorgan der kleinen Kapitalgesellschaft im deutschen, französischen und englischen Recht. Eine rechtsvergleichende Untersuchung zur Entwicklung eines europäischen Lösungsansatzes. 2002.

Band 32 Anne Christine Janert: Der sachliche und persönliche Anwendgunsbereich des deutschen Verbraucherkeditrechts und des britischen Consumer Credit Act 1974. Ein Beitrag zu den Möglichkeiten und Grenzen verbraucherrechtlicher Harmonisierung in Europa. 2002.

Band 33 Annette Trost: Faktische Sitzverlegung unter Sitz- und Gründungstheorie im Vergleich. Unter besonderer Berücksichtigung ihrer gesellschafts- und zivilrechtlichen Folgewirkungen. 2003.

Band 34 Esther Cordula Hilpert: Die Gründerhaftung in der Gesellschaft mit beschränkter Haftung in Deutschland, Frankreich und England. 2003.

Band 35 Wei-ming Liao: Die Schiedsgerichtsbarkeit in Taiwan. Unter besonderer Berücksichtigung der internationalen Handelsschiedsgerichtsbarkeit und mit Hinweisen zu der Entwicklung in Deutschland. 2003.

Band 36 Stefan Stork: Sitzverlegung von Kapitalgesellschaften in der Europäischen Union. Zur Reichweite der Niederlassungsfreiheit unter Berücksichtigung der positiven und der negativen Integration. 2003.

Band 37 Marc Pfeffer: Interbrand-Kartellverbot und Intrabrand-Vereinbarungen. Die Ablösung horizontaler und vertikaler Eingriffsmerkmale im GWB zu Gunsten einer Betrachtung produktexterner und -interner Wettbewerbsfaktoren. 2003.

Peter Lang · Europäischer Verlag der Wissenschaften

Daniel Paul Simms

Das Recht der Schiedsgerichtsbarkeit in Irland

Frankfurt/M., Berlin, Bern, Bruxelles, New York, Oxford, Wien, 2002. 285 S.
Schriftenreihe der August Maria Berges Stiftung für Arbitrales Recht.
Herausgegeben von Hubertus W. Labes. Bd. 13

ISBN 3-631-39829-8 · geb. € 45.50*

Diese Arbeit macht dem kontinental-europäischen Rechtskreis die Schiedsgerichtsbarkeit in Irland zugänglich, indem ihre Praxis und Regelung dargelegt wird. In Irland sowie Deutschland ist das UNCITRAL-Modellgesetz über ihre internationale Handelsschiedsgerichtsbarkeit übernommen worden. Jedoch bestehen Unterschiede, die sich durch die Einfügung in eine *common law*-Rechtsordnung sowie Einzelentscheidungen des Gesetzgebers zu bestimmten Aspekten ergeben. Nach einem Überblick über die nationale Schiedsgerichtsbarkeit, folgen die den deutschen Betrachter besonders interessierenden Untersuchungen, nämlich über die Rahmenbedingungen für internationale Schiedsverfahren in Irland, die Behandlungen ausländischer Schiedsverfahren und abschließend eine Hervorhebung der Unterschiede zum deutschen Recht.

Aus dem Inhalt: Irische nationale Schiedsgerichtsbarkeit, internationale Schiedsverfahren in Irland · Übernahme des UN-Modellgesetzes über die internationale Handelsschiedsgerichtsbarkeit · Schiedsfähigkeit von Klagen bezüglich dinglicher Rechte, gewerblicher Schutzrechte, Gesellschaftsrecht · Einstweiliger Rechtsschutz · Anerkennung und Vollstreckung von Schiedssprüchen, möglicher Rechtsschutzinhalt eines Schiedsspruchs · Unterschiede der irischen Regelung zum deutschen Recht

FSC
www.fsc.org
MIX
Papier | Fördert
gute Waldnutzung
FSC® C083411

Kolibri 360 GmbH
Ferdinand-Jühlke-Straße 7
99095 Erfurt, Deutschland
produktsicherheit@kolibri360.de

Druck:
CPI Druckdienstleistungen GmbH
im Auftrag der
Kolibri 360 GmbH
Ferdinand-Jühlke-Str. 7
99095 Erfurt